Thielmann · Weibler
Polizeiliche Führungslehre

Polizeiliche Führungslehre

Begründung
Gestaltung
Perspektive

von

Gerd Thielmann
Jürgen Weibler

VDP | VERLAG DEUTSCHE POLIZEILITERATUR GMBH
Buchvertrieb

Bibliografische Information der Deutschen Nationalbibliothek

Die Deutsche Nationalbibliothek verzeichnet diese Publikation in der Deutschen Nationalbibliografie; detaillierte bibliografische Daten sind im Internet über http://dnb.de abrufbar.

www.VDPolizei.de

1. Auflage 2014

Satz: VDP GMBH Buchvertrieb, Hilden
Druck und Bindung: Media-Print, Paderborn
Printed in Germany
ISBN 978-3-8011-0737-6

Geleitwort

Über Führung wird viel geredet und geschrieben und noch mehr geklagt. Ich wette, dass jede und jeder der über 310.000 Kolleginnen und Kollegen, die in der deutschen Polizei beschäftigt sind, auch eine ganz spezielle Meinung zur jeweiligen unmittelbaren Führungskraft und zur Polizeiführung im Allgemeinen hat. Das ist menschlich. Die Einen mögen die fachliche Kompetenz der Führungskraft anzweifeln, andere die Sozialkompetenz kritisieren, einige fühlen sich zu wenig informiert, ungenügend wahrgenommen, übergangen oder falsch beurteilt.

Und dann soll es noch Mitarbeiterinnen und Mitarbeiter geben, die sind tatsächlich zufrieden. Soviel ich weiß, hört man das selten, sie äußern sich nicht. Ich glaube aber, es sind mehr zufrieden als unzufrieden.

Die Praxis zeigt immer wieder: Eine starke und anerkannte Führung bringt nicht nur die Mitarbeiterzufriedenheit, sondern auch fantastische Ergebnisse zustande. Eigentlich weiß das jeder: Wer zufrieden ist, gibt sein Bestes. Und daraus wiederum kann er Selbstbestätigung und Kraft schöpfen.

Hingegen bringen Unstimmigkeiten im Verhältnis zur Führungskraft sehr regelmäßig Resignation, Verweigerung und den berühmten „Dienst nach Vorschrift“ mit sich. Und nicht zu vergessen all die Zeit und Kraft, die mit den destruktiven Gesprächen in der Kollegenschaft über die „miserable Führung“ gebunden wird.

Ich kenne das alles aus eigenem Erleben. Ich war „Geführter“ und habe selbst lange Führungspositionen in der Polizei innegehabt. Jetzt bin ich für das Personal in der Bundesgeschäftsstelle der GdP zuständig. Daher hat mich das vorliegende Buch ganz besonders interessiert – und: wirklich bereichert; obwohl ich zu diesem Thema gut beschult wurde, studiert und praktische Erfahrungen gemacht habe. Es hat mir neben guten praktischen Überlegungen nochmals deutlich gemacht, welch hohe Verantwortung Führungskräfte haben. Aber auch die Mitarbeiter – ohne deren Bereitschaft die beste Führungskraft versagen kann. Und das sehe ich als einen ganz großen Vorteil dieses Buches über das Thema „Führung“: Die Autoren betrachten das „Führungsproblem“ immer auch aus der Interaktion zwischen Führungskräften und Mitarbeitern.

Ich hab mich oft gefragt, ob ein Mensch bestimmte Eigenschaften mitbringen muss, wenn er zum Führen von Menschen taugen soll? Die Wissenschaft scheint sich da nicht so sicher, ob es wirklich solche „Königseigenschaften“ gibt. Globale Studien zeigen, dass kulturübergreifend positive Attribute wie beispielsweise vertrauenswürdig, gerecht, ehrlich, weitblickend, vorausplanend, kommunikativ, informiert, koordinierend und eine hohe Sozialkompetenz eher für eine erfolgreiche Führung sprechen.

Negative Persönlichkeitsmerkmale wie einzelkämpferisch, diktatorisch, nichtkooperativ, egozentrisch lassen hingegen Erfolg – wenn überhaupt – eher nur kümmerlich wachsen. Die Mitarbeiter, die unter einer derart geprägten Führungskraft ihr täglich Brot verdienen, werden ihr Potenzial wohl weniger ausschöpfen, weil sie eher zu unterwürfigem, unsicherem, phlegmatischem oder sonstigem destruktiven Verhalten tendieren könnten.

„Wer Menschen nicht lieben kann, ist unfähig, sie zu führen“, meinte der ehemalige Manager des Burda-Verlages, Karlheinz Binder. Und bei Lee Iacocca, einem ehemaligen US-amerikanischen Manager kann man lesen „Es gibt einen Satz, den ich in der Bewertung einer Führungskraft nicht lesen möchte: ‚Er hat Schwierigkeiten im Umgang mit anderen Menschen.' Für mich ist der Mann damit erledigt."

John F. Kennedy soll mehrfach in seinen Reden von Napoleon erzählt haben, der von einem Feldherrenhügel herab auf die quirligen Marschkolonnen unter sich herabschaute und dann nachdenklich gesagt haben soll: „Da gehen meine Leute. Ich muss herausfinden, wohin sie gehen, damit ich sie führen kann."

Aber wie geht nun erfolgreiches Führen in der Polizei, um gesteckte Ziele mit zufriedenen, kreativen und leistungsfähigen Mitarbeitern zu erreichen?

Da beginnen die Probleme schon: Um welche Ziele geht es? Als Polizei haben wir einen gesetzlichen Auftrag. Der ist klar. Aber was als unmittelbarer Zweck in verschiedenen Situationen erreicht werden soll, das wird von etlichen Personenkreisen mitunter ziemlich intensiv angemahnt – von der Politik, von Ministerien, Behördenleitungen, Bereichs- und Dienststellenleitungen, der Öffentlichkeit sowie Interessengruppen und den Medien. Ich wage zu behaupten: sehr oft nach jeweiliger Interessenslage. Daran wird sich absehbar auch nichts ändern. Das kann man beklagen oder auch nicht. Angemessen wäre, diese Realität weitgehend zu akzeptieren und zu berücksichtigen.

Die beiden Autoren des Buches gehen auf das Spezielle der polizeilichen Führung sehr ausführlich ein, erläutern Zusammenhänge und bringen in Erinnerung, warum Führen in der Polizei so viele Besonderheiten zu berücksichtigen hat. Allein das Kapitel über die „Besonderheiten einer polizeilichen Führungslehre" lässt eine Menge Schlussfolgerungen für den einzelnen Führungsstil, aber auch für die komplexe Führung zu. Und weil sich die Rahmenbedingungen, unter denen Polizei agiert, permanent ändern, wird das Thema immer wieder auf den Prüfstand und auf die Tagesordnung gehoben werden müssen.

Die Autoren haben dafür brillante Vorarbeit geleistet: Sie analysieren sauber und nachvollziehbar den Ist-Zustand, beleuchten die Rahmenbedingungen, unter denen Polizei agiert und setzen sich mit den Vorzügen und Grenzen des bislang favorisierten kooperativen Führungsstils auseinander.

Dabei bleiben sie allerdings nicht stehen, sondern entwerfen darauf aufbauend ein Modell, das in seinem Kern eine modifizierte Version der „Transformationalen Führung" integriert (wenn nur der Begriff nicht so sperrig wäre! Aber so wird er in der wissenschaftlichen Literatur seit den 1990er Jahren verwendet). Kurz: Das Modell zielt darauf ab, erwünschtes Verhalten zu ermöglichen, zu festigen oder zu aktivieren, um den polizeilichen Anforderungen gerecht zu werden und die Zielstellungen zu erreichen. Dabei geht es um Wertschätzung (die Persönlichkeit wahrnehmen und auf sie eingehen), um Entwicklung im Sinne von Personalentwicklung, um Motivation (Einzelner oder des Teams), um die Vorbildwirkung als Chef. Und es geht um Kommunikation.

Das von den Autoren entwickelte und erläuterte Polizeiliche Führungsmodell klingt für mich sehr verständlich, nachvollziehbar, schlüssig und praxistauglich. Weil es sowohl Arbeitszufriedenheit und Leistungsfähigkeit der Mitarbeiter steigern, als auch Teamarbeit, Partizipation und Anerkennung fördern kann.

Da sich die Autoren außerordentlich praxisnah und wissenschaftlich begründet den Fragen polizeilichen Führens, der Führungslehre und der Führungskompetenz in hierarchischen

Strukturen widmen, wird ganz sicher auch den Zweiflern klar, warum wir die polizeiliche Führungslehre dringend benötigen. Und warum sie immer wieder diskutiert wird.

Nachdem ich mir Passagen des vorliegenden Buches sehr genau betrachtet habe, haben sich gedankliche Konsequenzen geradezu aufgedrängt: Werden bei neuen Stellenbesetzungen die Veränderungen und Anforderungen, die der neue Arbeitsplatz mit sich bringt, genügend berücksichtigt? Ist ein guter Sachbearbeiter automatisch ein guter Sachgebietsleiter, der in der Lage ist, sich den Mitarbeitern ausreichend zuzuwenden, sie wertzuschätzen, ihre Motivation zu fördern, eine konstruktive Fehlerkultur zu praktizieren, Vorbild zu sein? Können wir als Gewerkschaft aufgrund der bestehenden Regelwerke bei der Stellenbesetzungs-Mitbestimmung über die Personalräte die Eignung als Führungskraft hinreichend herausfiltern?

Von all diesen Voraussetzungen hängt letztendlich der Erfolg ganz entscheidend ab: Ziel erreicht oder nicht – Mitarbeiter gesund und zufrieden oder nicht.

An diesem Punkt möchte ich nochmals hervorheben, dass die Autoren die verantwortliche Rolle der Mitarbeiter immer wieder mit ins Bild rücken. Insofern ist dieses Buch durchaus auch für alle „Geführten" ein erhellendes Werk!

Um auf meine oben angeführte Frage zurückzukommen: Wie geht Führung in der Polizei?, habe ich bei der Lektüre des Buches profunde Antworten erhalten. Ganz besonders möchte ich den beiden Autoren danken, dass sie mir das Lesen so leicht und verständlich gemacht haben. Meine Anerkennung, sie haben ihr Werk sehr logisch aufgebaut, haben mir viel Bedenkenswertes und Neues vermittelt, mich beim Lesen immer bei Laune gehalten – sie haben mich gekonnt durch die Materie „geführt".

Oliver Malchow

Bundesvorsitzender der Gewerkschaft der Polizei

Vorwort

Der Anlass zur Formulierung der nun erstmalig vorgelegten polizeilichen Führungslehre im deutschsprachigen Raum war wie manches im Leben zufällig. Wir trafen uns an der Deutschen Hochschule der Polizei in Münster und redeten über Führung. Der eine Polizeipraktiker mit Jahrzehnten an polizeilicher Führungserfahrung, Leiter eines Fachgebietes ‚Polizeiliche Führungslehre', der andere Wissenschaftler, Inhaber eines Lehrstuhls für Betriebswirtschaftslehre, insbesondere Personalführung und Organisation, der sich seit Jahrzehnten mit Führungsfragen beschäftigt und mit dem polizeilichen Kontext aus eigener Anschauung ganz gut vertraut ist. Wir beide beschlossen eine Kooperation mit dem Ziel, eine polizeiliche Führungslehre Grund zu legen. Denn wir waren und sind von der Überzeugung getragen, dass die Art und Weise der Führung eine Organisation adeln oder desavouieren kann – nach innen wie nach außen. Dass darüber hinaus anspruchsvolle Leistungen auf Dauer nur gelingen, wenn gut, d. h. klug, verantwortungsvoll und umsichtig geführt wird, ist hinreichend belegt. Und dass das körperliche wie seelische Wohlergehen der Mitarbeiterinnen und Mitarbeiter[1] durch Führung maßgeblich beeinflusst wird, erleben wir alltäglich.

Woran liegt es dann aber, dass der Führungsalltag oft als grau oder schwierig erlebt wird? Warum werden Möglichkeiten des besseren Gelingens verschenkt? Wie lässt sich die Verunsicherung vieler Führungskräfte erklären?

Hierauf gibt es natürlich keine einfache Antwort, aber zwei zentralen Anliegen haben wir uns gewidmet: Einerseits möchten wir allen, die in der Polizei Führungsverantwortung tragen (oder zukünftig tragen wollen), sei es direkt im Umgang mit Menschen, sei es indirekt durch die Beeinflussung von Strategien, Strukturen und Kulturen, eine wissenschaftlich fundierte Handreichung anbieten, um ihr bisheriges Führungsverständnis sowie Führungsverhalten besser einordnen und reflektieren zu können. Andererseits möchten wir begründete Anregungen geben, um Führung in ihrer Vielfalt besser zu verstehen und kreativ damit umgehen zu können. Als verbindenden Rahmen und markanten Kristallisationspunkt präsentieren wir ein neues Polizeiliches Führungsmodell. Damit werden strategische Bezugspunkte und fundierte Begründungen für die zeitgemäße Fortentwicklung von (operativen) Führungssystemen gegeben.

Das Werk richtet sich aber auch an diejenigen, die keine formale Führungsposition besitzen, aber Führung alltäglich als Betroffene erleben. Zu oft stehen sie im Abseits. Wir holen sie ins Geschehen zurück. Ohne ihre Akzeptanz greift Führung ins Leere.

Die Verantwortung für eine gelingende Führungsbeziehung ist nicht teilbar. Die gemeinsame Bereitschaft hierzu ist der Anfang, der gemeinsame Erfolg das Ziel.

Gerd Thielmann und Jürgen Weibler

Münster und Hagen im Sommer 2014

1 Aus Gründen der besseren Lesbarkeit wird im Folgenden auf die gleichzeitige Verwendung männlicher und weiblicher Sprachformen verzichtet. Sämtliche Personenbezeichnungen gelten für beiderlei Geschlecht.

Inhaltsverzeichnis

Geleitwort von Oliver Malchow 5

Vorwort 9

Abbildungsverzeichnis 13

1 Zur Notwendigkeit einer polizeilichen Führungslehre 15

2 Das Kooperative Führungssystem als Ausgangspunkt der polizeilichen Führungslehre 17
2.1 Hintergrund und legitimatorische Grundlage 18
2.2 Ausgestaltungen 19
2.3 Bewertung 26

3 Grundlegung und Ausweis der Besonderheit einer polizeilichen Führungslehre (Kontext und Organisation) 34
3.1 Normenbindung 34
3.2 Medien, Politik und Gewaltmonopol 35
3.3 Personalstruktur, Demographie, Diversität, Internationalität 36
3.4 Aufgabenstrukturen, Arbeitsformen 38
3.5 Kultur, Sozialisation, Korpsgeist 40
3.6 Organisationsstruktur, Dienstrecht, Personalvertretungsrecht 40
3.7 Bewertungen 43

4 Das Polizeiliche Führungsmodell der transformationalen Kooperation als neues Leitmodell 45

5 Werte und Ethik 53
5.1 Bedeutung für die Führung 54
5.2 Wissenschaftlicher Hintergrund 55
5.3 Integration in die polizeiliche Führungspraxis 58

6 Leistung und Zufriedenheit 62
6.1 Bedeutung für die Führung 63
6.2 Wissenschaftlicher Hintergrund 64
6.2.1 Arbeitszufriedenheit 64
6.2.2 Leistung 71
6.2.3 Zusammenhang von Arbeitszufriedenheit und Leistung 74
6.3 Integration in die polizeiliche Führungspraxis 75

7 Kooperatives Führen 82
7.1 Bedeutung für die Führung 83
7.2 Wissenschaftlicher Hintergrund 85
7.3 Integration in die polizeiliche Führungspraxis 88

8 Wertschätzung 90
8.1 Vertrauen 90
8.1.1 Bedeutung für die Führung 90
8.1.2 Wissenschaftlicher Hintergrund 92
8.1.3 Integration in die polizeiliche Führungspraxis 96

8.2 Respekt ... 98
8.2.1 Bedeutung für die Führung ... 98
8.2.2 Wissenschaftlicher Hintergrund ... 98
8.2.3 Integration in die polizeiliche Führungspraxis ... 100
8.3 Persönlichkeit ... 101
8.3.1 Bedeutung für die Führung ... 101
8.3.2 Wissenschaftlicher Hintergrund ... 102
8.3.3 Integration in die polizeiliche Führungspraxis ... 107

9 Entwicklung ... 110
9.1 Bedeutung für die Führung ... 111
9.2 Wissenschaftlicher Hintergrund ... 112
9.3 Integration in die polizeiliche Führungspraxis ... 118

10. Motivation ... 135
10.1 Bedeutung für die Führung ... 136
10.2 Wissenschaftlicher Hintergrund ... 137
10.3 Integration in die polizeiliche Führungspraxis ... 147

11. Vorbild ... 151
11.1 Persönliche Ausstrahlung ... 152
11.1.1 Bedeutung für die Führung ... 152
11.1.2 Wissenschaftlicher Hintergrund ... 152
11.1.3 Integration in die polizeiliche Führungspraxis ... 155
11.2 Authentizität ... 157
11.2.1 Bedeutung für die Führung ... 157
11.2.2 Wissenschaftlicher Hintergrund ... 158
11.2.3 Integration in die polizeiliche Führungspraxis ... 160
11.3 Integrität ... 165
11.3.1 Bedeutung für die Führung ... 165
11.3.2 Wissenschaftlicher Hintergrund ... 166
11.3.3 Integration in die polizeiliche Führungspraxis ... 168

12. Kommunikation ... 170
12.1 Bedeutung für die Führung ... 171
12.2 Wissenschaftlicher Hintergrund ... 173
12.3 Integration in die polizeiliche Führungspraxis ... 186

13. Führungspraktische Wegweisungen ... 189

Literaturverzeichnis ... 191

Zu den Autoren ... 217

Stichwortverzeichnis ... 219

Abbildungsverzeichnis

Abbildung 1: Elemente des KFS (nach Altmann und Berndt 1992 einschließlich der Layout-Gestaltung) ... 20
Abbildung 2: Das Kooperative Führungssystem: 6 Elemente (eigene Darstellung) ... 26
Abbildung 3: Grundstruktur einer Führungsbeziehung (Weibler 2012, S. 24 erweitert) ... 46
Abbildung 4: Das Polizeiliche Führungsmodell – PFM – (eigene Darstellung) ... 51
Abbildung 5: Modell der Kultur-Ebenen (nach Schein 1995, S. 30) ... 54
Abbildung 6: Typologie von Organisationswerten (nach Kabanoff und Holt 1996) ... 57
Abbildung 7: Matrix-Typologie nach Muir (nach Perez und Barkhurst 2012, S. 227) ... 60
Abbildung 8: Das Zwei-Faktoren-Modell (nach Herzberg et al 1959) ... 67
Abbildung 9: Das Job-Characteristics-Modell (nach Hackman & Oldham 1980) ... 68
Abbildung 10: Das Modell Arbeitszufriedenheit (nach Bruggemann et al. 1975) ... 70
Abbildung 11: Leistung: Wollen – Können – Dürfen (eigene Darstellung) ... 74
Abbildung 12: Paradigmen der Persönlichkeitspsychologie (vgl. Asendorpf 2005) ... 103
Abbildung 13: Eigenschaftsmodell der Big Five der Persönlichkeit (nach Asendorpf 2005) ... 105
Abbildung 14: Methoden und Verfahren der Personalentwicklung (eigene Darstellung) ... 115
Abbildung 15: Überblick über die Instrumente der Personalentwicklung (angelehnt an Weibler 2012) ... 117
Abbildung 16: Konflikte zwischen dem Menschen und der Organisation (vgl. Deeg und Weibler 2008, S. 15; Rosenstiel 2003, S. 13) ... 136
Abbildung 17: Das klassische Grundmodell der Motivation (eigene Darstellung) ... 138
Abbildung 18: Schematischer Überblick des Kompensationsmodells der Motivation und Volition (in Anlehnung an Kehr 2005, S. 139; 2004, S. 490) ... 139
Abbildung 19: Anregungsbedingungen und affektiver Kern der Motive Anschluss, Leistung und Macht (vgl. Weibler 2012 und die dort angegebene Literatur) ... 141
Abbildung 20: Charakteristische Merkmale expliziter und impliziter Motive (vgl. Weibler 2012 sowie die dort angegebene Literatur) ... 143
Abbildung 21: Motivation: Interaktion von Person (Motive/Ziele) und Situation (Anreize) (eigene Darstellung) ... 146
Abbildung 22: Verwendung des Kompensationsmodells als Führungsinstrument (modifiziert nach Kehr 2005, S. 142) ... 147
Abbildung 23: Komponenten charismatischer Führung (vgl. Klein/House 1995, S. 186) ... 153

Abbildung 24: Bezugsrahmen „Authentischer Führung“ (vgl. Gardner et al. 2005, S. 346) ... 158
Abbildung 25: (Vereinfachtes) Kommunikationsmodell (nach Shannon und Weaver 1963) ... 173
Abbildung 26: Vier Seiten einer Nachricht (in Anlehnung an Schulz von Thun 1981) ... 176
Abbildung 27: Das Johari-Fenster (nach Luft und Ingham 1955) ... 177
Abbildung 28: Modell der vier Lebensanschauungen in der Transaktionsanalyse (eigene Darstellung in Anlehnung an Stangl) ... 178
Abbildung 29: Modell der Transaktionsanalyse (TA) der „Ich-Zustände“ (nach Berne 1991) ... 179
Abbildung 30: Beispiele für komplementäre und Überkreuz-Kommunikation im TA-Modell (eigene Darstellung) ... 180
Abbildung 31: Modell der Themenzentrierten Interaktion (nach Cohn 2009) ... 181
Abbildung 32: Werte-Entwicklungsquadrat (nach Schulz von Thun und Kollegen 2004, S. 53) ... 183
Abbildung 33: Fünf Praxisempfehlungen für erfolgreiche Kommunikation in Führungsbeziehungen (eigene Darstellung) ... 188

1 Zur Notwendigkeit einer polizeilichen Führungslehre

Sicherheit ist ein Universalgut in der Menschheitsgeschichte. Sie ist gleichermaßen ein individuelles Bedürfnis wie gesellschaftliche Notwendigkeit. Die Legitimation des Staates hängt zwingend von seiner Fähigkeit und seiner Bereitschaft ab, mit Augenmaß Sicherheit für seine Bürgerinnen und Bürger zu gewährleisten.[2]

Geht es um die sogenannte Innere Sicherheit,[3] so ist die Institution Polizei erster Bezugspunkt für weiterführende Überlegungen. Der Polizei kommt deshalb in unserer Gesellschaft und für den Staat eine besondere Rolle zu. Damit kann es niemandem gleichgültig sein, wie die Polizei[4] agiert, organisiert ist und geführt wird.

Die Besonderheit der Institution Polizei ergibt sich aus ihrer Funktion innerhalb der Sicherheitsarchitektur[5] und der daraus folgenden Aufgabenbeschreibung für unser Gemeinwesen; in der englischen Literatur wird die Polizei sogar als zentrale und symbolische Institution des Nationalstaates gesehen.[6] Diese für das Gemeinwesen bedeutsame Stellung hat zu einer umfangreichen Verrechtlichung des polizeilichen Auftrages sowie einer politisch-öffentlichen Kontrolle der Polizei allgemein geführt. Des Weiteren ist sie regelmäßig (gesellschafts-) politisch ambitionierten Einflussversuchen unterschiedlichster Stoßrichtungen ausgesetzt.

Die Bedeutung einer funktionsfähigen und legitimierten Polizei für einen demokratischen Rechtsstaat ist offensichtlich. Peter Manning, ein anerkannter US-amerikanischer Polizeiwissenschaftler, formuliert es wie folgt: „The police as an organization and policing as a practice are embedded in the supporting institutions of a democracy, and can sustain or erode the quality of democratic life".[7] Die Aufgabe der Polizei in Deutschland besteht gemäß dem verfassungsmäßigen Auftrag in der Aufrechterhaltung der öffentlichen Sicherheit und Ordnung. In den letzten Jahren hat sich aber gezeigt, dass der politische Begriff „Innere Sicherheit" in Deutschland stets aufs Neue verhandelt werden muss.[8]

Sicherlich – Gefahrenabwehr, Kriminalitätskontrolle sowie Verkehrssicherheit sind die Stichworte, die den Rahmen der polizeilichen Tätigkeiten definieren.[9] Entscheidend ist jedoch, wie dieser Rahmen inhaltlich ausgefüllt wird und wo die Grenzen der Zuständigkeit gezogen werden. Die formale Zuständigkeit für die polizeilichen Aufgaben ist vor allem auf die Länder konzentriert.[10] Sie findet allerdings auf der Bundesebene mit der Bundespolizei und dem Bundeskriminalamt sowie in der Verpflichtung zur Zusammenarbeit des Bundes und der Länder eine bedeutsame Erweiterung. Insgesamt wird so eine notwendige Vernetzung zu einer wirksamen Sicherheitsarchitektur erreicht, in deren Kontext die zunehmende Verantwortung und Ausweitung der Aktivitäten der Kommunen nicht vergessen werden dürfen.[11] Aber auch die Europäisierung oder Globalisierung von Aufgaben der Inneren Sicherheit werfen seit Ende des 20. Jahrhunderts immer wieder Grundsatzfragen auf und zwingen

2 Vgl. Frevel (2013).
3 Wird als Sicherheit für Bürger und Staat innerhalb eines Territoriums verstanden, in Abgrenzung zur „Äußeren Sicherheit", bei der Bedrohungen für den Staat von außerhalb abgewehrt werden.
4 Polizei wird hier als Sammelbegriff für die 16 Länder- und 3 Bundespolizeien in Deutschland verwandt.
5 Wird verstanden als das Zusammenwirken von staatlichen und nicht-staatlichen Organisationen, um die Sicherheit in einem Staat und für den Staat zu gewährleisten.
6 Vgl. Loader & Mulcahy (2003).
7 Manning (2010), S. VII.
8 Vgl. u.a. Kreissl et al. (2008).
9 Siehe ausführlicher: Waldmann (2007), S. 23 f.
10 Vgl. u.a. Groß et al. (2008).
11 Siehe ausführlicher u.a.: Kreissl (2008), S. 31 f.

zur Neuausrichtung der Strategien sowie zu verändertem Handeln im operativen Bereich. Zu denken ist beispielsweise an die Veränderung der räumlichen Struktur der Kriminalität (Kriminalgeografie), die grenzüberschreitende Zusammenarbeit der Polizeien oder an die Europäisierung sowie Globalisierung der Politikgestaltung der Inneren Sicherheit. Es wird dabei auf die brüchigere oder je nach Sichtweise flexibler werdende Grenzlinie zwischen Innerer und Äußerer Sicherheit verwiesen, die das Völker- und Verfassungsrecht sowie das Polizei- und Militärrecht durchzieht.[12] Beispiele dafür sind die Terrorismusbekämpfung durch Spezialeinheiten der Bundeswehr (klassischerweise eine staatsanwaltschaftliche und polizeiliche Aufgabe) oder die Auslandseinsätze der Bundes- und Länderpolizeien im Rahmen internationaler Friedensmissionen der VN (Vereinte Nationen), EU (Europäische Union) oder der OSZE (Organisation für Sicherheit und Zusammenarbeit in Europa), die der Herausbildung polizeilicher Kompetenzen im jeweiligen Einsatzland dienen, teilweise gar exekutive Aufgaben im Ausland zum Gegenstand haben (z.B. Kosovo).

Diese zentrale Position der Polizei im bundesrepublikanischen und mittlerweile europäischen Sicherheitsgefüge verlangt nach Reflexion.[13] Da für die Art und Weise der polizeilichen Aufgabenerledigung vor allem die „Führung“ maßgeblich verantwortlich ist, konzentrieren wir uns hier im Folgenden auf eine **polizeiliche Führungslehre**.[14] Dass sich eine nähere Betrachtung lohnt, liegt aber auch an den festzustellenden und damit in mancher Hinsicht spannenden Auffälligkeiten von Polizeibehörden, wobei die Auffälligkeiten in ihrer spezifischen Kombination eine einzigartige Organisation formen. Zudem sind mehr als 310.000 Menschen in Polizeibehörden beschäftigt. Damit besitzt dieser Sektor nach dem Bildungssektor den zweitgrößten Anteil beim Personal des öffentlichen Dienstes in Deutschland.[15] Dies nicht zu berücksichtigen wäre gesellschaftspolitisch fatal und wissenschaftsstrategisch unklug.

Interessanterweise findet diese besondere Stellung der Polizei keinen angemessenen Niederschlag in der wissenschaftlichen Führungslehre. Generell ist festzustellen, dass doch sehr zurückhaltend über die Polizeien in Deutschland geforscht wird,[16] obgleich ermutigende Fortschritte in der Herausbildung einer Polizeiwissenschaft[17] und damit auch einer empirischen Polizeiforschung konstatiert werden können.[18] Woher diese Zurückhaltung rührt, werden wir nicht untersuchen.[19] Vielmehr sind wir zunächst darauf bedacht, auszuweisen, warum wir eine polizeiliche Führungslehre eigener Prägung benötigen. Dies gelingt durch die Betrachtung des Kontextes, in dem Polizeiarbeit stattfindet, und der Situation, wie sie sich Führungskräften und ihren Mitarbeiterinnen und Mitarbeitern in der Organisation darstellt – letzteres kann man auch als Einbettung deklarieren. Beide zusammen prägen Möglichkeiten und Grenzen des Führungshandelns in der Polizeipraxis.[20]

Nachfolgend wenden wir uns zunächst der Historie des Kooperativen Führungssystems in der Polizei zu. Die Einführung dieses auch heute noch formal verbindlich geforderten Systems bedeutete – in der Nachbetrachtung – einen epochalen Schritt, der eine nicht zu überblickende Entwicklung für die Führung in der deutschen Polizei zur Folge hatte.

12 Vgl. Knelangen (2008); Möllers & van Ooyen (2008), S. 27.
13 Als ein Beispiel: Temme (2013).
14 Vgl. auch Heidemann (2014).
15 Vgl. Frevel (2008), S. 3.
16 Vgl. Groß (2008), S. 20.
17 Vgl. Kersten & Burchard (2013); Kersten (2012a+b); Jaschke & Neidhardt (2004).
18 Vgl. Feltes (2007).
19 Für eine zusammenfassende Diskussion der Forschung über, mit und in der Polizei unter Aufzeigen der Historie siehe: Mokros (2011); außerdem Möllers (2011); Mokros (2010); Lautmann (2010); Feltes (2007).
20 Vgl. Thielmann (2012b).

2 Das Kooperative Führungssystem als Ausgangspunkt der polizeilichen Führungslehre

1976 schreiben Robert Altmann und Günter Berndt im Vorwort ihres Buches „Grundriß einer Führungslehre – Allgemeine Führungsvoraussetzungen“[21], dass zum ersten Mal der Versuch unternommen werde, „aus der Vielfalt der vorhandenen [...] Literatur die Bereiche herauszulösen, die zur Beschreibung und Gestaltung polizeilichen Führungsverhaltens wichtig erscheinen“. Damit wurde ein großes Unterfangen postuliert: für polizeiliches Führungsverhalten den Grundriss einer Führungslehre, also einer polizeilichen Führungslehre, zu entwerfen. Definiert wird dabei die Führungslehre in der Auflage 1992 als „Gesamtheit der Erkenntnisse, Modelle und Verfahren, die den Führungsprozess in seinen wesentlichen Elementen erfasst und beschreibt sowie Möglichkeiten zur Steigerung der Führungsleistungen und zur Persönlichkeitsentwicklung anbietet“.[22] Dahinter stand offensichtlich die Idee, das für die Polizei besonders relevante Wissen für die Verhaltensebene in Führungsbeziehungen selektieren zu können. Die Verfasser wollten damit auch „die Systematisierung der in der polizeilichen Organisation vorhandenen praktischen Führungserfahrungen“[23] realisieren. Diesen Gedanken griffen sie in der zweiten Auflage 1982 wieder auf, schränkten aber bereits ein: „Eine spezielle Führungslehre für die Bedingungen der öffentlichen Verwaltung und damit auch der Polizei gibt es bisher nur in Ansätzen“.[24] Das besagte Werk erschien in drei Auflagen; die 3., erweiterte und neu bearbeitete Auflage stammt aus dem Jahr 1992. Ein zweiter Band „Grundriß der Führungslehre – Führen in der Organisation“[25] erschien 1978, eine zweite Auflage 1983[26] und letztmalig als dritte Auflage 1994.[27] Der zweite Band ergänzt den ersten dahingehend, dass „[...] vor allem im Einzelnen die Methoden, Techniken und Verfahrensweisen des Führens in der polizeilichen Organisation“[28] dargestellt werden.

Dieses für die deutsche Polizei maßgebliche Vorhaben fand in einer Zeit des demokratischen Aufbruchs statt, der Verhaltensmodellen mit einer größeren Aufmerksamkeit für Partizipation den Weg bereitete. Dies symbolisiert auch der Wechsel des Titels 1982 von der Erst- zur Zweitauflage[29], der verdeutlicht, um was es der deutschen Polizei damals ging: kooperative Führung – eine Führungsform, die bis dahin in der bundesrepublikanischen Polizei nicht angewandt wurde.[30]

Im Folgenden wird auf den Entstehungszusammenhang des Kooperationsgedankens in der deutschen Polizei eingegangen. Anschließend werden wir die bis heute gültigen Grundlagen von kooperativer Führung beschreiben. Danach werden wir eine Bewertung des Kooperativen Führungssystems der Polizei aus heutiger Sicht vornehmen (auf der Basis der dritten Auflage von Altmann und Berndt von 1992)[31] und letztendlich Wege für eine Aktualisierung des Systems der Kooperativen Führung aufzeigen.[32] Diese werden im Verlauf der Ausarbei-

21 Altmann & Berndt (1976).
22 Altmann & Bernd (1992), S. 292.
23 Altmann & Berndt (1976), Vorwort.
24 Altmann & Berndt (1982), Vorwort zur 2. Auflage.
25 Altmann & Berndt (1978).
26 Altmann & Berndt (1983).
27 Altmann & Berndt (1994).
28 Altmann & Berndt (1976), Bd. I, Vorwort, S. 3.
29 Anstelle „Allgemeine Führungsvoraussetzungen“ heißt die zweite Titelzeile nun „Grundlagen kooperativer Führung“.
30 Vgl. Berndt (2004).
31 Altmann & Berndt (1992).
32 Vgl. auch Thielmann & Weibler (2010).

tung der polizeilichen Führungslehre ausdifferenziert und münden in ein zukunftsfähiges, integrales Gesamtkonzept.

2.1 Hintergrund und legitimatorische Grundlage

Die Siebzigerjahre waren in der Bundesrepublik Deutschland von Aufbruchsstimmung, Aufbegehren und Neuerungen geprägt. Ursache wie Folge waren Spannungen im politisch-gesellschaftlichen System, die auch die Polizei mit voller Wucht trafen. Vielleicht war sie sogar die Institution, die mit den heftigsten Auswirkungen konfrontiert wurde: Im Außenverhältnis stand sie, ohne eine im heutigen Sinne verstandene deeskalierende Kommunikation, lange Zeit nur der Amtssprache mächtig, den Ausschreitungen bei Versammlungen und Aufzügen, Hausbesetzungen, Blockaden und anderen Protestformen gegenüber. Sie geriet unter starken Legitimationsdruck gegenüber der Gesellschaft und war nicht selten Spielball von Politik und Medien. Einsatztaktiken, Strategien, Ausstattung, Ausbildung und nicht zuletzt die Öffentlichkeitsarbeit erfuhren große Veränderungen. Ziemlich unbemerkt von der Öffentlichkeit vollzogen sich auch Änderungen im Innenverhältnis.[33] Die jungen Menschen, die neu in die Organisation der Polizei eintraten, waren nicht mehr bereit, den militärisch geprägten Umgangsformen zu folgen und viele wagten den Widerspruch gegen ein autoritär-selbstgerechtes Verhalten der älteren Generation. Erkennbare Zeichen waren die Ende der sechziger Jahre geänderte Form der Anrede – statt des Dienstgrades („Herr Hauptkommissar" oder „Herr Wachtmeister") wurde nunmehr der Name gebraucht – oder die bei der Polizei Hessen verfügte Abschaffung der Dienstgradabzeichen[34] nach einer gewerkschaftlich initiierten Abstimmung in der Mitarbeiterschaft, die jedoch sehr knapp ausfiel. So ist es nicht verwunderlich, dass die Diskussion über eine zeitgemäße Führung in der Polizei in vollem Gange war. An der damaligen Polizei-Führungsakademie (heute Deutsche Hochschule der Polizei) in Münster arbeitete man an einer inhaltlichen und praktikablen Antwort auf die sich doch plötzlich einstellende Notwendigkeit einer faktischen Legitimierung polizeilicher Arbeit.[35] Die federführenden Personen wussten, nicht nur aufgrund ihrer regionalen Herkunft, von den Brennpunkten der teilweise heftigen Auseinandersetzungen während der Demonstrationen, worüber sie nachdachten: Polizeidirektor Robert Altmann kam von der Polizei Hessen (Frankfurt) nach Münster und war Dozent für Führungslehre, Polizeidirektor Günter Berndt als Angehöriger der Polizei Berlin arbeitete als Fachbereichsleiter Führungslehre an der Polizei-Führungsakademie.

Für ihre Arbeit stützten sich Altmann und Berndt auf verschiedene sozialwissenschaftliche Ausarbeitungen. Innerhalb der deutschsprachigen Forschung zur Führungslehre hatten Wunderer und Grunwald[36] mit ihrer Führungslehre die damalige Situation flächendeckend aufbereitet, ausdrücklich auch die kooperative Führung als Bezugspunkt gewählt, der ihr zweiter Band des gemeinsamen Werkes vollständig gewidmet war. Für die Rezeption des Kooperationsgedankens in der deutschen Polizei war der von Altmann und Berndt vorgenommene Bezug auf das Menschenbild des Grundgesetzes naheliegend und entscheidend. Durch diese Referenz gelang ihnen eine ethisch anspruchsvolle Anbindung an das Grundgesetz der Bundesrepublik. Damit war eine grundsätzlich nicht zu bezweifelnde Legi-

33 Vgl. Schulte (2009).

34 Diese wurden 1974 durch Beschluss des Hessischen Landtages abgeschafft, im Jahr 2002 allerdings durch die Landesregierung wieder eingeführt, nachdem die Polizei Hessen 28 Jahre lang weltweit die einzige Polizei ohne Dienstgradabzeichen war.

35 Vgl. Berndt (1977).

36 Wunderer & Grunwald (1980a+b).

timationsbasis geschaffen, wenngleich die konkrete Umsetzung Spielräume eröffnete. Den damals konstatierten Wertewandel, der auch in den Sozialwissenschaften breit, intensiv und kontrovers diskutiert wurde,[37] griffen sie auf und führten ihn als weiteren zwingenden Auslöser für Änderungen ein. Einige Ausführungen lassen allerdings die dünne Argumentationsschicht der postulierten kooperativen Werthaltung erkennen: Als neue Werte werden u.a. Wohlstand, persönliches Wohlergehen und Selbstverwirklichung angeführt. Als deren negative Auswirkungen werden eine zunehmende Immobilität genannt – in der Weigerung, Versetzungen zuzustimmen, Überstunden zu leisten, Tätigkeiten und Verwendungen anzunehmen, die nicht gefallen – sowie die nachlassende Bereitschaft, sich in halbdienstlichen oder außerdienstlichen Bereichen zu engagieren, genannt.[38] Aus heutiger Sicht kann man nun wahrlich nicht bestätigen, dass dies die Kernprobleme des Wertewandels bei der Polizei gewesen wären. Der erste Teil der benannten Auswirkungen in der Polizei steht bis heute nicht zur freien Disposition der Beamten und die im zweiten Teil angeführte Bereitschaft zum sozialen Engagement geht den Dienstherrn eigentlich wenig an, so wünschenswert dies auch sein mag. Dennoch: Es wurde ein politisch-wertorientiertes Fundament für das Ansinnen der Entwicklung einer kooperativen Führung angelegt. Die konzeptionelle Festigung und Weiterführung wurde hingegen nicht mit demselben Engagement betrieben, wie später von uns noch gezeigt werden wird.

2.2 Ausgestaltungen

Um die Angemessenheit des Kooperativen Führungssystems (KFS) im Lichte des heutigen wissenschaftlichen wie führungspraktischen Führungsverständnisses zu würdigen, ist zunächst das Verständnis des KFS in der Diktion von Altmann und Berndt offenzulegen.

Mit dem Begriff der Autorität von Führungskräften wird im KFS stark auf Leistungsautorität abgehoben, die als „Kern zu kooperativer Führung“[39] bezeichnet wird. Leistungsautorität ist die Bedingung für das optimale Erreichen der Organisationsziele sowie die Schaffung einer ausgewogenen Arbeitsatmosphäre. Damit wird sogleich ein Grundstein für die später formulierten Ziele der kooperativen Führung, nämlich Leistung und Zufriedenheit, gelegt. Dies passte sich als Resultante an das damals überwiegend postulierte aufgaben- und beziehungsorientierte Führungsverhalten an. Über eine geschickte Verknüpfung von Autorität mit Vertrauen wird Vertrauen als eine notwendige Grundlage für kooperative Führung identifiziert. Mit Blick auf gewandelte Beteiligungswünsche von Personen in Organisationen leiten Altmann und Berndt ferner ab, dass ein partizipatives Führungsverhalten von Vorgesetzten erforderlich sei. In diesem Zusammenhang prägen sie mit Zielrichtung Führungsbeziehung einen Begriff von **Kooperation** „als das partizipative Zusammenwirken verschiedener Aufgabenträger zur gemeinsamen Lösung von Aufgaben“.[40] Mittels eines Streifzuges durch einige Bereiche der Führungslehre, beispielsweise die damaligen Motivationstheorien, wird insbesondere über die populären „Management by ...“-Ansätze (by Exception, Delegation, Objectives, Motivation, Systems) der Weg zum damals schon nicht unumstrittenen Harzburger Modell[41] von Höhn gefunden. Hieraus leiten sich weitere Bestandteile des KFS ab, vor allem der Delegationsgedanke.

37 Vgl. Klages (1984).
38 Vgl. Altmann & Berndt (1992), S. 42.
39 Altmann & Berndt (1992), S. 55.
40 Altmann & Berndt (1982), S. 229.
41 Vgl. Altmann & Berndt (1992), S. 200.

In den weiteren Ausführungen von Altmann und Berndt wird der Systemansatz mit den Stichworten „Komplexität“ und „Wirkungsnetze“ aufgegriffen, dabei ein kybernetisches Modell der Führung (Regelkreis) präsentiert. Eine Grafik verdeutlicht anschaulich, wie sich die Autoren die Implementierung des KFS in die Polizei vorstellen – interessanterweise überschrieben mit „Transmission des Problems KFS in die Polizei“[42]. Der Grafik kann man des Weiteren entnehmen, dass im Programm „Innere Sicherheit“ der Ständigen Konferenz der Innenminister von 1974[43] der (partielle) Wertewandel Wirkung gezeigt hat. Die Politik gibt im Rahmen ihres Primats das Bild eines kooperativen Vorgesetzten vor, so interpretieren die Autoren die Nummer 6.3 des besagten Programms. Gleichzeitig verweisen sie unter Bezugnahme auf zusätzliche Argumente auf ähnliche Anpassungen in anderen Bereichen des öffentlichen Dienstes. Dies alles legitimiert zusätzlich ihr Bemühen, ein Kooperatives Führungssystem zu entwickeln.

Bereits 1980 wurde das KFS als Ausbildungsinhalt für angehende Führungskräfte des höheren Polizeivollzugsdienstes der Länder und des Bundes an der Polizei-Führungsakademie in Münster-Hiltrup eingeführt.

Resultat der beschriebenen Anstrengungen ist eine seit 1982 in der Polizei gültige Fassung des KFS, dessen Kurzdarstellung der nachfolgenden Abbildung 1[44] zu entnehmen ist. An dieser Stelle macht ein Abgleich mit der ersten Auflage aus dem Jahr 1976 die damals stattgefundene Weiterentwicklung deutlich: In der ersten Ausgabe beschreiben Altmann und Berndt auf lediglich sechs Seiten das System der kooperativen Führung und bezeichnen die später benannten Elemente noch als „Motivationsfelder“. Die Motivationsfelder werden jeweils mit einem Satz beschrieben bzw. erläutert, und es wird mit einigen Beispielen aus der polizeilichen Praxis aufgezeigt, wie – nicht warum – diese umgesetzt werden können. Auf gerade zwei Seiten werden einige Begründungen für die einzelnen Motivationsfelder geliefert. Dies ändert sich entscheidend mit den folgenden Auflagen der Jahre 1982 und 1992.

D e l e g a t i o n von genau beschriebenen A u f g a b e n u n d K o m p e t e n z e n, sowie der sich daraus ergebenden V e r a n t w o r t u n g
B e t e i l i g u n g von Mitarbeitern an der F e s t l e g u n g v o n Z i e l e n und an der A r t d e r D u r c h f ü h r u n g auf der entsprechenden Führungsebene
T r a n s p a r e n z aller Führungsmaßnahmen durch ständige K o m m u n i k a t i o n mit der Möglichkeit der R ü c k k o p p e l u n g
Vertikale und horizontale R e p r ä s e n t a t i o n des eigenen Dienstbereichs
Z i e l o r i e n t i e r t e K o n t r o l l e
F e s t s t e l l u n g d e r L e i s t u n g e n anderer, objektivierte L e i s t u n g s b e w e r t u n g und F ö r d e r u n g

Abbildung 1: Elemente des KFS (nach Altmann und Berndt 1992 einschließlich deren Layout-Gestaltung)

42 Altmann & Berndt (1992), S. 239.
43 Ständige Konferenz der Innenminister und -senatoren des Bundes und der Länder (1974).
44 Altmann & Berndt (1992), S. 239.

Im Folgenden werden die einzelnen Elemente vorgestellt, wie sie von Altmann und Berndt beschrieben werden, und aus heutiger Sicht erläutert.

Element Delegation

Im KFS soll Delegation als Organisationsprinzip angewandt werden. Aufgaben sollen auf die Hierarchieebene übertragen werden, die zur Erledigung (noch) in der Lage ist. Mit der Übergabe der Aufgaben muss die Übertragung der Kompetenz, d.h. die Erledigung auch eigenständig durchführen zu können und zu dürfen, erfolgen. Konsequent ist letztlich auch die Übernahme der Verantwortung durch den Ausführenden. Dies bedeutet allerdings nicht, dass der Vorgesetzte keine Verantwortung mehr hat. Dem Mitarbeiter ist ausschließlich die Handlungsverantwortung übertragen – dies bedeutet eine sachgerechte und rechtlich einwandfreie Ausführung einschließlich der erforderlichen Entscheidungen zur Aufgabenerledigung, einen effizienten Mitteleinsatz, die Beachtung der Anweisungen des Vorgesetzten, die zeitgerechte Information des Vorgesetzten sowie die Wahrnehmung der Selbstkontrolle.

Die Führungskraft behält die Führungsverantwortung, konzentriert sich auf die Bereitstellung von Sachmitteln, die Gewährleistung der Arbeitsbedingungen, die Arbeitsplanung und -verteilung, die Koordination und Information der Mitarbeiter, die sachgerechte Kontrolle der Aufgabenerledigung, die offene Rückmeldung, die Anerkennung von Leistungen, die Wahrnehmung strategischer Aufgaben (auch in Bezug auf die delegierten Aufgaben) sowie auf allgemeine Personalführungsaufgaben.

Am sichtbarsten wird das Prinzip der Delegation in der Ablauforganisation in der Regel durch Geschäftsverteilungspläne und die Regelung der Zeichnungsbefugnis. Im täglichen Dienstablauf, also über die generellen Regelungen hinaus, sollte das Prinzip durch mündliche oder schriftliche Aufgaben-, Kompetenz- und Verantwortungsübertragung auf die Mitarbeiter mit Leben gefüllt werden.

Positive Wirkungen der Delegation sind annahmegemäß u.a.:

- Möglichkeit der Selbstverwirklichung
- Identifikation mit der Aufgabe
- Fordern und Freisetzen von Kreativität
- Verbesserung der Kommunikation
- Nutzung aller Ressourcen
- Erhöhung der Zufriedenheit
- Forderung und Förderung der Eigenverantwortung
- Vermeidung von Aufgabenüberschneidungen
- Entlastung der Vorgesetzten

Element Beteiligung

Nicht nur an der Festlegung von Zielen, sondern auch an Entscheidungen, die die Mitarbeiter betreffen, sollte deren Beteiligung angestrebt werden. Aufgrund des hierarchischen Organisationsaufbaus bezieht sich die Beteiligung jedoch vorwiegend auf die nächste Führungsebene. Durch ein überlappendes System (analog Likerts Idee der „linking pins“[45]) sollte letztlich die Einflussnahme aller Betroffenen sichergestellt werden. Beteiligung bedeutet dabei nicht

45 Vgl. Likert (1967).

die Aufgabe der Autorität der Führungskraft, sondern die Konsultation der Mitarbeiter. Dies erfordert mehr und intensivere Kommunikation. Diese Investition zahlt sich jedoch durch die Steigerung der Qualität der Arbeit und die höhere Arbeitszufriedenheit wieder aus, so die Annahme. Praktisch angewandt wird Beteiligung z.B. bei Zielvereinbarungen (besser: Zielfestlegungen), sei es zum einen strukturell organisationsbezogen zwischen Organisationseinheiten, sei es zum anderen individuell personenbezogen zwischen Führungskraft und Mitarbeiter. Juristisch formalisiert sind sie z.B. in der beamtenrechtlichen Beratungspflicht der Mitarbeiter oder in den Personalvertretungsgesetzen. Im täglichen Dienstgeschäft wird die Beteiligung im persönlichen Kontakt, bei Besprechungen, im Dienstgespräch, aber auch schriftlich durch Stellungnahmen und Berichte umgesetzt.

Positive Wirkungen der Beteiligung sind annahmegemäß u.a.:

- Nutzung des Sachverstandes der Mitarbeiter
- Identifikation mit den Zielen
- Verhinderung von Zielkonflikten
- Möglichkeiten, selbstständige Lösungen zu erarbeiten
- Stärkung der Selbstkontrolle
- Erhöhung der Handlungskompetenz der Mitarbeiter
- Verringerung von Konfliktpotenzial
- Steigerung der Leistungsbereitschaft (Motivation)

Element Transparenz

Das Handeln der Führenden muss für die Mitarbeiter durchschaubar und konsistent sein. Es sollen insbesondere die Zusammenhänge, Gründe und übergeordneten Ziele erläutert werden, die dem Führungshandeln zugrunde liegen. Transparenz erfüllt u.a. in hohem Maße das menschliche Bedürfnis nach Information. Die Verwirklichung dieses Elementes erfordert ebenfalls eine hohe Frequenz der Kommunikation. Mangelnde Transparenz, in der Regel als Folge unzureichender Kommunikation, erschwert oder vereitelt sowohl Koordination als auch Kooperation.

Beispielhaft werden einige Möglichkeiten für die Schaffung von Transparenz skizziert:
Schriftlich kann Transparenz durch Aktenlauf, Informationsschreiben, Bereitstellung von und Zugangsmöglichkeiten zu Internet-/Intranet-Seiten erreicht werden. Als mündliche Form bietet sich neben formalisierten Besprechungen vor allem das Gespräch im ständigen Kontakt mit den Mitarbeitern an. Auch das System der offenen Tür, d.h. die Ansprechbarkeit, bietet Möglichkeiten der Rückkopplung.

Positive Wirkungen der Transparenz sind annahmegemäß u.a.:

- Nachvollziehbarkeit von Führungshandeln
- qualifizierte Mitarbeit
- Voraussetzung für Delegation und Beteiligung
- Abmilderung von Missverständnissen
- Akzeptanz für Maßnahmen
- Konfliktreduktion
- Vertrauensstabilisierung

Element Repräsentation

Diese Verpflichtung richtet sich zwar in erster Linie an die Führungskraft, aber eben auch an die Mitarbeiter. Dabei wird die Vertretung und Darstellung des Dienst- bzw. Arbeitsbereiches der Führungskräfte gegenüber der übergeordneten Führungsebene, den nachgeordneten Arbeitsebenen, den benachbarten Gruppen und Organisationseinheiten sowie der Öffentlichkeit erwartet. Die Verpflichtungen, den eigenen Arbeitsbereich adäquat zu vertreten, haben jedoch auch die Mitarbeiter.

Umgesetzt werden kann dies nach innen durch mündliche oder schriftliche Darstellungen bei den benachbarten Dienststellen, den Vorgesetzten sowie nachgeordneten Organisationseinheiten. Nach außen geschieht dies u.a. durch professionelle Öffentlichkeitsarbeit und – nicht zu unterschätzen – angemessenes Auftreten.

Positive Wirkungen der Repräsentation sind annahmegemäß u.a.:

- Steigerung des Amtsprestiges
- Steigerung des Sozialprestiges
- Schaffung von Vertrauen innerhalb und außerhalb der Organisation
- Stärkung des Zusammengehörigkeitsgefühls
- Anhebung des Selbstwertgefühls
- gewährleistet Anerkennung durch Vorgesetzten

Element Kontrolle

Kontrolle wurde in den ersten Beschreibungen des KFS als Instrument zur Feststellung von Abweichungen in einem Soll-Ist-Vergleich verstanden, der Bezug auf ein kybernetisches Führungsmodell ist unverkennbar. Unter Kontrolle wurde vorrangig der instrumentale Aspekt gesehen. Deshalb verwundert es nicht, dass kaum ein Element des KFS strittiger diskutiert wurde. Ein verbreiteter Irrtum schien in der Annahme zu liegen, kooperative Führung kenne keine Kontrolle, zumindest keine Fremdkontrolle mehr. Erst im Laufe der Zeit wurde verdeutlicht, dass Kontrolle nicht Machtdemonstration ist (zu der Kontrolle sehr wohl werden kann), sondern vorrangig der Sicherung zum Erreichen von Arbeitszielen in der Organisation dient. Kontrollen sind auch kooperativer Führung immanent und erfolgen in der Regel in drei Bereichen. Durch Ergebniskontrollen müssen erreichte Arbeitsergebnisse festgestellt werden und Soll-Ist-Vergleiche erfolgen. Verfahrenskontrollen dienen dazu, die Methoden und Verfahren, die die Mitarbeiter zur Zielerreichung einsetzen, zu überprüfen sowie festzustellen, ob alle dazu notwendigen Mittel zur Verfügung stehen; ggf. muss Hilfestellung angeboten werden. Mit der Verhaltenskontrolle, also dem Blick auf die erkennbare Leistungsfähigkeit und gezeigte Leistungswilligkeit des Mitarbeiters sowie die Beobachtung seines Verhaltens gegenüber den Bürgern, den Kollegen, den Vorgesetzten oder den Nachgeordneten, wird der dritte Bereich erfasst. Hier spielen insbesondere die Kontrolle der Einhaltung von Grundsätzen der kooperativen Führung und die Verhinderung von Diskriminierung eine wesentliche Rolle. Die Durchführung von Kontrolle erfolgt in der Regel offen. Ziel des Führungshandelns sollte die Stärkung der Selbstkontrolle sein, um die Fremdkontrolle reduzieren zu können.

Positive Wirkungen von Kontrolle sind annahmegemäß u.a.:

- Mitarbeiter erhalten Sicherheit darüber, wie sie wahrgenommen werden
- Koordination wird sichergestellt

- Voraussetzung für Lob und Anerkennung
- Rückkopplung über eigenes Führungsverhalten
- Verbesserung des Arbeitsverhaltens und der -ergebnisse

Element Leistungsbewertung

Korrekt muss das Element „Feststellung und Bewertung von Leistung" heißen. Um dieses Element umzusetzen, muss in der Organisation definiert werden, was als Leistung jeweils bezogen auf den einzelnen Arbeitsplatz, den individuellen Mitarbeiter und in der gesamten Organisation verstanden wird (z.B. Zahl der Vorgänge, Aufklärungsquote, Verhinderung von Straftaten, kooperative Führung von Mitarbeitern usw.). Dieser Schritt bereitet nicht nur in der polizeilichen Praxis Schwierigkeiten, aber in mehr oder weniger professioneller Weise werden Leistungsanforderungen operationalisiert. Im zweiten Schritt muss die definierte Leistung bzw. deren Ausmaß mit geeigneten Methoden festgestellt werden. Die gewählten Methoden müssen die Leistung erfassen, die man später bewerten will, und das festgestellte Ergebnis muss korrekt sowie die Methoden nachvollziehbar sein. Diese scheinbar selbstverständlichen Forderungen nach Validität, Reliabilität und Objektivität sind nicht ohne Weiteres zu erfüllen und erfordern bestimmte Kompetenzen. Erst im dritten Schritt erfolgt dann die Bewertung der festgestellten Leistung. Hier stellt sich die Frage des Maßstabes, z.B. ob ein übergeordneter, absoluter oder ein interner, relativer Maßstab verwendet wird. Diese Fragestellungen kumulieren in der Beurteilungspraxis, auf die hier nicht näher eingegangen wird.

Positive Wirkungen von Leistungsfeststellung und -bewertung sind u.a.:

- objektivere Beurteilungen (Beurteilungen sind immer subjektiv)
- Beförderungen und Karrieren werden transparent
- Mitarbeiter ist über seinen Leistungsstand informiert
- Motivation durch Anerkennung und Lob
- Binnenklima wird verbessert
- Leistungsanreiz

Rahmenbedingungen

Nach der Vorstellung des Kooperativen Führungssystems schließen Altmann und Berndt ihr Werk mit der Betrachtung einzelner Aspekte aus dem Blickwinkel des Systems. Der erste Aspekt, der „situative Ansatz des KFS", ist dabei hervorzuheben. In der Auflage von 1982 noch im Fließtext eher unauffällig aufgeführt, wird der Ansatz in der 1992er-Edition der Ansatz unter einer eigenen Nummer 3.4[46] prominenter präsentiert. Die Autoren erkannten schon bei der Entwicklung des Systems, dass eine schematische Anwendung des KFS keine hinreichende Erfolgsgarantie haben würde – obwohl die Annahme einer mechanistischen Exekution mit unausweichlicher Erfolgseinstellung immer wieder aufscheint. Als situative Bedingungen werden erstens der Zeitdruck bei Entscheidungen, zweitens der Grad der Planbarkeit von Ereignissen sowie drittens die Persönlichkeitsunterschiede der Mitarbeiter gesehen. Der letzte Aspekt wird akzentuiert und gefolgert, dass zwischen den Polen „mehr aufgabenorientierte"

46 Vgl. Altmann & Berndt (1992), S. 264.

oder „mehr personenorientierte" Führung entschieden werden muss – im Übrigen ein Ansatz, den Fiedler[47] unter Angabe der zu beachtenden Situationsfaktoren postulierte. Unter den vier Kombinationsmöglichkeiten der Faktoren „positive individuelle Bedingungen" versus „negative individuelle Bedingungen" sowie „lange Entscheidungsspanne" versus „kurze Entscheidungsspanne" werden Führungsausprägungen empfohlen. Diese reichen von „stark personenorientierte" über „schwach personenorientierte" und „schwach aufgabenorientierte" zu „stark aufgabenorientierte" Führung. Die Anleihen beim Modell von Blake und Mouton[48] bzw. den Ohio-Studien von Fleishman u.a.[49] sind offensichtlich, finden jedoch keine Erwähnung. Dieser situative Ansatz wurde in den Folgejahren in der Polizei immer wieder diskutiert und z.B. bei der Bayerischen Polizei weiter professionalisiert.[50]

Die Attraktivität eines Systems hängt von den erreichten Ergebnissen in Relation zur gewünschten Zielerreichung ab. Die zu erwartenden positiven Wirkungen des Systems werden von Altmann und Berndt mit den Stichworten Konfliktvermeidung, Leistungsverbesserung, Motivation und Mitarbeiterzufriedenheit zusammengefasst. Sie benennen auch, wie das KFS bei Organisationsentwicklung (OE) und Personalentwicklung (PE) positive Effekte hervorbringen würde. Als Bausteine für ein KFS stellen sie „Quality Circles" (Qualitätszirkel) vor. Die Bedeutung des KFS für das Disziplinarrecht wird unter der Prämisse gesehen, dass bei kooperativer Führung disziplinare Maßnahmen das letzte aller Mittel sein sollten. Hinsichtlich der gesetzlich vorgeschriebenen Personalvertretung vertreten die Autoren die These, dass das KFS die Zusammenarbeit zwischen Führungskräften und den Personalräten weit über die rechtlich normierte Form hinausgehen lässt. Abschließend wird aufgezählt, welche Voraussetzungen für die Einführung des KFS gesehen werden.

An erster Stelle und nicht unerwartet nennen Altmann und Berndt die Kooperationsbereitschaft und -fähigkeit der handelnden Personen. Als nächstes werden die Organisationsbedingungen ins Feld geführt, wobei unklar bleibt, was eine als hinderlich bezeichnete „autoritär strukturierte Organisation"[51] genau ist. Gefordert wird auch ein einheitliches Führungsverhalten aller Vorgesetzten, Führungskräften ohne eine entsprechende Führungsverhaltensvorschrift wird die freiwillige Anwendung der Elemente des KFS empfohlen. Der von allen anerkannte Zweck der Führung zur Leistungserbringung und Mitwirkung der Mitarbeiter wird als Voraussetzung für positive Wirkungen der Motivationsfelder (Elemente) gesehen. Der Appell, das KFS als Führungsverhaltensvorschrift und Pflichtenrahmen für die Führungskräfte normativ festzulegen, sowie der Entwurf eines Implementationsverfahrens runden das Bild ab.

---

47 Fiedler (1967).

48 Blake & Mouton (1964).

49 Gagne & Fleishman (1959); Fleishman & Harris (1962).

50 Vgl. Polizei Bayern (2000).

51 Altmann & Berndt (1992), S. 284.

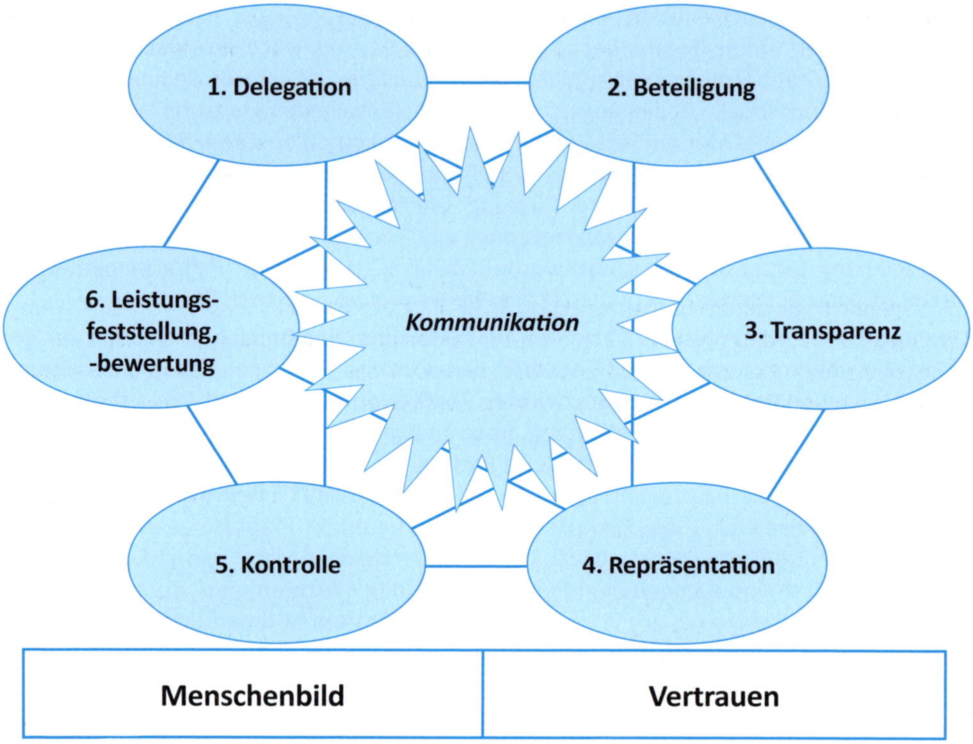

Abbildung 2: Das Kooperative Führungssystem: 6 Elemente (eigene Darstellung)

2.3 Bewertung

Bewertet man das KFS – in Abbildung 2 grafisch dargestellt – im Kontext der heutigen Erkenntnisse aus der allgemeinen Führungslehre sowie der jahrzehntelangen polizeilichen Führungserfahrung, ergibt sich ein facettenreiches Bild.

Fangen wir mit der polizeilichen Führungserfahrung an, die einerseits die Umsetzung im Polizeialltag sowie andererseits die Vermittlungsfähigkeit im Bereich der Lehre betrifft. Diese beiden Punkte greifen vor allem die Nützlichkeit und Praktikabilität des KFS in seiner aktuellen Form auf.

Was das KFS auszeichnet, ist die Eingängigkeit seiner sechs explizit genannten Elemente, die nachvollziehbaren, teils expliziten, teils impliziten Basisannahmen sowie die gute Vermittlungs- und Lernmöglichkeit.[52] Damit entspricht die Führungslehre in einer abgewandelten Form der damals vertrauten Einsatzlehre. Dies ist insofern wenig überraschend, als die beiden Verfasser aus dem etablierten Bereich der Einsatzlehre stammen. Wie Altmann und Berndt in ihrer dritten Auflage 1992 aufzeigen, fand das KFS als Lehrinhalt in der Tat schon 1980 Eingang in den Studienplan der Polizei-Führungsakademie in Münster.[53] Damit war

52 Siehe dazu zwei Beispiele: Uhlendorff & Osterroth (1994) und Strietzel (2010).
53 Vgl. Altmann & Berndt (1992), S. 230.

Führungslehre[54] u.a. mit dem Lehrinhalt KFS verbindliches, prüfungsrelevantes Lehrfach für die angehenden Führungskräfte des höheren Polizeivollzugsdienstes aller Polizeien der Länder und des Bundes. In den Folgejahren fand die Führungslehre als Lehrfach mit dem KFS als Lehrinhalt auch Eingang in die Curricula der Verwaltungsfachhochschulen der Polizeien (andere Bezeichnungen in den Bundesländern möglich) der Länder und des Bundes. Damit wurde sie auch für die Führungskräfte der unteren und mittleren Ebenen (gehobener Polizeivollzugsdienst) verbindlich.[55] Eine Erhebung der Deutschen Hochschule der Polizei aus dem Jahr 2010 belegt, dass nach wie vor in fast allen deutschen polizeilichen Bildungseinrichtungen das KFS, wenn auch in unterschiedlicher Ausprägung, in den Curricula verankert ist.[56] Die im KFS liegende Logik der Systemkonstruktion ist bis heute hilfreich in der Wissensvermittlung. Zeitgemäß ist allerdings nicht das Erlernen der Fakten und Definitionen der Elemente allein, sondern vielmehr der kritische Diskurs über zugrunde liegende Werte, Inhalte und Wirkungen unter Einbeziehung neuer Erkenntnisse bei der Umsetzung kooperativer Führung.

Als weiterer Aktivposten für das Kooperative Führungssystem ist dessen Implementierung in die einschlägigen Vorschriften als Führungsverhaltensvorschrift zu nennen. Die Polizei ist wie jede andere staatliche Institution an Recht und Gesetz gebunden, die normative Form der Gestaltung ihrer Aufbau- und Ablauforganisation sind Vorschriften (im weitesten Sinne: Gesetze, Verordnungen, Erlasse, Ordnungen, Leitlinien, Verfügungen usw.). In allen Polizeien der Länder und des Bundes wurde das Kooperative Führungssystem mit seinen Grundsätzen in die Vorschriften aufgenommen. Der Kanon der Vorschriften geht – nur beispielhaft – von Verordnungen über Geschäftsordnungen zu Leitlinien, man findet fast alle Formen von Vorschriften, die Verwaltungen des öffentlichen Dienstes immanent sind. Altmann und Berndt mussten sich für ihre Ausführungen noch auf die Anforderungen an Vorgesetzte des Programms „Innere Sicherheit" von 1974 stützen, die hinsichtlich des kooperativen Verhaltens eher vage waren. 1994 aber wurde der politische Wille zum KFS klar formuliert. Die Innenministerkonferenz veröffentlichte die Fortschreibung des Programms „Innere Sicherheit"[57] und brachte in der Nummer 6.3 unter der Überschrift „Führungsgrundsätze" deutlich das Primat der Politik zur kooperativen Führung zum Ausdruck: „Die Gewährleistung der Inneren Sicherheit in Deutschland erfordert ein einheitliches Führungs- und Einsatzverhalten der Polizei. [...] Führung soll die *Leistung* und die *Arbeitszufriedenheit* fördern. Hierzu sind in der Polizei die Grundsätze des *kooperativen Führungssystems* anzuwenden [...]".[58] Den vorläufigen Abschluss fand die Verankerung als Führungsverhaltensvorschrift im Jahr 1999, als in die in allen Polizeien der Länder und des Bundes gültige Polizeidienstvorschrift 100 (PDV 100) eine entsprechende Vorschriftennummer aufgenommen wurde: „Das Kooperative Führungssystem (KFS) mit seinen Elementen Delegation, Beteiligung, Transparenz, Repräsentation, Kontrolle, Leistungsfeststellung und -bewertung ist verbindliche Führungskonzeption, in der sich aufgaben- und mitarbeiterbezogenes Führungsverhalten ergänzen."[59] Die Fortschreibung des Programms in den Jahren 2008/2009 stellt diese Sachlage nicht in Frage und betont deutlich, wenngleich nur exemplarisch, dass die Prinzipien anzuwenden sind: „Konsequente

54 Vgl. Berndt (1977).
55 Vgl. Berndt (1980).
56 Vgl. Thielmann (2010a).
57 Ständige Konferenz der Innenminister und -senatoren der Länder (1994).
58 Ständige Konferenz der Innenminister und -senatoren der Länder (1994), Nr. 6.3.
59 Polizeidienstvorschrift 100 (1999), Nr. 1.5.3 Führungsgrundsätze (nur für den Dienstgebrauch – nicht veröffentlicht).

Delegation von Verantwortung und Beteiligung der Mitarbeiter sind Kernelemente erfolgreicher Steuerung und Führung."[60]

Es könnte auf den ersten Blick eher merkwürdig anmuten, dass formelle Regelwerke für Phänomene von individuellem Führungsverhalten als essentiell für die Umsetzung eingeschätzt werden, aber eine vorschriftengebundene Form ist für Verwaltungen nicht zu unterschätzen. Die Manifestierung von Grundsätzen kooperativer Führung in den Vorschriften legt eine Verbindlichkeit fest, auf die sich alle Angehörigen der Organisation, Geführte wie Führende, beziehen können. Im Zweifelsfall dürfte ein verwaltungsgerichtlich einklagbares Führungsverhalten zwar nicht erzwingbar sein, dies spricht aber per se nicht gegen die Sicherung des KFS in den Vorschriften. Durch die Vorschriftenlage ist ein Referenzrahmen vorgegeben, innerhalb dessen die Führungskräfte sich entwickeln und situativ angemessen agieren können, zugleich wird aber der Willkür Einhalt geboten. Mitarbeiter können ihre Vorgesetzten mit deren Pflicht zur Antwort zum kooperativen Führungsverhalten befragen, ggf. die nächsthöhere Führungskraft einschalten. Beobachtbares kooperatives Führungsverhalten ist bei dienstlichen Beurteilungen ein wesentlicher Beurteilungspunkt, dort, wo eingeführt, auch bei Vorgesetztenbeurteilungen bzw. -rückmeldungen. Die juristische Verankerung des KFS als Vorschrift ist im Kontext der staatlichen Verwaltung Polizei von grundlegender Bedeutung und damit förderlich für das System.

Ein Vorteil des Modells liegt auch in seiner Offenheit oder Flexibilität, was die Auffüllung der interpretationsbedürftigen Elemente betrifft. Ohne Benennungen wie „Delegation", faktisch also Überschriften, ändern zu müssen, können andere, zeitgemäße Inhalte ergänzt oder überkommene Verständnisse ausgetauscht werden. Was damit gemeint ist, soll beispielhaft anhand des Elementes „Kontrolle" skizziert werden: In der Ursprungsfassung des KFS wird das Element mit „Zielorientierte Kontrolle" bezeichnet. Liest man die dazugehörigen Ausführungen, wird deutlich, dass Kontrolle instrumentell im Sinne eines Soll-Ist-Abgleichs in einem kybernetisch geprägten Führungsprozess verstanden wurde. Kontrolle im Führungsprozess spielt auch heute noch eine wichtige Rolle, nur werden hier mehr und andere Facetten diskutiert. Als Beispiel ist etwa die zunehmende Bedeutung von Eigenverantwortung und Selbstkontrolle gegenüber einer engen Fremdkontrolle durch den Vorgesetzten zu nennen. Dazu zählt auch eine Verschiebung der Bedeutung von Kontrolle weg von einer die Herrschaft über den Mitarbeiter dokumentierenden Kontrollpraxis hin zu einer Anbindung an eine konstruktive Fehlerkultur, die primär Lernchancen anstelle von Bestrafungen in den Vordergrund stellt.

Diese Flexibilität verliert ihre Strahlkraft allerdings, wenn eine Anreicherung nur punktuell und nicht einheitlich vorgenommen wird. Dann büßt das KFS seine verbindende Kraft ein. Ohne eine systematische Erneuerung sind heterogene Auslegungen und individuelle Fortführungen des KFS sowie Fehlentwicklungen unvermeidlich. Es muss im Nachhinein als misslich eingestuft werden, dass das Kooperative Führungssystem in der akademischen Welt kaum aufgegriffen und innerhalb der Polizei nicht verbindlich weiterentwickelt wurde. Erst in den letzten Jahren ist in den akademischen Reihen der Polizei eine intensivere Diskussion feststellbar. Eine Kritik des KFS aus Sicht der Organisationssoziologie formuliert vor allem Barthel,[61] mit Führung in der Polizei im weiteren Sinne beschäftigten sich andere

60 Ständige Konferenz der Innenminister und -senatoren der Länder (2009), XV. Ressourcen Nr. 3. Führung und Organisation.
61 Barthel & Heidemann (2013); Weibler (2010); Barthel (2010); Barthel (2009); Barthel (2007).

Wissenschaftler.[62] Die Ursachen liegen innerhalb der Polizei u.a. darin, dass jahrelang nur – pädagogisch durchaus geeignete – Polizeivollzugsbeamte (meist des höheren Dienstes) Führungslehre vermittelten. Die Praxisrelevanz war damit zwar hoch, aber der wissenschaftliche Diskurs wenig ausgeprägt.[63] So ist das KFS, salopp ausgedrückt, als „closed-shop-Artikel" in die Jahre gekommen. Die praktische Bewährung kann man, auch wenn repräsentative empirische Erhebungen fehlen, allerdings durchaus vermuten. Diese Vermutung gründet sich nicht nur auf Rückmeldungen in Fort- und Weiterbildungsseminaren, sondern auch auf Erfahrungswissen[64] und einzelne Ausarbeitungen. Nach einigen Studien wird kooperative Führung auf der mittleren und unteren Führungsebene wahrgenommen,[65] allerdings liefern uns diese noch wenig Inhalte über die grundsätzlichen Möglichkeiten, die in diesem System liegen und entschärfen das grundsätzliche Problem zudem nicht. Der Fairness halber muss aber gesagt werden, dass dies nicht nur ein polizeispezifisches Problem ist. So formulieren Steyrer und Meyer in einem Resümee über 60 Jahre Führungsstilforschung und -praxis: „In der Folge [von Führungsfragen; G. T./J. W.] entstanden eine Unzahl von mehr oder weniger seriösen Praktikerkonzepten; dagegen steht eine forcierte Verwissenschaftlichung des Themas ohne praktische Anschlussfähigkeit."[66]

Auch wenn wir das KFS als eine im Großen und Ganzen akzeptierte Form der Führung ansehen,[67] wissen wir mangels wissenschaftlichen Zugriffs nicht, welche Elemente maßgeblich für den optimistisch angenommenen Wirkgrad des Modells verantwortlich sind. Während dieser Punkt die Effektivität, ggf. gar die Effizienz der Elemente berührt, zeigt eine genauere Betrachtung derselben, dass sie eine Vermengung von formalen (z.B. Transparenz) und inhaltlichen Aufgaben des Vorgesetzten darstellen. Letztere weisen mehrheitlich einen Bezug zum Führungsprozess auf (z.B. Delegation), sprechen aber auch eine allgemeine Führungsaufgabe ohne diesen Bezug an (z.B. Repräsentation). In ihrer Gesamtheit, d.h. der Anzahl und Beziehung zueinander, sind die Elemente letztendlich beliebig und recht lose miteinander verbunden. Dies verweist auf ein Defizit in der theoretisch-konzeptionellen Verankerung. Dies heißt ausdrücklich nicht, dass der damals vorgelegte Entwurf für ein Kooperationsverständnis unsinnig oder einfach trivial gewesen wäre. Ganz im Gegenteil muss man im Rückblick sagen, dass damit angesichts der damaligen Ausgangssituation in der bundesdeutschen Polizei (und im Übrigen auch in anderen Teilen der Gesellschaft) ein gangbarer Weg hin zu einer fortschreitend demokratisch gelebten Führungskultur begann. Damit ist die Bilanz hinsichtlich der Verankerung des KFS insgesamt als erfolgreich zu sehen.

Aber wie wir aus anderen Bereichen wissen, sind die Erfolgsfaktoren von gestern nicht automatisch die Garanten des Erfolgs von morgen. Manchmal, dies lehren z.B. Erkenntnisse der strategischen Unternehmensführung wie der Organisationslehre, können einst erfolgreiche Pfade nicht mehr rechtzeitig verlassen oder variiert werden, obwohl sich die Bedingungen entscheidend gewandelt haben. Dann wird der hart erarbeitete Erfolg zu einer Falle für den notwendigen Wandel.[68] Um eine gewisse Vorstellung des Gesagten zu geben, wäre z.B. die

62 U.a. Feltes (2007); Behr (2000, 2006, 2008); Christe-Zeyse (2007); Ohlemacher et al. (2007); Mensching (2008); Kersten (2012a+b); Lange & Schenk (2004).

63 Zwei Beispiele: Bornewasser (2012) und Walter (2011).

64 Vgl. u.a. Groß (2012); Baltes (2012); Kuntze & Sarter (2012); Geyer (2010).

65 Vgl. u.a. Waldmann (2007); Ledinsky (2008); Huf (2010).

66 Steyrer & Meyer (2010).

67 Vgl. Weibler & Thielmann (2010); Thielmann (2008).

68 Vgl. Dievernich (2007).

Frage zu stellen, ob nicht der Vertrauensaspekt sowie die moralische Haltung stärker mit Führung zu verbinden wären. Vertrauen als Voraussetzung für erfolgreiches Führen wird in diesem Zusammenhang immer wieder zu Recht genannt: „Wenn kooperative Führung gelingen soll, muss die Eigenverantwortung durch Delegation gestärkt und ein ‚gegenseitiges' Vertrauensklima geschaffen werden."[69]

Eine Definition für Vertrauen findet man allerdings eher beiläufig bei der „Bedeutung des Disziplinarrechts im KFS" als „Zustand, in dem der Mitarbeiter vom Vorgesetzten erwartet, dass dieser die Organisationsziele (den Weg) kennt und in der Zielerfüllung (auf dem Marsch) nichts unternimmt, was der personalen Integrität des Mitarbeiters schadet. Andererseits muss der Vorgesetzte darauf vertrauen können, dass der Mitarbeiter die Organisationsziele akzeptiert und in der Zielerfüllung nichts unternimmt, was der personalen Integrität des Vorgesetzten schadet."[70] Die Bedeutung von Vertrauen für kooperative Führung bedarf einer erheblich erweiterten Betrachtung und der Positionierung in der Systemkonstruktion. Des Weiteren ist als Grundlage für erfolgreiche kooperative Führung der Bezug auf ein positives Menschenbild erforderlich, dessen Aufnahme in das Konstrukt KFS als sichtbare Ingredienz auch aus heutiger Sicht erforderlich ist.

Die Einbettung des KFS in die Systemtheorie ist, um einen weiteren Punkt zu vertiefen, letztendlich nach unserer Auffassung nicht überzeugend gelungen. Dieses Defizit bezieht sich sowohl auf die Integration der Elemente als auch auf die Anzahl der Elemente selbst. Aus heutiger Sicht wirkt die Anbindung des KFS an die kybernetische Systemtheorie etwas bemüht, weder wird dies spezifiziert noch einer kritischen Würdigung unterzogen. Von der Verwendung einer Systemtheorie im eigentlichen Wortsinn kann hier nicht die Rede sein, schon gar nicht von einer schlüssigen Nachvollziehbarkeit der Übertragung der Systemtheorie auf das KFS. Grundsätzlich richtig ist, dass sich die Elemente gegenseitig stützen bzw. beeinflussen, also systemisch wirken. Dies ist aber zu wenig, um zu behaupten, dass ein widerspruchsfreies konsistentes Systemmodell entwickelt worden wäre. Man kann den Systembegriff zwar weiter verwenden, nicht zuletzt, weil er in dieser Form auch in anderen Bereichen der Sozialwissenschaft immer wieder typischerweise zu finden ist. In dieser Form ist er auch eingängig und eingedenk der Restriktionen nützlich, doch sollte dies nicht als theoretische Fundierung begriffen werden. Hinsichtlich der Anzahl der Elemente stellt sich auch ohne Theoriebezug die entscheidende Frage, ob mit den sechs Elementen alle Erfolgssektoren für eine kooperative Führung abgedeckt sind. Beispielsweise wäre die Frage zu prüfen, was die Kohäsionskraft für das Gesamtsystem bildet. Hierüber findet sich in der Beschreibung des KFS explizit nichts, aber eine systemgerechte, kooperationsförderliche Kommunikation wäre sicherlich geeignet gewesen. Es ist offensichtlich, dass nur der ständige offene Austausch von Informationen, Erwartungen und Wertvorstellungen zwischen Vorgesetzten und Mitarbeitern sowie der Mitarbeiter untereinander die Realisierung der Elemente gewährleistet. An dieser Einbeziehung in das System wäre also zwingend zu arbeiten. Überprüfungen im Lichte grundsätzlicher Erkenntnisse sind bei allen Elementen des KFS möglich und erforderlich, um eine aktuelle polizeiliche Führungslehre auszubilden.

Aus führungstheoretischer Sicht ist sicherlich auch das grundsätzliche Führungsverständnis problematisch. Führung wird klassisch einseitig und positivistisch definiert. Führung wird lediglich mit dem Verhalten einer Leitungsperson gleichgesetzt. Wenn diese im Sinne des

---

69 Altmann & Berndt (1992), S. 63.

70 Altmann & Berndt (1982), S. 221.

Modells agiert, führt sie gut. Führung ist demnach nach Überprüfung der Kriterien von außen feststellbar. Vergessen wird die entscheidende Überlegung, dass Führung nicht durch objektive Merkmale oder die Leitungspersonen selbst definiert wird, sondern von den Mitarbeitern (Geführten) zuerkannt werden muss. Wäre dem nicht so, verböte sich eine Differenzierung zwischen Leitung und Führung.[71] Führung ist ein Zuschreibungsprozess, genauer: eine sozial akzeptierte Einflussnahme.[72] Deshalb sollten die Bedingungen bekannt sein, unter denen Mitarbeiter bereit sind, Führung überhaupt zuzuerkennen. Das Kennzeichen von Führung ist nicht der (schon gar nicht: angstbesetzte) Gehorsam und auch nicht die alleinige Erfüllung arbeitsvertraglich geregelter Leistungserwartungen. Dies allein wäre bereits durch eine Leitung (durch einen „Vor-Gesetzten"), die mit ausreichendem Sanktionspotenzial versehen ist, sicherzustellen. Führung entsteht dann, wenn z.B. aus Einsicht, Vertrauen oder Hoffnung heraus den Wegweisungen einer anderen Person gefolgt wird, wobei die Gründe hierfür vielfältig sein können. Diese Befolgung ist in der Regel nicht nur vernunftgesteuert, sondern wird mit positiven Emotionen begleitet.[73] Diese entstehen aus einem angenommenen Pflichtgefühl gegenüber der Sache oder Person oder aber durch das Einbringen in eine Leistungs- und Solidargemeinschaft, besonders dann, wenn Sinn und Erfolge in einem unterstützenden Umfeld erlebbar werden.[74]

Hier ist das KFS einem zeitgemäßen Verständnis nicht sehr nahe. Das KFS ist aus Sicht der Führungskraft entworfen und setzt aus dem KFS resultierende Führung faktisch voraus, obwohl sie doch erst innerhalb des KFS erzeugt werden soll. Der Geführte spielt dabei die Rolle des Objektes, weniger die eines Akteurs. Die Mitarbeiter wurden mit ihren Bedürfnissen und Fähigkeiten zwar ernst und wahrgenommen, wurden aber als aktive Akteure bei der Gestaltung der Führungsbeziehung nicht vorgesehen. Sofern die Führungskraft das KFS in seiner Ausprägung fehlerfrei ausführte, blieb dem Mitarbeiter in dieser (aktuell gesehen doch sehr realitätsfernen) Konzeption keine andere Wahl, als die vorgesehene Position im System einzunehmen. Für Krisenfälle gab es Handlungsempfehlungen, aber nur für Führungskräfte. Diese Auffassung spiegelte sich lange in der Nichtaufnahme einer Führungslehre in die einschlägigen Curricula für die „Geführten" wider. Man könnte kritisieren, dass man ein neues Führungssystem installierte, den Mitarbeitern lange die Kenntnisse über das System vorenthielt und sie nicht befähigte, ihre vorgesehene Verantwortung in diesem System – z.B. bei der Delegation – zu übernehmen. Die Erkenntnisse über das Wechselspiel von Führungskraft und Geführtem müssen in einem zeitgemäßen Führungssystem implementiert und die Philosophie über das System muss allen Personen in der polizeilichen Organisation vermittelt werden.

Es fällt auch auf, dass das KFS die individuelle Führungssituation zu wenig im Blick hatte, obwohl auch bei Altmann & Berndt von einer situativen Führung gesprochen wurde – aber nur rudimentär. Was dies konkret bedeutet, ist noch stärker zu reflektieren. Sicherlich ist es mehr, als auf die beiden Pole „mehr aufgabenorientierte" versus „mehr mitarbeiterorientierte" Führung zu verweisen. Die in der Führungspraxis zwangsläufig entstehenden Reaktionen auf dieses Manko führten dazu, dass situative Führungsformen entwickelt wurden, die oft als Abweichung oder Ablösung vom KFS empfunden wurden. Bis heute bedarf es längerer

71 Vgl. schon Gibb (1947).
72 Vgl. Weibler (2012); Weibler (2004).
73 Vgl. Küpers & Weibler (2005).
74 Vgl. Rheinberg (2007).

Erläuterungen in der polizeilichen Praxis darüber, dass diese situative Komponente eigentlich als eine systemimmanente Eigenschaft gedacht war und keine Ergänzung oder Adaption des KFS darstellen sollte.

Das Einsatzfeld der Führung ist die Polizeiorganisation. Das damals vorgelegte Verständnis eines Organisationsmodells von Altmann und Berndt befriedigt aus heutiger Sicht nicht mehr. Da Führungsanforderungen und -aufgaben immer im Zusammenhang mit ihrem Einsatzfeld zu sehen sind, ergibt sich mit einem Wandel der Organisation bzw. des Organisationsverständnisses Korrektur- und Ergänzungsbedarf. Das KFS geht von einer hierarchischen, in kybernetischen Kreisläufen funktionierenden Organisation aus. Das Modell ist normativ verbindlich, Führungsleistung beschränkt sich auf das Regeln bei Abweichungen. Diese rationalistische Starrheit hat wenig mit der konkreten Ausgestaltung heutiger Polizeibehörden zu tun, die vielfältigen Probleme, mit denen Führungskräfte im Organisationsalltag beschäftigt sind, werden nicht hinreichend berücksichtigt. Heutzutage muss der Führungsalltag erfasst, bewertet und in Abgleich mit den Prinzipien des KFS gebracht werden. Führung ist eben nicht nur Handeln aufgrund von Abweichungen gegenüber einer gedachten Soll-Linie, quasi ein „Lückenbüßer“.[75] Vielmehr muss der Diskurs über Verständnis und Führungspraxis als Regelfall des Führungsgeschehens begriffen werden.[76] Denn Organisationen wissen regelmäßig zu wenig, um alle Konsequenzen, die aus ihrer engen Verflochtenheit mit der Umwelt entstehen, rechtzeitig im Vorfeld zu bestimmen. Es ist faktisch unmöglich, für alle Eventualitäten, die aufgrund bisheriger Erfahrung oder Prognosen eintreten könnten, Vorkehrungen zu treffen. Dies würde zu viele Ressourcen binden und wäre vollkommen unpraktikabel. Organisationale Regeln und Strukturen sind zwar wichtig, bleiben aber bis zu einem gewissen Grad unvollkommen. Darüber hinaus koordinieren sie die Handlungen von Organisationsmitgliedern, ohne die Personen, die eine Stelle besetzen, im Voraus genau zu kennen. Insbesondere die Leistungsmenge und -güte eines Stelleninhabers können im Vorfeld nur schwer mit hinreichender Genauigkeit abgeschätzt werden. Deswegen wird in Organisationen die durchschnittlich zu erwartende Leistungsmenge und -güte unterstellt. Tatsächlich variieren diese aber in erheblichem Maße, so dass sich nicht planbare Leistungsunterschiede einstellen.

Organisationen unterliegen nicht nur den Leistungsschwankungen ihrer Mitglieder, sondern sehen sich auch den Folgen von deren Eigenwilligkeit und Eigensinnigkeit ausgesetzt. Dies bedeutet, dass individuelle Ziele einzelner Mitglieder temporäre, in Einzelfällen auch systematisch-organisationale Ziele behindern oder gar konterkarieren können. Und insbesondere deren Verhalten kann nicht vollständig vorprogrammiert werden. Es ist zu bedenken, dass Organisationen soziale Gebilde sind, in denen verschiedene Menschen über längere Zeit hinweg gemeinsam an der Erfüllung von Aufgaben arbeiten. Dies bleibt nicht ohne Spannungen und Konflikte. Dazu kommt, dass sich in Organisationen Personen zusammenfinden, deren persönliche Ziele deutliche Differenzen aufweisen und sich nur teilweise überlappen. Dies kann nicht allein durch organisatorische Mittel aufgefangen werden. Führungsbedarf ist in Organisationen also das eigentlich Regelhafte bzw. Regelnotwendige, auch wenn der Umfang je nach Aufgabe, Person und Situation variiert. Führung muss demzufolge beständig

75 Türk (1981).
76 Vgl. Weibler (2012).

erzeugt werden.[77] Dies wird ohne orientierungsgebende und motivationserzeugende Sinnangebote (klassisch: Warum machen wir eigentlich was und warum so?), die von urteilsstarken und integer erlebten Personen formuliert werden, nicht funktionieren.

Wenn aber Führung eng mit dem Organisationsgeschehen verbunden ist, wirken sich selbstredend auch die Organisationsstruktur (inklusive ihrer Abläufe) sowie die Organisationskultur auf ihre Möglichkeiten und Grenzen aus. Das KFS hatte direkte Führung vor Augen, und zwar das Führungsverhalten des Vorgesetzten. So konnte man systemgerecht unter Betonung des KFS auch die Rahmenbedingungen der indirekten Führung durch z.B. Richtlinien und Leitbilder gestalten.

Was fehlt, weil bei der Entwicklung des Systems in dieser Ausprägung noch nicht virulent, ist die Anwendung der Prinzipien des KFS auch bei der Gestaltung der Meso- und Makroebene der Polizei. Damit ist Folgendes gemeint: Das KFS wurde für die Führungsbeziehungen in der Polizei entwickelt. Somit ist es Grundlage für direktes Führungshandeln von Führungskräften sowie Geführten auf der Mikroebene. Das System zeigt zwar Auswirkungen für indirekte Führung in der Gestalt, dass die Organisation die Anwendung der Elemente zulassen muss, z.B. Beteiligung oder Delegation als Organisationsprinzipien hat. Dies hat aber damit nur mittelbar Einfluss auf die Mesoebene der Behörde bzw. ihrer organisatorischen Einheiten (z.B. Dienststelle).

Auf was das KFS nicht abzielt, ist der Fakt, dass dessen Prinzipien auch als Handlungsmaximen der einzelnen Organisationseinheiten der Polizei untereinander, der Mesoebene, oder gegenüber Interaktionspartnern der Außenwelt, der Makroebene, angewandt werden können und sollten. Wenn z.B. in einer Polizeibehörde als Mesoebene eine Strategie entwickelt werden soll, wie werden die Elemente „Beteiligung“ oder „Delegation“ in diesem Prozess zur Geltung gebracht, d.h., wie werden die Schichtdienstgruppen, die Ermittlungsgruppen, die Führungsstäbe, die Verwaltungen beteiligt? Wenn eine Polizeibehörde in Fragen der Sicherheit gesellschaftliche Gruppen auf der Makroebene involviert, werden dann die beiden genannten Elemente als Handlungsmaxime gesehen und wie werden z.B. die Kommunalverwaltung, die Justiz, die Bevölkerung, Bürgervereinigungen einbezogen? Die Weiterentwicklung des KFS muss deshalb auch beinhalten, dass die Prinzipien für Führungshandeln auf allen Handlungsebenen als praktikabel und handlungsleitend akzeptiert werden. Ein Polizeiliches Führungssystem sollte über die direkte, personale Bezugsebene hinaus auch als strategische, organisationsübergreifende Philosophie für das Handeln polizeilicher Führungskräfte empfunden werden. Die Aufgabe liegt also darin, ein integrales Verständnis von Kooperation unter Berücksichtigung besonderer Rahmenbedingungen zu denken und zu leben.

Aus dem Bisherigen ergibt sich, dass wir die Notwendigkeit in sachlicher und zeitlicher Hinsicht sehen, ein neues Führungsmodell zu diskutieren.[78] Wir werden diesen Gedanken im folgenden Kapitel weiter verfolgen, in dem wir die Fundamente und Besonderheiten einer polizeilichen Führungslehre darlegen. Wir zeigen, warum die Polizei einerseits auf die Erkenntnisse und Erfahrungen der allgemeinen Führungs- und Organisationslehre zurückgreifen muss, andererseits es aber Fakten und Praxiserfahrungen gibt, die die Zweckmäßigkeit einer speziellen Führungslehre aufgrund der Besonderheiten der Polizei begründen.

---

77 Vgl. auch Uhl-Bien et al. (2007).

78 Thielmann & Weibler (2014).

3 Grundlegung und Ausweis der Besonderheit einer polizeilichen Führungslehre (Kontext und Organisation)

3.1 Normenbindung

Die Aufgaben der Polizeien sind gesetzlich fixiert und damit im Kern nicht ohne Weiteres disponibel. Sie bedürfen immer wieder der politischen Rückbindung, im Zweifel bis hin zur höchstrichterlichen Klärung. Durch die ausdrückliche Verankerung in verschiedenen Normen, insbesondere der Herausbildung des Polizei- und Strafverfolgungsrechts, ergibt sich automatisch eine besondere Ausrichtung auch des alltäglichen Handelns jedes Polizeivollzugsbeamten an eben diesen Normen (vom Grundgesetz bis hin zur Hausverfügung), verbunden mit der stets latenten und oftmals manifesten Überprüfung der Rechtmäßigkeit, Erforderlichkeit, Geeignetheit und Angemessenheit des Handelns. Dies verlangt nicht nur eine juristische Handlungskompetenz, wie sie in dieser Breite nur in wenigen Organisationen von allen Organisationsmitgliedern erwartet werden kann, sondern schult nahezu zwangsläufig auch das Abgleichen des eigenen Handelns mit Normen. In kaum einer anderen Organisation repräsentiert sich der sogenannte „Dienst nach Vorschrift" in der eigentlichen positiven Wortbedeutung als Soll-Orientierung treffender.

Eine aus Sicht der Organisationslehre eigentümliche Situation wird durch das besondere Verhältnis von Staatsanwaltschaft und Polizei generiert. Die Verpflichtung der Polizei zur Strafverfolgung ergibt sich u.a. aus der Strafprozessordnung: „Die Behörden und Beamten des Polizeidienstes haben Straftaten zu erforschen"[79] und in diesem Zusammenhang die Verpflichtung, ihre „Verhandlungen", wie es im Gesetzestext heißt, ohne Verzug der Staatsanwaltschaft zu übersenden.[80] Die Polizei ist im rechtsstaatlichen Aufbau der Bundesrepublik eindeutig der Exekutive zugeordnet und eine eigenständige Organisation mit dem Auftrag der Strafverfolgung einerseits sowie der Gefahrenabwehr andererseits. Die Staatsanwaltschaft ist Teil der Judikative und entsprechend als autonome Organisation der Justiz verfasst.

Es gibt nun ein Rechtsinstitut, das als eine besondere Funktion Amtsträgern zugewiesen ist: „Ermittlungsperson der Staatsanwaltschaft". Diese sollen insbesondere bei Gefahr im Verzug und als verlängerter Arm der Staatsanwaltschaft agieren. In der Regel wird dieser Personenkreis durch Verordnungen der Landesregierungen[81] über die Amtsbezeichnungen definiert. Diese benannten „Ermittlungspersonen" sind in der großen Mehrzahl Polizeivollzugsbeamte (nur die Angehörigen des gehobenen und höheren Dienstes mit Leitungsfunktionen sind davon ausgenommen), aber auch Angehörige der Bundesfinanzverwaltung (Außenprüfungs- und Steueraufsichtsdienst, Grenzaufsichts- und Grenzabfertigungsdienst), der Forst-, Jagd- und Fischereiverwaltungen und der Bergverwaltung. Wirtschaftsfachkräfte bei den Staatsanwaltschaften selbst haben diese Funktion ebenfalls inne.

Was die Sache besonders macht, ist die Formulierung der entsprechenden Rechtsgrundlage im Gerichtsverfassungsgesetz: „Die Ermittlungspersonen der Staatsanwaltschaft sind in dieser Eigenschaft verpflichtet, den Anordnungen der Staatsanwaltschaft ihres Bezirks und der

79 § 163 Abs. 1 Strafprozessordnung (StPO).

80 § 163 Abs. 2 Strafprozessordnung (StPO).

81 Ein Beispiel aus Hessen: Verordnung über die Ermittlungspersonen der Staatsanwaltschaft.

dieser vorgesetzten Beamten Folge zu leisten."[82] Diese aus der Geschichte des deutschen Rechtes erklärbare (hier nicht näher ausgeführte) und durchaus sinnvolle Konstruktion hat zur Folge, dass die Staatsanwaltschaft befugt ist, in Ermittlungsverfahren Weisungen an die „Ermittlungspersonen" zu geben. Zwischen den Staatsanwaltschaften und Polizeien ist vereinbart, dass diese Weisungen nicht – was rechtlich möglich wäre – als direkte Anordnungen an einzelne Vollzugsbeamte ergehen, sondern als Ersuchen der Polizeibehörde zugestellt werden und diese für die ordnungsgemäße Erledigung sorgt.

Wenn man diese Konstruktion aus Sicht des „Prinzipal-Agent-Klient"-Modells[83] (PAK-Theorie) betrachtet, tritt folgende Konstellation auf: Der Polizeipräsident (als Prinzipal) hat seine Ermittlungsbeamten (als Agenten) beauftragt, Straftaten aufzuklären und die Ergebnisse, d.h. die Ermittlungsakten (das Produkt), an die Staatsanwaltschaft (als Klient) abzugeben. Der „Klient" hat aber nun das Recht, auch als „Prinzipal" zu agieren und den „Agenten" des anderen Prinzipals (Polizeipräsident) mit weiteren Ermittlungen zu beauftragen, da wie ausgeführt die Polizeibehörden und deren Mitarbeiter verpflichtet sind, den Weisungen der Staatsanwaltschaft Folge zu leisten. In der jahrzehntelangen Anwendung hat sich für diese Rechtskonstruktion in der Praxis eine weitgehend problemlose Routine etabliert, da die Ersuchen auf dem Dienstweg an die Behörde und selten direkt an den einzelnen Mitarbeiter gestellt werden. Bestimmte Nahtstellenprobleme sollen zwar nicht verschwiegen werden,[84] diese sind aber in der Gesamtheit nicht durchschlagend. Für den im KFS denkenden Mitarbeiter heißt dies allerdings, dass damit in bestimmten Fällen eine Anordnung der Führungskraft nicht zu dessen Disposition steht.

3.2 Medien, Politik und Gewaltmonopol

Des Weiteren besteht wie in kaum einer anderen Organisation ein Interesse der medialen Öffentlichkeit daran, das Handeln der Organisation bzw. ihrer Akteure beständig zu hinterfragen. Hier schwingt sicherlich zum einen die Befürchtung einer historisch belasteten Staatspolizei mit, die das demokratisch opportune Verständnis einer Bürgerpolizei gefährden könnte. Zum anderen zeigt sich aber auch das emanzipierte Demokratieverständnis, sich über das Handeln des Staates umfassend informieren und ggf. einmischen zu dürfen. Hieraus ergibt sich insbesondere für die polizeiliche Führung der unterschiedlichen Ebenen die Notwendigkeit, das eigene Handeln auch in diesem Licht zu reflektieren, da die politische Elite auf mediale Auftritte der Polizei höchst sensibel reagiert – es wird auch vom „Politikum Polizei"[85] gesprochen. Dies hat u.a. damit zu tun, dass die Bevölkerung das Agieren der Polizei ausgesprochen interessiert verfolgt. Für sie ist die Polizei zwar Sicherheitsgarant und damit essenzielle Voraussetzung für ein friedliches Leben in der Gemeinschaft, aber immer auch potenziell strafende Instanz für deviantes Verhalten oder Durchsetzungsinstitution für Staatsräson im Sinne von Sicherheit und Ordnung. In diesem Zusammenhang tritt mit dem staatlichen Gewaltmonopol[86] die außergewöhnliche Möglichkeit hinzu, deviantes Verhalten auch mittels Zwang unter genau definierten Bedingungen unterbinden zu können oder erforderliches Verhalten auch gegenüber Unbescholtenen in bestimmten Situationen

82 § 152 Abs. 1 Gerichtsverfassungsgesetz (GVG).
83 Stierle (2014).
84 Vgl. u.a. Große Strafrechtskommission des Deutschen Richterbundes (2008).
85 Winter (1998).
86 Kritisch dazu: Behr (2008), S. 53 f.

durchzusetzen. Mehr noch: Die Tatsache, eine der wenigen Organisationen[87] zu sein, deren Angehörige Waffen[88] tragen und diese gegenüber dem Staatsbürger unter strikten Regeln anwenden zu dürfen, begründet eine hohe Verantwortung des Einzelnen – bei einer Führungsposition sogar in einem noch höheren Ausmaß. Daraus erwächst nicht nur die abstrakte Forderung, sich als Polizei nach Recht und Gesetz zu verhalten, sondern auch die konkrete, stets Gerechtigkeit walten zu lassen.

Damit ist ausgedrückt, dass das Handeln der Polizei mit ausgesprochen hohen fachlichen wie ethischen Erwartungen konfrontiert ist. Eine Überforderung der Organisation oder des Einzelnen ist hier nicht prinzipiell ausgeschlossen. Vielleicht stärker, als es für Organisationen im Allgemeinen gilt, tritt der einzelne Polizist als Mensch hinter die Rolle des Mitglieds und Repräsentanten der Organisation zurück, zumal wenn er in Uniform oder unter Vorhalt der Dienstmarke auftritt. Dabei fällt auch ins Gewicht, dass die Erwartungshaltung der Bevölkerung an das Aussehen und Auftreten der Polizei sowie den Inhalt ihres Tätigkeitsspektrums – stärker als dies für andere Organisationen außerhalb des Sicherheitsbereichs zutrifft – fast ausschließlich medial vermittelt ist und dieses transportierte Image – der eigentümlichen Logik der Medien folgend – so gut wie nie der tatsächlichen Alltagspraxis entspricht.[89] Eine neue Dimension der Wahrnehmung und Darstellung der Polizei stellen die sozialen Netzwerke im Internet wie YouTube, Facebook oder Twitter dar; die Quellen der Veröffentlichungen können Privatpersonen, Medienmitarbeiter, aber auch die Polizei selbst sein.[90] Und mit den sich immer wieder im Gespräch befindenden Körperkameras eröffnet sich ein weiteres Spielfeld mit ungeahnten Auswirkungen.

3.3 Personalstruktur, Demographie, Diversität, Internationalität

Wie in nur wenigen anderen Organisationen wird die **Personalstruktur**, also die Zusammensetzung des Personals hinsichtlich bestimmter körperlicher, kognitiver, emotionaler oder sozialer Merkmale (z.B. Gesundheitszustand, Bildungsniveau, Beobachtungsgabe, Frustrationstoleranz, Teamfähigkeit), bereits bei der Auswahl durch die Festlegung formal definierter Anforderungen vorbestimmt.[91] Diese prognostizierte Ausformung und Stabilität hängt auch mit dem in der Regel lebenslangen Verbleiben in der Organisation zusammen. Hinsichtlich der Personalstruktur treten immer wieder Besonderheiten auf, die entweder durch gesamtgesellschaftliche Entwicklungen oder politische wie fachbezogene Entscheidungen bewirkt werden. Denken wir beispielsweise an eine demographische Auffälligkeit, das „Altern" der Polizeiorganisation. Bewirkt durch (finanz-)politisches Kalkül wurden gegen Ende des 20. Jahrhunderts aufgrund des Erreichens des Pensionierungsalters abgehende Kohorten im Zeitablauf nicht flächendeckend gleichmäßig ersetzt, sodass die Einstellungszahlen den Abgang aus der Organisation nicht vollständig kompensierten. Reaktionen der Politik sind mittlerweile bei einigen Polizeien zu beobachten, nämlich durch die Erhöhung der Einstellungszahlen. Dies gewährleistet zwar einen Erhalt der Soll-Stärken, verhindert aber nicht den Verlust von Erfahrungswissen durch das Ansteigen der Pensionierungszahlen. Im Zeit-

87 Andere Organisationen sind der Zoll, Verfassungsschutz, kommunale Ordnungsämter, auch Stadtpolizei genannt (z.B. in Frankfurt/Main), Forst- und Jagdschutz, Bundeswehr (Feldjäger), die jedoch sehr spezifisch und nicht in der Breite agieren.
88 Schusswaffen mit letaler und nicht-letaler Munition, Schlagstock, Reiz- oder Betäubungsstoffe, Schockwaffen.
89 Vgl. Kersten (2005); Kersten (2009).
90 Vgl. z.B. Schug (2012).
91 Vgl. Weibler & Deeg (2005); Nienhüser (1998).

ablauf führt diese Erhöhung zu neuen Unausgewogenheiten in der Altersstruktur. Großen Kohorten Jüngerer stehen anfangs noch viele Ältere gegenüber, bei zahlenmäßig schwachen Jahrgängen der Mittelalten. In den Jahrzehnten danach stellen die Jüngeren und Mittelalten das Gros der Alterskohorten, eine typische Wellenbewegung in polizeilichen Organisationen.

Denken wir aber auch an weitere Änderungen in der Bevölkerung insgesamt, die die Personalstruktur in der Polizei bereits prägen. So wird beispielsweise der wachsenden Bedeutung von Frauen in der Arbeitswelt bei der Polizei Rechnung getragen.[92] Schon heute sind in manchen Bundesländern bis zu 50 % der Neueinstellungen weiblichen Geschlechts, wenngleich die Frauenquote für die gesamten Polizeien erst ca. 20 % erreicht hat.[93] Eine weitere Entwicklung zeigt bereits ihre Spuren. Über 8 % der Menschen in der Bundesrepublik haben eine ausländische Staatsangehörigkeit und fast 20 % der Bevölkerung weisen einen Migrationshintergrund auf.[94] Damit begegnet die Polizei nicht nur im Außenverhältnis divergierendem Kulturverständnis, sondern es versehen immer mehr Menschen mit unterschiedlichen kulturellen Wurzeln in der Organisation ihren Dienst. In vielen Bundesländern werden seit längerer Zeit nicht nur EU-Bürger, sondern auch Nicht-EU-Bürger als Polizeivollzugsbeamte eingestellt. Betrachtet man zudem die zunehmende gesellschaftliche Emanzipierung von Minderheiten, beispielsweise mit Blick auf Religion und sexuelle Orientierung, kann man eine (im Sinne von Diversity) vielfältige polizeiliche Organisation prognostizieren.[95]

In diesem sich wandelnden Umfeld verändern sich zeitgleich einige Anforderungen an eine erfolgreiche Arbeit. Dies kann man an der immer internationaler werdenden Polizeiarbeit gut illustrieren. Hinzuweisen ist dabei auf die langjährig bewährte Zusammenarbeit der deutschen Polizei mit INTERPOL,[96] seit einigen Jahren mit wesentlich stärkerem Kooperations- und Einbindungsgrad mit EUROPOL[97] und FRONTEX,[98] in deren Organisationen schon lange deutsche Polizeibeamte arbeiten.

Daneben sind eine ganze Reihe von Netzwerken[99] entstanden, die sich aufgrund spezieller polizeilicher Aufgaben oder Spezialisierungen, wie Wasserschutzpolizei, Bahnpolizei, Verkehrspolizei, Fortbildung u.ä., gebildet haben.

Seit Jahren gibt es mit allen deutschen Nachbarstaaten Verträge über grenzüberschreitende polizeiliche Zusammenarbeit. Der Prümer-Vertrag, dessen Regelungsinhalte in EU-Recht überführt wurden, ermöglichte darüber hinaus die vereinfachte grenzüberschreitende Zusammenarbeit, u.a. den Datenaustausch mit den EU-Staaten, sowie die Bildung gemeinsamer internationaler Ermittlungsgruppen.[100] Das Schengen-Abkommen[101] und die Durchführungsabkommen sind seit Jahren wirksam und das Schengen-Informationssystem (SIS) in Betrieb.

---

92 Ab 1980 wurden auch Frauen in den Polizeivollzugsdienst der Länder und des Bundes eingestellt (d.h. gleichberechtigt, bis dahin gab es nur wenige Stellen für Spezialistinnen).

93 Vgl. Statistisches Bundesamt (2013), S. 59 (je nach Lesart der Statistik!).

94 https://www.destatis.de/DE/ZahlenFakten/GesellschaftStaat/Bevoelkerung/MigrationIntegration/Migrationshintergrund/Migrationshintergrund.html.

95 Vgl. Thielmann (2010b).

96 Internationale kriminalpolizeiliche Organisation, Sitz Lyon, 187 Mitgliedsstaaten (2009).

97 Europäisches Polizeiamt, Sitz Den Haag, Agentur der EU.

98 Europäische Grenzschutzagentur, Sitz Warschau, Agentur der EU.

99 Vgl. u.a. Thielmann & Bruggeman (2010).

100 Vgl. § 93 Internationales Rechtshilfe Gesetz (IRG).

101 Beteiligt sind nicht nur EU-Mitgliedsstaaten, sondern auch andere europäische Staaten.

Dies hatte u.a. zur Folge, dass die polizeiliche Bildungsarbeit nachhaltig europäisiert wurde; so entstand mit der AEPC[102] ein Zusammenschluss der Polizeiakademien auf europäischer Ebene sowie in Mitteleuropa mit der MEPA[103] ein Verbund von polizeilichen Bildungseinrichtungen und im Rahmen der EU eine europäische Agentur für polizeiliche Fortbildung, die als Netzwerk der Polizeiakademien aufgebaut ist (CEPOL[104]). Ebenfalls im internationalen polizeilichen Bildungsbereich aktiv sind FRONTEX und INTERPOL. Wahrnehmbar im Gange sind die Diskussionen über die Anforderungen an polizeiliche Führungskräfte im europäischen Kontext.[105]

3.4 Aufgabenstrukturen, Arbeitsformen

Wenn wir den Blick auf das Arbeitsfeld der Polizei richten, fällt die Beschaffenheit der zu bewältigenden **Aufgaben** auf. Zum einen werden diese u.a. wegen des Schichtdienstes und unregelmäßiger Arbeitszeiten, der ständigen Konfrontation mit sozialen Problemen und aggressiver Klientel als anstrengend empfunden.[106] Zum anderen sind diese Aufgaben vergleichsweise vielschichtig, einerseits mit generalistischer (z.B. Streifendienst, Bereitschaftspolizei) und andererseits mit spezifischer Ausrichtung (z.B. Spurensicherung, elektronische Datenverarbeitung). Bei aller Unterschiedlichkeit der Aufgabenwahrnehmung ist charakteristisch, dass alltägliche Routine schlagartig und überraschend in Einzigartigkeit umschlagen kann. Dabei besteht potenziell die Gefahr, dass diese Wendung Leib und Leben bedroht und damit auch die latente Gefahr des Waffeneinsatzes. Diese prinzipiellen Unvorhersehbarkeiten prägen nicht nur das Bewusstsein bei der Ausübung der Aufgaben, sondern verlangen entsprechende Vorkehrungen durch Training, Ausstattung und Fürsorgeoptionen, die durch Führungskräfte initiiert werden müssen. Der Berufsalltag von Polizisten ist – ebenfalls eine Auffälligkeit in Bezug auf den Ausprägungsgrad – durch Teamarbeit dominiert. Es gibt wenige Arbeitsfelder in der Polizei, die keine gemeinsame Aufgabenerledigung erfordern. Dies geht bis zur erlebten Abhängigkeit in einer Gefahrengemeinschaft, womit das gemeinsame Handeln und gegenseitige Sichern in unübersichtlichen und gefährlichen Situationen gemeint ist. Diese Aspekte und die Erfahrung, im Rund-um-die-Uhr-Einsatz an den Grenzlinien der gesellschaftlichen Milieus eingesetzt zu werden und dabei emotional kränkende Anfeindungen zu erfahren oder seelisch belastende Dinge zu erleben, sind auch Ursachen für eine besondere Bindung zueinander, die über die eigentliche Arbeitsaufgabe hinausgeht. Hierauf müssen sich Führende einstellen, die dies – weitgehend von der Mitarbeiterschaft anerkannt – können, da sie Teil eines Systems sind, in dem sich bis auf einige Spitzenpositionen fast alle durch eine gemeinsame berufliche Historie und Sozialisation organisationskulturell verbunden wissen.

Hervorzuheben ist dabei auch die zeitgleiche Doppelrolle zahlreicher Organisationsangehöriger als „Führende“ bzw. „Geführte“. Aufgrund der hierarchischen Aufgabenstruktur und des hohen Anteils an Teamarbeit gibt es nur wenige Positionen in der Organisation, die keine Führungsaktivitäten beinhalten. Auf den unteren Integrationsebenen sind es die Führungs-

102 Association European Police Colleges, Sekretariat Wien (2011).

103 Mitteleuropäische Polizeiakademie, Sekretariat Wien und Budapest (2011).

104 Collège Européen de Police (European Police Academy), Direktion Bramshill/UK (bis 2014), dann Budapest/Ungarn.

105 Vgl. u.a. Thielmann & Bruggeman (2010) und European Police Chief Convention (2013): http://www.policija.lt/index.php?id=21139.

106 Vgl. Backes et al. (1997).

personen von kleinen Teams, die von Streifenwagenbesatzungen bis zu Ermittlungsteams reichen. Auf den oberen Integrationsebenen, z.B. Direktionsleitungen, gibt es darüber immer einen Behördenleiter, aber auch diese haben einen Landespolizeipräsidenten[107]und darüber den jeweiligen Minister als Dienstvorgesetzten. In den letzten Konstellationen spielen allerdings die Aspekte von indirekter Führung eine große Rolle, da aufgrund der räumlichen Entfernungen und des Aufgabenumfanges eine direkte, persönliche Kommunikation nur selten stattfindet. Festzustellen ist jedenfalls, dass diese Doppelfunktionalität bei vielen der in der Organisation arbeitenden Menschen anzutreffen ist. Dies ist ein weiterer Beleg dafür, dass Führende und Geführte als gleichberechtigte Subjekte in Führungsbeziehungen gesehen werden sollten, da es häufig nur vom Betrachtungswinkel abhängt, welche der beiden Rollen ein Organisationsangehöriger hierbei innehat.

Die polizeiliche Tätigkeit erfordert hinsichtlich ihrer Kompetenzanforderungen auch die Fähigkeit zur raschen Analyse und zur schnellen Entscheidung; dies sowohl vom Streifenführer beim Eintreffen an einer Unfallstelle mit Schwerverletzten als auch vom Polizeiführer eines großen Einsatzes mit Tausenden von Kräften bei einer gewalttätigen Veranstaltung. Hier wie anderenorts ist zu beachten, dass diese Entscheidungen nicht nur möglichst schnell und bei wenig gesicherten Erkenntnissen zu treffen sind, sondern dass es sich in der Regel auch um Alleinentscheidungen handelt, die im günstigsten Fall noch mit anderen beraten werden können. Perez und Barkhurst bezeichnen u.a. deshalb Polizisten als Führungskräfte („Police officers are leaders"),[108] was für deren Führung besondere Anforderungen an die polizeilichen Führungskräfte stellt, weil die Führungskräfte „Führungskräfte" führen müssen.

Fast immer werden polizeiliche Aktivitäten von Unbeteiligten bemerkt, die von neugieriger Beobachtung bis zur massiven Einmischung alle Formen der Einflussnahme ausüben. Dies führt häufig zu mehreren Kommunikationsfronten für die Polizeiangehörigen, deren Gegenüber man etwa als Täter, Opfer, Kontrahenten, Zeugen, Beobachter, Unterstützer, Einmischer, Schaulustige oder professionelle Medienangehörige klassifizieren kann. Dies schärft den Blick für die Vielfalt von Tätigkeiten, die durch einen hohen Grad an persönlicher Eigenverantwortlichkeit und Selbstständigkeit geprägt sind; im täglichen Dienst[109], in der sogenannten Allgemeinen Aufbauorganisation (AAO), gilt dies genauso wie bei herausragenden Einsätzen mit der eigens dafür entwickelten Besonderen Aufbauorganisation (BAO). Dies alles sind Anforderungen, die in einem schon fast eigentümlich zu nennenden Gegensatz zu der ansonsten abverlangten strikten Unterordnung hinsichtlich gesetzlicher und behördlicher Normen stehen. Damit ist offensichtlich, dass die Gestaltung der einzelnen Führungsbeziehungen in ein weit darüber hinausgehendes Beziehungsgeflecht personeller wie institutioneller Art eingebettet werden muss.[110] Ob diese Situation, auch Einbettung genannt, eher die routinierte Seite des Alltags widerspiegelt (z.B. Besprechungen, Recherchen, Routinestreifen im Rahmen der Allgemeinen Aufbauorganisation), die keiner Entscheidungseile unterliegt, oder ob man sich mitten in einem eskalierenden Einsatzgeschehen befindet oder gar unter Zeitdruck auf ein angekündigtes Großereignis vorbereitet, ist deshalb beständig mit der Bedeutung für die Führung abzugleichen. Wie immer gibt es für alle Situationen klar definierte Regelungen und fachliche Anforderungen, aber diese unterscheiden sich in den jeweiligen Situationen mitunter erheblich.

107 Funktionsbezeichnung unterschiedlich in den Ländern und beim Bund.
108 Perez & Barkhurst (2012), S. 15.
109 Vgl. u.a. Feltes et al. (2013).
110 Vgl. Weibler (2009); Yukl (2013).

3.5 Kultur, Sozialisation, Korpsgeist

Typisch für Führende in Polizeiorganisationen (mit Ausnahme der politisch dominierten Spitzenpositionen) ist – und auch dies findet sich in dieser Konsequenz in anderen Organisationen ausgesprochen selten –, dass sie im Regelfall die von ihnen führungsmäßig zu verantworteten Arbeitsaufgaben im Laufe ihres Karriereweges selbst (umfassend und eigenhändig) erledigt haben, auch wenn sie mit fortschreitendem Aufstieg in der Hierarchie der Konstellation vor Ort weitgehend entwachsen. Nicht nur, dass sie daher diese Aufgaben von der berufspraktischen Tätigkeit selbst kennen, sie können diese auch durch eine ähnlich durchlaufene Aus- und Fortbildung in der Bedeutung für den Einzelnen gut einschätzen. Diese nahezu identische **Sozialisation** in den Dienst (gemeinsame bzw. ähnliche Ausbildung) und während der Ausübung des Dienstes (gemeinschaftlicher Einsatz bzw. früher selbst wahrgenommene Aufgaben) schafft nicht nur ein gemeinsames konzeptionelles und handwerkliches Verständnis von der auszuübenden Tätigkeit, sondern trägt auch zur Ausbildung eines Ethos oder Korpsgeistes bei, der sich mit den Attributen kameradschaftlich und gegenseitig helfend am besten skizzieren lässt.[111]

Gleichzeitig ist damit eine einheitliche, auch nach den Gesichtspunkten des öffentlichen Dienstes sehr geschlossene Aufstiegslaufbahn geschaffen, die sich über ein Studium an den für andere Gruppen nicht geöffneten (Fach-)Hochschulen der Polizeien bis zum Masterstudiengang für den höheren Polizeivollzugsdienst an der Deutschen Hochschule der Polizei (DHPol) bundeseinheitlich realisiert (nur ca. 5 % der Führungskräfte sind Seiteneinsteiger, meist Juristen).[112] Durch das Tragen der Uniform schon während des Berufseinstiegsstudiums und das polizeilich geprägte Umfeld erfolgt eine nicht zu unterschätzende berufsbezogene Sozialisation, die die Führungskultur – wie auch die anderen der bereits aufgeführten Charakteristika in der Organisation Polizei – entscheidend prägt. Im späteren Berufsleben treffen die Organisationsangehörigen immer wieder aufeinander, d.h., man kennt sich und teilt gleiche oder ähnliche Erfahrungen aus der Lehr- und Praxiszeit, was erfahrungsgemäß ein ganzes Berufsleben verbindet.[113] Als Folge wird auch die grundsätzliche Bereitschaft, das Führen und Geführtwerden als legitime Form des polizeilichen dienstlichen Miteinanders zu akzeptieren, erhöht.[114] Damit sollen die bekannten Phänomene des negativen Korpsgeistes[115] sowie der Konflikt der „Management-Cops versus Street-Cops“ nicht negiert werden, doch diese berühren andere Diskussionspunkte.

3.6 Organisationsstruktur, Dienstrecht, Personalvertretungsrecht

Im Vergleich mit anderen Organisationen haben wir es in den Polizeibehörden mit einer besonderen **Organisationsstruktur** zu tun. Diese ist, historisch und politisch bedingt, in Erscheinung und Benennung von Einheiten für gleichartige Aufgabenerledigung sehr variantenreich.[116] Bei näherem Hinsehen weist sie aber typische generelle Merkmale auf, die sie von anderen Organisationen, insbesondere von Unternehmen und Non-Profit-Organizations

111 Vgl. Behr (2006); Behr (2010).

112 Berechnet aufgrund der Anzahl der Absolventen des sogenannten Studienkurses der PFA/DHPol, der für diese Zielgruppe durchgeführt wird, sowie Schätzungen über die Anzahl der politischen Beamten ohne polizeiliche Ausbildung.

113 Vgl. Thielmann (2009).

114 Vgl. Rowe (2006).

115 Sehr kritisch: Sticher-Gil (2002).

116 Vgl. Groß (2008); Frevel (2008); Dams (2008).

(NPOs), abhebt.[117] Dies fängt beim dienstrechtlichen Status der Spitzenführungskräfte in der Organisation und den hierarchisch nachgeordneten Organisationsmitgliedern an. Nach wie vor werden die meisten deutschen Polizeibehörden von Polizeipräsidenten geleitet, die als beamtenrechtlich politische Beamte von den Regierungen be- oder abberufen werden. Die Polizeien unterstehen damit in weiten Bereichen einer sogenannten zivilen Führung – dies war nach der NS-Zeit auch so gewollt. Traditionell werden diese Funktionen meist mit Juristen besetzt, erst in den letzten beiden Jahrzehnten wurden auch Polizeivollzugsbeamte, die dann allerdings meist in den Status des politischen Beamten wechseln mussten, zu Präsidenten ernannt. Erst die nächste Hierarchieebene ist fast ausschließlich mit Vollzugsbeamten/innen besetzt, die Lebenszeitbeamten sind, also nicht abberufen – allenfalls versetzt – werden können. Bei diesem Konstrukt der zivilen Führung handelt es sich um einen augenfälligen Ausdruck des Primats der Politik für Sicherheitsfragen.

Die Organisation selbst besitzt einen ausgesprochen klaren hierarchischen Aufbau mit einem als Prinzip in aller Regel vorhersehbaren und akzeptierten bürokratischen Prozessgeschehen,[118] das – den Weber'schen Vorstellungen entsprechend – als die einzige mögliche Form praktizierter Rechtstaatlichkeit („rule of law" im Sinne von Hayek 1960) verstanden wird. Die Stellung des Einzelnen innerhalb der Hierarchie ist – soweit vorhanden – an den Dienstgradabzeichen (Schulterklappen), aber auf jeden Fall an den Amtsbezeichnungen sofort zu erkennen (z.B. Polizeioberkommissarin) und in der Regel mit formal klar definierten Kompetenzen verbunden. Bürokratisierte Hierarchien verlangen ausführliche und umfassende Vorab-Regelungen aller planbaren und gängigen Sachverhalte. Ausdruck dafür sind u.a. die minutiös ausgearbeiteten polizeilichen Dienstvorschriften (z.B. PDV 100[119]), die für alle deutschen Polizeiorganisationen verbindliche Regelungen darstellen und – im Sinne der Bürokratie nach Max Weber – Orientierung und Legitimation für das Handeln des Einzelnen und der Organisation bereithalten.

Hauptziel der Organisation ist es – dies ist wenig überraschend –, ihren gesetzlichen Auftrag zu erfüllen, also ihrem Zweck gerecht zu werden; innerbehördlich wird dies in der Regel durch Zielfindungsverfahren operationalisiert. Der Natur der Sache geschuldet, geht Effektivität bei der Aufgabenerledigung häufig vor Effizienz. Zu betonen ist aber, dass Effizienz die wichtigste Nebenbedingung erfolgreichen Handelns heutiger Polizeiarbeit darstellt und beständig eingefordert wird (verwiesen sei an dieser Stelle z.B. auf Neue Steuerungsmodelle[120]). Die Vielzahl der Regelungen dient allerdings auch dazu, Unsicherheiten im Handeln zu vermeiden sowie erfolgversprechende Problemlösungen und ein automatisches gegenseitiges Verständnis auch ohne vorheriges Kennen der agierenden Personen und Organisationseinheiten sicherzustellen.

Die Organisation Polizei ist eine der wenigen Organisationen, die rund um die Uhr aktiv mit der Außenwelt kommuniziert und dabei Dienstleistungen für alle gesellschaftlichen Gruppen erbringt. Ähnlich wie viele andere Organisationen unterliegt auch sie einem Zielpluralismus, d.h., was als Organisation erreicht werden soll, um den gesellschaftlichen Zweck zu erfüllen, wird von verschiedenen Personenkreisen bestimmt: von Politik, Ministerien, Behördenleitungen, Bereichs- und Dienststellenleitungen, aber auch von der Öffentlichkeit sowie Inter-

117 Vgl. z.B. Prätorius (2004).
118 Vgl. Weber (1922).
119 Polizeidienstvorschrift 100 (1999), Nr. 1.5.3.4.
120 Strategische Modelle zur Steuerung öffentlicher Verwaltungen, u.a. Kosten-Leistungs-Rechnung.

essengruppen und Medien. Aufgrund unterschiedlicher Interessenslagen und Informationsstände ist bestenfalls formal eine homogene, kaskadenähnliche Abfolge von Zielsetzungen verschiedenster Stufen erreichbar, diese stellen aber faktisch eine Mixtur dar, die nicht selten Unsicherheiten hervorruft. Um dies an der Führungspraxis zu skizzieren: Es stellt sich die Sinnfrage, eine gesetzlich vorgeschriebene Anzeige zu einem geringfügigen Massendelikt noch in aller Förmlichkeit und allem Umfang aufzunehmen, wohl wissend, dass der Vorfall unaufgeklärt bleibt, die Staatsanwaltschaft das Verfahren wegen Erfolglosigkeit gar nicht erst weiterverfolgt, und wenn gleichzeitig die politische Zielsetzung lautet, die Anzahl der unaufgeklärten Fälle zu reduzieren. Ähnliches gilt für die Entscheidung, ob man ein Disziplinarverfahren einleiten soll, wenn man zufällig beobachtet, wie ein Mitarbeiter frühmorgens die letzte Reißzwecke in ein politisches Wahlplakat am dienstlichen Schwarzen Brett drückt. Oder soll man das Plakat nur abhängen, da es erst eine Sekunde hing und es niemand sonst gesehen hat? Dienstrechtlich ist der Tatbestand einer Verletzung einer Beamtenpflicht[121] erfüllt – aber ist die Einleitung des dienstrechtlichen Verfahrens in Abwägung verschiedenster relevanter Werte führungspraktisch zu vertreten?

Dies lenkt den Blick auf eine weitere Auffälligkeit der Organisation Polizei im Vergleich zu privatwirtschaftlichen Organisationen. Die Polizisten sind nach einigen Berufsjahren Lebenszeitbeamte,[122] abgesehen von schweren Verfehlungen praktisch nicht kündbar und auch nur unter Schwierigkeiten außerhalb ihrer angestammten Tätigkeiten einzusetzen (aufgrund zustimmungsbedürftiger Verfahren und personalrätlicher Beteiligungsrechte). Damit wird die in der Führungslehre immer wieder hervorgehobene und lerntheoretisch begründbare Aufforderung, deviantes Verhalten in letzter Konsequenz negativ zu sanktionieren, erheblich eingeschränkt. Hinzu tritt, dass auch positive Sanktionen, zumindest in geldlicher oder materieller Form (z.B. Dienstwagen, Laptops), aufgrund der Rechtslage und des begrenzten finanziellen Spielraums im Regelfall lediglich in einem motivational nicht nennenswerten Umfang erfolgen können – wenn überhaupt. Deshalb liegt das Augenmerk notgedrungen stärker auf Beförderungen, wobei dies u.a. aufgrund von Beförderungsstopps und Mangel an Beförderungsstellen zunehmend spannungsgeladen ist. Im Negativfall wird leicht der jeweilige Vorgesetzte damit in Verbindung gebracht, obwohl dessen Einflussmöglichkeiten – verglichen mit der Privatwirtschaft – deutlich begrenzt sind. Hinzu kommt – ebenfalls ein Unterschied zur Privatwirtschaft –, dass es jedem in der Polizeibehörde, aber auch jedem Externen möglich ist, in Erfahrung zu bringen, wer sich in welcher Einkommensstruktur bewegt.[123]

Letztlich tritt zu den Einflussfaktoren auf die Organisation Polizei, wie überall im öffentlichen Dienst, eine rechtlich starke und tatsächlich auch so praktizierte Stellung der Personalräte. Diese begleiten, da rechtlich so vorgesehen, beständig sowohl strategische als auch operative personalpolitische Entscheidungen und prägen diese so in vielen Fällen mit. Drei Berufsvertretungen setzen sich überschneidend für die Interessen ihrer Mitglieder aktiv ein (die Gewerkschaft der Polizei, die Deutsche Polizeigewerkschaft im Deutschen Beamtenbund

121 Verstoß gegen die politische Neutralität im Amt.

122 In den westlichen Bundesländern erreichten die Tarifangestellten nach 15 Dienstjahren ebenfalls den Status „unkündbar".

123 Die Gehalts- und Lohntabellen sind im öffentlichen Dienst allgemein zugänglich, aufgrund der Amtsbezeichnungen sind die Besoldungsgruppe und wegen des meist bekannten Alters die Gehaltsstufe und -höhe offen.

und der Bund Deutscher Kriminalbeamter) und nehmen damit – historisch betrachtet durchaus recht erfolgreich – Einfluss auf die Organisation und auf die übergeordnete Politik.[124]

3.7 Bewertungen

Das bisher Gesagte verweist darauf, dass wir es bei der Polizei einerseits mit einer Organisation zu tun haben, die durch ihren Auftrag, ihre Verankerung und die Kombination ihrer organisationspraktischen Charakteristika einzigartig ist. In diesem Sinne ist die Polizei eine Organisation sui generis. Dies heißt aber andererseits nicht, dass alles an dieser Organisation besonders ist und keine Parallele zur Privatwirtschaft, zu anderen Verwaltungen des öffentlichen Dienstes oder NPOs zu finden wäre. Tatsächlich gilt: Es gibt theoretisch wie praktisch eine Fülle von Gemeinsamkeiten.

Das bedeutet, dass wir uns im weiteren Verlauf auch auf allgemeine, wissenschaftliche Erkenntnisse der Führungs- sowie der Organisationslehre beziehen werden und davon für die Ausgestaltung von Führung in der Polizei profitieren können. Gerade mit Blick auf die im Fokus stehende polizeiliche Führungslehre wird man sagen dürfen, dass die Erkenntnisse der Führungslehre grundsätzlich keinem bestimmten Organisationstypus vorbehalten sind.[125] Menschen teilen bei aller Unterschiedlichkeit und jenseits konkreter Situationen bereits evolutionsbiologisch bedingte Bedürfnisse und Verhaltenscharakteristika[126] und unterliegen in organisierten Leistungssituationen vergleichbaren Gesetzmäßigkeiten. Auch die Polizeiorganisationen benötigen zur Aufrechterhaltung ihrer Funktionsfähigkeit Strukturen und Prozesse, die das beständige Ziel haben, Individuum und Organisation zu integrieren[127], sowie Führungskräfte, die diese Zielerreichung befördern.[128] In diesem Sinne ist sie mit anderen, nicht-polizeilichen Organisationen ohne Weiteres vergleichbar.

Dennoch – und darauf weisen wir beständig hin – ist es zweckmäßig, eine besondere polizeiliche Führungslehre auszuweisen. In Erinnerung rufen möchten wir, als Abgrenzung zu privatwirtschaftlich geführten Organisationen, die in Führungsfragen immer Referenzobjekte bilden (da die große Mehrheit aller Überlegungen zur Führung die Privatwirtschaft als Bezugsobjekt, Anwendungsobjekt oder Forschungsgegenstand hat), vor allem ein Faktum: Es ist Tatsache, dass Polizeiarbeit zwei grundsätzlich verschiedene Arten von Tätigkeiten repräsentiert und damit beständig wechselhafte Anforderungen an den einzelnen Polizisten und damit an die Führung stellt – Alltagsroutine zum einen und der besondere Einsatz zum anderen (wobei damit auch die hierfür unterstützenden Tätigkeiten gemeint sind). Obwohl der Einsatz als Besonderheit deklariert wird, ist er eben nicht, wie in so vielen anderen Berufen, der Ausnahmefall, sondern immanenter Bestandteil der täglichen Polizeiarbeit. Wir beziehen uns nicht nur auf den Einsatz aus „besonderem Anlass", wie ihn z.B. die Polizeidienstvorschrift 100 definiert, sondern gleichermaßen auch auf den Einsatz im täglichen Dienst in all seiner Vielfältigkeit, Dynamik und Unvorhersehbarkeit (= Komplexität). Deshalb muss eine polizeiliche Führungslehre beide Formen dieser Polizeiarbeit bedenken. Zur

124 Eigendarstellung der Gewerkschaft der Polizei: „Dabei beteiligt sie sich auch an gesellschaftlichen und politischen Diskussionen. Bedeutende Themen sind u.a.: Kriminalpolitik, Kriminalitätsursachen, Verkehrspolitik, Entwicklung des Strafrechts, Organisation und Aufgaben der Polizei und die polizeiliche Aus- und Fortbildung." Abgerufen unter http://www.gdp.de/gdp/gdp.nsf/ID/image (22.05.2013).

125 Vgl. u.a. Thielmann (2012a).

126 Vgl. Bauer (2006); Wuketits (2002).

127 Vgl. Deeg & Weibler (2008).

128 Vgl. u.a. Pearson-Goff & Herrington (2013).

strategischen und operativen Bewältigung der Einsätze hat sich mit der Einsatzlehre zwar traditionell eine bewährte Disziplin polizeiwissenschaftlichen Denkens mit großem Erfolg herausgebildet. Allerdings richtet die Einsatzlehre ihre Erkenntnisse nach strategischen, taktischen und rechtlichen Gesichtspunkten aus und nimmt dabei wenig Bezug auf Erkenntnisse der Führungslehre. In dieses große Feld der Führung im Einsatz muss eine polizeiliche Führungslehre stoßen, diese bliebe ohne Reflexion der unteilbaren Aufgabenverwobenheit von täglichem Dienst und Einsatz aus besonderen Anlässen unvollständig. Führung muss in einer Organisation gesamthaft gesehen werden. Sie ist nicht teilbar, findet lediglich in unterschiedlichen Kontexten und Einbettungen statt, beeinflusst aber letztlich immer denselben Personenkreis.

4 Das Polizeiliche Führungsmodell der transformationalen Kooperation als neues Leitmodell

Wie wir aufzeigen, muss die Führung von Menschen eigentlich situationsübergreifend, also allgemeingültig, verstanden werden. Besonderheiten gilt es dort zu berücksichtigen, wo diese einen entscheidenden Einfluss auf die Erwartungen an Führungskräfte in der Polizei und deren Verhalten entwickeln. Was diese Besonderheiten sind und welche Auswirkungen diese für die Polizei in Deutschland haben, haben wir im vorstehenden Kapitel bereits formuliert. Man kann dies im Wesentlichen unter der Begrifflichkeit „Einflussfaktoren auf die Führungskultur" subsumieren.[129] In diesen Faktoren manifestiert sich, was besonderen Einfluss auf das Wahrnehmen, Denken, Fühlen, Wollen und Verhalten von Menschen innerhalb, aber auch außerhalb der Polizei hat. Diese Faktoren sind teilweise exklusiv, d.h., sie tauchen so nur in polizeilichen Zusammenhängen auf. Der andere, größere Teil der Faktoren ist eher universal, aber die spezielle Kombination und die besonderen Wechselwirkungen der Faktoren führen trotzdem zu einem Alleinstellungscharakter für polizeiliche Organisationen. Im Ergebnis liegt eine solitäre Führungssituation für die Polizei vor. Dies verlangt nach einem polizeispezifischen Führungsmodell, das die Besonderheit abbildet und nach dem sich Führungskräfte in der Führungspraxis richten können (unsere Bezeichnung: **P**olizeiliches **F**ührungs-**M**odell – PFM).

Wir werden den Begriff „Führungsmodell"[130] verwenden, weil auch eine sprachliche Nähe zum Begriff „Führungssystem", der sich innerhalb der Polizei etabliert hat, besteht. Ein eigenes Führungsmodell ist nicht zuletzt dadurch gerechtfertigt, dass man bei der Polizei im Vergleich zu vielen anderen Organisationen von einer weitgehend geschlossenen Organisation reden darf – einem Mikrokosmos aus Sicht der Beteiligten. Dies liegt zum Teil in der Natur einer Sicherheitsbehörde. Sie operiert nach einer spezifischen Logik und stabilisiert (diese) durch strukturelles, kulturelles (im engeren Sinn) und personelles Verhalten. Da sie aber sowohl in der Ressourcenaufnahme als auch in der Leistungsabgabe mit der Welt außerhalb zwingend verbunden ist, finden kontinuierlich Lern- und Austauschprozesse statt, die auf die Effektivität und Effizienz des Systems Polizei einwirken und so auch die Führung beeinflussen.

Bei dem nun folgenden Vorschlag eines aktuellen und einigermaßen zukunftsfesten, weil flexiblen Polizeilichen Führungsmodells handelt es sich um die Beschreibung von Zusammenhängen, aus denen sich die Erwartungen an Führung in der Polizei begründen. Dabei werden die entscheidenden Sachverhalte, die das Führungsverständnis prägen, identifiziert und miteinander in Beziehung gesetzt. Getragen wird dieses System von einer bereits bei Weibler[131] formulierten Grundstruktur einer Führungsbeziehung:

129 Vgl. Thielmann (2009).
130 Weibler (2004).
131 Weibler (2012), S. 24.

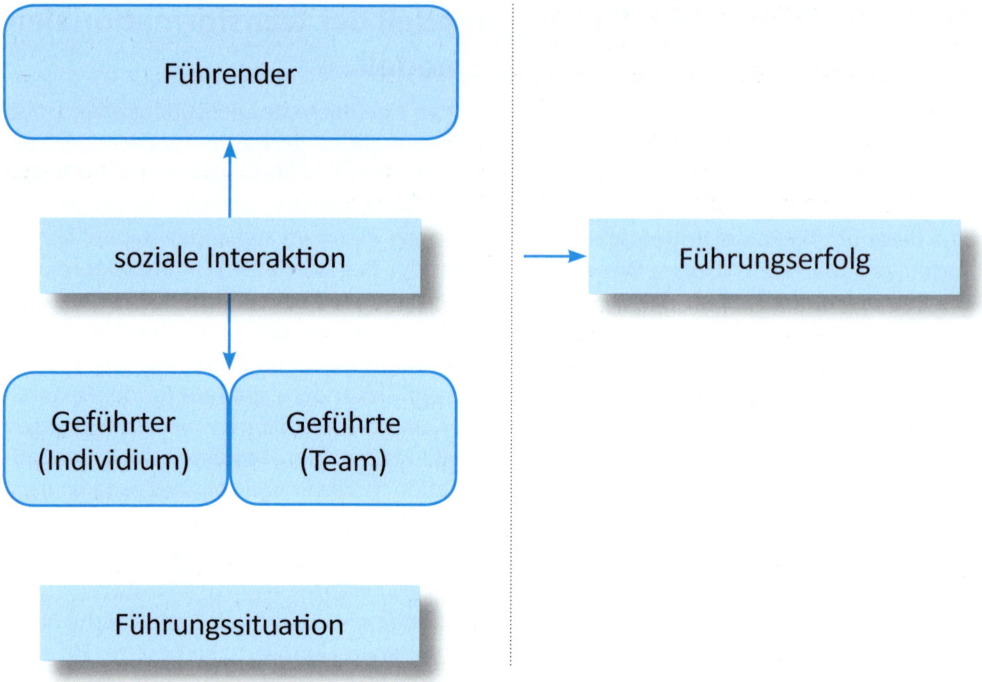

Abbildung 3: Grundstruktur einer Führungsbeziehung (Weibler 2012, S. 24 erweitert)

Diese scheinbar einfache Grundstruktur einer Führungsbeziehung ist bereits wegweisend: Führende, Geführte, deren Interaktionen sowie die Führungssituation sind zu berücksichtigen, und es sollen Aussagen über den Führungserfolg möglich sein. Als Führungserfolg wird hier, wie in vielen anderen Modellen, Leistung und Zufriedenheit verstanden, wie wir weiter ausführlicher begründen. Die Qualität des Führungserfolgs wirkt auf die Beteiligten und die Führungssituation zurück. Die Leistungskomponente ist Ausdruck der Erfüllung des Zweckes einer Organisation, die Zufriedenheit berücksichtigt das Interesse der Beschäftigten an einer für sie befriedigenden Arbeit. Eine differenziertere Benennung dieser Erfolgsgrößen ist jederzeit möglich, aus Verständlichkeitsgründen belassen wir es an dieser Stelle aber bei den beiden zentralen Grundbegriffen.

Die gewählte Modellierung der Grundstruktur einer Führungsbeziehung hebt sich von eigenschaftstheoretischen Modellen, die (lediglich) die Führungsperson im Blickfeld haben, genauso ab wie von normativen Modellen, die (nur) ein bestimmtes Führungsverhalten (z.B. delegative Führung) mit dem Führungserfolg verbinden. Im Unterschied zu dem bei der Polizei bislang zugrunde gelegten Kooperativen Führungssystem wird die Person des Geführten (also desjenigen, auf den sich die Führungsanstrengungen richten) von vornherein als gleichwertiges Subjekt miteinbezogen. Führung ist demnach das, was erst durch die Interaktionen eines Vorgesetzten mit seiner Mitarbeiterin oder seinem Mitarbeiter (einer Person oder einer Gruppe) im günstigen Fall entsteht. Erst durch diese gemeinsame Wahrnehmung einer Führungsbeziehung wird eine Vorgesetzte oder ein Vorgesetzter zur/zum Führenden. Ansonsten bleibt er bzw. sie schlicht und einfach eine Leitungsperson.

Führung wird damit als eine *akzeptierte* soziale Einflussnahme verstanden,[132] wohingegen Leitung lediglich das formale Innehaben einer Stelle mit Anweisungsbefugnis ausdrückt. Führung muss – im Gegensatz zur Leitung – also zugeschrieben und faktisch erarbeitet werden. Wir wissen aus der einschlägigen Forschung, dass Mitarbeiterinnen und Mitarbeiter recht genaue Vorstellungen darüber haben, welche Eigenschaften und Verhaltensweisen eine akzeptierte Führungsperson aufweisen sollte. Bei den Verhaltensweisen des Führenden ist darüber hinaus entscheidend, auf welche Weise diese gezeigt werden.

So ist z.B. bei Delegation nicht nur das *Ob*, sondern auch das *Wie* entscheidend, um von dem Geführten als positive Führung erfasst zu werden. Nur die von einer anforderungsgerechten Wertschätzung ausgehende Übertragung von Aufgaben, Kompetenzen und Verantwortung wird als glaubhafte Delegation empfunden und nicht als Abschieben von Arbeit oder direktive Befehlserteilung. In der Führungslehre findet man etliche Beispiele, welche Auswirkungen dieser Unterschied von Leiter und Führer auf die Leistung einer Gruppe sowie die Zufriedenheit ihrer Mitglieder hat.[133] Das vorgestellte Führungsverständnis ist demnach – zumindest für viele Führungskräfte – ein Bruch mit dem bisherigen, auch in der Polizeipraxis vorherrschenden Verständnis (Position = Führung). Dieser Bruch ist notwendig, weil erst damit eine reflexive Führung ermöglicht wird und Fallstricke vermieden werden können.

Das von uns auf der Basis der genannten Argumentationslinien entwickelte PFM versucht, angesichts der diskutierten neuen wissenschaftlichen Befunde in der Führungslehre und unter Einbeziehung der aktuellen Polizeipraxis mit dem Kooperativen Führungssystem (KFS) ein zeitgemäßes Verständnis von Führung auszuweisen. Grundlegend ist die Auffassung, dass polizeiliches Führungshandeln erfolgreicher ist, wenn es sich in der Kenntnis bewährten (im günstigen Fall wissenschaftlich gestützten) Wissens vollzieht. Man kann in diesem Fall auch von evidenzbasiertem Führungshandeln[134] sprechen. Übergreifend zentral bleibt dabei die Kooperation als Leitlinie zur Gestaltung von Beziehungen sowie zum Treffen und Bewerten von Entscheidungen, wird aber für die Handhabung in der Polizei ausdifferenziert. Damit bleiben die Anbindung an die demokratische Verfasstheit der Polizei an sich und die aus dem demokratischen Verständnis abgeleitete (Führungs-)Praxis in der Organisation zwangsläufig notwendige Bestandteile des PFM.

Das PFM übernimmt folgerichtig ein für Führungsfragen relevantes Menschenbild, wie es in der Verfassung, dem Grundgesetz, verstanden wird. Durch die Anbindung an das Grundgesetz wird das PFM auch moralisch legitimiert. Nach diesem Bild wird von einer aufgeklärten, staatsbürgerliche sowie individuelle Rechte und Pflichten besitzenden Person ausgegangen, die als individuelle Persönlichkeit in der Organisationspraxis (nach innen wie nach außen) zu respektieren ist. Dies bedingt in der Organisationspraxis, dass Individuen das Recht haben (in manchen sachlogischen Zusammenhängen jedoch nur stufengerecht), sich an der Herausbildung, Umsetzung und Bewertung von Entscheidungen zu beteiligen (informatorisch bis mitbestimmend). Sie sind allerdings auch verpflichtet, dieses Recht sach- und situationsgerecht auszuüben. Entscheidungen werden hier deshalb herausgehoben, weil diese zum einen für den Adressaten Folgen haben und zum anderen erst die (Mit-)Bestimmung an der eigenen Entwicklung ermöglichen. Beides, die direkte und indirekte Bindung des

132 Vgl. Weibler (2012).
133 Vgl. Bass & Bass (2008).
134 Vgl. Kleinschmidt (2010); Brodbeck (2008).

Verhaltens an Grundwerte und Beteiligungsrechte, schließt blinden Gehorsam und kompromisslose Gehorsamspflicht aus. Sie verlangen, positiv formuliert, ein im Rahmen seiner Aufgabe eigenständig denkendes und handelndes Individuum, das sich aber wiederum der Regelgebundenheit seines Verhaltens und der Einbindung in die Arbeitsgruppe bzw. in das Team bewusst ist. Unter diesen aus der demokratischen Verfasstheit unserer Gesellschaft abgeleiteten und durch die gesellschaftliche Praxis anerkannten Ansprüchen muss jede Führungsbeziehung in der Polizei gesehen werden.

Diese Ausgangsposition entfaltet sich, bildlich gesehen, in einer **Polizeiorganisation**, die den faktischen Rahmen zur Ausgestaltung dieser Anforderungen darstellt. Wie in jeder Organisation lässt sich das Führungsgeschehen sodann auf eine strukturell-systemische (indirekte) wie personal-interaktive (direkte) Basis zurückführen.[135] Bei der strukturell-systemischen Führung handelt es sich um eine Gestaltung des Kontextes, die entweder von der Politik vorgegeben und/oder von den Führungskräften beeinflusst wird. Bei der personal-interaktiven Führung ist die Führung von Angesicht zu Angesicht angesprochen. Da es sich dabei um den Kernbereich unseres vorgeschlagenen Modells handelt, werden wir ausführlicher darauf zu sprechen kommen.

Die strukturell-systemische Führung beinhaltet die Führungsstrategie, die Führungsorganisation sowie die Führungskultur.

Die **Führungsstrategie** als Teil des Kontextes lenkt die Aktivitäten der Organisation auf Ziele, die auf bestimmten Werten, rechtlichen Rahmenbedingungen sowie politischen Vorgaben basieren. Wenn es optimal läuft, bilden sich komplementäre Zielerreichungsaktivitäten in der Organisation heraus. Die Führung muss nun durch den Einsatz geeigneter Führungsmittel dafür sorgen, dass die strategischen Ziele erreicht werden können. Ein strategisches Ziel kann beispielsweise die verstärkte Bekämpfung einer bestimmten Kriminalitätsform sein; das notwendige Führungsmittel eine spezielle Maßnahme zur Personalentwicklung, um sachkundige Mitarbeiter dafür zu qualifizieren.

Die **Führungsorganisation** als weiterer Teil des Kontextes beschreibt die Strukturen und Prozesse, in denen und mit denen sich das Handeln der Polizeiorganisation vollzieht. Konkret geht es um die Strukturierung der Organisation, die Zuteilung von Aufgaben, die Festlegung von Kompetenzen, die Gestaltung von Arbeitsprozessen, die Bestimmung von Koordinationserfordernissen, die Festlegung der Kommunikationswege und -formen und einiges mehr. Die Aufbauorganisationen der Polizeien sind hierarchisch. Dies entspricht sicherlich den aktuellen Anforderungen. Typisch in der Ablauforganisation der Polizei ist Teamarbeit, die wiederum von eher lateralen, netzwerkförmigen Beziehungen ausgeht. Trifft man noch die Unterscheidung der Aufgaben in einsatzgebundene und nicht einsatzgebundene Tätigkeiten, ergibt sich ein weiteres Spannungsfeld. Damit gemeint sind einmal das Bewältigen der polizeilichen Lagen, die eher selbstständig agierende Persönlichkeiten erfordern, zum anderen die inneren, bürokratischen Abläufe in der polizeilichen Organisation, die eher formal orientierte Menschen bedingen. Diese Widersprüchlichkeiten im Organisationsgefüge erfordern eine große Flexibilität in den Führungsbeziehungen.

Die **Führungskultur** als dritter Bereich des Kontextes, man könnte sie auch **Kooperationskultur** nennen, umfasst die erwünschten sowie gelebten Werte und Normen, wie sie sich in der

135 Vgl. ursprünglich Wunderer (2011), S. 5 f.

Organisation und insbesondere in den Handlungen vielfältig zeigen. Für die Polizeiorganisation fällt vor allem die besondere Verbundenheit bzw. der in dieser Ausprägung in anderen Organisationen selten anzutreffende Korpsgeist (im neutralen Sinne) ins Gewicht. Zukünftig ist hier allerdings eine größere Diversität[136] im Sinne von Vielfältigkeit zu erwarten.

Bei der **personal-interaktiven** – also der direkten – **Führung** handelt es sich um den eigentlichen Kern der Führung, nämlich die unmittelbare Führung von Menschen durch Menschen in einer persönlich geprägten (Führungs-)Beziehung. Deshalb steht diese auch im PFM im Vordergrund. Das Problem ist, dass eine Fülle von Vorstellungen existiert, wie eine Führung effektiv und effizient zu gestalten sei. Ein vertiefender Blick in die Führungsforschung der letzten 20 Jahre lässt, nicht zuletzt auch aufgrund empirischer Befunde, erkennen, dass eine sogenannte Transformationale Führung, die authentisch praktiziert wird, besonders zu favorisieren ist.[137] Speziell aus dem Polizeibereich ist eine Studie des britischen Home Office aus 2004 anzuführen, die im Ergebnis diese Art der Führung für zweckvoll erachtet: „The findings of this study suggest that leadership behaviours described as ‚transformational' should be provided by every police leader who has direct line management responsibility for other staff".[138]

Die Transformationale Führungstheorie wurde in den 1980er Jahren von Bernhard Bass[139] auf der Grundlage von Überlegungen und Erkenntnissen des Pulitzer-Preisträgers und Historikers James MacGregor Burns[140] entwickelt. Bass trieb die Frage um, welche Art von Führung in Veränderungssituationen von Organisationen besonders erfolgreich ist. Im weiteren Verlauf stellte sich heraus, dass die Transformationale Führung prinzipiell auch für den Führungsalltag geeignet ist, weil übergreifende Anforderungen an eine Führung durch sie angesprochen werden. Auch bei der Transformationalen Führung gilt als Bedingung, dass die Führungskraft von den Geführten wahrgenommen und akzeptiert werden muss. Wir können aber davon ausgehen, dass diese Akzeptanz primär von der Art und Weise der Ausübung der einzelnen Verhaltenskomponenten der Transformationalen Führung abhängt – und damit mit unserem Führungsverständnis vereinbar ist –, und dass diese Komponenten selbst in der Regel nicht in Frage stehen.[141] Hierfür sprechen auch Befunde einer weltweiten Führungsstudie (GLOBE-Studie).[142]

Für unsere Zwecke entwerfen wir ein Modell, das im Kern eine modifizierte Version der Transformationalen Führung integriert. Wir lassen uns dabei davon leiten, dass es umfassende positive Erfahrungen mit der Anwendung einer Transformationalen Führung gibt, verkennen jedoch nicht, dass auch kritische Aspekte in diesem Zusammenhang diskutiert werden.

Unser Modell gründet auf dem beschriebenen kontextuellen und organisatorischen Rahmen polizeilicher Arbeit und hebt drei unverrückbare Pfeiler des Führungshandels hervor: die grundgesetzlich ableitbare Verpflichtung zu ethisch reflektiertem Handeln, die Ausrichtung des Handelns auf sachliche wie soziale Erfolgsgrößen hin, benannt durch die Ziele Leistung

---

136 Vgl. u.a. Behr (2010); Thielmann (2010a+b).

137 Vgl. zur Übersicht Judge & Piccolo (2004); Bass & Riggio (2006); Felfe & Heinitz (2008); Steyrer & Meyer (2010); Sturm et al. (2011); zur Fundamentalkritik van Knippenberg & Sitkin (2013).

138 Dobby et al. (2004), S. 25.

139 Bass (1985).

140 Burns (1978).

141 Vgl. Bass & Riggio (2006).

142 Vgl. House et al. (2004); Weibler (2009).

und Zufriedenheit, sowie das Gebot zum kooperativen Miteinander, was die Teilhabe an Entscheidungen und die Mitverantwortung für eine gelingende Führungsbeziehung bedeutet.

Den Kernbereich, das von uns vorgeschlagene Polizeiliche Führungsmodell, bilden vier führungsbezogene Handlungsfelder, die sich an die einzelnen Komponenten der Transformationalen Führung anlehnen.

Bei diesen Handlungsfeldern des Führungshandelns geht es um:

- Wertschätzung: das Eingehen auf den Einzelnen als Persönlichkeit („individual consideration"; wird bei uns durch die Kategorien Vertrauen und Respekt abgebildet)
- Entwicklung: die Entwicklung der Person („intellectual stimulation"; wird bei uns aber umfassend im Sinne einer Personalentwicklung interpretiert)
- Motivation: die inspirierende Motivation Einzelner oder des Teams („inspirational motivation")

Das sicherlich anspruchsvollste vierte Handlungsfeld erscheint uns für den Führungserfolg von größter Wichtigkeit:

- Vorbild (genauer: vorbildbewusstes Auftreten und Agieren): zielt auf die Person des Führenden ab, sich als Vorbild für die Mitarbeiterinnen und Mitarbeiter anzubieten („idealized influence")

Transformationales Führungsverhalten zielt darauf ab, ein erwünschtes Verhalten zu ermöglichen, zu festigen oder gar erst zu aktivieren. Eine Aktivierung ist besonders notwendig, wenn Neues angegangen werden muss (z.B. bei Umstrukturierungen oder veränderten Abläufen). Das „Neue" kann entweder für alle oder auch nur für eine einzelne Person neu sein, der Grund für das Neue kann manchmal alleine sein, einen fehlerhaften oder ineffektiven Weg zu vermeiden.

Natürlich ist dabei – und so wird es in der Theorie auch gesehen – ein sogenanntes transaktionales Verhalten vom Vorgesetzten weiterhin gefordert. Dies entspricht im Wesentlichen in der Grundüberlegung den Komponenten des diskutierten KFS: Dieses Verhalten beschreibt ein sachliches Austauschverhältnis zwischen Mitarbeitern und dem Vorgesetzten. In diesem Verhältnis soll die mitarbeiterseitige Leistung (inklusive Sozialverhalten) eine Reaktion durch den Vorgesetzten erfahren (materiell wie immateriell: z.B. Anerkennung, Tadel, Empfehlung, Hilfe). Dazu bedient sich der Vorgesetzte etablierter Methoden (Instrumente) wie Zielsetzung oder -vereinbarung, Delegation, Kontrolle usw. und „tauscht" seine „Güter" (Lob etc.) in Abhängigkeit der von ihm bewerteten Leistung, möglichst nach zuvor gegebenem mündlichen (schriftlichen) Feedback. Diese Reaktionsweise ist gut mit einem Führungsverhalten vergleichbar, das unter dem Label ‚Management by Objectives' firmiert. In einer zurückhaltenden Variante, in der sich die Vorgesetzten nur bei Toleranzüberschreitungen und besonderen Ereignissen einschalten, spricht man von einem ‚Management by Exception'. Letzteres kann aktiv vorsorglich oder passiv fallbezogen erfolgen, aber bei dieser Variante sind Anreizsysteme notwendig.

Der polizeilichen Führungspraxis ist dies vertraut: Zielannäherungen bzw. Zielerreichungen oder allgemein ein hilfreiches Verhalten werden positiv verstärkt („contingent reward"; anlassbezogene Belohnung) und Zielverfehlungen ggf. auch negativ sanktioniert (lerntheoretisch spricht man von einer Bestrafung oder dem Entzug bzw. der Nicht-Zuweisung von Belohnungen). Dabei steht der positive Ansatz eindeutig im Vordergrund.

Generell gilt: Was als Belohnung und Bestrafung wahrgenommen wird, liegt stets in der Wahrnehmung des Empfängers. Je zeitnaher belohnt oder bestraft wird, desto schneller und intensiver wirken in der Regel die damit intendierten Folgen. Die Transformationale Führung versteht sich also grundsätzlich als – entscheidendes – Additiv zu der weiterhin wichtigen Transaktionalen Führung. Beide sind stets zusammen einzubeziehen.

Unser Modell hebt des Weiteren die Kommunikation besonders hervor, weil alle angesprochenen Verhaltensweisen entweder essentiell von der Kommunikationen leben (z.B. jemanden überzeugen) oder begleitend oder erläuternd eingesetzt werden (müssen). Dabei macht die Art und Weise der Kommunikation einen immer wieder dokumentierten Unterschied, so dass eine besondere Heraushebung in unserem Modell geboten ist.

Aus dieser Kombination der aufgeführten Punkte, die auch führungspraktische Erfahrungen integriert, lässt sich abschließend das PFM grafisch wie folgt fassen:

Abbildung 4: Das Polizeiliche Führungsmodell – PFM – (eigene Darstellung)

Dabei werden die Elemente der Führung in einer Polizeiorganisation nicht anders benannt als in unternehmerischen Organisationen. Vielmehr sind, so sehen wir es, deren (polizei-)

spezifische Ausgestaltung und spezielle Positionierung angesichts der zu erfüllenden Aufgaben und der vorherrschenden Rahmenbedingungen die alleinstellenden Besonderheiten.

Wir plädieren dafür, PFM sowohl für die Führung im täglichen Dienst als auch für die Führung in besonderen Einsatzlagen zugrunde zu legen. Führung ist grundsätzlich unteilbar, muss aber der speziellen Situation (Einbettung) angepasst sein – an geeigneter Stelle (vgl. Kap. 7 und 13) werden wir noch Differenzierendes dazu anmerken.

Im Folgenden werden wir uns damit auseinandersetzen, was essentiell für ein Polizeiliches Führungsmodell ist. Wir gehen dabei so vor, dass wir zuerst die Bedeutung der einzelnen Elemente für die Führung allgemein diskutieren, um danach den wissenschaftlichen Hintergrund zu referieren. In einem dritten und abschließenden Schritt zeigen wir die Integration in die polizeiliche Führungspraxis auf. Aus diesem Dreiklang ergibt sich zum einen die Argumentation, warum die jeweiligen Einzelaspekte wichtig und angemessen für die Führung in der Polizei sind, zum anderen in der Gesamtschau und im Zusammenspiel die Logik der Komposition, also wie sich die gesamten Inhalte zu einem Polizeilichen Führungsmodell arrangieren.

Beginnen werden wir mit den Grundlagen für das Modell, den Werten und der Ethik. Über die Ziele der Führung, nämlich Leistung und Zufriedenheit, sowie die grundlegende Führungsform der Kooperation werden wir uns dem Kernbereich annähern. Dieser wird dargestellt durch die Begriffe Wertschätzung, Entwicklung, Motivation und Vorbild. Den Abschluss werden Ausführungen über Kommunikation als eine Art Wirkfeld in Führungsbeziehungen bilden.

5 Werte und Ethik

Wenn die individuelle Wertstruktur zu den Werten der Organisation passt – oder auch nicht

Polizeikommissar-Anwärter Denis N. war sich nicht sicher, ob er lieber zur Kunsthochschule gehen oder das Bachelor-Studium an der Fachhochschule der Polizei antreten sollte. Er entschied sich für die Polizei, den Beruf empfand er sicherer hinsichtlich des Arbeitsplatzes, und es schien auch aufregend zu sein. Nach zwei Jahren Studium kündigte er: Die strikte Ausrichtung an Normen, der starke Druck der Gruppe, sich konform zu verhalten, und das wenig inspirierende Studium mit dichter Prüfungsfolge behagten ihm jedoch gar nicht.

Polizeioberkommissarin Yvonne M. ist Angehörige einer Beweissicherungs- und Festnahmeeinheit der Bereitschaftspolizei. Nach dem Studium an der Fachhochschule wurde sie in diese Einheit der Bereitschaftspolizei versetzt und ist nunmehr drei Jahre dabei. Ihr macht der Dienst mit den gleichaltrigen Kolleginnen und Kollegen Spaß. Das gemeinsame Training der Einsatztaktiken und der abwechslungsreiche Dienstsport kommen ihren sportlichen Ambitionen entgegen. Die unregelmäßigen und langen Dienstzeiten machen ihr nichts aus, dafür hat sie längere Dienstfreizeiten. Das Zusammengehörigkeitsgefühl der Gruppe gefällt ihr gut, u.a. hat sich das Team ein Logo und ein gemeinsames Motto zugelegt.

Kriminalhauptkommissar Ewald G. ist Mitarbeiter im Staatsschutzkommissariat. Politisch hat er sich bei der Partei BÜNDNIS 90/DIE GRÜNEN engagiert, kurzzeitig war er auch bei der Piratenpartei aktiv. Er fühlt sich zunehmend unwohl bei seiner Arbeit, da er Kommunikationsüberwachungen durchführen muss, die sich auf als potenziell gewaltbereite Gegner von Großbauprojekten beziehen. Er hatte auch schon ein Gespräch mit dem Behördenleiter, weil er sich in der Presse kritisch zu Polizeieinsätzen geäußert hatte, wobei es nicht klar war, in welcher Rolle – als Parteifunktionär oder Polizeibeamter – er dies tat.

Kriminaloberrätin Carola H. hat vor drei Jahren die Leitung einer Organisationseinheit für technische Unterstützung übernommen. Diese Einheit war zum Sammelbecken von eingeschränkt Dienstfähigen, Demotivierten und mit Disziplinarmaßnahmen Konfrontierten geworden. Sie führte zahlreiche Einzelgespräche, organisierte gemeinsame Veranstaltungen in der Freizeit und kümmerte sich persönlich um die einzelnen Mitarbeiter (Höhepunkt war die Aufnahme des minderjährigen Kindes einer Mitarbeiterin in ihren Haushalt während deren Entziehungstherapie). Sie tat es nicht aus instrumentellen Erwägungen, also um bessere Ergebnisse in ihrer Einheit zu erzielen, sondern war und ist der Auffassung, dass auch Menschen, die im System nicht reibungslos funktionieren, ein Anrecht auf neue Chancen zur Mitarbeit besitzen.

Wie bereits in den ersten Kapiteln dargelegt, ist polizeiliches Handeln an Normen gebunden. Normen selbst sind aber Resultate von Werten, Normen helfen, diese Werte zu sichern. Polizeiliches Handeln dient der Sicherung und Überwachung von Normen und ist damit stets wertgebunden. Aber was ist unter dem Begriff Wert zu verstehen? Die lange Tradition der Auseinandersetzung über die Begrifflichkeit[143] und die häufige Verwendung in verschiedenen

143 Vgl. z.B. Schlöder (1993), S. 12ff.; Weibler & Deeg (2014).

Kontexten sollten nicht darüber hinwegtäuschen, dass der Begriff unbestimmt ist und vieldeutig verwendet wird.[144] Diese Diskussionen nachzuzeichnen, ist an dieser Stelle nicht zu leisten: Der Bogen der Betrachtungen spannt sich von abstrakt philosophischen Untersuchungen bis hin zu konkret empirischen Studien verschiedener Wissenschaftsdisziplinen, vor allem der Wirtschafts- und Sozialwissenschaften.[145] Wir orientieren uns für unsere weiteren Ausführungen zum Begriff Wert an einer Definition von Weinert. Demnach sind Werte: „Überzeugungen einer Person oder einer Gruppe; etwas, was als wünschenswert erachtet wird. Es wird definiert, was richtig und falsch ist. Werte können bewusst oder unbewusst sein."[146]

5.1 Bedeutung für die Führung

In der Kultur einer Organisation sind „Werte (values) [...] normative und moralische Anker, die das Verhalten der Gruppenmitglieder in bestimmten Situationen leiten"[147]. In dem sehr beachteten Modell der Organisationskultur von Edgar Schein[148] gibt es drei Ebenen, die betrachtet werden:

- Auf einer oberen Ebene sind es die Artefakte, d.h. u.a. beobachtbare Strukturen und Prozesse der Organisation, die man leicht wahrnehmen, aber nicht ohne Weiteres interpretieren kann.
- Auf der mittleren Ebene sind es die Werte und Normen, die bestimmen, welches Verhalten als richtig oder falsch im Vergleich mit den Wertvorstellungen empfunden wird.
- Diese dem Verhalten zugrunde liegenden Werte und Normen sind selbst wiederum von auf der untersten Ebene sich befindenden Grundannahmen (zur Welt, zum Menschen, zur Natur etc.) getragen, die unbewusste, als selbstverständlich empfundene Anschauungen, Gedanken, Gefühle und Wahrnehmungen bewirken.

Abbildung 5: Modell der Kultur-Ebenen (nach Schein 1995, S. 30)

144 Vgl. Wildfeuer (2011), S. 2484.
145 Für eine Übersicht vgl. Weibler & Deeg (2014).
146 Weinert (2004), S. 169.
147 Neubauer (2003), S. 63.
148 Schein (1995).

Blicken wir nun auf die mittlere Ebene der Werte, kann man folgendes Bild entwerfen: Die Werte des Einzelnen und die Werte der Organisation bilden Schnittpunkte. Akzeptiert eine Person die Werte der Organisation, sei es, weil diese mit ihren individuellen in weiten Teilen übereinstimmen oder die Person die Organisationswerte in ihren Wertekanon übernimmt, spricht man von organisationskonformen **Werteorientierungen**: Das Verhalten des Individuums wird durch die Organisationswerte in einem gewünschten Ausmaß beeinflusst.[149] Von ethischen Werten sprechen wir hier der Einfachheit dann, wenn es sich um Werte handelt, die die Moralvorstellungen eines demokratisch verfassten Gemeinwesens unterstützen oder sie gar repräsentieren und für deren Gültigkeit auf Nachfrage gute Gründe angeführt werden können.

Wenn man möchte, kann man in diesem Fall von einer indirekten bzw. strukturellen Führung sprechen. Führung ist es deswegen, weil das Verhalten gezielt beeinflusst wird und dies auch akzeptiert wird, z.B. in Richtung Kooperation oder Leistung. Generell verweisen empirische Studien, auch bei landeskulturellen Vergleichen,[150] auf die Wirkungsmächtigkeit von Werten (hier synonym für Wertorientierungen, Werthaltungen) auf das Verhalten. Die Werte und Werthaltungen prägen aber auch die Erwartungen der Mitarbeiter an die Organisation, an das Führungssystem, an die Arbeitsbedingungen und an die Führungsbeziehungen; darüber hinaus prägen sie das Leistungs- und Sozialverhalten der Organisationsmitglieder.[151]

Neubauer, um nur eine Arbeit neben vielen anderen zu nennen, berichtet unter Bezugnahme auf zahlreiche Primärquellen, dass die Werte und damit im weiteren Sinne die Organisationskultur Auswirkungen auf Aspekte wie Arbeitsmotivation, Einführung vergrößerter Entscheidungs- und Handlungsspielräume, Fluktuation von Mitarbeitern, kooperatives versus individualistisches Verhalten, Bindung („commitment") sowie Effektivität und Vertrauensaufbau hat.[152]

5.2 Wissenschaftlicher Hintergrund

Aus der bisherigen Diskussion ergibt sich noch nicht, welche Arten von Werten für das Individuum und die Organisationen gemeint sind. Eine Unterscheidung von Werten hat Rokeach mit terminalen bzw. Zielwerten und instrumentellen bzw. Nutz- oder Dienstwerten vorgelegt.[153] Terminale Ziele sind demnach z.B. Gleichheit, Freiheit, Menschenwürde und Glück, Instrumentalwerte beispielsweise Hilfsbereitschaft, Mut und Toleranz. Mittels eines relativ einfachen Werte-Erfassungsinstrumentes von zwei Wertelisten mit jeweils 18 Begriffen kann man die Wertstruktur eines Menschen und – etwas aufwändiger – auch von Gruppen bzw. Organisationen erfassen und beschreiben.

Die polizeiliche Arbeit ist durch die Bindung an Recht und Gesetz sowie durch die letztendliche Anbindung an das Grundgesetz formal klar an sogenannte Terminal- oder Zielwerte geknüpft. Hierzu bedarf es einer weiteren Erläuterung. Zielwerte sind die „obersten und letzten Gründe von Wertungen. Sie werden Selbst- oder Eigenwerte genannt und sind absolut."[154]

149 Vgl. Nerdinger et al. (2008), S. 157.
150 Vgl. z.B. Schöneborn & Birkner (2006); Krishnan (2001); McNeely & Meglino (1994); House (2004 et al.); Hofstede (2001); Schwartz (1999).
151 Vgl. Wunderer (2011), S. 180.
152 Vgl. Neubauer (2003), S. 94–105.
153 Vgl. u.a. Rokeach (1973), S. 29–31 oder auch Staehle (1999).
154 Wildfeuer (2011), S. 2498.

Sie entziehen sich prinzipiell einer Nutzenabwägung. Die Unantastbarkeit der Würde des Menschen ist ein solcher Grundwert, ebenso wie das Recht auf freie Entfaltung der Persönlichkeit oder die Gleichheit von Menschen (die verfassungsrechtlich interessante Frage der praktischen Konkordanz und die dabei vorgenommenen Abwägungen von Grundrechten sollen an dieser Stelle nicht beleuchtet werden).

Im Gegensatz dazu sind die sogenannten Dienst- oder Nutzwerte nicht letztbegründend, sondern durch Schätzung und Abwägung zustande gekommen und stellen quasi ein „Übereinkommen zwischen Menschen über das ihnen Zu- bzw. Abträgliche"[155] dar. Sie sind in einer Zweck-Mittel-Relation zu denken, also abwägbar und immer nur Teil eines übergeordneten Ganzen. Die Nutzwerte (z.B. Unabhängigkeit, Selbst-Kontrolliertheit, Ehrgeiz, Sauberkeit) sind aber notwendig, um die eher abstrakten Grundwerte zu konkretisieren und zu realisieren. Beide Wertkategorien zusammen, also die Terminalwerte (bzw. Ziel-, Eigen- oder Selbstwerte) und die Instrumentalwerte (bzw. Nutz- oder Dienstwerte) machen in ihrer spezifischen Zusammensetzung das Ethos einer Gemeinschaft aus.

Werte kann man in ein hierarchisches Verhältnis setzen.[156] So kann z.B. in einer Organisation der Wert „Kooperation" vor „Individualismus" oder „Effektivität" vor „Effizienz" gesetzt werden. Individuen und Institutionen schaffen sich immer eine solche Hierarchisierung, man spricht von einem **Wertesystem**. Um Aussagen über Unterschiede zwischen den Werten machen zu können, reicht es nicht aus, diese nur hinsichtlich ihrer Ausprägung zu erheben, denn es gibt viele Werte, die zwischen Menschen (in einer Kultur, in einer Gruppe) als Wert an sich geteilt werden, beispielsweise Pünktlichkeit. Die entscheidende Frage ist, wie dieser Wert in der Relation sowohl vertikal als auch horizontal zu anderen präferierten Werten steht. Erst dies verweist auf die Relevanz des Wertes. An einem Beispiel illustriert: Ist über eine Person bekannt, dass bei ihr Spaß oder Freude im Leben (Hedonismus) vor Pflichterfüllung steht, weiß man mehr über ihr Wertesystem, als wenn man lediglich wüsste, dass sie Spaß und Pflichterfüllung als wichtig erachtet.[157]

Eine Typologie von Organisationswerten findet man beispielsweise bei Kabanoff und Holt.[158] Sie unterscheiden die Grundüberzeugungen in einer Organisation, z.B., wie Leistung in der Organisation vergütet werden soll. Dabei gilt als Gerechtigkeitsprinzip die Entlohnung proportional zur Leistung, als Gleichheitsprinzip gleiche Vergütung (nicht nur monetäre) für alle Mitarbeiter. Diese Kategorie wird Kompensations- oder Vergütungsnorm genannt. Die zweite Kategorie ist die Machtstruktur einer Organisation, einmal beschrieben als Zentralität, also absolut ungleiche Verteilung, oder als Dezentralität, also völlige Gleichheit der Macht.

Aus diesen Kategorien kann man in einer Matrix vier Wertesysteme ableiten:

- elitär
- meritokratisch
- führungsorientiert
- kollegial

155 Wildfeuer (2011), S. 2498.
156 Vgl. Weibler (2008).
157 Vgl. Rokeach & Ball-Rokeach (1989).
158 Kabanoff & Holt (1996).

		Machtstruktur	
		Zentralität (ungleich)	Dezentralität (gleich)
Vergütungs-norm	Gerechtig-keit	**elitär** *unterstützte Werte:* • Autorität • Vergütung nach Leistung *nicht unterstützte Werte:* • Teamwork • Partizipation • Commitment • Zugehörigkeit	**meritokratisch** *unterstützte Werte:* • Partizipation • Vergütung nach Leistung • Commitment • Zugehörigkeit *nicht unterstützte Werte:* • Autorität
	Gleich-heit	**führungsorientiert** *unterstützte Werte:* • Autorität • Teamwork • Commitment • Zugehörigkeit *nicht unterstützte Werte:* • Partizipation	**kollegial** *unterstützte Werte:* • Teamwork • Partizipation • Commitment • Zugehörigkeit *nicht unterstützte Werte:* • Autorität • Vergütung nach Leistung

Abbildung 6: Typologie von Organisationswerten (nach Kabanoff und Holt 1996)

Was an dieser Stelle deutlich werden soll: Menschen nehmen Werte in der Organisation wahr. Die vorgestellte Ordnung der Relevanzen strukturiert diese Wahrnehmungen und ermöglicht durch die Einordnung wertkonforme Urteile und Handlungen. So ist z.B. der Wert „Autorität" in einer elitären Umgebung unterstützend, in einer kollegialen eben nicht. Sind Werte durch entsprechende **Normen** explizit oder implizit in der Organisation verankert, ist mit einer Zunahme ihres handlungsleitenden Einflusses auf den Einzelnen zu rechnen. Normen sind als „Wert-Spezifikationen für bestimmte Situationen"[159] und damit als sanktionsfähige Richtlinien gegenüber dem Individuum zu verstehen. Gerade in Organisationen werden erwünschte Werte durch Normen (Gebote, Verbote) abgesichert. Normen – man kann auch sagen, die Operationalisierung von Werten – gelten als prinzipiell sanktionsfä-

159 Staffelbach (1991), S. 241.

hige Erwartungen (abgestuft in Kann-, Soll- und Muss-Erwartungen) an das Verhalten, z.B. Ausdrucksformen, Gefühlsäußerungen oder Handeln der Organisationsmitglieder. Für einen Wert können verschiedene Normen relevant sein, aber auch verschiedene Werte wiederum für eine Norm.[160] Organisationen sind aus Gründen der Steuerung des Verhaltens ihrer Mitglieder bemüht, den Organisationszielen dienliche Werte zu vermitteln.[161] Da ein den Organisationszielen konformes Verhalten von Organisationen regelmäßig belohnt wird, muss (lerntheoretisch) davon ausgegangen werden, dass dies für die Organisationsmitglieder ein starker Anreiz ist, sich diesen Werten entsprechend zu verhalten.

Gerade spezifisch arbeitsbezogene Werte verdeutlichen die Auswirkung von Werten auf das Verhalten in Organisationen.[162] Da die Arbeit in modernen Gesellschaften einen hohen Stellenwert besitzt, sind gerade diese (Bereichs-)Werte besonders lebendig und einflussreich für bzw. auf den Einzelnen. Schwartz[163] nennt hier, um einen Einblick zu geben, die Bedeutung der Arbeit im eigenen Leben („work centrality"), die sozialen Normen zur Bedeutung von Arbeit an sich sowie unmittelbar arbeitsbezogene Werte und Ziele wie Macht, Bezahlung, Entwicklung oder Prestige. Diese kann man in der weiter oben vorgestellten Terminologie von Rokeach nahezu ausnahmslos den instrumentellen Werten zuordnen. Die arbeitsspezifischen Werte haben ebenso Auswirkungen auf praktische Organisationsangelegenheiten wie Entscheidungsstile von Vorgesetzten, Beteiligung von Mitarbeitern oder Verhaltensregeln in der Organisation.

5.3 Integration in die polizeiliche Führungspraxis

Wie oben stehend ausgeführt, ist polizeiliche Arbeit über die Bindung an Recht und Gesetz sowie das Grundgesetz an Ziel- oder Terminalwerte geknüpft. So sind z.B. die unantastbare Würde des Menschen oder die Gleichheit vor dem Recht Werte, die handlungsleitend für die polizeilichen Aktivitäten sind und sein müssen. Aber auch die Instrumentalwerte sind als moralisch-sittliche Orientierungen für die Polizei von besonderem Interesse. Sie beziehen sich nicht nur auf die unbedingte innere Verpflichtung des Einzelnen, Recht und Gesetz nach bestem Wissen und Gewissen auszuüben, sondern auch darauf, das persönliche Handeln so auszurichten, dass der Geist unserer Rechtsordnung umgesetzt wird. Dadurch ergibt sich die Forderung nach einem ethisch einwandfreien Verhalten der Angehörigen der Organisation Polizei, insbesondere für die Führungskräfte. Ethische Überlegungen greifen jenseits der Befolgung von Vorschriften immer dann, wenn es sich um Fragestellungen handelt, die eben nicht gesetzlich oder in anderer Form verbindlich geregelt sind.

Für die praktische polizeiliche Arbeit – und damit auch für die polizeiliche Führung – ist Kooperation ein hervorstechender Instrumentalwert. Wie mehrfach angesprochen, ist der größte Teil der polizeilichen Aufgabenerledigung auf Teamarbeit angewiesen, sei es als Streifenwagenbesatzung, Ermittlungsteam oder im Führungsstab. Studien weisen darauf hin, dass ein starkes Motiv für die Bewerbung in den Polizeiberuf die Möglichkeit zur Teamarbeit ist[164] – in diesen Fällen dürften sich die individuellen und organisationalen Werte decken und Teamarbeit im Wertesystem kumulativ hochrangiger positionieren.

160 Vgl. Kmieciak & Klages (1976), S. 156.
161 Vgl. auch Weibler (2012).
162 Vgl. Roe & Ester (1999).
163 Schwartz (1999), S. 40 f.
164 Vgl. Scheer (2009); Homann (2012).

Ein Beispiel dafür, wie sich Relationen im Wertesystem der polizeilichen Organisation auswirken: Bei der Bewältigung von polizeilichen Lagen wird häufig Effektivität vor Effizienz gesetzt. Denn der Terminalwert „unantastbare Würde des Menschen“, operationalisiert als Schutz vor Verbrechen, kann durch polizeiliche Aktivitäten nur dann gewährleistet werden, wenn Wirtschaftlichkeitsbetrachtungen keine Rolle spielen (dürfen) – also Effektivität vor Effizienz geht.

Behr[165] zeigt auf, dass es in der Organisation Polizei zwei zentrale Subkulturen mit unterschiedlichen Wertesystemen gibt, eine „Polizeikultur“ und eine „Polizistenkultur“, letztere ist auch als „Cop Culture“ bekannt. Die Polizeikultur repräsentiert das Bild der Organisation, wie es sein sollte: Die Polizei ist modern, nach außen gerichtet, sie hat eine starke identitätsstiftende Wirkung, ihr innerer Aufbau und Ablauf folgen einer bürokratischen Verfasstheit, sie ist politisch neutral und rechtlich sowie ethisch hochkorrekt im Handeln. Besondere Tugenden sich Gesetzestreue, Zuverlässigkeit und Disziplin. Die Polizeikultur wird von den sogenannten „Management Cops“ in Worten und (meist auch) in Taten vertreten.

Die Polizistenkultur dagegen ist nach Behr stark dadurch geprägt, dass die Polizeibeamten im Berufsalltag (auf der Straße) psychischen und physischen Aggressionen ausgesetzt sind und häufiger Gewalt – legitimiert als Anwendung unmittelbaren Zwanges – anwenden müssen. Dieses Arbeitsfeld wird partiell als feindlich wahrgenommen, andere gesellschaftliche Gruppen als desinteressiert an dem „Kampf gegen das Böse“. Dadurch ist – so Behr – eine Kultur entstanden, die bestimmt ist von Männlichkeitsritualen und bestimmten gruppenorientierten Werten wie Konformität, Kameradschaft und Verschwiegenheit. Die Gruppenmitglieder müssen sich assimilieren, die Gruppe ist nach innen gerichtet, es herrscht Misstrauen gegenüber den Anderen – dazu zählt auch die höhere Führungsebene. Als Tugenden gelten Gerechtigkeit, Ehre, Solidarität und Treue; als Held gilt der „Street Cop“.

Diese beiden Subkulturen ergeben in der wechselseitigen Durchdringung eine eigene, einzigartige und unverwechselbare Organisationskultur. Für Führungskräfte bedeutsam ist, sich dieser Melange bewusst zu sein und die wechselseitige Beeinflussung zu akzeptieren. Dabei werden hohe Anforderungen an die Kommunikationsfähigkeit gestellt, um den Dialog zwischen den beiden Subkulturen aufrechtzuerhalten.

Bei Perez und Barkhurst[166] wird ein ähnlicher Ansatz aus den USA über „Street Cops“ von Muir – dort „Streetcorner Politicians“ genannt – vorgestellt. Hier wird die Perspektive zur Welt allgemein mit der Art und Weise kombiniert, wie im Besonderen legaler Zwang in dieser Welt ausgeübt wird.

Muir geht davon aus, dass die Sicht auf die Welt das Wertesystem beeinflusst und damit das Verhalten bestimmt. Zwei Perspektiven werden unterschieden: die tragische und die zynische.

Die erste Betrachtungsweise ist die tragische. Sie drückt Mitgefühl für andere Menschen aus, zeigt sich im respektvollen Verhalten gegenüber Anderen – egal wie kriminell diese sind – und ist eine Art religiöse Überzeugung vom Wert des einzelnen Menschen. Die Welt wird wahrgenommen als eine Einheit, die von allen Menschen so gesehen wird. Man kämpft mit Schwierigkeiten und bewegt sich im Guten und im Bösen der Welt. Das Leben ist nur

165 Behr (2006).

166 Perez & Barkhurst (2012), S. 228 unter Bezugnahme auf Muir (1977).

teilweise selbstbestimmt, es kann Umstände geben, die falsche Entscheidungen und falsches Verhalten auslösen. Der Mensch wird in der Gesellschaft, die sich komplex darstellt, als anfällig und abhängig gesehen.

Die zweite Betrachtungsweise ist die zynische: Hier gibt es gute und böse Menschen, es gibt keine gemeinsame Sicht der Dinge, schlechte Menschen sind nicht das Opfer von Umständen, sondern entscheiden sich, böse zu sein. Damit haben sie auch die Behandlung und Bewertung verdient, die sie erfahren.

Die zweite Sortierungsfunktion von Muir ist die Beobachtung, wie Polizeibedienstete mit der Durchsetzung des Rechts mittels Zwang – also legaler Gewalt – umgehen. Er unterscheidet dabei zwei Gruppen, von denen er die erste als „integrated" bezeichnet. Bei dieser handelt es sich um Polizisten, die Zwangsmittel ganzheitlich im System sehen und sorgfältig abwägen, ob der im Einzelfall rechtlich zulässige Zwangsmitteleinsatz nicht durch andere Handlungen ersetzt werden könnte, aber dann entschlossen einschreiten.

Die als „conflicted" bezeichnete Gruppe hat Bedenken, auch im – wie gesagt – rechtlich zulässigen Fall die polizeilichen Zwangsmittel einzusetzen, und versucht, diese zu vermeiden, häufig unter Inkaufnahme von dubiosen Handlungen und durch Zugeständnisse an das Gegenüber, auch in rechtlichen Grauzonen.

Aufgrund dieser Matrix werden vier Modelltypen beschrieben:

		Moral der Zwangsanwendung (Morality of Coercion)	
		ganzheitlich (integrated)	**konfliktbehaftet (conflicted)**
Perspektive (perspective)	**tragische (tragic)**	Professionelle (Professional)	Erwiderer (Reciprocator)
	zynische (cynical)	Vollstrecker (Enforcer)	Vermeider (Avoider)

Abbildung 7: Matrix-Typologie nach Muir (nach Perez und Barkhurst 2012, S. 227)

Der Vermeider (Avoider) ist nicht sehr beredsam, nicht wirklich daran interessiert, in die Probleme der Bürger verwickelt zu werden, als Arbeitstypus: nur das machen, was verlangt wird.

Der Erwiderer (Reciprocator) versucht, möglichst ohne Widerstand des Gegenübers auszukommen, entwickelt Beziehungen mit den Bürgern unter wechselseitigem Austausch von Zugeständnissen und Verpflichtungen. Dabei erlaubt er leichtere rechtswidrige Handlungen, um ein Einschreiten bzw. negative Sanktionen zu vermeiden.

Der Vollstrecker (Enforcer) wirkt sehr aggressiv und ist proaktiv, agiert meist mit wenig verbaler Kommunikation, hat keine Hemmungen, die rechtlich legitimen gewaltsamen Teile des Zwangsmitteleinsatzes anzuwenden.

Der Professionelle (Professional) ist gesellig, geht auf Menschen zu, wirkt als Lehrer und Mentor, nutzt seine Fähigkeiten, andere zu motivieren, den Menschen zu zeigen, dass es sich lohnen kann, nach den Regeln der Gesellschaft zu leben; bei Erfordernis werden jedoch Zwangsmittel eingesetzt.

Diese Typen von Gesetzeshütern kann man auch in der deutschen Polizei ausmachen. Es ist aber anzumerken, dass in den USA als Einsatzform weitgehend die Einzelstreife verwirklicht wird, der einzelne Polizist also ungehindert oder unbeobachtet durch Kollegen seinem Typus entsprechend agieren kann. In Deutschland, wo die vorherrschende Einsatzform die Doppelstreife ist, wird es zu gegenseitigen Beeinflussungen kommen, insbesondere wenn unterschiedliche Typen zusammenarbeiten. Die Typologie von Muir ist jedoch kulturübergreifend geeignet, aufzuzeigen, wie sich individuelle Wertesysteme mit denen einer Organisation interdependent zu einem beruflichen Wertesystem verflechten und damit auch dafür das Verhalten in der Arbeitswelt erklärbar zu machen. Für Führungskräfte ist es deshalb von einiger Wichtigkeit, ihr eigenes Wertesystem und auch das von Mitarbeiterinnen und Mitarbeitern deuten zu können, sich der Entstehung und Auswirkung von Wertesystemen bewusst zu sein, verschiedene Subkulturen in der Organisation erkennen zu können und diese miteinander auszugleichen, aber vor allem die Organisationswerte in ihren Worten und Taten sichtbar zu machen. Ethik und Moral offenbaren sich letztendlich immer im täglichen Umgang miteinander und anderen gegenüber.

6 Leistung und Zufriedenheit

Wie Zufriedenheit zu Leistung führt – oder ist es umgekehrt?

In der Polizeidirektion von K-Stadt werden Ladendiebstähle dezentral von Ermittlungsgruppen der einzelnen Polizeireviere bearbeitet. Aus Effizienzgründen sollen künftig alle Delikte ohne Ermittlungsansatz (Täter unbekannt oder Personalien der Täter durch Ladendetektiv festgestellt) bei einer zentralen Organisationseinheit gebündelt werden und als „Sammelpost" mit einem Anschreiben an die Staatsanwaltschaft gehen. Vor der Bündelung sollen diese Anzeigen nochmals auf eventuelle Ermittlungsansätze durchgesehen werden. Für diese zentrale Einheit sollen Mitarbeiter der dezentralen Ermittlungsgruppen oder aus anderen Bereichen rekrutiert werden, die aufgrund von physischen oder psychischen Krankheiten eingeschränkt dienstfähig sind oder aufgrund anderer Umstände keinen vollen Arbeitseinsatz bringen.

Gegen diese neu einzurichtende Zentralstelle regt sich Widerstand: Die Leitung des Reviers, bei der die neue Zentralstelle untergebracht werden soll, möchte keine „Gurkentruppe" im Hause haben und prognostiziert schlechte Leistungen. Die dezentralen Ermittlungsgruppen fürchten um Abgabe von Arbeit und damit Planstellen; sie signalisieren sinkende Zufriedenheit mit den Führungsentscheidungen. Die Mitarbeiter möchten nicht durch Versetzung in diese Zentralstelle diskriminiert werden – schlechte Ausgangsbedingungen für Leistung und Zufriedenheit am Arbeitsplatz.

Die Führungskräfte investieren viel Zeit in Einzel- und Teamgespräche mit den beteiligten Gruppen. Den Vorgesetzten und den Ermittlungsgruppen versprechen sie, dass nach einem Jahr gemeinsam Bilanz gezogen wird und das Modell reversibel ist. Den vorgesehenen Mitarbeitern werden optimale Arbeitsbedingungen hinsichtlich der Räumlichkeiten und EDV-Ausstattung zugesagt. Auch ihre bisherigen Diensterfahrungen, die durch die körperlichen Beeinträchtigungen nicht berührt werden, sind wesentliche Voraussetzungen für das Gelingen des Projektes. Ihnen wird zugesichert, dass sie selbstständig über die Bearbeitung der geprüften Fälle entscheiden dürfen. Ferner wird ihnen eingeräumt, nach einem Jahr wieder – wenn gewünscht – in eine andere Funktion wechseln zu dürfen. Allen Betroffenen wird ausführlich die Sinnhaftigkeit der vorgesehenen Arbeit erläutert.

Nach einem Jahr wird folgende positive Bilanz gezogen:

Die Mitarbeiter in der Zentralstelle erweisen sich als motiviert und leistungsbereit; sie begrüßen, dass sie keinen Außendienst mehr machen müssen. In der Erledigung der Aufgaben ist festzustellen, dass durch sorgfältige Analyse der nunmehr zentral bewerteten Anzeigen übersehene Ermittlungsansätze erkannt, an verschiedenen Orten agierende Serientäter identifiziert sowie neue Tatbegehungsweisen in der Entstehungsphase bekannt wurden. Insgesamt ist die Aufklärungsquote bei Ladendiebstählen durch diese Arbeit gestiegen, und es wurden Serientäter inhaftiert. Die Arbeitszufriedenheit ist – auch aufgrund der erkannten Sinnhaftigkeit – hoch, die Leistungen der Organisationseinheit liegen über den vereinbarten Zielen. Die dezentralen Ermittlungsgruppen begrüßen die Arbeitsentlastung zum einen und sind zum anderen mit den intensiveren Ermittlungsansätzen ausreichend ausgelastet.

Leistung und Zufriedenheit sind zentrale Erfolgsgrößen einer Führung. Sie werden deshalb geschätzt, weil sie zusammen eine organisationale wie individuelle Bedürfnisbefriedigung repräsentieren. Somit sind sie zu Recht im Fokus der Polizeiarbeit. Zudem stehen beide mit anderen Erfolgsgrößen in einem engen Zusammenhang. In diesem Kapitel gehen wir den Fragen nach, was unter **Leistung** in Organisationen und unter **Zufriedenheit** am Arbeitsplatz verstanden werden kann. Außerdem weisen wir auf einige Faktoren hin, die beides beeinflussen. Auf die immer virulente Frage, ob Leistung und Zufriedenheit korrelieren, werden wir kurz eingehen.

6.1 Bedeutung für die Führung

Führung ist nicht zweckfrei. Durch Führung sollen bestimmte Ziele und Ergebnisse bzw. erwünschte Verhaltensweisen und Einstellungen erreicht werden. Deshalb ist es sinnvoll, die Ziele transparent zu benennen, die eine zeitgemäße polizeiliche Führung anstrebt. Hier gilt Bewährtes und Bekanntes: Führung soll bewirken, dass die in der Organisation arbeitenden Menschen **Leistung** zeigen und **Zufriedenheit** erleben.

Wie so häufig in der Organisations- und Führungslehre existieren auch für die Begriffe Leistung und (Arbeits-)Zufriedenheit ganz unterschiedliche Definitionen und Verständnisse. Für den ersten Schritt der Überlegungen soll deshalb unter Leistung zum einen das Ergebnis von Tätigkeiten und zum anderen das gezeigte Verhalten, also die Aktivität bei der Erfüllung von Arbeitsaufgaben, verstanden werden.[167]

Der Begriff der Arbeitszufriedenheit, um an dieser Stelle gleich die Fokussierung auf den mehrheitlich verwandten Terminus vorzunehmen, ist wesentlich schwieriger einzugrenzen, weil je nach subjektiv-individueller Wahrnehmung ganz Unterschiedliches darunter verstanden wird. Wir wollen an dieser Stelle Arbeitszufriedenheit allgemein als (positive) Empfindungen und Einstellungen einer Person gegenüber ihrer Arbeit verstehen.[168]

Mit den Begriffen Leistung und Zufriedenheit sind traditionelle Werte angesprochen, die schon 1980 als „Folgen kooperativer Führung“[169] deklariert und auch als Maßstäbe im Kooperativen Führungssystem[170] vorgegeben wurden. Es gibt nach unserer Auffassung eine Reihe von Gründen, bei diesem klassischen Begriffspaar zu bleiben – nicht zuletzt, weil die Polizeidienstvorschrift 100 als Ziel der Führung eindeutig vorgibt, dass „Leistung, Arbeitszufriedenheit und Motivation erreicht werden“[171]. Der Motivation wenden wir uns wegen ihrer besonderen Stellung noch separat zu.

Der erste Bezugspunkt, die Leistung, erschließt sich leicht, wenn wir uns vor Augen halten, dass Führung die durch die Organisation versuchte Verhaltenssteuerung unterstreichen oder ergänzen soll. Ein wichtiges Kriterium für erfolgreiche Führung ist daher ihr Beitrag zur Gesamtleistung der Organisation. Jeder Führungsansatz, sofern er wirkungsgerichtet ist, stellt den Beitrag der Führung für die Effektivität und Effizienz organisationalen Handelns heraus. Die Förderung von Leistung ist deshalb als ein essentieller Zweck von Führungsbeziehungen

167 In Anlehnung an Nerdinger (2003), S. 6–8.
168 Vgl. Weinert (2004), S. 245.
169 Vgl. Wunderer & Grunwald (1980b), S. 409.
170 Vgl. Altmann & Berndt (1992), S. 239.
171 Polizeidienstvorschrift 100 (1999), Nr. 1.5.3.1.

zu sehen, oder wie es Nerdinger ausdrückt: „Führungserfolg zeigt sich also an der Leistung der Mitarbeiter."[172]

Der zweite Bezugspunkt, die Arbeitszufriedenheit, findet seine Begründungen in mehreren Faktoren. Wie wir an anderer Stelle (vgl. Kap. 5) näher ausführen, muss Führung auch ethisch legitimiert sein. In diesem Sinne ist der Beitrag zur Arbeitszufriedenheit, die sich auf das körperliche, geistige und seelische Wohlbefinden auswirkt, eine nicht hintergehbare Zielsetzung von Führung. Die Förderung von Arbeitszufriedenheit entspricht deshalb sowohl dem humanen Ziel als auch dem Menschenbild – dies liegt auch unserem Führungsmodell zugrunde.

Eine gegenseitige Beeinflussung dieser beiden Zielgrößen ist wahrscheinlich, statistisch jedoch aufgrund von Kausalitätsproblemen in der Zuschreibung und zeitlich asynchronen Effekten nicht einfach auszuweisen wie vielfach schnell angenommen, aber es gibt Studien, die optimistisch stimmen.[173] Untersuchungen weisen allerdings nach, dass unzufriedene Mitarbeiter häufigere Abwesenheitszeiten[174] haben und zumindest während dieser Zeit keine Leistung für die Organisation erbringen können. Weiterhin ist die Außenwirkung von Arbeitszufriedenheit zu berücksichtigen. So kann eine außerhalb der Organisation wahrgenommene Unzufriedenheit von Mitarbeitern das Image der Organisation beeinträchtigen. Dies kann wiederum negative Auswirkungen auf die Einstellung von Mitarbeitern der Organisation gegenüber zur Folge haben.

6.2 Wissenschaftlicher Hintergrund

6.2.1 Arbeitszufriedenheit

Arbeitszufriedenheit ist, wie schon angesprochen, begrifflich schwer zu fassen. Schwierig deshalb, weil jeder Mensch andere Werte, Einstellungen, Wahrnehmungen sowie emotionale Dispositionen hat, die zudem situativ häufig schwanken können. Auch die äußeren Facetten der Arbeitszufriedenheit zu beschreiben, gestaltet sich diffizil. Die Faktoren sind vielfältig und können sich auf Aufgabenstruktur, Arbeitsbedingungen, Beziehungen zu Kollegen und Vorgesetzten, Aufstiegschancen, Gehalt, Aus- und Fortbildung, Organisationsstruktur, Einsatzbelastung, Anerkennung u.v.a. beziehen und sich zudem noch wechselseitig beeinflussen.

In der Literatur findet man den zutreffenden Satz: „Sucht man in der wissenschaftlichen Literatur nach einer allgemein anerkannten Definition, ermüdet man angesichts der Vielzahl der Veröffentlichungen."[175] Ein Grund für diese Schwierigkeit liegt z.B. darin, dass das gleiche Phänomen mit so unterschiedlichen Begriffen wie Arbeitsmoral, Berufszufriedenheit, Einstellung zur Arbeit oder Identifikation mit dem Beruf beschrieben wird. Ein weiteres grundlegendes Problem resultiert daraus, dass es unterschiedliche wissenschaftliche Zugänge und auch deshalb unterschiedliche Definitionen von Arbeitszufriedenheit gibt.

Eine der ältesten wissenschaftlichen Definitionen soll von Hoppock aus dem Jahre 1935 stammen: Arbeitszufriedenheit sei „eine Kombination psychologischer, physiologischer und

172 Nerdinger et al. (2008), S. 88.
173 Vgl. Judge et al. (2001), S. 393.
174 Vgl. GEVA-Institut: http://www.geva-institut.de/mitarbeiterbefragungen-international-benchmarks.html.
175 Mertel (2007), S. 8.

situativer Bedingungen, die die Person zu der ehrlichen Äußerung veranlassen: Ich bin mit meiner Arbeit zufrieden.“[176]

Vielfach wird zudem auf eine Überschneidung von Arbeitszufriedenheit und Motivation hingewiesen. Dennoch kann trotz Ähnlichkeiten im Sinne von Weinert[177] differenziert werden. Bei Arbeitsmotivation geht es vor allem um den Bezug zum Verhalten. Arbeitszufriedenheit hingegen bezieht sich auf die Gefühle und Einstellungen gegenüber der Arbeit. Arbeitszufriedenheit beinhaltet damit eine affektive Komponente (Gefühle), eine kognitive Komponente (Meinungen) sowie eine Verhaltenskomponente (primär als Verhaltensabsicht). Insgesamt wird sich im Folgenden zeigen, dass die Theorien über Arbeitszufriedenheit enge Bezüge zu den Motivationstheorien haben. Drei ausgewählte Modelle, die Zugänge und Erklärungsansätze über Arbeitszufriedenheit anbieten, werden an dieser Stelle vorgestellt. Damit wird ein guter Überblick für den Einstieg in die Thematik geliefert.

Die Zwei-Faktoren-Theorie nach Herzberg

Herzberg und seine Kollegen[178] entwickelten anhand von Untersuchungen ein Modell, das differenziert darstellt, welche Faktoren auf Arbeitszufriedenheit einwirken. Sie unterscheiden zwischen zwei Bereichen (Faktorengruppen), die sie als *Hygienefaktoren* und *Motivatoren* bezeichnen. Hygienefaktoren werden auch als Kontextfaktoren bezeichnet und beziehen sich insbesondere auf das Umfeld der Arbeit (z.B. Arbeitsbedingungen, Kollegenbeziehungen, Bezahlung, Arbeitsplatzsicherheit). Motivatoren werden auch als Kontentfaktoren bezeichnet und beziehen sich insbesondere auf inhaltliche Aspekte der Arbeit (z.B. Entfaltungsmöglichkeiten, ansprechender Arbeitsinhalt, Verantwortung; siehe Abb. 8). Das überraschende Ergebnis der Untersuchungen war, dass „schlechte“ Ereignisse bzw. Erlebnisse, die Unzufriedenheit auslösten, sich primär auf die Kontextfaktoren bezogen, während „positive“ Ereignisse bzw. Erlebnisse, die motivierend wirkten, sich auf die Motivatoren bezogen. Das bedeutet: Nicht unterschiedliche Ausprägungen *eines* Faktors (z.B. gute oder schlechte Arbeitsbedingungen) sind für Zufriedenheit oder Unzufriedenheit verantwortlich, sondern unterschiedliche Faktorengruppen (siehe Abb. 8). Das heißt, die Theorie benennt einerseits Faktoren, die Unzufriedenheit verhindern, und andererseits Faktoren, die Zufriedenheit fördern. Das Besondere an der Theorie ist daher die Feststellung, dass Arbeitszufriedenheit keine eindimensionale Größe ist. Unzufriedenheit und Zufriedenheit sind demnach zwei voneinander unabhängige Dimensionen.

Um einen Vergleich aus der Medizin zu bemühen, könnte man sagen, dass Hygiene (z.B. sauberes Wasser) zwar Krankheiten verhindert, jedoch noch lange nicht Gesundheit garantiert. Das heißt, eine positive Ausprägung von Hygienefaktoren (Kontextfaktoren) verhindert lediglich Unzufriedenheit. Hygienefaktoren sind daher nicht geeignet, Mitarbeiter zu motivieren.

Hygienefaktoren	**Motivatoren**
unzufrieden <--> nicht unzufrieden	nicht zufrieden <--> zufrieden

176 Hoppock (1935) zitiert nach Mertel (2007), S. 8.
177 Vgl. Weinert (2004), S. 246.
178 Herzberg et al. (1959).

Ein Beispiel soll dies skizzieren: Das Gehalt wird vorwiegend als Hygienefaktor eingestuft. Wenn sich Mitarbeiter im Vergleich zu anderen als nicht angemessen bezahlt fühlen, werden sie „unzufrieden". Dies kann u.a. Diskussionen oder eine Vernachlässigung der Arbeit auslösen. Wird nun die Bezahlung angehoben, stellt sich der Zustand des „Nicht-unzufrieden"-Seins ein, die Arbeit wird im normalen Rahmen erledigt, denn diese Bezahlung steht „einem ja ohnehin zu". Eine angemessene Bezahlung löst in der Regel keine Leistungssteigerung aus, Gehaltserhöhungen im normalen Rahmen verlieren nach kurzer Zeit ihren Motivationsschub, da sie als gerechtfertigter Anspruch empfunden werden. Als Motivator wirkt Geld eigentlich nur, wenn es vom Betrag weit über den normalen Standard und somit über die Erwartung des Einzelnen hinausgeht – und dann auch nur kurzzeitig.[179] Für den öffentlichen Dienst findet sich u.E. hier wegen des begrenzten Ausmaßes an Leistungsprämien und -zulagen und der praktizierten Handhabung kein Beispiel einer systematischen Motivationsförderung. Deshalb ist Geld hier als reiner Hygienefaktor anzusehen. Diese haben damit ebenso wie andere Faktoren des Arbeitsumfeldes keine intrinsisch motivierende Wirkung. Besonders deutlich wird dies bei einem im öffentlichen Dienst naturgemäß hoch ausgeprägten Hygienefaktor: der Arbeitsplatzsicherheit. Diese führt der Theorie zufolge als Kontextfaktor lediglich dazu, dass die Beschäftigten „nicht unzufrieden" sind, nicht jedoch dazu, dass sie sich wirklich zufrieden und motiviert fühlen. Eine Steigerung von Zufriedenheit und Motivation muss Herzberg und Kollegen zufolge daher bei den Faktoren ansetzen, die sich stärker auf die Qualität der Arbeit als solche beziehen, wie bei den Kontentfaktoren angesprochen. Zu nennen wären z.B. interessante, herausfordernde Aufgaben, die es ermöglichen, die eigenen Fähigkeiten unter Beweis zu stellen sowie sich tüchtig und anerkannt zu fühlen. Herzberg formuliert es wie folgt: „Vergessen Sie Lob, vergessen Sie Bestrafung, vergessen Sie Geld. Um Mitarbeiter wirklich zu motivieren, müssen Sie deren Arbeit interessanter gestalten"[180] und begründet dies mit der nachhaltigen Wirkung von intrinsisch wirkenden Motivatoren.

Festzuhalten bleibt, dass eine eindeutige Zuordnung von Arbeitsaspekten zu den beiden Kategorien und damit deren Auswirkung auf die individuell empfundene Arbeitszufriedenheit im Einzelfall nur schwer möglich ist und doch etliche Überschneidungen bestehen.

Abbildung 8 zeigt Beispiele für Hygienefaktoren und Motivatoren sowie deren Überschneidung.

179 Vgl. Comelli & Rosenstiel (2009), S. 145 f.
180 Herzberg (2003), S. 50.

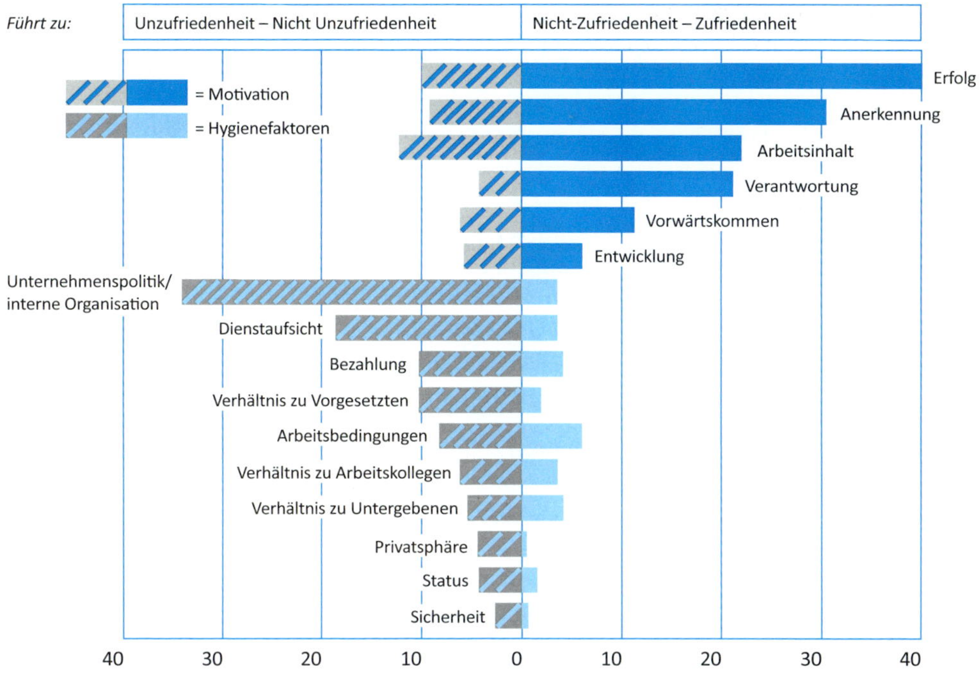

Abbildung 8: Das Zwei-Faktoren-Modell (nach Herzberg et al. 1959)

Das Modell von Herzberg wird in der neueren Forschung kritisch diskutiert.[181] Beispielsweise wird die Methode (Kritische Ereignisse/Critical Incidents), mit der Herzberg operierte, aufgegriffen: Menschen neigen allgemein dazu, in der rückblickenden Betrachtung für negative Ergebnisse die Umwelt verantwortlich zu machen und positive Ergebnisse dagegen sich selbst zuzuschreiben. Diese Tendenz bei der Zuschreibung von Ursachen hat eine wichtige psychologische Funktion. Sie ist selbstwertrelevant und ermöglicht es dem Menschen, ein positives Bild von sich selbst zu wahren. Bei näherer Betrachtung der zur Unzufriedenheit führenden Faktoren aus den Ergebnissen von Herzberg fällt auf, dass vorwiegend Ereignisse aus der Umwelt gefunden wurden. Zufriedenheit dagegen war stärker mit Faktoren assoziiert, die der eigenen Person zugeschrieben wurden.

Trotz dieser und anderer Einschränkungen hat das Modell in der Praxis noch immer eine große Bedeutung, da es bestimmte Wirkungen – auch unter Einbezug der erkannten Kritikpunkte – plausibilisiert.[182] Insgesamt sensibilisieren die Ergebnisse dafür, dass Zufriedenheit und Motivation qualitativ anderen Einflussgrößen unterliegen als die Vermeidung von Unzufriedenheit. Sich wirklich zufrieden und motiviert zu fühlen, ist daher etwas anderes, als lediglich sagen zu können: „Ich bin mit meiner Arbeit nicht unzufrieden."

181 Vgl. u.a. Nerdinger et al. (2008), S. 430.
182 Vgl. u.a. Trimpop (2013).

Das Job-Characteristics-Modell von Hackman und Oldham[183]

Dieses Modell beschreibt, wie Arbeit zufrieden macht und intrinsisch motivierend wirken kann. Dafür müssen drei Grundbedingungen erfüllt sein:

- Die Tätigkeit muss zunächst einmal als bedeutsam und sinnvoll erlebt werden,
- die Mitarbeiter müssen sich für die Ergebnisse ihrer Tätigkeit verantwortlich fühlen und
- letztlich die aktuellen Resultate ihrer Tätigkeit – insbesondere die Qualität – kennen.

Damit sind die drei grundlegenden psychologischen Erlebniszustände beschrieben, durch die positive Wirkungen auf Arbeitszufriedenheit, Motivation und Qualität der Leistung entstehen (siehe Abb. 9).

Diese Erlebniszustände werden durch fünf Merkmale der Aufgabe (Job Characteristics) ausgelöst:

1. Anforderungsvielfalt (viele Fähigkeiten sollen angesprochen werden),
2. Ganzheitlichkeit (zusammenhängendes Produkt oder vollständige Dienstleistung),
3. Bedeutsamkeit (Nutzen für die Abnehmer, Zusammenhang mit den Zielen),
4. Autonomie (Handlungsspielräume wie eigenverantwortliche Mittelwahl, selbstständige Festlegung von Zielen),
5. Rückmeldung (klare Information über Ergebnisse der Arbeit – entweder direkt während der Tätigkeiten oder nachgelagert von anderen).

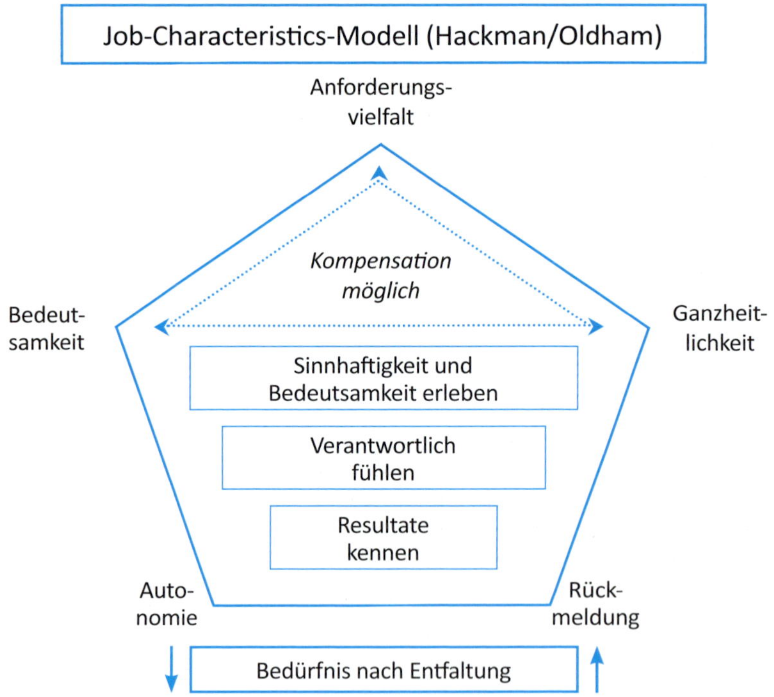

Abbildung 9: Das Job-Characteristics-Modell (nach Hackman & Oldham 1980)

183 Hackman & Oldham (1980); Oldham & Hackman (2010).

Die drei ersten der fünf Merkmale der Arbeit müssen nicht sehr hoch ausgeprägt sein; sie sind kompensierbar. Die beiden letzten Merkmale Autonomie und Rückmeldung dagegen sind eigenständig zu betrachten. Ist die Arbeit wie im Modell beschrieben gestaltet, werden neben einer höheren Arbeitszufriedenheit auch eine höhere innere Motivation der Mitarbeiter, eine bessere Qualität der Arbeit sowie geringere Fluktuation und Fehlzeiten vorausgesagt. Die Wirkungen der Merkmale sind aber gleichzeitig auch abhängig von dem Bedürfnis einer Person nach persönlicher Entfaltung, d.h., bei geringem Bedürfnis kann unter Umständen keine motivierende Wirkung festgestellt werden, obwohl alle Merkmale erfüllt sind. Es reagieren nicht alle Menschen gleich auf bestimmte Arbeiten.

In Studien[184] ist nachgewiesen, dass bei Menschen mit hohem Bedürfnis nach Entfaltung signifikante Zusammenhänge zwischen deren Arbeitszufriedenheit und den zuvor genannten Faktoren bestehen. Die Theorie des Job-Characteristics-Modells ist empirisch gut belegt und in der Praxis geeignet, Arbeitszufriedenheit zu erklären. Es werden zudem zahlreiche konkrete Ansatzpunkte zur motivationsfördernden Gestaltung von Arbeitsaufgaben und Tätigkeiten aufgezeigt.

Die Theorie über die relative Arbeitszufriedenheit von Bruggemann und Kollegen[185]

Erhebungen zur Arbeitszufriedenheit ergeben häufig erstaunlich hohe Zufriedenheitswerte. Dies mag zum einen daran liegen, dass die allgemeine Fragestellung nach der Arbeitszufriedenheit – analog zur Frage „Wie geht's?" – in der Regel die unverbindliche und sozial erwünschte Antwort „Gut" nahelegt. Es lohnt deshalb eine Betrachtung der Prozesse, die zu einer positiven Antwort der befragten Personen führen. Diese führt zu der Erkenntnis, dass die Arbeitszufriedenheit ein durchaus komplexes Phänomen ist und dass ein und dieselbe Antwort – „Ich bin zufrieden mit meiner Arbeit" – Ausdruck unterschiedlicher Arten der Arbeitszufriedenheit sein dürfte und mit unterschiedlichen Folgen für die Motivation des Mitarbeiters verbunden sein kann.

Die Besonderheit der Theorie von Bruggemann und Kollegen ist, dass Arbeitszufriedenheit nicht als statisches Phänomen, sondern als Prozess betrachtet wird. Es werden sechs unterschiedliche Arten der Arbeitszufriedenheit aufgezeigt und mit entsprechenden Entwicklungsprozessen beschrieben (siehe Abb. 10). Welche Art von Arbeitszufriedenheit vorliegt, ist mit dem Anspruchsniveau des Mitarbeiters eng verbunden, also mit seinen arbeitsbezogenen Bedürfnissen und Erwartungen. Im Mittelpunkt des Modells steht der Soll-Ist-Vergleich der konkreten Merkmale der Arbeitssituation sowie der konkreten Bedürfnisse und Erwartungen, bezogen auf eben diese Arbeitssituation. Aus diesem Vergleich entstehen ein Differenzwert. Hieraus ergeben sich sechs verschiedene Formen der Arbeitszufriedenheit, denen jeweils typische Entwicklungsprozesse zugeordnet werden. Je nachdem, ob der Soll-Wert höher bzw. gleich oder niedriger ist als der Ist-Wert, ergibt sich entweder eine stabilisierende Zufriedenheit oder eine diffuse Unzufriedenheit.

Nun kommt es darauf an, wie sich das Anspruchsniveau, das als variabel gesehen wird, entwickelt. Wird es erhöht, kommt es bei der stabilisierenden Zufriedenheit zu einer progressiven Arbeitszufriedenheit. Wird das Anspruchsniveau jedoch aufrechterhalten, bleibt es bei einer stabilisierten Arbeitszufriedenheit. Wird bei der diffusen Unzufriedenheit das Anspruchsni-

184 Vgl. Nerdinger et al. (2008), S. 432.
185 Bruggemann et al. (1975).

veau gesenkt, tritt eine resignative Arbeitszufriedenheit ein. Wird es aufrechterhalten, tritt bei einer Verfälschung der Situationswahrnehmung eine Pseudo-Arbeitszufriedenheit ein („redet sich die Arbeit schön"). Werden keine neuen Problemlösungsversuche unternommen, tritt eine fixierte Arbeitsunzufriedenheit ein. Diese ist von allen Erscheinungsformen am kritischsten zu bewerten, da hier die „innere Kündigung" droht. Wird hingegen versucht, eine Änderung herbeizuführen, spricht man von einer konstruktiven Arbeitsunzufriedenheit, die – aus Sicht des Vorgesetzten – erst einmal nicht als negativ zu bewerten ist.

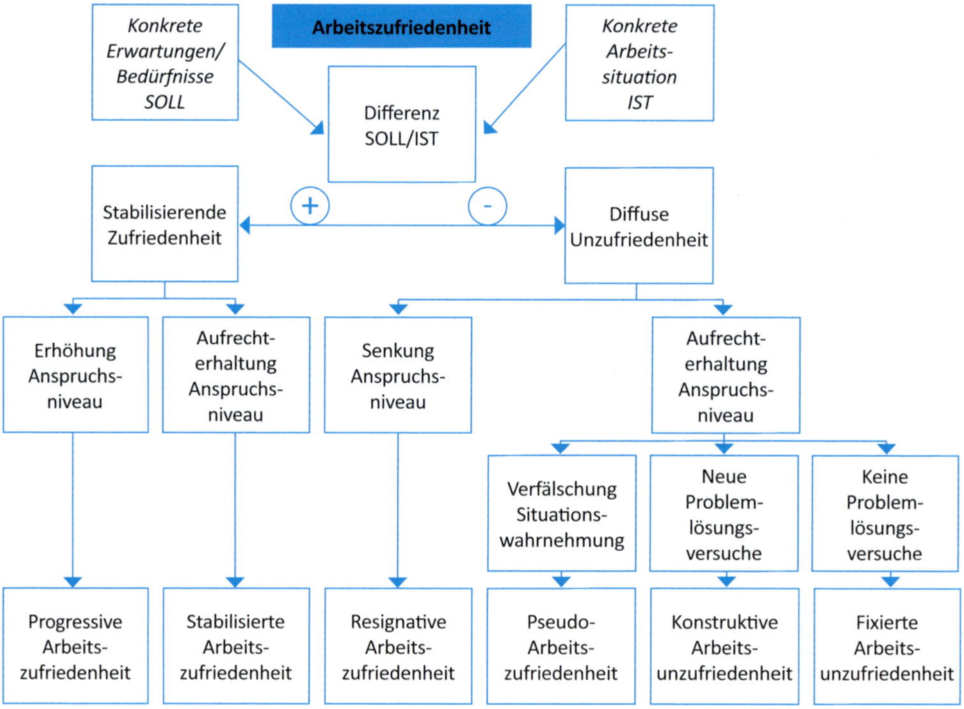

Abbildung 10: Das Modell Arbeitszufriedenheit (nach Bruggemann et al. 1975)

Die Darstellung der letzten Theorie zeigt auf, dass Arbeitszufriedenheit bzw. -unzufriedenheit sehr differenziert gesehen werden muss und die Auswirkungen höchst unterschiedlich sein können. Das Modell verweist zudem darauf, dass sich hinter quantitativ gemessenen Werten der Arbeitszufriedenheit häufig eine Reihe qualitativ völlig unterschiedlicher Erlebniszustände sowie Entwicklungsprozesse verbergen. Vor diesem Hintergrund sind selbst hohe Zufriedenheitswerte bei Mitarbeiterbefragungen kritisch zu hinterfragen – zumindest solange nicht ausgeschlossen werden kann, dass die hohen Werte lediglich auf einer Pseudo-Arbeitszufriedenheit oder einer resignativen Arbeitszufriedenheit beruhen. Anders herum bedeutet dies, dass eine konstruktive Arbeitsunzufriedenheit aufgrund ihrer aktivierenden und motivierenden Wirkung allemal positiver für die Organisation ist als die resignative oder die Pseudo-Zufriedenheit. Schließlich basieren Letztere lediglich auf einer Anspruchssenkung bzw. einer verfälschten Situationswahrnehmung und haben somit ein eher geringes Aktivierungspotenzial.

Ohne weiteren Rückgriff auf Theorien oder Modelle führen wir hier abschließend in Anlehnung an Weinert[186] sowie Rosenstiel und Bögel[187] die aus empirischen Studien bekannten Variablen auf, die offensichtlich Einfluss auf die Arbeitszufriedenheit haben. Als nicht in der Person liegende Determinanten der Arbeitszufriedenheit gelten demnach:

- die Arbeit selbst
- Beförderungsmöglichkeiten
- berufliche Weiterbildung
- Be- und Entlohnungssysteme
- Anerkennung
- die allgemeinen Arbeitsbedingungen
- Mitarbeiter sowie Kollegen
- Vorgesetzte (Führungsverhalten)
- Reglementierungen der Organisation
- Arbeitszeiten
- Arbeitsplatzsicherheit

Wiederholt wurde festgestellt, dass die meisten Menschen sich am Arbeitsplatz Verantwortung, Eigenkontrolle und Autonomie wünschen. Sie bewerten Anwendungsmöglichkeiten für die Entfaltung ihrer Talente und Fähigkeiten sowie das Erlernen neuer Inhalte sehr hoch und favorisieren eine abwechslungsreiche, kreative und auch schwierige Arbeit, die jedoch Aussicht auf Erfolg bieten muss. Dazu gehört das Gefühl, etwas Sinnvolles zu leisten, Kompetenz zu haben und geistig an der Aufgabe wachsen zu können. Auch wenn diese Bedingungen nur teilweise bestehen, wirken sie sich günstig auf die Arbeitszufriedenheit aus.[188]

6.2.2 Leistung

Leistung, das zweite Ziel von Führung, kann wie schon in der Einführung angesprochen aus zwei Blickwinkeln[189] definiert werden, wobei in einer Organisation generell nur das als Leistung anerkannt wird, was den Zielen der Organisation dient:

- das erreichte Ergebnis von Tätigkeiten, also die Resultate des Verhaltens eines Menschen, der erreichte Erfolg. Dazu ist zu bemerken, dass die Ergebnisse vielfach mit objektiven Maßstäben (Kennzahlen, Kategorien usw.) gemessen werden können, deren Auswahl und Interpretation aber weniger eindeutig sind.
- das gezeigte Verhalten im Sinne aller Aktivitäten eines Menschen bei der Erfüllung seiner Arbeitsaufgaben, also die aufgebrachte Energie oder der Arbeitseinsatz bei der Erledigung von Aufgaben.

Auch Weibler führt unter Anlehnung an Kehr (2000) aus, dass neben Kohäsion und Zufriedenheit das dritte zentrale Ziel von Führung Leistung ist. Als Konkretisierung wird angegeben, dass sich die Leistung „an der Erfüllung organisatorisch vorgegebener Aufgaben bemessen" lässt. Je nach Art der Aufgaben können unterschiedliche Maße verwandt werden.[190] Festzu-

186 Weinert (2004), S. 269–273.
187 Rosenstiel & Bögel (2009), S. 175.
188 Unter Verweis auf weitere Quellen Weinert (2004), S. 271.
189 Vgl. Nerdinger (2003), S. 6–8.
190 Weibler (2012), S. 71 f.

halten ist allerdings schon an dieser Stelle, dass nicht ausschließlich der individuelle Mitarbeiter für die Ergebnisse verantwortlich ist, sondern diese auch durch eine Reihe externer Faktoren beeinflusst werden, die der Mitarbeiter nicht steuern kann. Wesentliche Beispiele für solche externen Faktoren sind die zur Verfügung stehenden Ressourcen, gesellschaftliche Entwicklungen, politische Einflussnahmen und – ein beachtenswerter Faktor – das (Führungs-)Verhalten der Vorgesetzten.

Was in vielen Organisationen als eigentliche Leistung empfunden wird, ist das Leistungsverhalten der Mitarbeiter, die zweite Kategorie. Als Leistung wird das über einen Zeitraum hinweg gezeigte Arbeitsverhalten bei bestimmten Aufgaben und in bestimmten Situationen verstanden, sozusagen das verdichtete Arbeitsverhalten. Eine Definition bieten Nerdinger und Kollegen zum Begriff Leistungsverhalten wie folgt an: „[...] umfasst das Verhalten im Rahmen aller betrieblichen Aufgaben, in die Mitarbeiter in einer Organisation eingebunden sind. Leistungsverhalten wird auch als produktives Verhalten bezeichnet."[191] Der Fokus liegt bei dieser Betrachtungsweise nicht auf dem Ergebnis, sondern auf dem Verhalten, dem Einsatz der Mitarbeiter. Bewertet wird dieser Aspekt der Leistung meist über Beurteilungen von Vorgesetzten.

Einen anderen Zugang zum Begriff Leistung kann man in Anlehnung an Rosenstiel[192] über die Begriffe „Wollen", „Können", „Dürfen" und „situatives Ermöglichen" erlangen.

Unter **Wollen** (Leistungsbereitschaft) ist die Bereitschaft des Mitarbeiters zu verstehen, die ihm größtmögliche Energie zur Zielerreichung einzusetzen – diese wird auch als Motivation bezeichnet. Untersuchungen legen nahe, dass dem Menschen eine gewisse Leistungsbereitschaft bzw. ein Bedürfnis zur Produktivität immanent ist. Der Mensch lebt, um zu arbeiten, um sich zu betätigen. Der Motivationspsychologe David McClelland hat drei „große Motive" für den Antrieb des Menschen benannt: Anschluss (Kontakt), Macht (Kontrolle) und Leistung.[193] Dies wird u.a. auch von Weinert[194] unter Bezugnahme auf Kuhl (2001) und Scheffer (2004) ausgeführt. Gestützt wird dieser Ansatz durch die bereits von Maslow aufgezeigte Bedürfnispyramide,[195] die darauf verweist, dass nach der Erfüllung von Grundbedürfnissen andere, höher stehende Bedürfnisse, die sogenannten Wachstumsbedürfnisse (Selbstverwirklichung), erfüllt werden wollen. Ein anderer Hinweis auf die Leistungsorientierung von Menschen sind die dramatischen Folgen bei Entzug der Arbeit und der Möglichkeit, kreativ tätig zu sein. Arbeitslosigkeit geht nicht selten einher mit dem Gefühl eigener Wertlosigkeit, Selbstzweifeln, persönlicher Kränkung und im Extremfall Depressivität.[196] Auch deshalb sollten Führungskräfte zuerst einmal davon ausgehen, dass die Mehrzahl der Mitarbeiter ihrer Arbeit leistungsbereit nachkommt. Dort, wo dies nicht der Fall ist, wäre zu prüfen, welche anderen Ursachen als eine grundlegende Abneigung zu arbeiten infrage kommen: Tätigkeiten, die nicht den Fähigkeiten des Menschen entsprechen, monotone Arbeit, nicht als sinnhaft empfundene Arbeit, krank machende Arbeit, soziale Stressoren wie negatives Verhalten von Kollegen und Vorgesetzten, mangelnde Unterstützung des Vorgesetzten, als ungerecht empfundene Entlohnung?

191 Nerdinger et al. (2008), S. 606.
192 Rosenstiel (2003), S. 55.
193 McClelland zitiert nach Comelli & Rosenstiel (2009), S. 49.
194 Weinert (2004), S. 187.
195 Vgl. Maslow (1954).
196 Vgl. Frankl (2005), S. 169.

Das **Können** (Leistungsfähigkeit) bezeichnet die Qualifikation, d.h. die Fähigkeiten und Fertigkeiten des Menschen für die Erledigung der Arbeit. Qualifikationen können die Mitarbeiter auf unterschiedliche Art und Weise erlangen. Die Bandbreite reicht von gezielten Maßnahmen der Organisation (z.B. Aus- und Fortbildung) über Lernaktivitäten des Mitarbeiters bei der Arbeit (Lernen am Modell, zielgerichtetes Lernen) bis hin zur Ansammlung stärker impliziten Wissens und Routinen (z.B. über Versuch und Irrtum sowie die Kumulierung von Qualifikationen über gesammelte Arbeitserfahrungen). In der heutigen, sich schnell wandelnden Arbeitswelt stehen die Mitarbeiter selbst in der Verantwortung, ihre Qualifikation kontinuierlich auf dem Anforderungsniveau zu halten. Im Beamtenrecht kommt dieser Aspekt als die Verpflichtung zum Ausdruck, dass sich die Beamtinnen und Beamten „mit vollem persönlichem Einsatz ihrem Beruf zu widmen“[197] haben.

In zweiter Linie sind die Führungskräfte, auch als Repräsentanten der Organisation, für die Qualifikation ihrer Mitarbeiter zuständig. Sie müssen daher den Mitarbeitern Gelegenheit zur Fortbildung und zur Entwicklung neuer Kompetenzen geben, sie ggf. dazu anhalten sowie die dafür notwendigen Ressourcen zur Verfügung stellen. Im Beamtenrecht ergibt sich dies einmal aus den Führungs- und Leitungspflichten,[198] zum anderen aus der Fürsorgepflicht.[199]

Das **Dürfen** (Leistungsmöglichkeit I) und die **situative Ermöglichung** (Leistungsmöglichkeit II) beziehen sich bei Letzterem auf die Gestaltung der Arbeitssituation. Diese soll so gestaltet sein, dass sie dem Mitarbeiter Raum zur persönlichen Entfaltung und zum Erwerb von Kompetenzen bietet. Mitarbeiter müssen genügend Freiraum haben, ihre Fähigkeiten und Kenntnisse sinnvoll einzusetzen und diese weiterzuentwickeln. Das Gewährleisten dieser Freiräume liegt in der Verantwortung des Vorgesetzten. Freiräume und persönliche Entfaltung entstehen durch die Übertragung von Verantwortung und Kompetenzen auf die Mitarbeiter sowie durch Aufgaben, die herausfordernd, aber durch die Mitarbeiter zu bewältigen sind. Zu den Pflichten der Führungskräfte zählen auch das Bereitstellen von sächlichen Mitteln sowie eine ausgewogene Belastung des Einzelnen.

Rosenstiel[200] führt bei dem „Dürfen“ eine weitere Determinante an: Es ist das „soziale Dürfen und Können“ (oder auch „Nicht-Dürfen“), welches aufgrund von Regeln und Normen bestimmt wird. Da wir davon ausgehen, dass die Bindung an Recht und Gesetz sogar ein „Müssen“ oder „Nicht-Dürfen“ für bestimmte polizeiliche Tätigkeiten bestimmt und von Führungskräften nur indirekt beeinflusst werden kann, liegt der Schwerpunkt unserer Betrachtungen auf dem Dürfen und dem situativen Ermöglichen – im Sinne von Ermöglichen durch die Führungskräfte und die Organisation.

Die Verantwortung für die Faktoren von Leistung ist grundsätzlich zwischen Führungskraft und Mitarbeiter gleichermaßen verteilt. Trotzdem ist für den Bereich „Wollen“ der größere Anteil auf Seiten des einzelnen Mitarbeiters zu sehen, während für das „Dürfen“ (hier mit situativem Ermöglichen integriert) wohl der Löwenanteil bei der Führungskraft liegt (vgl. Abb. 11).

197 § 34 Beamtenstatusgesetz.
198 Vgl. z.B. § 57 Satz 1 Landesbeamtengesetz Nordrhein-Westfalen.
199 Vgl. z.B. § 85 Landesbeamtengesetz Nordrhein-Westfalen.
200 Rosenstiel (2003), S. 55.

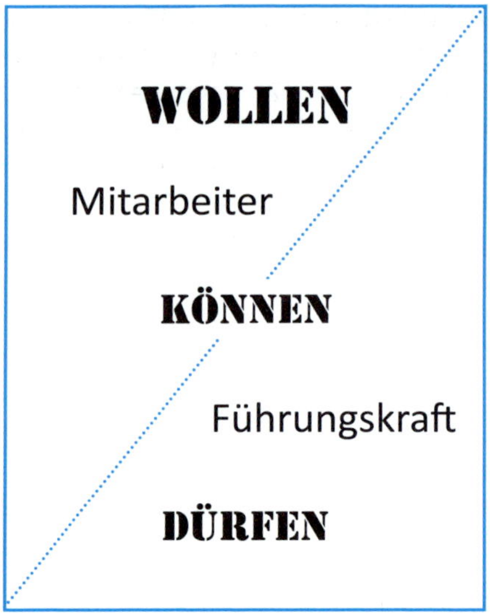

Abbildung 11: Leistung: Wollen – Können – Dürfen (eigene Darstellung)

6.2.3 Zusammenhang von Arbeitszufriedenheit und Leistung

Ob Zufriedenheit sich positiv auf die Leistung auswirkt oder ob es umgekehrt ist, also die Leistung die Zufriedenheit fördert, ob eine wechselseitige Beziehung besteht oder vielleicht gar kein Zusammenhang, war Gegenstand unzähliger Studien in der Geschichte der Führungslehre. Die Annahme, dass Zufriedenheit als (eine) Ursache für Leistungssteigerung betrachtet werden kann, ist naheliegend. Ebenso plausibel scheint aber auch die Vermutung, dass zufriedene Arbeitnehmer ruhig und inaktiv werden könnten. Darüber hinaus ist es aber auch möglich, unter Bezugnahme auf die vorstehenden Ergebnisse von Bruggemann und Kollegen[201], dass Mitarbeiter bei sehr hoher Arbeitszufriedenheit ihre Ansprüche weiter steigern und – basierend auf einer schöpferischen Unruhe – aktiv und hoch motiviert sind. Es liegt auf der Hand, dass die Leistungsbereitschaft des Mitarbeiters insbesondere durch neue herausfordernde Aufgaben erhalten werden sollte.

Die empirische Forschung ist der Frage des Zusammenhangs von Zufriedenheit und Leistung häufig nachgegangen, wobei unterschiedliche Befunde vorliegen. In einer Gesamtschau reichen die Ergebnisse nach unserer Wahrnehmung von deutlich erkennbare über schwache Zusammenhänge bis zu keiner Korrelation.

In der Literatur werden einige Metaanalysen diskutiert, wobei die Spannbreite dieser Erkenntnisse genau so groß ist. Weinert berichtet unter Bezugnahme auf Iaffaldano und Muchinsky (1985), dass eine Metaanalyse von 74 Forschungsarbeiten nur eine geringe Korrelation (r = .17) erbracht hat.[202] Bei Mertel[203] finden sich Hinweise auf Six und Eckes (1991), die bei 90 analysierten US-Studien keine bis gering positive Zusammenhänge ermittelten, sowie auf Ostroff (1992), der bei 14.000 Schullehrern eine höhere Effektivität nachweisen konnte,

201 Bruggemann et al. (1975).
202 Weinert (2004), S. 70.
203 Mertel (2007), S. 31.

wenn diese mit ihrer Arbeit zufrieden waren (r = .11 bis .54). Von besonderem Interesse ist eine im Jahr 2001 veröffentlichte Metaanalyse von Judge und Kollegen, bestätigt diese doch einen positiven Zusammenhang von Zufriedenheit und Leistung. Judge und Kollegen werteten 312 Untersuchungen aus und fanden eine Korrelation von r = .30. Ihr Resümee lautet: „Wir glauben, es ist an der Zeit, dass Forscher die Beziehung zwischen Leistung und Zufriedenheit neu überdenken".[204]

Mit Blick auf unser Modell der Polizeilichen Führungslehre bietet sich daher eine pragmatische Sichtweise an: Sollte ein positiver Zusammenhang bestehen, ist es sinnvoll, beide Ziele, nämlich Leistung und Zufriedenheit, gemeinsam anzustreben. Sollte kein Zusammenhang bestehen, ist dies insofern unschädlich, da jedes Ziel für sich alleine einen Wert darstellt und beide auch unabhängig voneinander erreicht werden sollten. Ein negativer Zusammenhang ist nicht belegt und von daher nicht zu beachten.

6.3 Integration in die polizeiliche Führungspraxis

Für die polizeiliche Führungspraxis ergibt sich mit Blick auf die beiden in diesem Abschnitt betrachteten Führungsziele Leistung und Zufriedenheit eine Reihe von Anwendungsbezügen.

Die Diskussionen über die Festlegung und Feststellung von Leistung bei Beurteilungen sind nicht erst seit den Neuen Steuerungsmodellen, dem Controlling und der Kosten-Leistungsrechnung virulent. Irritationen ergeben sich aus mehreren Konfliktpunkten. Die **Organisation** Polizei legt z.B. am Ende eines Geschäftsjahres keine Gewinn-Verlustabrechnung vor, aufgrund der man die Leistungsfähigkeit (quantitativ) messen könnte. Wegen der politischen Gegebenheiten konzentriert sich man sich ritualisierter Weise alljährlich auf die Polizeiliche Kriminalstatistik (PKS), und innerhalb dieser Statistik fokussiert sich die Aufmerksamkeit sofort auf die Aufklärungsquote (AQ) – je höher diese, desto besser, so das politische Credo. Der zweite Blick gilt dann den Fallzahlen, die möglichst niedrig sein sollten. Fachleute wissen – und die Politik im Grunde genommen auch –, dass damit nur ein willkürlicher Ausschnitt der polizeilichen Arbeit erfasst wird, der wenig über die Kriminalität einerseits und kaum etwas über die Leistungsfähigkeit der Polizei andererseits aussagt. Nur die polizeilich bekannt gewordenen Straftaten werden betrachtet. Über das tatsächliche Ausmaß der Kriminalität – das sogenannte Dunkelfeld – hingegen gibt es nur vage Schätzungen. Die Höhe der bekannten Fallzahlen hängt zum einen von Tatgelegenheitsstrukturen sowie dem Anzeigeverhalten der Bevölkerung ab – beides Faktoren, die die Polizei kaum beeinflussen kann. Zum anderen sind die Aktivitäten der Polizei, d.h. wie intensiv diese in das Dunkelfeld vordringt, maßgeblich. Ein gutes Beispiel hierfür ist die Rauschgiftkriminalität: In diesem Bereich gibt es kaum Anzeigen aus der Bevölkerung. Die Rauschgiftkriminalität wird vorwiegend erst durch Ermittlungen der Polizei ins Hellfeld gebracht. Ist die Polizei sehr aktiv in diesem Bereich, steigen zwar einerseits die Aufklärungsquoten, aber auch die Fallzahlen, was paradoxerweise wiederum politisch als wenig erwünscht bewertet wird.

Die AQ, der zweite Interessenpunkt, ist ebenfalls nur bedingt direkt durch polizeiliche Aktivitäten zu beeinflussen. Ausschlaggebend sind vielmehr die Deliktart, die verfügbaren Ressourcen, die Region, die Einwohnerstruktur oder die Mentalität der Bevölkerung.

204 Judge et al. (2001), S. 393.

Dieser kleine Exkurs über die PKS soll verdeutlichen, dass diese als alles entscheidender Leistungsmaßstab nicht ernsthaft herangezogen werden kann, schon gar nicht zur Feststellung der Leistung der einzelnen Personen in der Organisation.

Das nächste Dilemma ist der Widerspruch, dass nach der Gesetzeslage die höchste Aufgabe der Polizei – manchmal vornehmste Aufgabe genannt – die Prävention ist, also die Verhinderung von Straftaten und die Abwehr von Gefahren für Bevölkerung und Staat. Während es für den Bereich der Repression ein mit großem Aufwand betriebenes Maßsystem, die PKS, gibt, sucht man ein vergleichbares Instrument für die Prävention vergeblich. Für die wichtigste Aufgabe der Polizei gibt es damit weder für die Organisation noch für den einzelnen Mitarbeiter einen verlässlichen Bewertungsmaßstab.

Verlässt man die Betrachtungsebene der Organisation und wendet sich der nächsten Integrationsebene, der **Organisationseinheit** zu, wird die Lage nur unwesentlich besser. Bestimmte Aufgaben sind eigens dafür eingerichteten Organisationseinheiten zugewiesen, z.B. die Aufklärung von Tötungsdelikten den Mordkommissionen, die Bewältigung von Demonstrationslagen den Einsatzeinheiten, die Festnahme von gefährlichen Gewalttätern Spezialeinheiten, die Durchführung von Fortbildungen Fachgruppen und die Erstellung von forensischen Gutachten Sachverständigen. Aber auch in diesen Bereichen ergeben sich Widersprüche und Dilemmata: Vollbringt eine Mordkommission eine gute Leistung, wenn sie monatelang akribisch tausende von Spuren fehlerfrei abarbeitet, ohne die Tat aufzuklären, oder ist sie gut, wenn der Tatverdächtige aufgrund einer Zeugenaussage und positiver DNA-Spur nach zwei Tagen ermittelt ist? Ist eine Einsatzeinheit gut, wenn bei einem Fußballspiel mit gewaltbereitem Fan-Potenzial nach stundenlangem Einsatz etliche Verkehrsbehinderungen und einige Beleidigungsstraftaten zu registrieren sind, oder ist sie gut, wenn nach kurzer Zeit unter Anwendung unmittelbaren Zwanges mehrere hundert Festnahmen durchgeführt wurden? Ist eine Fortbildungseinheit gut, wenn alle Studierenden mit der Höchstpunktzahl abschließen? Spricht ein solches Ergebnis für die Qualität der Bildungsarbeit oder ist es nicht eher ein Hinweis auf die Unfähigkeit des Lehrpersonals, zu differenzierten und korrekten Bewertungen zu gelangen?

Diese kurze, willkürliche Aufzählung soll aufzeigen, dass es auch auf der zweiten Integrationsebene eher schwierig ist, valide Maßstäbe für polizeiliche Leistungen abzuleiten. Schließlich bleibt noch die Betrachtung einer dritten Ebene: **der einzelne Mitarbeiter** und seine Bezugsgruppe. Damit betreten wir das Minenfeld der (Leistungs-)Beurteilungen. Bei den Polizeien der Länder und des Bundes existiert eine fast unüberschaubare Anzahl von Richtlinien über Beurteilungen. Diese machen u.a. Aussagen zum Leistungsverhalten von Mitarbeitern, nennen Bezugsgruppen und geben Formulierungen und Werteskalen vor, die teilweise mit Hinweisen auf absolute oder relative Maßstäbe versehen sind und häufig Quotierungen in Leistungsgruppen verlangen. Wir können die Diskussionen, die sich rechtlich und vor allem organisationspsychologisch um diese Dauerbrenner entzünden, an dieser Stelle nicht aufgreifen. Es werden nur einige für wesentlich erachtete Punkte angesprochen. Ein ungelöstes Problem ist es – wie sich aus den vorherigen Ausführungen ergibt –, eine „gute polizeiliche Leistung“ auch für den einzelnen Mitarbeiter quantitativ und qualitativ zu bestimmen. Um es wieder mit einer rhetorischen Frage zu skizzieren: Hat ein Polizeivollzugsbeamter eine gute Leistung vollbracht, wenn er nach mehreren Stunden Streifenfahrt Dutzende von Anzeigen über Ordnungswidrigkeiten vorzeigt? Oder wenn aufgrund der Präsenz während dieser Zeit in diesem Bezirk keine einzige Straftat und Ordnungswidrigkeit zu verzeichnen ist?

Dies führt zu einem weiteren Problemfeld. Polizeiliche Arbeit ist in weiten Teilen Teamarbeit. Doch wie bemisst man die Leistung eines Einzelnen in einem Team, sei es in der Mordkommission, im Lehr-Team oder bei der Streifenwagenbesatzung? Selbst wenn man die Leistung eines Einzelnen innerhalb einer Gruppe im Vergleich zu den anderen einstufen kann, z.B. wer der Beste ist, bleibt die Frage offen, wie es sich mit dem Gruppenbesten einer Parallelgruppe verhält und ob dort das Ausgangsniveau gleich ist. Dennoch, dies wissen auch alle Führungspraktiker, ist jenseits des genau Quantifizierbaren jedem in einem Team schnell klar, wo die Stärken und Schwächen der einzelnen Kollegen liegen, wer beständig besondere Beiträge erbringt und auf wen man sich in schwierigen Situationen eher verlassen möchte.

Dennoch: Im Ergebnis ist für die polizeiliche Führungsarbeit festzustellen, dass es mit großen Schwierigkeiten verbunden ist, objektiv festzustellen und festzulegen, was Leistung in und von polizeilichen Organisationen ist. Besser wird die Bewertungsmöglichkeit allerdings dann, wenn mehrere Parameter einfließen (quantitative wie qualitative), Entwicklungen im Zeitverlauf verfolgt werden und für einen Vergleich auch vergleichbare Einheiten gewählt werden.

Beziehen wir uns jedoch auf die Ziele in unserem Führungsmodell, können wir folgende **Betrachtungs- und Handlungsempfehlungen** geben:

- Vorgegebene (scheinbar) objektive Leistungsmaßstäbe müssen kritisch überprüft werden, ob diese tatsächlich valide sind und diese auch den Zweck und Ziele der Organisation widerspiegeln.
- Transparente Leistungsmaßstäbe müssen in Kooperation mit den Mitarbeitern festgelegt werden.
- Durch die Bewertung des Leistungsverhaltens, d.h. der gezeigten Anstrengungsbereitschaft, wird man dem Mitarbeiter eher gerecht als durch die Bewertung von Leistungserfolgen bzw. Ergebnissen.
- Eine Gruppe ist grundsätzlich als Bezugsmaßstab geeignet, wenn der oder die Beurteiler die Gruppenmitglieder persönlich wahrnehmen kann bzw. können.
- Leistung sollte nicht nur aus der Sicht der Führungskraft, also hierarchisch, wahrgenommen werden. Vielmehr sollte bei der Bewertung von Leistung auch die Perspektive anderer Bezugs- bzw. Anspruchsgruppen wie Kollegen, Nachgeordnete, Außenstehende („Kunden") und Bürger sowie Mitarbeiter anderer Behörden mit einbezogen werden.

Bei der Betrachtung von polizeilicher Leistung ist weiterhin der Hinweis auf die **Bindung an Recht und Gesetz** erforderlich. Für bestimmte Handlungen gibt es für die Polizei keinen Ermessungsspielraum. Wird z.B. der Polizei eine Straftat bekannt, muss sie diese anzeigen und Ermittlungen aufnehmen. Sie kann weder Überlegungen zur Verfolgbarkeit anstellen – dies obliegt einzig und allein der Staatsanwaltschaft – noch Berechnungen darüber vornehmen, ob es betriebswirtschaftlich oder volkswirtschaftlich sinnvoll ist, dieses Delikt zu verfolgen. Bei einer angekündigten Versammlung mit möglichen gewalttätigen Aktionen ist es nicht zulässig, die Kosten der Einsatzkräfte gegen mögliche Sachschäden aufzurechnen, z.B. Verzicht auf Kräfte unter Inkaufnahme einiger eingeworfener Schaufensterscheiben. Bei solchen Einsätzen steht immer die Effektivität im Fokus, nicht unbedingt die Effizienz – Letztere verstanden als wirtschaftlich optimaler Mitteleinsatz zur Erfolgserreichung (wobei die unterschiedlichen Auswirkungen des polizeilichen Handelns auf eine gemeinsame errechenbare Grundlage gebracht werden müssen, hier: Geld).

Andererseits verhindern **gesetzliche Schranken** – deren Existenz aus rechtsstaatlichen Gründen unbestritten ist – mögliche leistungssteigernde Maßnahmen. Dies gilt sowohl für die Organisation Polizei als auch für den einzelnen Mitarbeiter. Bei bestimmten Konstellationen wäre z.B. das Festsetzen von Störern das effizienteste und effektivste Mittel zur Lagebewältigung, dies ist, aus guten rechtsstaatlichen Gründen, aber häufig nicht zulässig. Für die Führung in der Polizei ist die Bewertung, ob und wie die Bindung an rechtliche Normen die polizeiliche Leistung bestimmt, maßgeblich. Insoweit findet auch der Anspruch an Führungskräfte, den Mitarbeitern das Erbringen von Leistung zu ermöglichen – im Sinne von „Dürfen" eine klare Restriktion durch ein gesetzlich normiertes „Müssen" bzw. „Nicht-Dürfen" der Erbringung polizeilicher Leistung.

In den Ausführungen zur Arbeitszufriedenheit wurde u.a. darauf hingewiesen, dass die Unsicherheit des Arbeitsplatzes bedeutsam ist. Für die Polizei spielt dieser Fakt, wie im gesamten öffentlichen Dienst, so gut wie keine Rolle. Ab einer bestimmten Verweildauer werden die Mitarbeiter entweder Beamte auf Lebenszeit oder Angestellte mit unkündbarem Status. Dies hat bestimmte Auswirkungen für die Führungsbeziehung. Zunächst ist die Möglichkeit der Trennung von einem Mitarbeiter, also seine Freisetzung, keine Handlungsoption. Man kann in Konfliktfällen weder mit der Sanktion der Freisetzung noch mit dem Versprechen des sicheren Arbeitsplatzes argumentieren.

Hinsichtlich des Zusammenhangs zur **Arbeitszufriedenheit** und unter Bezug auf die Theorie von Herzberg kann man sogar mutmaßen, dass diese Arbeitsplatzsicherheit als so selbstverständlich wahrgenommen wird, dass sie noch nicht einmal eine maßgebliche Rolle als Hygienefaktor im Sinne einer „Nicht-Unzufriedenheit" spielt. Deshalb werden Veränderungen in der Organisation, insbesondere solche, die mit einem Wechsel des Arbeitsplatzes einhergehen, von Mitarbeitern des öffentlichen Dienstes von einer anderen Ausgangsbasis aus diskutiert als in anderen Organisationen. Seitens der Führungskräfte erfordert dieser Fakt deshalb mehr Überzeugungskraft und Vertrauenswürdigkeit in den Handlungsfeldern des Personaleinsatzes und der Personalverwendung.

Eine andere Auswirkung ist die **geringe Fluktuation** im Personalkörper, die allgemein als Indikator für Arbeitszufriedenheit gesehen wird. In polizeilichen Organisationen spielt die Kündigung durch den Mitarbeiter bislang eine kleine Rolle. Die resultierenden Verluste des sicheren Arbeitsplatzes, des gesicherten Einkommens und der erworbenen Pensionsansprüche sowie die spezielle polizeibezogene Ausbildung mit eingeschränkter Nachfrage auf dem Arbeitsmarkt sind die wesentlichen Gründe dafür, dass ein Verlassen der Polizei eher nicht in Erwägung gezogen wird. Ob sich dies durch den sich abzeichnenden Mangel an Fachkräften auf dem Arbeitsmarkt künftig ändern wird, kann derzeit nur spekuliert werden. Der andere Aspekt, die organisationsinterne Fluktuation, ist allenfalls nur punktuell als Indiz zur Bewertung von Arbeitszufriedenheit bzw. -unzufriedenheit geeignet. In den meisten Flächenländern ist der Personalbedarf in den städtischen Ballungszentren am größten, während die Mehrzahl der Bewerber aus anderen Regionen stammt. Somit kommen die jüngeren Mitarbeiter in der Regel in städtische Ballungszentren, da die älteren in heimatnahe Regionen versetzt werden. Deshalb ist die Fluktuation in den Großstädten immer größer als im ländlichen Raum, wo es sich bei vielen Dienststellen um sogenannte „Endverwendungsstellen" handelt. Für die polizeilichen Führungskräfte hat dies, je nach Dienststellenstruktur, unterschiedliche Konsequenzen. In den Ballungsgebieten wird mehr Augenmerk auf Einarbeitung und Flexibilität gelegt werden müssen, während es andernorts die Erhaltung der Motivation bei jahrelang gleichen Arbeitsanforderungen und Kontinuität sein dürfte.

Ein anderer Gesichtspunkt ist der Umgang mit dem Phänomen der „inneren Kündigung". Die Mehrheit der Mitarbeiter versieht engagiert den Dienst. Ein kleiner Prozentsatz an „Problemmitarbeitern" birgt im Kontext Arbeitszufriedenheit jedoch eine besondere Herausforderung für Führungskräfte in der Polizei. Sinkende Arbeitszufriedenheit kann, so die Theorie von Bruggemann, zu fixierter Arbeitsunzufriedenheit führen. Die Unkündbarkeit im doppelten Sinne, also sowohl für die Organisation als auch für den betroffenen Mitarbeiter, kann daher nicht nur die innere Kündigung begünstigen, sondern im Extremfall sogar Sabotagehandlungen provozieren. Diese könnten dann als mögliche Folge vorausgegangener Resignation bzw. Frustration mangels Alternative einer tatsächlichen Kündigung verstanden werden. Deshalb müssen sinkende Arbeitszufriedenheit und deren mögliche negative Auswirkungen von polizeilichen Führungskräften sensibel wahrgenommen werden. Führungskräfte sollten hellhörig werden, wenn sich Mitarbeiter zwar als zufrieden mit ihrer Arbeit äußern, dabei aber einen resignativen Unterton anschlagen. Denn dieser verweist (der Theorie von Bruggemann zufolge) auf diffuse Unzufriedenheitsformen, die häufig nur unter dem Deckmantel einer resignativen Arbeitszufriedenheit schlummern und ebenfalls negative Folgen haben können.

Die **Anerkennung geleisteter Arbeit** ist ein wesentlicher Faktor für Arbeitszufriedenheit. Für die Polizei und damit für den einzelnen Mitarbeiter speist sich diese aus verschiedenen Quellen, und zwar stärker als dies bei vielen anderen Organisationen der Fall ist. Die Polizei hat täglich Kontakt zur Bevölkerung und erhält dadurch ein unmittelbares Feedback. Dies ist je nach Anlass und Örtlichkeit sehr verschieden. Der hilfesuchende Bürger wird auf polizeiliche Intervention anders reagieren als der sanktionierte Bürger; ferner gestaltet sich die Kommunikation in einem Dorf z.B. völlig anders als in einem großstädtischen Problemviertel. Führungskräfte müssen diese Einflüsse auf die Mitarbeiter kennen und für das Führungsverhalten bedenken. Sind z.B. die Polizeibeamten ständigen Anpöbelungen in einem Problemviertel ausgesetzt, muss im Innenverhältnis wesentlich mehr zur Stabilisierung der Menschen veranlasst werden.

Die zweite Quelle der Anerkennung sind die **Medien**. Auch hier schwanken die Bewertung sowie Art und Tonfall der Berichterstattung je nach Anlass und Region. Vom Grundsatz gelten für die Führung die im vorstehenden Absatz gemachten Ausführungen.

Die nächste Quelle möglicher Anerkennung ist die **Politik**, die sich aber in die gesamte Bandbreite der Gesinnungsskala aufteilt. Polizeiliche Aktivitäten werden je nach Standpunkt der politisch Agierenden entweder vorbehaltlos gelobt oder verteufelt, insbesondere dann, wenn widersprechende Meinungen und Öffentlichkeitswirksamkeit eine Rolle spielen, z.B. beim Bau von Kernkraftwerken, bei Nukleartransporten, Großprojekten wie Startbahn West oder Stuttgart 21 u.v.a. Nicht selten fühlen sich die Polizeibediensteten alleine gelassen in den meist dynamischen und unübersichtlichen Situationen, die erst durch politisches Handeln in Gang gesetzt wurden und als Konfliktfall bei der Polizei enden.

Dies führt in der Betrachtung dann zur letzten Quelle, die Mitarbeitern der Polizei Anerkennung gewähren kann, zu den **Führungskräften**. Diese müssen die genannten externen Einflussfaktoren analysieren und bei ihrem Führungshandeln entsprechend berücksichtigen. Dazu sind Wahrnehmungs- und Analysekompetenzen im Außenverhältnis sowie Empathie-

und Kommunikationskompetenzen im Innenverhältnis erforderlich. Pointiert formuliert: Als echt empfundene Anerkennung kann eigentlich nur von empathischen Führungskräften vermittelt werden.

Autonomie in der Arbeitswelt wird als sehr wesentlich für Arbeitszufriedenheit eingeschätzt. Die polizeilichen Aufgabenstrukturen bieten dafür eine positive Ausgangslage. Die Mehrzahl der polizeilichen Aufgaben kann und muss eigenverantwortlich von den Mitarbeitern ausgeführt werden. In Verbindung mit der guten Qualifikation der Mitarbeiter, die zweifelsohne in den deutschen Polizeien Standard ist, ist dies ein großer Pluspunkt.

Führungskräfte in der Polizei müssen allerdings beachten, dass im Binnenverhältnis häufig hierarchie- und vorschriftenfixierte Arbeitsbedingungen anzutreffen sind, die der Autonomie zuwiderlaufen. Die Ausbalancierung dieses Widerstreites und der Mut zu mehr Autonomie auch im „Innendienst" sind Handlungsempfehlungen für dieses Feld.

Spürbare **monetäre Belohnungen** spielen im öffentlichen Dienst als Anerkennung so gut wie keine Rolle. Die Gehaltsstruktur wird vom Gesetzgeber festgelegt und ist von den Führungskräften nicht beeinflussbar. Indirekt spielt dieser Aspekt bei Beförderungen eine Rolle. Da diese jedoch nach anderen Spielregeln ablaufen, brauchen sie unter diesem Rubrum nicht diskutiert zu werden. Die Einführung von Leistungsprämien im öffentlichen Dienst ist nicht sehr elaboriert. Sie leidet an Kinderkrankheiten und unter bürokratischer Handhabung.

Führungskräfte in der Polizei müssen ihr Augenmerk deshalb (fast) ausschließlich auf nichtmonetäre Belohnungsaspekte richten, d.h. sich dieser bewusst sein und sie angemessen – vor allem ehrlich und auch für andere nachvollziehbar – einsetzen. Sofern monetäre Belohnungen vergeben werden, hängt es maßgeblich von der von den Mitarbeitern wahrgenommenen Gerechtigkeit bei der Verteilung ab, ob mit der Ausschüttung von Prämien positive oder negative Effekte – wenn überhaupt und nicht lang anhaltend – erzielt werden.

Im Polizeikontext lässt sich mit der Theorie Herzbergs die manchmal beklagte Unzufriedenheit der Mitarbeiter erklären, wie mit dem folgenden Beispiel skizziert werden soll: Es genügt nicht, seitens der Politik die neueste Fahrzeugflotte, moderne Computerausstattung, neue Dienstbekleidung usw. für die Polizei bereitzustellen. Dies sind Hygienefaktoren, die Unzufriedenheit vermeiden – wäre die Ausstattung schlecht, wäre die Unzufriedenheit hoch. Um die Mitarbeiter tatsächlich zufrieden im Sinne der Theorie Herzbergs zu machen und damit ihre Motivation zu steigern, bedarf es der Anerkennung von Leistung, selbstverantworteter Arbeitsinhalte und aufrichtiger Wertschätzung. Fehlen diese Motivatoren, stellt sich – vielfach zum Unverständnis der Politiker – lediglich die „Nicht-Unzufriedenheit" aufgrund der gewährten Hygieneaspekte ein, jedoch keine „Zufriedenheit".

Für den Polizeibereich kann man mit der Job-Characteristics-Theorie die hohe Zufriedenheit von Mitarbeitern, z.B. in Sonderkommissionen, Projektgruppen, Spezialeinheiten, erklären, da die Merkmale Anforderungsvielfalt, Ganzheitlichkeit, Bedeutsamkeit, Autonomie und Rückmeldung in hoher Ausprägung vorliegen. Diese Tätigkeitsmerkmale führen dazu, dass Mitarbeiter ihre Arbeit als sinnhaft erleben, Eigenverantwortlichkeit spüren und ein hohes Wissen über die Resultate der eigenen Arbeit haben. Diese Erlebniszustände sind unmittelbar motivierend und leistungssteigernd. Vergleicht man dies z.B. mit dem Arbeitsfeld des Objektschutzbereiches, ist die dort häufig festzustellende Unzufriedenheit leicht zu erklären, da entsprechend positive Tätigkeitsmerkmale nicht in wünschenswertem Ausmaß vorliegen.

Auch Dienstgruppen im Schichtdienst sind manchmal davon betroffen, wenngleich hier eine ganze Reihe positiver Tätigkeitsmerkmale vorzufinden ist. Allerdings mangelt es häufig an der Ganzheitlichkeit, da viele Vorgänge abgegeben werden müssen. Weiterhin empfinden gerade Schichtdienstangehörige häufig fehlende bzw. spürbare Anerkennung sowohl von Seiten (höherer) Vorgesetzter als auch anderer Organisationseinheiten.[205] Verbesserung für die beiden letztgenannten Zielgruppen kann man u.a. durch häufigere Rotation, durch Zuweisung anspruchsvollerer Aufgaben („job enlargement") sowie durch ehrlich gemeinte und empfundene Anerkennung herbeiführen.

Polizeiliche Arbeit birgt ein hohes Potenzial an Sinnhaftigkeit, wie in der polizeilichen Praxis immer wieder zu beobachten ist. Werden angestrebte Ziele und die dazu angeordneten oder notwendigen Maßnahmen als sinnvoll und nützlich für die Gesellschaft erachtet – sei es bei einer Vermisstensuche, der Aufklärung eines Gewaltdeliktes, der Suche nach gefährlichen Straftätern, dem Schutz friedlicher Veranstaltungen oder der Verhinderung gewalttätiger Aktionen durch extreme Gruppierungen – sind ein außerordentliches Leistungsverhalten, hohe Anstrengungsbereitschaft und Belastbarkeit bei den Mitarbeitern zu verzeichnen. Die als sinnhaft empfundene Arbeit setzt positive Energien frei und löst bei erfolgreichem Abschluss hohe Zufriedenheit aus. Für Führungskräfte liegt hier ein Schlüsselfeld für erfolgreiche Führungsarbeit.

---

205 Vgl. Schwalbe (2009).

7 Kooperatives Führen

Die Feststellung, ob kooperativ geführt wird

Nach dem Masterstudium an der Deutschen Hochschule der Polizei werden Polizeihauptkommissar Dieter M. und Paul K. zu Polizeiräten und damit in den höheren Polizeivollzugsdienst befördert. Beide sind seit 15 Jahren in der gleichen Landespolizei und waren bislang in Funktionen des gehobenen Dienstes eingesetzt. Ihre neuen Funktionen sind ähnlich, sie werden jeweils Leiter zweier benachbarter großer Polizeireviere in der Großstadt F. Dieter M. gestaltet seinen Dienstablauf wie folgt: Er stellt sich innerhalb kurzer Zeit allen Mitarbeitern des Reviers vor. Er kündigt an und realisiert dies auch, dass er regelmäßig an Nacht- oder Wochenenddiensten der Schichtdienstgruppen teilnimmt. Er nutzt diese Gelegenheiten zu intensiven Gesprächen mit den Mitarbeitern. Bei diesen Gelegenheiten verabredet er revierinterne Ziele, wobei er die Kennzahlen aus dem Controlling parat hat. Für anstehende Einsätze lässt er durch die Führungsgruppe alternative Vorschläge entwickeln und bespricht diese mit den vorgesehenen Kräften.

Seine Dienstzeiten notiert er im gleichen Arbeitszeiterfassungssystem wie die Mitarbeiter, Mehrdienststunden verfallen ihm regelmäßig. Er versieht grundsätzlich in Uniform seinen Dienst, von und zur Dienststelle kommt er mit öffentlichen Verkehrsmitteln, da aufgrund der Vereinbarung mit der Bahn die Fahrten in Dienstbekleidung kostenlos sind.

Paul K. hat bei seinem Dienstantritt alle Leiter der nachgeordneten Organisationseinheiten (Leiter Schichtdienstgruppen, Leiter Ermittlungsgruppe, Leiter Führungsgruppe) zu einer Vorstellungsrunde eingeladen. Den Mitarbeitern hat er sich mit einer ausführlichen E-Mail (Vita und Bild) vorgestellt. Er führt regelmäßig mit den Leitern der Organisationseinheiten (OE) Besprechungsrunden durch, die Protokolle werden ins Intranet des Reviers eingestellt. Aufgrund der Kennzahlen aus dem Controlling führt er formelle Zielvereinbarungsgespräche mit den Leitern der OE. Wenn Einsätze ins Haus stehen, gibt er Leitlinien und Eckpunkte an die Führungsgruppe, die daraufhin ein Einsatzkonzept entwickelt. Wegen der zahlreichen Außenverpflichtungen erfasst Paul R. – wie es die Richtlinien zulassen – seine Dienstzeit nicht, er nutzt (rechtmäßig) seinen Dienstwagen für Fahrten von und zur Dienststelle, wenn er außerhalb Termine hat.

Nach einem Jahr werden beide Polizeiräte einmal von dem Direktionsleiter als unmittelbarem Vorgesetzten beurteilt. Zudem erhalten sie nach den Richtlinien der Landespolizei von allen Mitarbeitern ein Feedback. Das Feedback der Mitarbeiter erfolgt anonym und die Ergebnisse erfahren auch nur die Beurteilten selbst, müssen diese allerdings in einem Rückmeldegespräch mit den Mitarbeitern erörtern. Dieter M. wird von seinem Vorgesetzten als überdurchschnittlich beurteilt, sein Führungsverhalten als „kooperativ" beschrieben. Die Mitarbeiter empfinden ihn als „authentisch, zugewandt, mitarbeiterorientiert". Paul K. wird als überdurchschnittlich bewertet, sein Führungsverhalten als „kooperativ" beschrieben. Die Mitarbeiter empfinden ihn als „professionell, distanziert, karriereorientiert".

Unsere bisherigen Beschreibungen und Bewertungen, insbesondere vor dem Hintergrund des Plädoyers für eine polizeiliche Führungslehre, blieben unvollständig, rückten wir nicht eine verbindliche Leitlinie polizeilicher Führung ins Bewusstsein: die Verpflichtung, das Führungsverhalten auf Kooperation auszulegen. Bezugnehmend auf das demokratische Wertegerüst unserer Verfassung ist kooperatives Führen in der Polizei genuin und durch das Kooperative Führungssystem (KFS) definiert. Die Politik hat kooperatives Führen als richtungsweisende Leitlinie polizeilichen Führungsverhaltens deklariert[206] und in den einschlägigen Vorschriften der Polizeien verankert.[207] Damit ist es, um es nochmals zu betonen, Vorschriftenlage und erhält dadurch ein ganz anderes Gewicht als es kulturelle Leitlinien in Privatwirtschaft oder NPOs je könnten. Deshalb wird und muss es hier besonders berücksichtigt werden.

Wie nachfolgend dargelegt wird, gibt es auch eine ganze Reihe von Argumenten aus der Führungslehreforschung und -praxis, die dafür sprechen, sich dem Prinzip einer kooperativen Führung zu verpflichten – oder wie Mintzberg es formuliert: „Organisationen funktionieren dann am besten, wenn engagierte Mitarbeiter einander achten und in kooperativen Beziehungen zusammenarbeiten."[208]

7.1 Bedeutung für die Führung

Die Diskussion, ob ein mehr aufgabenorientierter oder eher ein mitarbeiterorientierter Führungsstil oder eine Synthese von beiden Ansätzen erfolgreiche Führung verspricht, können wir in der ganzen Breite nicht aufgreifen. Wir werden aber Position dazu beziehen, aus welchen Gründen Führungsverhalten, das auch den Aspekt der Partizipation der Mitarbeiter im Fokus hat, sowohl generell in die Zeit als auch speziell in die Organisation Polizei passt. Kooperative Führung strebt die Ziele Leistung und Zufriedenheit an und damit spielen Aufgaben- und Mitarbeiterorientierung eine gleichberechtigte Rolle.

Es erscheint an dieser Stelle sinnvoll, die Begrifflichkeiten zu definieren, insbesondere da einige synonym verwandt werden und andere in anderen Kontexten bzw. umgangssprachlich andere Bedeutungen haben.

Unter Partizipation verstehen wir „das Mitspracherecht von Mitarbeitern im Prozess des Führens und Entscheidens"[209], wobei wir Mitspracherecht nicht im juristischen Sinne, sondern in der Form des Mitreden-Dürfens und -Könnens in formellen und informellen Interaktionen auffassen. Partizipation in der Führung bzw. partizipatives Führungsverhalten sind für uns Überbegriffe für verschiedene Führungsstile, die den Mitarbeiter als Partner in den Führungsprozess einbinden. In (teilweiser) Anlehnung an Wunderer bedeutet Kooperation in der Arbeitswelt „die wert-, ziel- und konsensorientierte, arbeitsteilige Erfüllung von Aufgaben in und mit einer strukturierten Arbeitssituation".[210] Wunderer führt weiter aus, dass dies durch hierarchisch etwa gleichgestellte Personen geschieht. Dies ist in Führungsbeziehungen aber nicht der Fall, da ein Machtgefälle besteht. Damit wäre Kooperation in Führungsbeziehungen eigentlich ausgeschlossen. Wir sehen allerdings die Integration der beiden Sichtweisen darin, dass Führung zwar hierarchische Beziehung bedeutet, dass man aber über weite Strecken Gleichberechtigung in den Interaktionen, also Kooperation, zur

206 Vgl. Ständige Konferenz der Innenminister und -senatoren der Länder (1994) und (2009).
207 Vgl. Polizeidienstvorschrift 100 (1999), Nr. 1.5.3.
208 Mintzberg (2009).
209 Weinert (2004), S. 493.
210 Wunderer (2011), S. 26.

Geltung kommen lässt. Damit ist gemeint, dass die Mitarbeiter, z.B. bei der Kommunikation, den Aufgabenübertragungen und Entscheidungsprozessen, ihre Positionen, Ansichten, Vorschläge, Befindlichkeiten usw. angemessen einbringen und darauf vertrauen dürfen, dass diese als gleichwertig betrachtet werden. Wunderer und Grunwald sprechen schon früh von tendenziell symmetrischer Einflussausübung und konsensfähiger Gestaltung der Arbeits- und Sozialbeziehung.[211] Mit diesen Begrifflichkeiten wird ausgedrückt, dass die vorhandene Asymmetrie wahrgenommen und anerkannt wird, jedoch, soweit es geht, abgemildert oder sogar temporär aufgehoben werden soll. Des Weiteren wird deutlich, dass es nicht nur um die Arbeit, die Leistung an sich, geht, sondern auch um die Qualität der zwischenmenschlichen Beziehungen, das soziale Miteinander.

Warum eine kooperative Führung als angemessene Führungsform notwendig und richtig erscheint, ergibt sich aus unseren bisherigen Ausführungen zu Werten und Ethik (Kap. 5), den Besonderheiten der Situation der Polizei (Kap. 1) sowie den Zielen von Führung (Kap. 6). Ausgehend von dem Verständnis für angemessene Führung von Polizei in unserer Demokratie sehen wir es wie Fischer, der schon 1990 eine „Kongruenz eines partizipativen Führungsstils mit den dominanten Werten unserer Gesellschaft" feststellte.[212] Ein Jahr später untermauerte Wunderer[213] den Kooperationsgedanken, indem er dessen konzeptionelle Grundlagen entfaltete. In dieser Zeit implementierten auch große Wirtschaftsunternehmen, wie die Volkswagen AG, weitflächig Kooperative Führungssysteme.[214]

Auch aktuelle Entwicklungen in der Gesellschaft und Arbeitswelt weisen darauf hin, dass die Einbeziehung der Mitarbeiter in die Führungs- und Entscheidungsprozesse ein wichtiger Faktor ist. Als Folge des häufig genannten Wertewandels sind „verstärkte Partizipationswünsche" der Mitarbeiter auszumachen.[215] Als ein weiteres aktuelles Thema in der Führung wird auch Empowerment (Befugnis, Ermächtigung) der Mitarbeiter angesprochen, dessen Funktion als „Teilen von Macht, Einfluss und Kontrolle durch partizipatives Management und Entscheiden" beschrieben wird.[216] So stellt Sauer nach einer Analyse von Führungskompetenz im deutschsprachigen Raum fest: „Führungskräfte, die ein leistungsförderndes Arbeitsklima schaffen, nutzen verstärkt den visionären, partizipativen, coachenden und Zusammenhalt fördernden Stil."[217] Nach Auffassung von Ibarra und Hansen erfordert auch die zunehmende globale Vernetzung Manager, die in der Lage sind, kooperativ zu führen: „Um die verschiedenen Beteiligten zu einer effektiven Kooperation zu bewegen, muss das Topmanagement auch wissen, wie es mit Einfluss statt mit Autorität Dinge voranbringt".[218] Sie sind der Auffassung, dass es beim kooperativen Führungsstil auf vier Fähigkeiten ankommt: Menschen zu verbinden, Talente zu entdecken, Vorbild zu sein und Durchsetzungskraft zu zeigen[219] – Fähigkeiten, die auch wir für die Umsetzung unseres vorgeschlagenen Führungsmodells als wichtig erachten.

---

211 Wunderer (2011), S. 220, erstmalig Wunderer & Grunwald (1980a), Band I, S. VI.
212 Fischer (1990), S. 140.
213 Wunderer (2003), S. 297.
214 Vgl. Haase (1986).
215 Regnet (2009), S. 41.
216 Weinert (2004), S. 522.
217 Sauer (2009).
218 Ibarra & Hansen (2011), S. 31.
219 Vgl. Ibarra & Hansen (2011), S. 29.

Ohnehin sehen ambitionierte Zugänge, dass moderne Führung grundsätzlich in Richtung einer gemeinsam verantworteten Führung geht, bei der die Trennung zwischen Führenden und Geführten zugunsten einer kollektiven Führung immer öfter aufgehoben wird.[220]

7.2 Wissenschaftlicher Hintergrund

Analysiert man die Historie der Führungsforschung unter dem Blickwinkel der Aspekte Partizipation bzw. Kooperation, fällt auf, dass von Anfang an die Polaritäten oder Dimensionen „autoritär vs. demokratisch", „autoritär vs. kooperativ", „aufgabenorientiert vs. beziehungsorientiert" oder „aufgabenorientiert vs. mitarbeiterorientiert" immer wieder im Blickfeld standen. Nur als Beispiele und Stichworte dazu seien genannt:

- die Iowa-Studien von Lewin und Kollegen aus den 1930er Jahren
- die Ohio-State-Studien aus den 1940er Jahren, am bekanntesten Blake und Mouton
- das Führungskontinuum von Tannenbaum und Schmidt aus den 1950er Jahren
- die Michigan-Studien von Likert, Katz und Kahn aus den 1960er Jahren
- die Group Dynamics Studien von Cartwright und Zander, ebenfalls aus den 1960er Jahren
- das Reifegrad-Modell von Hersey und Blanchard aus den 1970er Jahren
- die normativen Entscheidungstheorien mit Fiedlers Kontingenzmodell aus den 1960er und die Weiterentwicklung mit dem Vroom-Yetton-Jago-Modell aus den 1970er Jahren

Im deutschsprachigen Raum kann man die erste systematische Einführung von Kooperation in die Führungspraxis in den 1960er Jahren mit dem „Harzburger Modell" von Höhn[221] feststellen. Dieses Modell stand auch, wie bereits dargestellt (Kap. 2), beim Kooperativen Führungssystem der Polizei Pate.

Mit den beiden Werken von Wunderer und Grunwald,[222] insbesondere mit dem zweiten Band „Kooperative Führung", wird 1980 erstmalig eine umfassendere Theoriebegründung veröffentlicht. Verfolgt man die Diskussion über kooperative Führung in den folgenden Jahrzehnten, so kann man diese in etwa wie folgt zusammenfassen:

Nach wie vor gibt es unterschiedliche Auffassungen über die Teilmengen von kooperativer Führung, aber zwei Dimensionen sind unstrittig: Kooperative Führung umfasst die „Teilhabe (Partizipation)" und die „Teilnahme (prosoziale Beziehungsgestaltung)" im Führungsverhalten und -gestalten.[223] Die Relevanz dieser Führungsform wurde und wird nicht nur mit Berufung auf demokratische Beteiligungsformen, wie sie seit den 1970er Jahren diskutiert werden, sondern auch durch die aktuellen Entwicklungen bestätigt.[224]

Die schon erwähnte veränderte Werthaltung der Mitarbeiter hat die Bedürfnisse nach Beteiligung, Gestaltung und Verwirklichung auch in der Arbeitswelt forciert.[225] Der technologische Fortschritt benötigt immer mehr qualifizierte und spezialisierte Mitarbeiter und hat gleichzeitig völlig neue Formen der Kommunikation und Informationsbeschaffung eröffnet. Die

220 Vgl. Weibler (2012); Weibler & Rohn-Endres (2010).
221 Höhn (1967).
222 Wunderer & Grunwald (1980a+b).
223 Wunderer (2011), S. 219.
224 Vgl. Wunderer (2011), S. 220 ff.
225 Vgl. Szabo (2007).

Veränderungen der Umwelt führen zu neuen Formen der Aufbau- und Ablauforganisation, es wird mehr Team-, Projekt- und Netzwerkarbeit erforderlich, die wiederum Auswirkungen auf das Führungsverhalten hat. Letztlich ist relativ gut belegt, dass unkooperatives Führungsverhalten Mitarbeiter demotiviert – während die Frage, ob Motivation überhaupt durch Führungsverhalten erreicht werden kann, andererseits durchaus kontrovers diskutiert wird.[226]

Kritikpunkte und Problemfelder für partizipative Führungsformen beziehen sich auf konzeptionelle, methodische und empirische Aspekte. Die Vor- und Nachteile wurden immer wieder von Forschern diskutiert, nicht immer fielen die Ergebnisse uneingeschränkt positiv für die Partizipation aus. So kam es bei der Überprüfung von Modellen kooperativer Führung zu den Effekten der nicht validen Selbstberichte (d.h. Führungskräfte beurteilen ihr eigenes Verhalten mit der Tendenz zu Rationalisierung im Sinne des Modells und sozial erwünschtem Antwortverhalten) sowie der Nichtbeachtung von Rahmenbedingungen und Einflussfaktoren in den Führungssituationen.[227] Wichtig ist vor allem die Erkenntnis daraus, dass die spezifische, individuelle Situation im Führungsgeschehen eine große Rolle spielt.

Wunderer hat einige Punkte zusammengetragen, die bei der Umsetzung kooperativer Führung Grenzen und Probleme darstellen können.[228] Die beiden Dimensionen des Führungsstils bergen die Gefahr in sich, dass – je nach individueller Veranlagung und Kenntnisstand der Handelnden – eine der beiden überbetont wird. Bei der Beteiligung kann es zur Fokussierung auf normative Regelungen kommen, weil die „strukturellen Optimisten" gegenüber der menschlichen Natur Misstrauen, aber Vertrauen in die normative Kraft von Organisation und Regeln haben. Demgegenüber könnten die „Humanisten" zu großen Wert auf die Qualität der zwischenmenschlichen Beziehungen legen und strukturelle Notwendigkeiten vernachlässigen.

Ein anderes Problemfeld ist die Motivation zur kooperativen Führung, also die Frage, ob Führungskräfte und Mitarbeiter diese Führungsform überhaupt wollen. Insbesondere aus Sicht der Führungskräfte sind Abwägungen hinsichtlich des Führungserfolges durch kooperative Führung verständlich. Denn effektive, aber nicht-kooperativ führende Führungskräfte scheinen bei Gehalts- und Karriereentscheidungen manchmal vorgezogen zu werden, während kooperativ führende Führungskräfte, bei denen hohe Zufriedenheit in der Mitarbeiterschaft herrscht, nicht immer zum Zuge kommen.[229]

Kooperative Führung muss außerdem auf die Bedürfnis- und Motivationsstrukturen der Beteiligten passen, d.h., sowohl die Führungskräfte als auch die Mitarbeiter müssen durch kooperative Führung die Erfüllung ihrer sozialen und personalen Bedürfnisse erfahren.

Ein interessantes Phänomen ergab sich bei Untersuchungen der rollenspezifischen Standorte. Die Erwartungen und Ansprüche an kooperative Führung von Personen, die sowohl Führungskräfte als auch Mitarbeiter waren, gestalteten sich in der Rolle des Mitarbeiters anspruchsvoller als in der Rolle als Führungskraft. Das heißt: Das Verständnis darüber, was kooperative Führung sein soll, beinhaltet grundsätzlich große Interpretationsspielräume, was zu Konflikten und Missverständnissen führen kann. Diese Feststellung deckt sich mit den unterschiedlichen Postulaten über Gerechtigkeit. Mitarbeiter erwarten in kooperativen

226 Vgl. Sprenger (2010).
227 Vgl. Weinert (2004), S. 493 ff.
228 Wunderer (2011), S. 223 ff.
229 Vgl. Rosenstiel (2006), S. 375 unter Bezugnahme auf Luthans & Rosenkrantz (1995).

Führungsbeziehungen, dass alle gleich behandelt werden, Führungskräfte hingegen denken eher an eine individuelle – also unterschiedliche – Qualität der Beziehung, bezogen auf den Einzelnen.

Letztlich stellt sich häufig die Frage, ob denn kooperative Führung überhaupt der optimale Stil sei. Dies lässt sich am besten mit den Worten von Staehle, der sich auf eine Durchsicht von experimentellen Studien durch Neuberger bezieht, wie folgt beantworten: „Den optimalen Führungsstil gibt es also nicht."[230]

Die geschilderten Fakten sind jedoch nicht so durchschlagend, als dass auf kooperative Führung verzichtet werden könnte. Es stellte sich dabei auch die Frage, welche Alternativen es dazu gäbe: autoritäre oder autonome Führung? Beide Führungsstile sind nach unserer Auffassung weder zeit- noch anforderungsgemäß in der Polizei.

An dieser Stelle sollen noch Erkenntnisse aus anderen Disziplinen dargelegt werden, die ebenfalls auf die Notwendigkeit und Sinnhaftigkeit von Kooperation in Führungsbeziehungen hinweisen. Aus der Arbeitsmedizin[231] (Geva-Studie) liegen Daten vor, die belegen, dass ein eindeutiger Zusammenhang zwischen Vorgesetztenverhalten und Krankmeldungen besteht; die Hauptursache für hohe Krankenstände ist das Führungsverhalten. Es beeinflusst das Wohlbefinden der Mitarbeiter am stärksten, und eine aufschlussreiche Erkenntnis besteht darin, dass Führungskräfte ihren Krankenstand in andere Abteilungen mitnehmen. In der Studie wird das bewusste Arbeiten an einem „gesunden Klima", welches sich mit Vertrauensklima, Anerkennung von Leistungen, Gleichbehandlung, Gerechtigkeit, Verantwortungsdelegation, guter Umgangston und „sich kümmern" umschreiben lässt, als positiver Faktor genannt. Die letzten Stichworte sind wesentliche Inhalte kooperativer Führung. Insbesondere die fehlende Wertschätzung und Anerkennung sind krankmachende Faktoren des Führungsverhaltens.[232]

In der Neurologie entwickelt sich ebenfalls ein interessanter Erkenntnisstand hinsichtlich Kooperation. Bauer hat es wie folgt zusammengefasst: „Kern aller menschlichen Motivation ist es, zwischenmenschliche Anerkennung, Wertschätzung, Zuwendung und Zuneigung zu finden und zu geben. Denn: Das Gehirn belohnt gelungenes Miteinander und Kooperation durch die Ausschüttung von Botenstoffen, die gute Gefühle und Gesundheit erzeugen. [...] Das ‚Prinzip Menschlichkeit' als neurobiologische Tatsache. Das Konkurrenz- und Gewaltprinzip ist eben nicht Ausdruck der primären Natur des Menschen; sondern im Gegenteil das Ergebnis einer grundlegenden Störung derselben."[233] So diskutiert z.B. der Bonner Professor für Epileptologie, Christian Elger,[234] unter dem Stichwort Neuroleadership[235] diese Erkenntnisse mit dem Blickwinkel auf die Führungslehre. Kurz zusammengefasst: Der menschlichen Natur liegt es wesentlich näher, zu kooperieren als zu konkurrieren. Auch intuitiv wird Kooperation bevorzugt.[236]

Wie den bisherigen Ausführungen zu entnehmen sein dürfte, gibt es nicht die kooperative Führung im Sinne eines fest umrissenen Systems; es existiert keine quasi zeitlos gültige, universelle Definition des in Rede stehenden Führungsstils. Man kann kooperatives, die

230 Staehle (1999), S. 341.
231 Vgl. GEVA-Institut (2011).
232 Vgl. Bittelmeyer (2009); Fürstenberg Institut (2011).
233 Bauer (2006).
234 Elger (2013).
235 Vgl. u.a. Kenning & Kopton (2013) oder Duchmann & Töpfer (2013).
236 Vgl. Rand et al. (2012), S. 429.

genannten Ziele Leistung und Zufriedenheit anstrebendes und demokratischen Werten verpflichtetes Führungsverhalten unterschiedlich definieren und beschreiben. Wir begründen unter Anlehnung an die klassische Dreiteilung von Lewin (autokratische, demokratische und Laissez-faire-Führung) eine demokratische Führung (als Überbegriff für kooperative oder partizipative Führung) für zeitgemäß, notwendig und zweckvoll. Diese Kategorie fokussieren wir auf die Begriffe partizipative bzw. kooperative Führung. Wie wir an anderer Stelle (vgl. Kap. 2) ausführen, bedarf das Kooperative Führungssystem der Polizei – ungeachtet seiner bisherigen Meriten und Zweckmäßigkeit – einer Fortschreibung.

Wir argumentieren dafür, die kooperative Führung unter Integration von Erkenntnissen aus der transformationalen und transaktionalen Führung zum modernen Leitbild der „transformationalen Kooperation" weiterzuentwickeln. Wie viele andere plädiert auch Wunderer dafür, „kooperativ-delegative sowie transformationale Führung [zu] verstärken"[237].

7.3 Integration in die polizeiliche Führungspraxis

Wir beginnen die Betrachtungen über die Integration der kooperativen Führung in die polizeiliche Praxis mit dem Aufgreifen der Kritikpunkte an diesem Konzept und bewerten diese Kritik unter Einbezug der Bedingungen in den polizeilichen Organisationen.

Die fehlende (breitere) wissenschaftliche Verifizierung der Wirkungen des KFS in der Polizei haben wir im Kapitel 2 zum KFS schon erörtert. Eine der frühen Quellen ist eine empirische Studie von Buchmann und Hermanutz aus dem Jahre 1991, die positive Effekte des KFS belegt.[238] Zwar meint Ahlf noch 1997 feststellen zu können: „der bei der Polizei anzuwendende kooperative Führungsstil (KFS) hat sich bisher als wenig durchsetzungsfähig erwiesen"[239], jedoch bewegt er sich in seinen Ausführungen zum Nachweis dieser These auf empirisch dünnem Eis. Bemerkenswert schon das Missverständnis zum Einstieg, das Kooperative Führungssystem (KFS) beharrlich und durchgängig als kooperativen Führungsstil zu bezeichnen. Es gibt einige neuere Untersuchungen aus dem Polizeibereich, die durchaus positive Wirkungen nachweisen. So stellt Waldmann in ihrer Dissertation über kooperative Führung in der Polizei fest: „kooperative Führung ihres Teams empfinden sie [Angehörige der Dienstgruppen im Schichtdienst der Schutzpolizei; G. T./J. W.] als selbstverständlich. An dem ‚Kooperativen Führungssystem' ihrer Organisation setzen sie nichts aus, da es ‚nicht neu, sondern aus der täglichen Arbeit heraus' entstand."[240] Ähnliche Ergebnisse erbrachte eine Sekundäranalyse einer Befragung in der bayerischen Polizei. Huf[241] stellte im Rahmen seiner Masterarbeit die Wahrnehmung der positiven Effekte der Elemente des KFS fest; ebenso Pfeifer[242] bei einer Untersuchung über die Internalisierung kooperativer Führung bei der Bundespolizei.

Kooperative Führung ist für die Organisationen der Polizei in der zentralen Polizeidienstvorschrift 100 (PDV 100) sowie in zahlreichen dienstlichen Regelungen in den Länder- und Bundespolizeien vorgeschrieben, womit die Gefahr der einseitigen Fixierung auf die normative Dimension bestehen könnte. Im Kontext der Polizei wird dies von uns nicht unbedingt gesehen. Die Einführung als Regelvorschrift ist, wie wir bei der Betrachtung des KFS (Kap. 2)

237 Wunderer (2009), S. 35.
238 Buchmann & Hermanutz (1991), S. 109–115.
239 Ahlf (1997), S. 194.
240 Waldmann (2007), S. 223.
241 Huf (2010).
242 Pfeifer (2008).

ausgeführt haben, eher förderlich für die Verankerung in den Organisationen gewesen. Da der Polizeiberuf gerade in den Feldern Interaktion, Kommunikation und Umgang mit Menschen vielfältige und hohe Anforderungen erfährt und die dafür erforderlichen Kompetenzen durch umfangreiche Trainings und Studienangebote entwickelt und gefördert werden, entfalten diese Kompetenzen auch in der Dimension Teilhabe in Führungsbeziehungen ihre positiven Wirkungen.

Der Standpunkt, dass das Ergebnis „zufriedene und leistungsfähige Mitarbeiter" durch kooperative Führung schwieriger zu erreichen ist als „effektive Mitarbeiter" durch eher autoritäres Führungsverhalten, ist nicht von der Hand zu weisen. Wird dies dann von der Organisation durch schnelleres Fortkommen auf der Karriereleiter belohnt, kann dies zumindest zur Vernachlässigung der kooperativen Anteile führen. Dem entgegenwirken könnte die schon erwähnte Verankerung des Kooperativen Führungssystems in den Vorschriften, weil deren Beachtung bzw. Nichtbeachtung Relevanz für Beurteilungen hat. In fast allen Vordrucken zur Beurteilung von Führungskräften in der Polizei taucht eine Rubrik Führungsverhalten auf, die sich in den positiven Beschreibungen auf das KFS und dessen Elemente bezieht. Somit wird kooperatives Führungsverhalten beobachtet und falls objektiv bewertet, auch positiv dokumentiert und eventuell honoriert.

Was die Motivations- und Bedürfnisstruktur der Polizeien für kooperative Führung betrifft, halten wir diese für fast idealtypisch – oder anders formuliert: Die vorliegende Struktur lässt eigentlich nur den Schluss zu, bei der Suche nach einer möglichst passenden Führungsform auf kooperative Führung zu stoßen. Die Mitarbeiter der Polizei sind bereits jetzt gut ausgebildet und die gesellschaftlichen und binnenpolizeilichen Entwicklungen lassen einen weiteren Anstieg des Bildungsniveaus erwarten. Polizeiliche Arbeit ist fast ausschließlich auf Teamarbeit sowie Zusammenarbeit mit unterschiedlichen inner- und außerorganisatorischen Organisationseinheiten bzw. Gruppen ausgerichtet. Die Aufgabenstruktur erfordert häufig ein selbstständiges, eigenverantwortliches Handeln unter Entscheidungsdruck. Diese Bedingungen erfordern zwangsläufig Fähigkeiten und Formen der (delegativen) Kooperation einerseits und andererseits die Bereitschaft, die anstehenden Aufgaben umfassend und eigenständig zu bewältigen.

Dass kooperatives Verhalten rollenspezifisch wahrgenommen wird, lässt sich auch in den Polizeien nachweisen. So konnte z.B. Huf[243] nachweisen, dass die Selbsteinschätzung von Führungskräften und die Wahrnehmung der Mitarbeiter hinsichtlich der einzelnen Elemente des KFS zwar fast parallel verlaufende Profillinien aufwiesen, die Führungskräfte sich jedoch durchgehend besser einschätzten. Festzuhalten ist aber, dass kooperative Führung von allen Befragten insgesamt positiv wahrgenommen und für sinnvoll erachtet wurde.

Im Ergebnis kommen wir zu der Auffassung, dass kooperative Führung sowohl eine dem heutigen Menschen angemessene als auch eine den Besonderheiten der polizeilichen Organisationen entsprechende Führungsform ist, auch wenn, wie Wunderer es formuliert, „kooperative Führung [...] unter allen Führungsstilen das sozial anspruchsvollste Konzept"[244] ist, insbesondere, wenn es um die transformationale Perspektive erweitert wird.

Im nächsten Kapitel möchten wir aufzeigen, wie sich ein revidiertes Modell für die Führung in der Polizei gestalten könnte.

243 Huf (2010).
244 Wunderer (2011), S. 220.

8 Wertschätzung

Organisationen suchen Personal, Persönlichkeiten arbeiten darin

Kriminalhauptkommissar Heinz W. übernimmt mit Mitte dreißig die Führung eines Kriminalkommissariats. Dort arbeiten zehn Mitarbeiter unterschiedlichen Alters, alles erfahrene Ermittlungsbeamte und Spezialisten in dem Deliktsfeld. Der Vorgänger war als arrogant, kontrollfixiert und unnahbar verschrien, die Mitarbeiter setzen große Hoffnungen in den neuen Kommissariatsleiter.

Herr W. führt für die Kontrolle der Ermittlungsakten vor Abgabe an die Staatsanwaltschaft ein neues Verfahren ein. Nicht mehr er, der Leiter, sondern die Mitarbeiter unterzeichnen eigenverantwortlich den sogenannten Abschlussbericht. Allerdings muss immer ein weiterer Mitarbeiter den Bericht mitzeichnen. Jeder zehnte Bericht ist ihm vorzulegen.

Er bespricht mit jedem Mitarbeiter dessen Arbeitsweisen und vereinbart individuelle Ziele. Hinsichtlich möglicher Beförderungsmöglichkeiten legt er offen, welche Wege bestehen und welche Einflussmöglichkeiten er in der Behörde hat bzw. eben nicht. Er lädt regelmäßig Mitarbeiter zu Feedback-Gesprächen über sein Verhalten ein und steht jederzeit für andere Gespräche zur Verfügung. Er zeigt sich emotional sehr stabil, gerade im Umgang mit Konfliktfeldern und versteht es, seine Emotionen zu artikulieren. Gegenüber Vorschlägen zeigt er sich offen, anerkannt wird seine Gewissenhaftigkeit, wenn er sich um Probleme kümmert.

Nach einem halben Jahr bittet er die Mitarbeiter, ihm anonym eine Rückkoppelung darüber zu geben, wie sie ihn als Führungskraft wahrnehmen. Die differenzierten Rückmeldungen zeugen von gegenseitigem Respekt und sensibler Wahrnehmung. Nach einem Jahr in der Funktion wird er von der Leiterin der Kriminaldirektion gefragt, ob er sich vorstellen könnte, sich für den Aufstieg in den höheren Dienst zu bewerben und ein entsprechendes Auswahlverfahren einschließlich Assessment-Center zu absolvieren.

Wir konzentrieren uns bei dem Handlungsfeld „Wertschätzung" auf den in unserem Verständnis voraussetzungsvollen Kern des Eingehens auf und des Umgangs mit einer einzigartigen Persönlichkeit. Das Vertrauen und der Respekt sind dabei die beiden Dimensionen, die wir für unverzichtbar erachten. Anschließend führen wir noch einige ausgewählte Erkenntnisse zum Verständnis von Persönlichkeit selbst aus und zeigen auf, welche Bereiche in einer Führungsbeziehung in diesem Zusammenhang dadurch beeinflusst werden.

8.1 Vertrauen

8.1.1 Bedeutung für die Führung

Wenn es um Kooperation von Menschen geht, spielt Vertrauen eine zentrale Rolle. Dies gilt sowohl für das private als auch das berufliche Leben. Durch Vertrauen werden die Art und das Ausmaß der sozialen Beziehungen zwischen Menschen oder Personengruppen manifestiert. Wie wir noch ausführen werden, ist die Einbindung von Vertrauen in das Beziehungsgeschehen und das Verständnis darüber höchst unterschiedlich ausgeprägt. Dies überrascht vielleicht, da im Alltag jeder für sich ein Gefühl davon besitzt, was der Begriff meinen könnte. Aber bei genauerem Hinsehen wird es etwas komplizierter, der Begriff Vertrauen wird in vielfältiger Beziehung und Bedeutung verwandt. Für die Betrachtung der Bedeutung von Vertrauen für die Führung können wir aber eine Definition von Rousseau und seinen Kollegen[245] zugrunde legen, die Vertrauen wie folgt definieren: „psychologischer Zustand, der die Intention beinhaltet, Verletzbarkeit zu akzeptieren, die auf den positiven Erwartungen der Intentionen oder des Verhaltens eines anderen basiert“. In vielen weiteren Vertrauensdefinitionen werden die Betonung der Zukunftsgerichtetheit, die Unsicherheit der Verletzbarkeit des potenziell Vertrauenden, die erwartete positive Intention und Bereitschaft zur Kooperation der Zielperson des Vertrauens sowie die beidseitige Freiwilligkeit des Vertrauensschenkens akzentuiert. Hervorzuheben ist dabei, dass nur dann von Vertrauen zu sprechen ist, wenn die Möglichkeit besteht, dass dieses enttäuscht oder gebrochen werden könnte. Wenn hingegen vollkommen sicher ist, dass Vertrauen außer Frage steht, dann „verlassen“ wir uns auf jemanden, und wir sind uns „sicher“, dass Erwartungen nicht enttäuscht werden.

Dass Vertrauen in Führungsbeziehungen eine wesentliche Rolle spielt, ist vielfach untersucht und diskutiert worden. So stellen Neubauer und Rosemann fest, dass Vertrauen, das sich in den formalen und informellen Strukturen einer Organisation entfaltet, vorteilhaft für das Erreichen von Zielen dieser Organisation ist. Sie weisen aber zu Recht darauf hin, dass Vertrauen in Organisationen „ein interpersonales Phänomen, allerdings unter den Bedingungen einer asymmetrischen Machtbeziehung zwischen Führungskräften und Mitarbeitern“[246] ist. Dies ist ein bedeutender Hinweis darauf, dass beim Aufbau von Vertrauen in Führungsbeziehungen die Führungskraft in Vorlage gehen sollte. Einer der populärsten Verfechter dieser Überlegungen, Reinhard Sprenger, hat dies – sicherlich streitbar und zuspitzend – in seinem Buch „Vertrauen führt – Worauf es in Unternehmen wirklich ankommt“[247] umfassend ausgeführt.

Mit einem anderen Blickwinkel kommt Malik zu der Auffassung, dass für ein gutes Betriebsklima der „Faktor Vertrauen“ wesentlich ist und formuliert deshalb als einen Führungsgrundsatz: „Worauf es in letzter Konsequenz ankommt, ist das gegenseitige Vertrauen!“[248]. Er führt dazu aus, dass in guten Führungsbeziehungen eigentlich nur Vertrauen zählt und nicht andere Dinge wie Motivation, Führungsstil oder Unternehmenskultur. Dies ist natürlich überakzentuiert und so nicht haltbar, illustriert aber die besondere Bedeutung von Vertrauen in Führungsbeziehungen.

Wenn es gelingt, in Führungsbeziehungen eine Vertrauensbasis zwischen den Beteiligten zu schaffen, wird eine Vielzahl weiterer positiver Effekte berichtet. Weibler[249] führt unter Bezugnahme auf Luhmann aus, dass Vertrauen die Vielzahl von Handlungsmöglichkeiten letztlich auf kooperatives Verhalten reduziert und erst dadurch Leistungen und Befindlichkeiten ermöglicht, die ohne Vertrauen nicht möglich wären. Dahinter stehen die Erkenntnisse von Niklas Luhmann,[250] dass Vertrauen die Komplexität des menschlichen Handelns reduziert, aber

245 Rousseau et al. (1998), S. 395.
246 Neubauer & Rosemann (2006), S. 125.
247 Sprenger (2002).
248 Malik (2002), S. 135.
249 Weibler (2012), S. 48–57.
250 Luhmann (1973).

gleichzeitig die Möglichkeiten des Erlebens und Handelns erweitert und damit Sicherheit gibt. Diese Reduktion, die durch Vertrauen erst möglich ist, ist eine der Schlüsselerklärungen, warum erfolgreiches soziales Handeln in einer komplexen Arbeitswelt gelingt.

Neubauer[251] stellt (neben anderen Autoren) die positiven Auswirkungen von Vertrauen zwischen Führungskräften und Mitarbeitern in den Feldern Kommunikation, Arbeitsmotivation, Problemlösungsverhalten und Wandel in der Organisation heraus. Im gemeinsam mit Rosemann verfassten Werk[252] diskutieren die beiden die von Dirks und Ferrin[253] vorgestellte Theorie der direkten und der moderierten Effekte von Vertrauen. Bei den direkten Effekten wird davon ausgegangen, dass ein gutes Vertrauensverhältnis zu positiver Einstellung zur Arbeit, hoher Arbeitszufriedenheit, höherem Grad an Kooperation und effizienten Formen der Zusammenarbeit sowie zu gutem Leistungsverhalten führt. Diese Effekte sind als direkter Zusammenhang aber nicht (immer) unmittelbar abzuleiten, sondern erst indirekt erkennbar. Deshalb wird dazu ein von Dirks und Ferrin[254] entwickeltes Moderator-Modell vorgestellt. Dabei nimmt definitionsgemäß ein Moderator Einfluss auf die Ausprägung der Beziehung zweier Variablen. Vertrauen hängt hiernach davon ab, inwieweit der Mitarbeiter Erfahrungen darüber besitzt, wie sich seine Führungskraft in potenziell gefährlichen oder schadhaften Situationen ihm gegenüber verhält. Das Ausmaß gelungener oder misslungener gegenseitiger Erfahrungen formt so die Beziehungsqualität zwischen Vorgesetztem und Mitarbeiter. Diese vergangenheitsorientierte Beziehungsqualität, ggf. modifiziert durch die Annahme des Mitarbeiters über ihre zukünftige Entwicklung, übt als Moderator Einfluss auf andere Zusammenhänge aus. Jeder Führungsversuch des Vorgesetzten wird im Lichte dieser Beziehungsqualität gefiltert und damit in seiner Wirkung auf den Mitarbeiter beeinflusst oder mit anderen Worten: moderiert. Aus beiden Modellen lässt sich unisono die Erkenntnis ableiten, dass sich wahrgenommenes Vertrauen auf Führungs- und Arbeitsbeziehungen positiv auswirkt.

Im Weiteren wollen wir uns den Entstehungsbedingungen von Vertrauen aus Sicht ausgewählter wissenschaftlicher Theorien nähern.

8.1.2 Wissenschaftlicher Hintergrund

Es geht an dieser Stelle darum, einige Standpunkte und Sichtweisen zu beschreiben, die Entstehungsbedingungen von Vertrauen in Führungsbeziehungen verständlich machen. Keine der angesprochenen Theorien kann den Status der Allgemeingültigkeit beanspruchen, aber sie bieten je nach Situation und Personen Erklärungsansätze.

Rationale Entscheidungstheorien setzen in ihrem Zugang auf eine Kalkulation in der Gewährung von Vertrauen, d.h., Vor- und Nachteile werden unter der risikobehafteten Einschätzung der Person des Vertrauensnehmers abgewogen. Plastisch wird dies durch die von dem Soziologen James Coleman (einem Vertreter des Rational-Choice-Ansatzes) formulierte Beziehungsgleichung, die davon ausgeht, dass der Mensch Vertrauen als bewusste Tauschhandlung interpretiert.[255]

251 Neubauer (1999).
252 Neubauer & Rosemann (2006), S. 127–130.
253 Dirks & Ferrin (2001).
254 Dirks & Ferrin (2001).
255 Vgl. Klaus (2002), S. 90.

Insgesamt wird dafür der Begriff „kalkulatorisches Vertrauen" verwandt.[256] Daran wird allerdings Kritik geübt, die im Wesentlichen besagt, dass diese Art der Kalkulation eben kein Vertrauen sei[257] und somit nicht herangezogen werden könne.

Aus **sozialpsychologischer Sicht** wird Vertrauen als soziale Einstellung verstanden. Geht man von dem Grundmodell aus, dass soziale Einstellungen Tendenzen sind, auf bestimmte Klassen von Reizen mit bestimmten Reaktionen zu reagieren, kann man drei Klassen von Reaktionen ausmachen:[258]

- Zum ersten ist dies die kognitive Reaktion. Dabei geht es um das Wissen und die Meinung, die eine Person über eine andere Person, ein Objekt oder Ereignis hat.
- Die zweite Klasse ist die affektive Reaktion. Sie erfolgt aufgrund von Bewertungen und Gefühlen gegenüber dem Bezugsobjekt.
- Die dritte Art der Reaktion ist das Verhalten oder die Verhaltensabsicht gegenüber dem Einstellungsgegenstand.

In Bezug auf Vertrauen wird dies wie folgt interpretiert: Eine Person verfügt über Wissen, zum Teil auch Quasi-Wissen, über eine andere Person. Außerdem entwickeln sich positive Gefühle gegenüber dieser Person. Zusammen mündet dies dann in ein bestimmtes Verhalten, welches als Vertrauen wahrgenommen wird. Dieser Erklärungsansatz geht in der Hauptsache davon aus, dass sich Vertrauen in Interaktionen entwickelt.

In die gleiche Richtung, aber weitergehend argumentiert Eberl.[259] Vertrauen entwickelt sich durch Attribution gemäß der **Attributionstheorie**.[260] Einer Beziehung wird von den Partnern in Interaktionssituationen wechselseitig eine bestimmte Qualität, in diesem Falle „vertrauensvoll", zugeschrieben. Dieser Prozess speist sich aus der Beziehung selbst und wird von den Wahrnehmungen angetrieben. Dabei geht es nach Eberl um die emotionalen Ereignisse, die sowohl in der Selbst- als auch der Fremdwahrnehmung als solche wahrgenommen werden (müssen). Dies setzt jedoch eine emotionale Bindung an den Interaktionspartner voraus. Hat eine solche Beziehung ein bestimmtes Vertrauensniveau erreicht, ist sie grundsätzlich stabil und bedarf keiner stetig erneuerten Bestätigung. Bei diesem Erklärungsmodell spielen auch kognitive Prozesse eine Rolle, es geht also nicht nur um das unreflektierte Gefühl. Da diese emotionalen Beziehungen aber den Kern des Vertrauens ausmachen, wird von Eberl vorgeschlagen, „Vertrauen eindeutig als emotionales Konstrukt auszuweisen".[261] Auch diese Sichtweise setzt den Kontakt zwischen den Agierenden voraus, da sich ansonsten keine Beziehungen aufbauen können.

Aus einer **philosophischen Perspektive** kommt die Überlegung, dass Vertrauen zwar kein kognitiver Risikoabwägungsprozess sei, jedoch mehr als die (gegenseitige) Attribution. Lahno stellt darauf ab, dass Vertrauen zuerst heißt, eine Person in einem besonderen Licht zu sehen.[262] Im Falle des Vertrauens sind dies eine teilnehmende Haltung und ein Gefühl der Verbundenheit. Dieses Verbundenheitsgefühl entwickelt sich auf der Basis gemeinsamer Werte und Normen. Dazu kommt die Fähigkeit, dieses reflektieren zu können und dann das

256 Vgl. Neubauer & Rosemann (2006), S. 118.
257 Vgl. u.a. Coleman (1990).
258 Vgl. Schweer (1997).
259 Eberl (2003).
260 Vgl. Calder (1977).
261 Eberl (2003), S. 206.
262 Lahno (2002), S. 13.

Handeln danach auszurichten. Damit ist Vertrauen ein bestimmter Zustand eines Individuums, der nicht direkt beobachtbar ist. Erst die Verhaltensweisen lassen Rückschlüsse darauf zu. Letztlich bezeichnet Lahno Vertrauen „in diesem Sinne weder als rational noch irrational, sondern einfach arational“ [263]. Einen ähnlichen Ansatz hat Möllering, der das „Aufheben von Ungewissheit als Kern des Vertrauens“[264] sieht. Er würdigt einführend die sozialwissenschaftlichen Ansätze, dass sich Vertrauen auf Vernunft, Routinen und Erfahrungen aufbaut und rekurriert. Was sich aber dabei dem Erkenntniszugang entzogen hat, ist die Frage, warum Menschen vertrauen, obwohl zum Großteil eindeutig Ungewissheit herrscht. Und dieser Schritt, das just do it, das Springen, obwohl das andere Ufer nicht klar erkennbar ist, wird als das „Aufheben von Ungewissheit“[265] beschrieben. Bei diesen Ergründungsversuchen wird sich an die Überlegungen angelehnt, dass der Glaube des Menschen eine Willenssache ist. Auch beim Glauben gibt es keine endgültige Gewissheit, aber genügend Überzeugungskraft, sodass ein Mensch danach handelt. Diese Idee wird auf Vertrauen übertragen und bietet einen Ansatz zum Verständnis, dass Menschen diesen Schritt in das Unbekannte wagen. Das Aufheben der Ungewissheit muss dabei ausdrücklich im doppelten Wortsinne interpretiert werden: Das Aufheben ist sowohl im Sinne von Verzichten, Eliminieren zu verstehen als auch im Sinne von Bewahren, Behalten. Gibt man die Ungewissheit nicht auf, kann man nicht vertrauen. Hebt man die Ungewissheit nicht auf (im Sinne von bewahren), zeigt man naives Verhalten, aber kein Vertrauen. Dieser Ansatz gibt u.a. Hinweise darauf, warum Menschen auch in Situationen vertrauen, in denen vorher keine Interaktion mit dem zu Vertrauenden möglich war.

Aus den jeweiligen Theorien würden sich jeweils spezifische Herangehensweisen zum Aufbau von Vertrauen ableiten lassen. An dieser Stelle wählen wir jedoch einen anderen Weg und stützen uns pragmatisch auf eine empirische Untersuchung, die – so denken wir – für den polizeilichen Kontext hilfreiche, aber auch theoretisch belegbare Erkenntnisse liefert. Zehn Bedingungen für Vertrauen werden von Butler[266] ausgemacht:

1. Konsistenz im Verhalten (Vorhersagbarkeit, Verlässlichkeit)
2. Erfüllung von Versprechen
3. Fairness
4. Loyalität (wohlwollende Intentionen)
5. Integrität (Ehrlichkeit)
6. Diskretheit (vertrauenswürdig bei Geheimnissen)
7. Offenheit (offen über Ideen und Meinungen sprechen)
8. Responsivität (ansprechbar für Ideen/Meinungen, offenes Ohr)
9. Kompetenz (Fachkompetenz)
10. Anwesenheit (wenn Person gebraucht wird)

Bierhoff und Müller[267] stellen in diesem Zusammenhang fest, dass die wichtigsten positiven Folgen vertrauensvoller Führung Kooperation, soziale Unterstützung und eine wahrheitsgemäße Kommunikation sind. Insbesondere der enge Zusammenhang von Vertrauen und

263 Lahno zitiert nach Neubauer & Rosemann (2006), S. 122.
264 Möllering (2006).
265 Möllering (2006).
266 Butler (1991) zitiert nach Bierhoff & Müller (1993), S. 44.
267 Bierhoff & Müller (1993), S. 44.

Kooperation wurde immer wieder festgestellt. Kooperation scheint nur zu funktionieren, wenn davon ausgegangen wird, dass der Partner kooperativ reagiert – genau dies stellt Vertrauen dar. Insofern ist ehrliches und authentisches Verhalten von Führungskräften im Sinne der vorgenannten Bedingungen für kooperative Führungsbeziehungen mehr als förderlich.

Es wäre jedoch naiv anzunehmen, dass die Beherzigung eines bestimmten Verhaltenskodex automatisch dazu führen würde, dass sich stabile und vor allem flächendeckende Vertrauensverhältnisse bilden. Im Sinne des Bewahrens eines Restes von Ungewissheit, muss im Zyklus des Vertrauensaufbaus auch die Option der Reaktion auf Nicht-Kooperation oder Vertrauensbruch bedacht werden. Für diese Situation wird in der Literatur vorwiegend auf die im Rahmen von Computersimulationen empirisch ermittelte und dort mit Blick auf das Gesamtergebnis vorteilhafte **„Tit-for-Tat"-Strategie**[268] rekurriert (Bedingung dabei: mehr als ein einmaliges Aufeinandertreffen). Diese aus der Spieltheorie stammende Verhaltensempfehlung besagt, spiegelbildlich auf das Verhalten des Partners zu reagieren. Zunächst sollte jedoch immer ein kooperatives Verhalten unterbreitet werden. Solange das Gegenüber das Vertrauen (steht hier für Kooperation) rechtfertigt, sollte mit Vertrauen geantwortet werden. Sobald der Andere das entgegengebrachte Vertrauen enttäuscht, sollte das Verhalten sofort sanktioniert werden.

Sprenger plädiert weiterhin für ein zweites Kooperationsangebot und nennt es die „Ethik der Zweiten Chance"[269]. Er formuliert folgende Regeln und setzt dabei anscheinend auf eine Verhaltensänderung durch Einsicht nach Spielrunden, die beide in eine schwierige Lage gebracht haben und in eine noch schwierigere Lage bei Fortsetzung des unkooperativen Verhaltens bringen werden:

1. „Kooperiere! Biete immer zunächst Kooperation an!
2. Wenn sie erwidert wird, stelle das Vertrauen auf Dauer!

   Wenn nicht, bestrafe sofort und unnachsichtig!
3. Mache nach einer gewissen Zeit wieder ein Vertrauensangebot!"[270]

Fasst man die vorgestellten Überlegungen zusammen, ergeben sich folgende Erkenntnisse für das Vertrauen in kooperativen Führungsbeziehungen:

- Kalkulatorisches Vertrauen ist für kooperatives Führen allenfalls ein Anfang, da es den wertorientierten Grundsätzen einer Kooperation zuwiderläuft. Im Übrigen dürften die Menschen dies sehr schnell durchschauen und negativ darauf reagieren.
- Vertrauen baut sich maßgeblich über Interaktionen auf. Offene Kommunikation dürfte hierfür erfolgversprechend sein. Aufgrund des hierarchischen Machtgefälles empfiehlt sich der Anstoß dieses Prozesses durch die Führungskraft.
- Emotionale Effekte beeinflussen die Vertrauensbildung. Eine Schärfung der Wahrnehmung in diesem Bereich dürfte sich positiv auf kooperative Führungsbeziehungen auswirken.
- Vertrauen bedeutet letztlich das Einlassen auf objektive Ungewissheit und damit das Aufheben von subjektiver Ungewissheit. Erst dieser Doppelschritt ermöglicht den Aufbau von Vertrauen.

---

268 Vgl. Axelrod (2009).
269 Sprenger (2004), S. 171.
270 Sprenger (2004), S. 171.

- Bestimmte, ehrlich gemeinte und authentisch gezeigte Verhaltensformen im Sinne der zehn Bedingungen für Vertrauen fördern den Aufbau von Kooperation.
- Der positive Verlauf von Vertrauenszyklen ist durch einseitige Kooperationsangebote zu fördern. Dies betrifft beide Seiten der Führungsbeziehung, wobei der Vorgesetzte hier in einer besonderen Pflicht steht. Bei negativem Verhalten des Partners ist sofortige Kommunikation notwendig und es muss im Sinne der „Tit-for-Tat"-Strategie stufenweise darauf reagiert werden, die Kontrolle steht hierbei im Vordergrund. Perspektivisch sollte eine zweite Chance angeboten werden.

8.1.3 Integration in die polizeiliche Führungspraxis

Projiziert man die Ausführungen über Vertrauen in der Führung auf die polizeilichen Begebenheiten, sind einige Besonderheiten zu beachten. Diese Eigenheiten können singulär vorliegen, aber auch kumulativ.

Eine Auswirkung der Aufgabenstruktur, wie sie in Kapitel 1 thematisiert wurde, kann man als **strukturelles Vertrauen** in die Mitarbeiter bezeichnen. Ein Großteil der polizeilichen Arbeit wird außerhalb der Organisationseinrichtungen im öffentlichen oder privaten Raum erledigt. Die Dienst- und Fachaufsicht ist während der meisten Diensthandlungen daher nicht möglich, allenfalls nachträglich, dann aber nicht lenkend, sondern nur bewertend. Deshalb sind die Mitarbeiter befugt und beauftragt, nicht nur rechtlich und psychologisch schwierige Sachverhalte umfassend und mit weit reichenden Befugnissen selbstständig zu bewältigen. Dies erfordert seitens der Organisation ein strukturelles Vertrauen in die Kenntnisse, Fähigkeiten und Eigenschaften der Mitarbeiter. Diese positive Ausgangslage wird dadurch beeinträchtigt, dass die Organisation dies leider im Binnenbereich nicht immer durchhält. Damit ist gemeint, dass die Mitarbeiter, sobald sie wieder in die Liegenschaften der Polizei zurückkehren, von einem engmaschigen Netz von Vorschriften, Handlungsregeln und Kontrollmechanismen, die einer hierarchischen, bürokratischen Organisation zu eigen sind, erwartet werden. Dies führt zu Irritationen, da dieser Widerspruch bewusst oder unbewusst wahrgenommen wird. Führungskräfte können sich diesen Aspekt vergegenwärtigen und das Verhalten danach ausrichten, d.h. das im Außenverhältnis gegebene Vertrauen könnte im Innenbereich ebenfalls stärker umgesetzt werden.

Ein weiteres Feld der Besonderheiten sind die verschiedenen Milieus von Vertrauen, die man in der Polizei ausmachen kann. Die in Kapitel 1 geschilderten Faktoren der gemeinsamen Sozialisation des Nachwuchses, die teamorientierten Arbeitsformen und Gefahrengemeinschaften im Einsatz führen insbesondere in den Dienstgruppen, Einsatzeinheiten, Ermittlungsgruppen u.ä. zu einem hohen gegenseitigen Vertrauen. Die Mitglieder der Organisationseinheiten entwickeln innerhalb der Gruppen persönliche Beziehungen, die häufig stark ausgeprägt sind. In dieses Vertrauensnetz ist in der Regel auch die Gruppenführung, die untere Führungsebene in polizeilichen Organisationen, eingebunden. Führungskräfte aus höheren Führungsebenen können dieses grundsätzlich positiv zu bewertende Vertrauen als Aktivposten in die Führungsbeziehungen einbauen, wenn sie dabei ihre eigene Rolle verdeutlichen und durchhalten können. Die schwierige Aufgabe dabei ist, die Erwartungen der Mitarbeiter an die Führungskraft als „Kollege" und „einer von uns" nicht zu enttäuschen und gleichzeitig den Anforderungen der höheren Ebenen als Vorgesetzter und Führungskraft zu entsprechen. Wahrheitsgemäße und intensive Kommunikation sowie Transparenz der

Handlungen sind dabei als zwei Grundbedingungen für den Aufbau von Vertrauensbeziehungen zu sehen. Im gleichen Blickfeld steht – und dies wirkt sich unter Umständen negativ auf das Vertrauen aus – die Wahrnehmungswelt der sogenannten „Street Cops" versus die der „Management Cops".

Dieses Phänomen ist verschiedentlich untersucht worden[271] und wird weltweit beobachtet.[272] Es stellt sich dergestalt dar, dass die Ausführungsebene eine andere Sicht auf die polizeiliche Arbeit hat als die Führungsebene. Negative Auswirkungen können sein, dass die Mitarbeiterebene sich von der Führung und teilweise von der Gesellschaft nicht wertgeschätzt fühlt und diese deren Probleme nicht erkennen bzw. akzeptieren. Unter Umständen führt dies dazu, dass die Mitarbeiter sich von der Führungsebene abschotten und die polizeiliche Arbeit nach eigenen Maßstäben gestalten. Auf der Führungsebene sind diese Fehlentwicklungen negativ feststellbar, indem die tatsächlichen Probleme der Ausführungsebene nicht mehr wahrgenommen werden und das eigene Handeln sich nach politischen Einflussnahmen, Karrierechancen oder falsch verstandenen Managementtheorien ausrichtet. Zwar bringen Mitarbeiter der individuellen Führungskraft zu Beginn der Beziehung ein gewisses Vertrauen in deren Fähigkeiten und Absichten entgegen – es ist keinesfalls so, dass Misstrauen das meist gewählte Einstellungs- und Verhaltensmuster ist –, allerdings ist dieser Vertrauensvorsprung sehr fragil. Schon geringste Störungen können dazu führen, dass das Vorurteil bestätigt wird, dass man der „höheren Führung" allgemein nicht trauen kann und sollte. Führungskräfte in der Polizei müssen diese Konstellationen und Einstellungen kennen, sich diese bewusst machen und bei ihrem Verhalten adäquat berücksichtigen.

Ein weiteres Spezifikum in der polizeilichen Führung ergibt sich aus der Bindung an Recht und Gesetz bzw. der Dominanz von Vorschriften in der öffentlichen Verwaltung. Auch diese Besonderheit der polizeilichen Organisation kann Wirkungen in zwei Richtungen entfalten. Eine Belastung für das Vertrauensverhältnis zwischen Führungskraft und Mitarbeitern kann das Dienstrecht sein, das es in dieser Form in privaten Organisationen nicht gibt. Angehörige des öffentlichen Dienstes unterliegen einem besonderen Rechtsverhältnis. Aufgrund ihres Status als Amtsträger müssen sie nicht nur in der Dienstzeit, sondern sogar im Privatleben ein dem Amt entsprechendes Wohlverhalten zeigen. Das Recht des öffentlichen Dienstes hat nicht nur eine Fülle spezieller Verhaltensvorschriften, sondern sogar exklusive Disziplinierungsinstrumente für Abweichungen parat. Es bestehen gesetzliche Vorschriften über Verfahrensregeln, einschließlich der Verpflichtung von Führungskräften, bestimmtes Fehlverhalten amtlich zur Kenntnis zu bringen. Dies stellt in bestimmten Situationen eine klare Grenze für Führungskräfte hinsichtlich der Verhaltensoptionen gegenüber dem Mitarbeiter dar. Dies bewirkt hinsichtlich des Vertrauens natürlich, dass sich Mitarbeiter bei Fehlverhalten eben nicht mit Hilfeersuchen an den Vorgesetzten wenden, da auch sie die bindenden Regeln kennen.

Fördernd aber wirkt sich die Vorschriftenfixierung in anderer Hinsicht aus: Es gibt vielfältige Regelungen über Führungsverhalten in den Polizeien. U.a. wird dabei der Grundsatz, dass Führungskräfte für ein Vertrauensklima sorgen müssen und Vertrauen als Handlungsmaxime verstehen sollen, mit unterschiedlicher Semantik vorgegeben.[273] Nun führen Vorschriften

271 Vgl. u.a. Behr (2000).

272 Vgl. Thielmann & Bruggeman (2010).

273 Als ein Beispiel: Hessisches Ministerium des Innern und für Sport – Grundsätze über Zusammenarbeit und Führung in der hessischen Landesverwaltung (2012).

nicht per se zu gewünschtem Führungsverhalten oder einer angestrebten Organisationskultur. Vorschriften sind in einer öffentlichen Verwaltung jedoch ein nicht von der Hand zu weisendes Argument, wenn die Frage gestellt wird, warum bestimmtes Führungshandeln überhaupt an den Tag gelegt werden muss.

8.2 Respekt

8.2.1 Bedeutung für die Führung

Respekt gegenüber ihrer Person erwarten Menschen nicht nur in der Privatsphäre, sondern vor allem in der Arbeitswelt. Dazu schreibt unter der Überschrift „Respekt in der Hierarchie muss sein" Gabriele Schlegel: „Würden Sie gerne als ‚faule Sau' von Ihrem Chef tituliert werden? Noch dazu lautstark?"[274] Die Diskussionen über mehr Respekt in Organisationen verweisen auf eine „Renaissance des Respekts" und darauf, dass „ein alter Begriff eine neue Blüte erlebt".[275] Rücksichtnahme auf persönliche Bedürfnisse, Einstellungen und Verhaltensweisen von Mitmenschen ist auch nach unserer Auffassung ein positives Merkmal von beziehungsorientierter Führung.

Welchen Einfluss Respekt für das Gelingen von Führungsbeziehungen hat, kann nicht nur theoretisch durch die Reflexion ethischer Werte begründet werden, sondern ist auch mit Blick auf Führungseffektivität empirisch herausgearbeitet worden.[276] Eckloff und Kollegen erläutern, dass – neben anderen Disziplinen – auch in der sozialpsychologischen Forschung interpersonaler Respekt ein immer stärker beachtetes Phänomen ist.[277] Die Autoren berichten in diesem Zusammenhang über Studien, welche positive Auswirkungen von Respekt auf kollektive Identifikationen, die Bindung an die Organisation sowie die Arbeitszufriedenheit festgestellt haben.[278] Dabei verstehen sie unter Respekt, „eine Einstellung eines Menschen einem Anderen gegenüber, bei welcher er in diesem einen Grund erkennt, der es aus sich heraus rechtfertigt, ihn zu beachten und auf solche Weise zu agieren, dass bei ihm über Resonanz das Gefühl entsteht, in seiner Bedeutung und seinem Wert (an)erkannt zu sein".[279]

Wichtig erscheint uns in diesem Zusammenhang, nochmals herauszustellen, dass Respekt nicht hierarchisch gebunden ist, sondern in einer Führungsbeziehung egalitär, vergleichbar einem unveräußerlichen Grundrecht, behandelt werden sollte.[280]

8.2.2 Wissenschaftlicher Hintergrund

Wenn man ein Feld sucht, in dem Respekt systematisch verortet ist, findet man dies in der organisationalen Gerechtigkeitsforschung. Dort hat Respekt in der Dimension der interaktionalen Gerechtigkeit seinen Platz als eine Unterkategorie. Die Forschung über Gerechtigkeit[281] beschäftigt sich grundsätzlich mit der Frage, wovon es abhängt, dass Menschen in einer Organisation das Gefühl haben, dass es gerecht zugeht. Kreikebaum führt dazu aus:

274 Schlegel & Tödtmann (2006), S. 19.
275 Jumpertz (2013), S. 45.
276 Vgl. z.B. Weibler & Feldmann (2012) und dortige Referenzen.
277 Eckloff et al. (2008), S. 244.
278 Eckloff et al. (2008), S. 244.
279 Eckloff & van Quaquebeke (2008), S. 246.
280 Vgl. zum zentralen Begriff des Respekts van Quaquebeke et al. (2007).
281 Vgl. Colquitt (2001); Greenberg (1993); van Knippenberg et al. (2007); Greenberg & Colquitt (2005).

„Gerechtigkeit bezeichnet in Philosophie und Religion eine als Lebensweisheit verstandene Haltung des Menschen, die als grundlegender Maßstab eines geordneten Zusammenlebens in der Gemeinschaft gilt.“ [282]

In der Literatur werden die Begriffe Gerechtigkeit und Fairness sehr häufig synonym verwendet.[283] Innerhalb der organisationalen Gerechtigkeitsforschung hat es sich eingebürgert, die Dimensionen der distributiven, prozeduralen und interaktionalen Gerechtigkeit zu unterscheiden. Unter distributiver Gerechtigkeit versteht man die „[...] wahrgenommene Fairness von (Verteilungs-)Ergebnissen. Wie z.B. Entscheidungen über Gehalt“ [284]. Prozedurale Gerechtigkeit bezeichnet die „[...] wahrgenommene Fairness von Prozessen, die zu bestimmten Ergebnissen führen“ [285]. Die interaktionale Gerechtigkeit als dritte Dimension lässt sich wiederum in zwei Faktoren aufteilen: In eine „Interpersonale Gerechtigkeit: Respektvolles, höfliches und korrektes Verhalten gegenüber den Betroffenen“[286] und eine „Informationale Gerechtigkeit: Adäquate Erklärungen, die eine bestimmte Entscheidung begründen (Quantität und Qualität von Informationen).“ [287]

Während sich die Dimensionen der distributiven und prozeduralen Gerechtigkeit nicht zwangsläufig auf das unmittelbare Verhältnis von zwei Interaktionspartnern beziehen müssen, verweist das Feld der interaktionalen Gerechtigkeit direkt auf den sozialen Aspekt der Gerechtigkeit zwischen zwei Organisationsmitgliedern, meist Führungskraft und Mitarbeiter, und damit auch auf den Respekt. Der Organisationsforscher Niels van Quaquebeke, der eine Skala zur respektvollen Führung entwickelt hat, führt dazu 12 Aspekte auf:[288]

1. Vertrauen in die Fähigkeit, eigenständig gut zu arbeiten.
2. Kritik auf konstruktive und an objektiven Kriterien ausgerichtete Art und Weise darbieten.
3. Den Anderen als einen erwachsenen Menschen behandeln.
4. Die Arbeit des Anderen anerkennen.
5. An der Meinung des Anderen interessiert sein.
6. Jemanden höflich behandeln.
7. Jemanden nicht für die eigenen Fehler verantwortlich machen.
8. Jemanden gegen Kritik verteidigen.
9. Jemanden mit wichtigen Informationen versorgen.
10. Die Person und ihre Arbeit ernst nehmen.
11. Offen und ehrlich mit jemandem interagieren.
12. Jemanden fair behandeln.

Fragt man die Führungskräfte danach, wie wichtig sie den Wert Respekt gegenüber anderen Werten einschätzen, erlangt dieser auch bei ihnen beständig einen hohen Rangplatz.[289]

---

282 Kreikebaum (2004), Sp. 348.
283 Vgl. Klendauer et al. (2006), S. 187.
284 Klendauer et al. (2006), S. 187.
285 Klendauer et al. (2006), S. 189.
286 Klendauer et al. (2006), S. 190.
287 Klendauer et al. (2006), S. 190.
288 Vgl. van Quaquebeke & Eckloff (2010).
289 Vgl. van Quaquebeke et al. (2009), S. 427.

Wie es bei einem „weichen" Konstrukt zu erwarten ist, ist dies ein weites Verständnis von Respekt; dadurch wird aber auch deutlich, dass es letztendlich von vielen Faktoren abhängt, ob sich jemand respektvoll behandelt fühlt. Die Überschneidungen mit anderen Konstrukten wie Vertrauen oder Wertschätzung sind offensichtlich, bei näherer Betrachtung allerdings auch logisch, weil sich immer wieder feststellen lässt, dass sich dieselbe Verhaltensweise auf verschiedene Sachverhalte auswirken kann. Es liegt auf der Hand, dass diese Anforderungen an eine respektorientierte Führung nur umzusetzen sind, wenn die Führungskraft kommunikativ stark ist.

Abschließend der Hinweis, dass Respekt nicht mit Akzeptanz gleichzusetzen ist, denn der Akzeptanzbegriff impliziert eine inhaltliche Zustimmung zum Auftreten oder zum Verhalten des Gegenübers. Respektvoll verhalten kann man sich auch dann, wenn man bei bestimmten Angelegenheiten vollkommen anderer Meinung als der Gesprächspartner ist.

8.2.3 Integration in die polizeiliche Führungspraxis

Da wir an dieser Stelle über die Führung in der Organisation der Polizei sprechen, also über Binnenaspekte, soll hier nur kurz auf die anhaltende Diskussion über die zunehmende Respektlosigkeit bestimmter Bevölkerungsgruppen gegenüber der Polizei verwiesen werden.[290] Die Diskussionen sind aber ein Beleg dafür, dass auch Polizeibedienstete das Bedürfnis verspüren, Respekt zu erfahren und respektvoll behandelt zu werden.

Wir möchten für die polizeiliche Führungspraxis einen anderen Aspekt aufgreifen, bei dem respektvolle Führung eine Rolle spielt. Es geht um die zunehmend dynamischeren und komplexeren Veränderungsprozesse, die sich aufgrund der ständigen Umweltveränderungen auch in den polizeilichen Organisationen wiederfinden. Anpassungen sind Organisationen und Unternehmen immanent. Es bedarf keiner allzu ausgeprägten prognostischen Fähigkeit, um vorherzusagen, dass die permanenten Veränderungen und Anpassungen kurzzyklischer werden. Besonders die Polizei ist davon betroffen, da sie viele Austauschstellen mit der Umwelt hat – noch dazu im 7-Tage- und 24-Stunden-Zyklus (vgl. Kap. 3). Gesellschaftliche Veränderung, Internationalisierung und technologische Innovation sind nur einige Schlagwörter, die diesen Anpassungsdruck skizzieren. Am sichtbarsten spiegelt sich dies für die Polizeien in den Veränderungen der Aufbau- und Ablauforganisation wider – diese sind meist untermalt mit politischer und medialer Begleitmusik, gekennzeichnet durch äußere und innere Widerstände und auch nicht immer erfolgreich.[291]

Aus der Organisationspsychologie ist bekannt, dass ständiger Wechsel für viele Menschen Stress bedeutet und ein Festhalten an bisherigen Strukturen und Verfahren weder ungewöhnlich noch gefährlich ist[292] – man muss dies im Führungshandeln aber berücksichtigen. So gut wie jeder organisationale Wandel wird letztlich von den Mitarbeitern vollzogen, sie sind die wichtigsten Akteure in diesem Prozess. Wie Eckloff und Kollegen ausführen, kommt es darauf an, dass sich der Einflusshorizont der Führungskraft auf den Mitarbeiter erweitert, wenn die Mitarbeiter diese Einflussnahme zulassen und ihren Einflussbereich öffnen. Geschieht diese Öffnung nicht unter Druck, sondern freiwillig, kann dies als Respekt gegenüber der Führungskraft verstanden werden. „Nur wenn Mitarbeiter ihre Führungskräfte in diesem

290 Als ein Beispiel von vielen: Coesfeld & Fengler (2011).
291 Vgl. als eine interessante Quelle von vielen: cop2cop: http://www.cop2cop.de/category/polizei/neuorganisation.
292 Vgl. Weibler (2012), S. 20.

Sinne respektieren und sich mit ihnen identifizieren, werden sie ihnen auch in unsicheren Zeiten stetiger Veränderung folgen und damit die Flexibilität der Organisation im Wandel sicherstellen."[293]

Für polizeiliche Führungskräfte heißt Respekt in diesem Zusammenhang, die Befürchtungen und Einstellungen der Mitarbeiter wahrzunehmen und zu achten; dabei auch etwaige Widerstände als natürliche Reaktionen in Führungsbeziehungen anzuerkennen und nicht als „feindlich" aufzufassen. Respektvoll wird der Umgang gerade dann, wenn man über bestimmte Dinge unterschiedlicher Meinung ist und trotzdem angemessen im Verhalten und Tonfall miteinander umgeht.

Dies gilt auch dann, wenn einige Mitarbeiter oder Gruppierungen diesen Respekt nicht immer an den Tag legen. Es hat sich, wohl auch im Zuge der gesamtgesellschaftlichen Entwicklungen, eingebürgert, sich gegenüber Führungskräften manchmal aggressiv und stellenweise beleidigend im Tonfall zu positionieren. Beobachtbar ist dies in manchen, insbesondere lokalen Veröffentlichungen von Berufsvertretungen, aber auch in Internetforen mit Polizeibezug. Ein Gewerkschaftsfunktionär beschreibt dies durchaus selbstkritisch: „Wir [die Gewerkschaft; G. T./J. W.] sind auch sicher mal übers Ziel hinausgeschossen und haben Verletzungen hinterlassen. Das tut mir dann auch leid und ich entschuldige mich bei jenen, die ich verletzt haben könnte. Es ging mir aber immer um die Sache. Ich behaupte: Das muss bei Berufsvertretungen so sein. Kuscheln hilft uns nicht."[294] Der gleiche Autor schreibt im gleichen Heft über Führungskräfte: „Dummheit kennt keine Grenzen, auch nicht in höheren Besoldungsgruppen."[295] Diese Verhaltensweisen sollten und können für Führungskräfte keine Rechtfertigung sein, im Gegenzug Respektlosigkeit zu zeigen. Souveränes Führungsverhalten zeigt sich darin, nach wie vor respektvoll zu handeln, dabei allerdings angemessen einzufordern, dass die grundlegenden Regeln des gegenseitigen Respektes geachtet werden. Es ist letztlich auch eine ethische Frage, da die Würde des Menschen durch respektloses bzw. respektvolles Verhalten tangiert wird.

8.3 Persönlichkeit

8.3.1 Bedeutung für die Führung

Menschen glauben an ihre Einzigartigkeit. Sie sehen sich als unverwechselbar und gestehen dies in der Regel auch ihren Mitmenschen zu. Die Wahrnehmung dieser Einzigartigkeit hängt vor allem an den zuerkannten Eigenschaften, den erlebten Gefühlen und Emotionen, aber auch an den empfundenen oder zugeschriebenen Motiven von Handlungen. Die spezifische Kombination dieser Eigenschaften wird bei einem Menschen als dessen Charakter bezeichnet. Dass dies so ist, beweist auch der umgekehrte Weg: Wird der Charakter einer Person beschrieben, beziehen sich die Aussagen dazu auf Einschätzungen über diese Person hinsichtlich ihrer Eigenschaften und Motive. Dabei wird unterstellt, dass bestimmte Eigenschaften und Motive gemeinsam auftreten, während andere sich gegenseitig ausschließen; so wird z.B. Ehrlichkeit und Treue als Kombination angenommen, während Unordentlichkeit die Eigenschaft Pünktlichkeit eher nicht erwarten lässt. In gewisser Weise sind Menschen

293 Eckloff et al. (2008), S. 253.
294 Polizeireport GdP-Bezirksgruppe Nordhessen (2011), S. 3.
295 Polizeireport GdP-Bezirksgruppe Nordhessen (2011), S. 11.

Alltagspsychologen,[296] da sie täglich die Verhaltensweisen ihrer Mitmenschen studieren, deren Gefühle und Gedanken zu erfassen suchen, um darin Regelmäßigkeiten zu entdecken und so Vorhersagen über das Verhalten des Gegenübers treffen zu können. Dabei wird von einer gewissen Stabilität im Verhalten ausgegangen: Es wird unterstellt, dass ähnliche Situationen bei der gleichen Person zu ähnlichen Reaktionen führen.

Der Wunsch als einzigartiges Wesen, als Individuum gesehen zu werden, ist dem Menschen eigen – niemand möchte als eine gesichtslose Kreatur in einer Masse eingestuft werden. Genauso stark ist der Wunsch, dass andere diese Einzigartigkeit respektieren und als sympathisch empfinden. Diese Bedürfnisse sind in der Arbeitswelt die gleichen wie in der Privatwelt, daher scheinen die Hinweise in der Führungslehre, den Mitarbeiter als Persönlichkeit wahrzunehmen und die spezifischen Eigenschaften, Emotionen sowie Motivlagen zu respektieren, nur logisch. Diesem formulierten Anspruch nach der Respektierung der Persönlichkeit des Einzelnen stehen aber Bezeichnungen der Mitarbeiter als „Produktionsfaktor", „personelle Ressource" oder „Humankapital"[297] diametral gegenüber. Diese Begriffe verleiten dazu, den Menschen zu funktionalisieren, seine Einzigartigkeit zu vergessen oder zu unterdrücken. Die aus der Betriebswirtschaftslehre stammenden Termini haben nicht nur Einzug in Wirtschaftsunternehmen, sondern auch in nicht Profit-orientierte Organisationen wie die Polizei gehalten, wo der unbedachte Umgang mit diesen Begriffen leicht zu Störungen bis hin zu Konflikten führen kann. Den Menschen (nur) als „Produktionsfaktor" zu betrachten, ist auch aus ethischer Sicht nicht gerechtfertigt.[298]

8.3.2 Wissenschaftlicher Hintergrund

Dass die Sichtweise, den Menschen als „Betriebskapital" zu sehen, verfehlt ist, erkennt man bei einem Blick auf die wissenschaftlichen Verhandlungen des Feldes der Persönlichkeit. Bereits in der Antike unterschied Hippokrates (460–377 v. Chr.) Sanguiniker, Phlegmatiker, Choleriker und Melancholiker anhand der „Körpersäfte Blut [sanguis], Schleim [phlegma] und gelber [cholé] und schwarzer [melancholé] Galle"[299]. Nach der damaligen Sicht hatte ein Mensch einen ausgeglichenen Charakter, wenn alle vier Säfte harmonisch gemischt waren, überwog einer der Säfte, wies der betreffende Mensch die damit zusammenhängende Charaktereigenschaft in ausgeprägter Weise auf.

Lange Zeit dominierten solche typologischen Ansätze die Auffassung über individuelle Persönlichkeits-, Charakter- und Temperamentsunterschiede. Dabei wurde u.a. versucht, bestimmten Gesichtsformen Charaktertypen zuzuordnen bzw. von der Form des Schädels auf Schläue, Mut oder Frohsinn der Personen zu schließen,[300] in Polizei- und Kriminologenkreisen dürfte Lombroso ein Begriff sein. Dieser wollte über Schädelformen und anatomische Merkmale Verbrechertypen identifizieren.[301] Auch Kretschmer postulierte in seiner Konstitutionstypologie 1921 einen Zusammenhang des Körperbaus mit den Charaktereigenschaften

296 Vgl. Pervin (2000), S. 251–289.

297 „Humankapital" war das Unwort des Jahres 2004, vgl. http://www.spiegel.de/kultur/gesellschaft/0,1518,337259,00.html [03.03.2013].

298 Vgl. u.a. Evangelische Kirche in Deutschland (2008).

299 Vgl. Amelang & Bartussek (2001), S. 300.

300 PHRENOLOGIE nach Franz Josef Gall (1758–1828); vgl. Peters (1984), S. 205, Eintrag Gall, Franz Josef.

301 Vgl. Bondio (1995); Kretschmer (1921/1977).

einer Person, er untersuchte zudem Zusammenhänge mit pathologischen Ausprägungen bei psychiatrischen Patienten.[302]

Die empirische Persönlichkeitspsychologie fasst die Theorien, die von gemeinsamen bzw. inhaltlich ähnlichen Grundannahmen ausgehen, zu Kategorien und/oder Familien zusammen. Asendorpf z.B. unterscheidet diesbezüglich sechs theoretische Paradigmen.[303] Diese Persönlichkeitstheorien haben zwar ganzheitlich den Menschen oder zumindest sein gesamtes Verhalten und Erleben zum Gegenstand, beruhen aber auf unterschiedlichen wissenschaftlichen Traditionen und knüpfen an unterschiedliche philosophische bzw. weltanschauliche Menschenbilder an.[304] Sie sind ein Gefüge von Annahmen über die individuelle Besonderheit von Menschen.[305]

Paradigma	Vertreter	Grundannahmen
psychoanalytisch	Freud Jung Adler	Dem menschlichen Erleben und Verhalten liegen motivationale, affektive und irrationale Prozesse zugrunde.
behavioristisch	Watson Pawlow Skinner Bandura	Menschliches Lernen folgt drei universellen Lerngesetzen: dem klassischen und dem operanten Konditionieren und dem Nachahmungslernen.
Eigenschaftsparadigma	Stern Allport Cattell McCrae/ Costa	Eigenschaften erzeugen stabile Beziehungen zwischen Situationen und Reaktionen einer Person.
Informationsverarbeitungsparadigma	Neisser	Menschliches Erleben und Verhalten beruht auf der Verarbeitung von Informationen. Wissen im Langzeitgedächtnis beeinflusst nahezu alle Verarbeitungsprozesse.
dynamisch-interaktionistisch	Bronfenbrenner	Es gibt eine kontinuierliche Wechselwirkung zwischen Person und Umwelt.
evolutionspsychologisch	Darwin	Menschliches Erleben und Verhalten ist Ergebnis der Evolution, d.h., Menschen sind primär an die Umweltbedingungen ihrer evolutionären Vorfahren angepasst und weniger heutigen Umweltbedingungen.

Abbildung 12: Paradigmen der Persönlichkeitspsychologie (vgl. Asendorpf 2005)

302 Vgl. Kretschmer (1921/1977); Asendorpf (2005), S. 13–114.
303 Asendorpf (2005), S. 13–114.
304 Vgl. Herrmann (1991), S. 26–29.
305 Vgl. Asendorpf (2005), S. 7.

Bei der Vielzahl an Persönlichkeitstheorien und deren variierenden Definitionen ist es nicht möglich, in diesem Rahmen alle Begriffsbestimmungen aufzuführen. Wir beschränken uns auf eine Minimaldefinition von Herrmann, der unterschiedliche Definitionen miteinander verglichen hat und dabei zu folgendem Ergebnis gelangt ist: „Einigkeit besteht [...] darüber, dass die Persönlichkeit ein bei jedem Menschen einzigartiges, relativ stabiles und den Zeitablauf überdauerndes Verhaltenskorrelat ist.“ [306] Damit ist Persönlichkeit nicht das konkrete Verhalten und Erleben selbst, sondern ein stabiles und über Zeit und unterschiedliche Situationen hinweg relativ überdauerndes Gefüge von Dispositionen, das für konkretes Verhalten und Erleben die Bedingung oder die Ordnung (Organisation) ist.[307]

Aktuell wird vielfach die Persönlichkeit durch fünf Dimensionen beschrieben. Bei dem sogenannten **Big-Five-Modell der Persönlichkeit** (siehe Abb. 13) handelt es sich um ein (Eigenschafts-)Modell zur Beschreibung von Persönlichkeit, das aus einem lexikalischen Ansatz hervorgegangen ist. Darunter versteht man die Annahme, dass diejenigen Persönlichkeitsmerkmale, die wichtig und nützlich für den sozialen Umgang der Menschen miteinander sind, im allgemeinen Sprachgebrauch vorkommen. Dieser Logik folgend versucht der lexikalische Ansatz, durch die Analyse alltagssprachlicher Beschreibungsbegriffe zu den wichtigen Grundmerkmalen der Persönlichkeit zu gelangen.[308] Asendorpf spricht von einem „Koordinatensystem für alltagspsychologische Persönlichkeitsbeschreibungen“ [309]. Ein Blick in die Forschungsgeschichte zu den Persönlichkeitsfaktoren, die den Big Five zugerechnet werden, verdeutlicht, dass es sich um keine gänzlich neuen Betrachtungen handelt,[310] aber das Modell erst in den 1990er Jahren – insbesondere durch die Forschungsaktivitäten von Costa und McCrae – stärkere Beachtung fand.[311] Im Jahr 1992 entwickelten Costa und McCrae einen (Persönlichkeits-)Fragebogen,[312] um die Big Five der Persönlichkeit messen zu können. Die Forscher hatten sich ursprünglich auf die drei Faktoren N = Neuroticism, E = Extraversion und O = Openness to experience konzentriert, diese später jedoch aufgrund der Ergebnisse der lexikalischen Studien um zwei Faktoren erweitert. Sie konnten belegen, dass ihre drei ursprünglichen Faktoren vom lexikalischen Ansatz bestätigt wurden, und es gelang ihnen, empirisch die Relevanz der zwei weiteren Faktoren, nämlich A = Agreeableness und C = Conscientiousness, nachzuweisen. Sie überarbeiteten den Fragenbogen (NEO-Personality Inventory Revised – NEO-PI-R) hinsichtlich der fünf Faktoren. Der Bogen wurde später auch ins Deutsche[313] übersetzt. Die fünf grundlegenden Dimensionen des NEO-PI-R werden wie folgt beschrieben:[314]

1. Neurotizismus („neuroticism“) bedeutet, dass jemand dazu neigt, empfindlich zu sein und unter Stress leicht aus dem Gleichgewicht kommt. In Stresssituationen tendieren neurotische Personen dazu, sich häufiger zu ärgern, traurig, verlegen, ängstlich, beschämt, erschüttert und besorgt zu sein. Auch entwickeln sie eher unangepasste Formen der Problembewältigung, neigen zu unrealistischen Ideen und sind weniger in der Lage, ihre Bedürfnisse zu kontrollieren.

306 Herrmann (1991), S. 25.
307 Vgl. Herrmann (1991), S. 25; Laux (2003), S. 13; Fisseni (2004), S. 19.
308 Vgl. Amelang & Bartussek (2001), S. 365; Laux (2003), S. 171.
309 Asendorpf (2005), S. 149.
310 Vgl. Becker (2002), S. 18.
311 Vgl. Becker (2002), S. 18.
312 Vgl. Muck (2006), S. 530.
313 Vgl. Laux (2003), S. 173.
314 Vgl. Muck (2006), S. 530 f., (2004), S. 203.

2. Extraversion („extraversion“) bedeutet, dass jemand gesellig, gesprächig, freundlich, unternehmungslustig und aktiv ist. Extravertierte Personen mögen die Gesellschaft anderer, fühlen sich wohl in Gruppen, sind aber auch durchsetzungsfähig, selbstbewusst und dominant. Sie lieben aufregende Situationen und Stimulierungen, neigen zu Optimismus und sind eher heiter gestimmt.
3. Offenheit für Erfahrungen („openness“) bedeutet, dass jemand an neuen Erfahrungen, Erlebnissen und Eindrücken Interesse hat. Offene Personen sind interessiert an der Außenwelt, aber auch an ihrer Innenwelt. Sie haben ein reges Fantasieleben und nehmen eigene und fremde Gefühle deutlich wahr. Sie lassen sich auf neue Ideen ein und sind eher unkonventionell in ihren Wertorientierungen.
4. Verträglichkeit („agreeableness“) bedeutet, dass jemand hilfsbereit, entgegenkommend und vertrauensbereit ist. Verträgliche Personen sind meist überzeugt, dass andere Personen ebenso hilfsbereit reagieren. Sie begegnen anderen Personen mit Wohlwollen, neigen zu Gutmütigkeit, sind bereit, in Auseinandersetzungen nachzugeben und können im Extremfall als unterwürfig oder abhängig erscheinen.
5. Gewissenhaftigkeit („conscientiousness“) bedeutet, dass jemand zielstrebig, willensstark und entschlossen ist. Gewissenhafte Personen sind leistungsorientiert, pflichtbewusst, prinzipientreu und ordentlich.

Neurotizismus	Extraversion	Offenheit	Verträglichkeit	Gewissenhaftigkeit
Ängstlichkeit	Herzlichkeit	für Fantasie	Vertrauen	Kompetenz
Reizbarkeit	Geselligkeit	für Ästhetik	Freimütigkeit	Ordnungsliebe
Depression	Durchsetzungsfähigkeit	für Gefühle	Altruismus	Pflichtbewusstsein
Soziale Befangenheit	Aktivität	für Handlungen	Entgegenkommen	Leistungsstreben
Impulsivität	Erlebnissuche	für Ideen	Bescheidenheit	Selbstdisziplin
Verletzlichkeit	Positive Emotionen	für Werte- und Normsysteme	Gutherzigkeit	Besonnenheit

Abbildung 13: Eigenschaftsmodell der Big Five der Persönlichkeit (nach Asendorpf 2005)

Eine Vielzahl von Untersuchungen bestätigt die Güte des Persönlichkeitsfragebogens und damit auch die Berechtigung der Big Five als grundlegende Dimensionen zur Beschreibung der menschlichen Persönlichkeit (zur Kritik in einer Übersicht siehe Weibler[315]).

Die Bedeutung einer (Be-)Achtung der Persönlichkeit für die Wertschätzung ist, wie dargestellt, auch ein Element der Transformationalen Führung, dies dürfte durch die bisherigen Ausführungen evident geworden sein. Der Führungsforschung kann man weiterhin entnehmen, welche der fünf Dimensionen einer Persönlichkeit besonders eng zusammenhängen.

315 Weibler (2012), S. 111 f.

In einer Metastudie bestimmten Judge und Kollegen[316] die Einflüsse verschiedener Aspekte der Zuschreibung von Führerschaft und Führungseffektivität. So bestehen Korrelationen zwischen vier von fünf Dimensionen der Big Five (ausgenommen Verträglichkeit) und der Zuschreibung von „leaderlike". Für Führungseffektivität konnten für alle Dimensionen durchgängig Korrelationen aufgezeigt werden. Zusammengenommen kann dies zu 25 % den späteren Erfolg einer Führungskraft erklären, die restlichen 75 % sind anderen Persönlichkeitseigenschaften, z.B. kognitive Intelligenz, aber auch Fachwissen, Erfahrungen, Motivationen, emotionale Intelligenz, oder situativen Spezifika zuzurechnen.

Parallel dazu hat die Erfahrungstatsache, dass auch Gefühle sowie Emotionen den Menschen auszeichnen und diese – entgegen in der Managementlehre lange Zeit verbreiteten Thesen – durchaus mit sogenannten rationalen Entscheidungen verbunden sind, ihren Niederschlag in der wissenschaftlichen Diskussion gefunden. Dabei wird in der Literatur der Einfluss durchaus kontrovers diskutiert.[317] Von den Befürwortern wird die Auffassung vertreten, dass die als emotionale Intelligenz bezeichnete Persönlichkeitseigenschaft einen nicht zu unterschätzenden Erklärungswert für eine gelingende Führungsbeziehung besitzt. Dieser ergänzt die Erklärungsansätze über die kognitiven Fähigkeiten (v.a. IQ) und die vorgenannten Big Five nennenswert. So hat beispielsweise eine Meta-Studie, die 48 teils unveröffentlichte empirische Studien zum Zusammenhang von emotionaler Intelligenz und effektiver Führung auswertete, einen moderaten bis starken korrelativen Zusammenhang gefunden.[318] Wir wissen allerdings noch nicht genug darüber, inwiefern die einzelnen Komponenten der emotionalen Intelligenz, wie weiter unten ausgeführt, einen differenzierten Einfluss ausüben und wie hoch der Erklärungsmehrwert im Vergleich zu den „konkurrierenden" Erklärungen für eine effektive Führung ist. Zweifelsfrei kann man aber sagen, dass das Verstehen und der Umgang mit Emotionen in vielen Führungssituationen mitentscheidend für den Erfolg sind.

Einen gewichtigen Zugang zur emotionalen Intelligenz eröffneten bereits Mayer und Salovey,[319] es war aber doch Goleman, Boyatzia und McKee mit dem integrativen Kompetenzmodell[320] vorbehalten, das Konzept zu popularisieren. Goleman geht von vier Bereichen emotionaler Intelligenz aus, die sich als die praktischen Fertigkeiten eines Führenden darstellen: Dies sind die persönlichen (EI-) Kompetenzen „Selbstwahrnehmung" und „Selbstmanagement" sowie die sozialen (EI-) Kompetenzen „soziales Bewusstsein" und „Beziehungsmanagement".

Die Selbstwahrnehmung behandelt das Wahrnehmen der eigenen Gefühle und Impulse sowie der Präferenzen und Intuitionen. Führende mit diesen Kompetenzen besitzen z.B. eine hohe Sensibilität für eigene physiologische bzw. psychosomatische Prozesse. Das bedeutet, dass sie wahrnehmen, welche Emotionen sie in bestimmten Situationen empfinden und warum. Dadurch kommen sie zu zutreffenden Selbsteinschätzungen, denn sie wissen auch, wie ihre Gefühle ihre Leistung beeinflussen. Ihnen fällt es auch einfacher, sich ihren Werten und Zielen entsprechend zu verhalten, da sie deren emotionale Bedeutung für sich selbst einschätzen können.

---

316 Judge et al. (2002).
317 Vgl. z.B. Antonakis et al. (2009); Spector & Johnson (2006); George (2000); Ashkanasy (2002); Antonakis (2004).
318 Vgl. Mills (2009).
319 Mayer & Salovey (1995, 1997).
320 Vgl. Goleman (1999); Goleman et al. (2002).

Das Selbstmanagement ist die Kompetenz, mit seinen inneren Zuständen konstruktiv umzugehen (Selbstregulierung). Diese Kompetenz führt dazu, dass der Mensch mit impulsiven Gefühlen und leidvollen Emotionen zurechtkommt. Dadurch bleiben Führende mit dieser Eigenschaft auch in kritischen Situationen gelassen, positiv und unerschütterlich. Für diese Personen ist es einfacher, sich auf veränderte Anforderungen und Prioritäten einzustellen. Damit ist es ist ihnen möglich, die Initiative zu ergreifen und Ziele mit einer hohen Leistungsbereitschaft zu verfolgen.

Das soziale Bewusstsein steht dafür, relevante Gefühle, Bedürfnisse und Sorgen anderer (z.B. der Mitarbeiter) zu erkennen und im eigenen Handeln zu berücksichtigen. Führende mit derartiger Kompetenz nehmen emotionale Hinweise auf, hören gut zu, zeigen Einfühlungsvermögen und verstehen die Sichtweisen anderer.

Das Beziehungsmanagement meint, dass Führende es verstehen, andere für sich zu gewinnen. Diese Menschen verfügen meist über hohe Kommunikations- und Konfliktbewältigungskompetenzen. Sie setzen sich diplomatisch mit schwierigen Problemen auseinander, betreiben eine offene Informationspolitik und bleiben aufnahmebereit für gute wie für schlechte Nachrichten. Sie sind auch in der Lage, informelle Beziehungen aufzubauen und zu pflegen. Darüber hinaus besitzen sie eine starke Fähigkeit zur Team- und Zusammenarbeit, wobei sie sich durch Respekt, Hilfsbereitschaft und Kooperationswillen auszeichnen.

Man muss davon ausgehen, dass eine analytische Trennung dieser vier Hauptkompetenzen und ihren Subkompetenzen theoretisch sinnvoll ist. In der Führungspraxis wird es aber Wechselwirkungen geben, die sich gegenseitig bedingen, stärken oder behindern und nicht immer analytisch erfassbar und offensichtlich erkennbar sind. So ist z.B. die Herausbildung einer angemessenen Selbstwahrnehmung Voraussetzung für eine effektive Selbstregulation.

In der Diskussion über die emotionale Intelligenz wird mehrheitlich davon ausgegangen, dass emotionale Kompetenzen entwicklungsfähig sind.[321] So bezieht sich Fischbach auf empirische Befunde, die belegen könnten, „dass das Erleben und Ausdrücken positiver Emotionen bei Führungspersonen einen wichtigen Erfolgsfaktor darstellt, da sowohl das Wohlbefinden der Mitarbeiter als auch das unternehmerische Wohlbefinden durch positive Emotionen gefördert wird“[322]. Es wird allerdings auch festgestellt, dass negative Stimmungen und Emotionen wichtige Funktionen im Arbeitsleben haben. Wir betonen an dieser Stelle, dass Führungskräfte nicht nur ihre eigene emotionale Intelligenz hinterfragen und stärken sollten, sondern auch dazu aufgerufen sind, an der Herausbildung emotionaler Kompetenzen bei ihren Mitarbeitern maßgeblich mitzuwirken, weil in Führungsbeziehungen alle Akteure für die Qualität derselben und den angestrebten Erfolg maßgeblich sind.

8.3.3 Integration in die polizeiliche Führungspraxis

Ausgehend von den letzten Ausführungen ist es auch für die Organisation Polizei sinnvoll, bei der Auswahl von Führungskräften auf bestimmte Persönlichkeitsmerkmale (u.a. kognitive und emotionale Intelligenz) und dabei besonders auf die Big Five zu achten. Somit haben Assessment-Center und Auswahlverfahren ihre Berechtigung – wenn die Verfahren valide und objektiv sind. Valide in dem Sinne, dass tatsächlich die relevanten Eigenschaften beob-

321 Vgl. z.B. Fischbach & Lichtenthaler (2012).

322 Fischbach (2009), S. 40.

achtet und bewertet werden, objektiv in dem Sinne, dass nicht andere Faktoren (z.B. Alter oder Herkunft) die Bewertungen beeinflussen oder sogar verfälschen.

Diese Auswahl von Personen mit auch für Führungsaufgaben essentiellen Eigenschaften ist schon bei der **Einstellung** in den Polizeidienst von Bedeutung. Perez und Barkhurst führen aus: „Police officers are leaders“[323] (Polizisten sind Führer). Sie begründen dies mit den besonderen Anforderungen der täglichen Arbeit der Polizisten auf der Straße, die die gleichen Eigenschaften und Befähigungen voraussetzen, die für Führungskräfte erforderlich sind. Deswegen ist es sinnvoll, schon bei der Auswahl des Nachwuchses für den Polizeidienst auf die Ausprägung der Big-Five-Eigenschaften zu achten.

Ein anderes Handlungsfeld für die Beachtung der Erkenntnisse über die Persönlichkeit in der Führungspraxis sind die **Beurteilungen**. Grundsätzlich kann man Beurteilungen in Leistungs- und Befähigungsbeurteilungen unterteilen. In der letzteren Dimension sind die Beobachtungen und Bewertungen der Persönlichkeitseigenschaften einzuordnen. Nicht nur für Führungsfunktionen, sondern für alle Arbeitsbereiche in den polizeilichen Organisationen ist es sinnvoll, Beurteilungen auch auf relevante Persönlichkeitsmerkmale abzustellen. Die Schwierigkeiten liegen einmal in der Operationalisierung, d.h. welche Eigenschaft in welchem Ausmaß für welche Funktion relevant sind, zum anderen in der objektiven Erhebung und Bewertung durch die Beurteiler.

Für den Bereich der emotionalen Intelligenz haben an der Deutschen Hochschule der Polizei Fischbach und Kollegen ein Konzept zur Entwicklung von Emotionsregulierung für polizeiliche Führungskräfte entwickelt. Dabei werden die allgemeinen Erkenntnisse über emotionale Intelligenz in den Kontext der polizeilichen Organisation und Arbeitssituationen gestellt. Aufbauend auf dem Modell des „Surface Acting (Oberflächenhandeln, „tut nur so“) – Deep Acting (Tiefenhandeln, „empfindet tatsächlich so“) – Automatic Acting (Authentisches Handeln, „es besteht keine Diskrepanz zwischen Gefühlen und Ausdruck“)“[324] geht es darum, dass man nicht versucht, seine Gefühle zu unterdrücken (Reaktionsfokus), sondern dass man die Ursachen dieser Gefühle ändert (Ursachenfokus). Als eine Ursache für Gefühle werden bewertende Gedanken verstanden. Wenn man es schafft, eine geeignete Bewertung für die emotionsauslösende Situation zu finden, hat man auch seine Gefühle (besser) im Griff. Ein einfaches Beispiel wäre ein genervter Mitarbeiter, der auf die Erteilung eines Auftrages unwirsch reagiert. Eine Bewertung des Verhaltens wäre: „Immer verweigert er seine Arbeit“ und als negative Emotion „Ärger“. Eine andere Bewertung für das geschilderte Beispiel wäre: „Offenbar kommt ihm der Auftrag ungelegen. Warum? Ich frage ihn.“ Damit ist das positive Gefühl der Hoffnung verbunden. Durch das Zugehen auf den Mitarbeiter und das Nachfragen wird die Situation entspannt und es werden motivierende Folgen ausgelöst. Im Training werden solche Gedankengänge geübt, um ungute Gefühle zu reduzieren und emotionale Erschöpfungszustände zu vermeiden. Durch spezielle Fragebogen werden die individuellen Denkmuster in Stresssituationen erhoben. Darauf basierend wird ein Modell zur geeigneten Emotionsregulierung entwickelt, also wie negative Gedanken vermieden und positive generiert werden können. Unter Fokussierung auf die Ursachen werden neue Gedankengänge in der Gruppe der polizeilichen Führungskräfte diskutiert, entwickelt und anschließend individuell eingeübt.

---

323 Perez & Barkhurst (2012), S. 15.
324 Fischbach et al. (2012).

Die gleiche Forschergruppe hat durch eine Befragung von polizeilichen Führungskräften und von Mitarbeitern festgestellt, dass Führungskräfte der Polizei häufiger positive als negative Emotionen gegenüber Mitarbeitern ausdrücken. Weibliche polizeiliche Führungskräfte zeigen sogar noch häufiger positive und weniger negative Emotionen als ihre männlichen Kollegen.[325]

Nehmen wir die gegenwärtige Befundlage, scheint es sinnvoll zu sein, bereits bei der Auswahl von polizeilichen Führungskräften das Ausmaß der emotionalen Intelligenz miteinzubeziehen und für bereits Aktive angemessene Trainings in der weiteren Entwicklung anzubieten.

325 Vgl. Fischbach & Lichtenthaler (2012).

9 Entwicklung

Warum Personalentwicklung keine Standardprozedur ist

Im Landespolizeipräsidium erhält Polizeidirektor Hans L. den Auftrag, unter den drei im Präsidium arbeitenden Polizei- bzw. Kriminalräten einen Freiwilligen zu finden, der in eine Projektgruppe für grenzüberschreitende polizeiliche Zusammenarbeit in der EU, Standort Brüssel, umgesetzt werden soll. Dies bedeutet eine Betrauung mit völlig neuen Aufgaben in einer anderen Organisation und in einer Fremdsprache. Eine Ablösung des Betreffenden soll in zwei Jahren durch einen anderen Mitarbeiter des Präsidiums erfolgen.

Nach den Gesprächen ergibt sich folgendes Bild: Ein Mitarbeiter bringt die nötigen Fähigkeiten wie Sprachkenntnisse sowie Stabs- und Projektarbeit mit und hat Interesse an dem Aufgabengebiet. Der Mitarbeiter schätzt den Nutzen jedoch sehr gering ein, die Aufgabe wird, so die individuelle Bewertung, in der Organisation nicht als wichtig erachtet. Außerdem stellten bislang Abordnungen in einen anderen Bereich, besonders ins Ausland, eher ein Karrierehindernis dar. Die zweite Mitarbeiterin sieht die Arbeit in diesem Aufgabenbereich als wichtig und sogar karriereförderlich an, außerdem hat sie Spaß an der Arbeit in einer solchen Gruppe. Sie sieht allerdings Defizite in den Sprachkenntnissen. Dem dritten Mitarbeiter fehlt die Lust, in einem solchen Projekt zu arbeiten, es scheinen diffuse Ängste zu bestehen. Seine Fremdsprachenkenntnisse sind sehr gut. Er schätzt auch die Wichtigkeit sowie Akzeptanz der Aufgabe in der Organisation als hoch ein.

Da die Aufgabe als Daueraufgabe auf das Präsidium zukommt, überlegt Polizeidirektor P. folgende Maßnahmen der Personalentwicklung (PE): Für den ersten Mitarbeiter kann ein individueller PE-Plan erstellt werden, um den Nutzen der Verwendung zu verdeutlichen. Parallel dazu sollten allgemeine PE-Konzepte für die Mitarbeiter entwickelt werden, bei denen Auslandsverwendung ein Baustein ist und deshalb als wichtig angesehen wird. Für den Fall der fehlenden Fremdsprachenkompetenz wird ein gezieltes Sprachtraining für den betroffenen Mitarbeiter angestrebt. Darüber hinaus werden Angebote für Förderung von Fremdsprachen bei allen Mitarbeitern konzipiert. Hinsichtlich der diffusen Einstellungen kommen neben interner Öffentlichkeitsarbeit PE-Maßnahmen in Frage, um die Qualifikation der Mitarbeiter für eine solche Aufgabenbewältigung zu optimieren, u.a. durch Fortbildungen, Trainings (insbesondere interkulturelle), Coaching, Mentoring, Netzwerkbildungen sowie aufgabenbezogenes Feedback.

Reichen eine hervorragende Ausbildung und vielfältige Einsatzerfahrung aus, um keinen berufsbezogenen Lernbedarf mehr zu haben? Bleiben Organisationen unverändert, obwohl sich deren Umwelt ändert?

Diese rhetorischen Fragen sollen für die Notwendigkeit von **Entwicklungen** im Arbeitsalltag sensibilisieren. Entwicklung ist dabei ein positiv besetzter Begriff, der im Sinne einer Erweiterung von Fähigkeiten, Wissen, Befähigungen, Kompetenzen und verhaltensrelevanten Persönlichkeitsausprägungen verwendet wird.

9.1 Bedeutung für die Führung

In Organisationen gibt es vielfältigen Raum für Entwicklungen. Den übergreifenden Ansatzpunkt, den Bernhard Bass[326] bei der transformationalen Ausgestaltung einer Führungsbeziehung in Organisationen wählte, war ein moralischer. Führungskräfte haben nach diesem Modell (auch) die Aufgabe, rein egoistische Nutzen-Kosten-Kalküle bei den Organisationsmitgliedern in den Hintergrund treten zu lassen, ggf. zu überwinden, und durch Botschaften, die den Sinn der Organisationsziele, durchaus emotional angereichert, vermitteln, die Ausrichtung hierauf zu stärken. Dies muss man sich nicht als die Überwindung eines fundamentalen Gegensatzes vorstellen, sondern besser als eine Ausweitung des Horizontes des Einzelnen auf die Interessen von Kollegen sowie den Daseinszweck der Organisation. Wird dieser nämlich durch ein allzu egoistisches Verhalten aus den Augen verloren, ist die ganze Organisation gefährdet.

Auch wenn für die Polizeiorganisationen eine derartige Gefahr aufgrund der Selbstselektion der Organisationsmitglieder gering ist und aufgrund des grundgesetzlich verbrieften Bestandsrechtes den Organisationen eine eklatante Zielverfehlung und damit verbundene Auflösung nicht drohen, geht es in der Polizei nicht zwingend harmonisch zu. Es gibt immer wieder Konflikte zwischen den (berechtigten) Eigeninteressen der Polizistinnen und Polizisten und den Anforderungen der Organisation an sie. Führungskräfte haben in diesen Situationen die Aufgabe, güterabwägend zu entscheiden und eine begründbare Synthese unterschiedlicher Interessen herbeizuführen bzw. anzustreben.

Darum geht es an dieser Stelle aber nicht. Wir wenden uns dem zu, was den Polizeialltag wesentlich unmittelbarer berührt. Und dies ist die Entwicklung des einzelnen Menschen in der Polizei mit dem Ziel, die an ihn gestellten Anforderungen besser zu meistern. Bass nahm als Ausgangspunkt seines Modells einen Vorgesetzten, der seine Mitarbeiter geistig anregt und sie lehrt, bekannte Probleme in einem neuen Licht zu sehen. Dies ist sicherlich ein guter Weg, Routinen, die erfolglos zu drohen werden, zu verändern sowie wichtige innovative Einfälle zu provozieren. Für ein umfassendes Entwicklungskonzept ist dies allerdings noch zu wenig. Wir plädieren dafür, umfassender zu denken und sprechen damit das an, was unter dem Begriff der Personalentwicklung firmiert. Personalentwicklung ist nicht alleine Aufgabe einer dafür vorgesehenen Abteilung, sondern zentrale Aufgabe einer Führungskraft. Und wer als Mitarbeiter Personalentwicklung alleine seiner Führungskraft (oder der Abteilung) zuweist, hat die Verantwortung, die jeder selbst für seine Entwicklung trägt, nicht erkannt oder nicht akzeptiert. Denn eines ist klar: Wer sich nicht systematisch um eigene Entwicklungsfragen kümmert, wird unter seinen fähigkeitsbezogenen sowie persönlichkeitsorientierten Möglichkeiten bleiben.

Deshalb werden wir im Folgenden darlegen, welche Möglichkeiten es für Organisationen gibt, in diesem Sinne Entwicklungsarbeit zu leisten. Es ist für die Anwendung der Instrumente selbst unerheblich, ob die Hauptverantwortung der Weiterentwicklung und der Nutzung der Möglichkeiten mehr auf der Mitarbeiter- oder mehr auf der Führungskraftseite liegt. Wir lenken an dieser Stelle das Augenmerk auf die Führungskräfte. Dabei geht es im Wesentlichen darum, welche Möglichkeiten grundsätzlich zur Entwicklung von Mitarbeitern zur Verfügung stehen, unabhängig davon, in welchem Umfang sie in den Polizeiorganisationen

326 Bass (1985); Bass & Riggio (2006).

gegenwärtig verfügbar sind. Wir ermuntern dazu, dass Führungskräfte in Zusammenarbeit mit dem Team und den unterstützenden Einheiten einen auf die jeweilige Person individuell zugeschnittenen Entwicklungsbedarf ausmachen und unter Anwendung der vorgestellten Möglichkeiten angehen. Dass dabei in der Polizeiorganisation aufgrund von Vorschriften und Erfahrungswissen verbindliche, generelle Entwicklungsmaßnahmen ohne Einzelfallprüfung hinzutreten, ist uns bewusst – dies wird aber nicht als kontraproduktiv, sondern als förderlich erachtet.

9.2 Wissenschaftlicher Hintergrund

Unter dem Begriff der Mitarbeiter- bzw. Personalentwicklung können inhaltlich äußerst unterschiedliche Auffassungen verstanden werden.[327] Es gibt keine feststehende, singuläre Definition von Personalentwicklung, sondern eine Vielzahl an unterschiedlichsten Begriffsbestimmungen.[328] Je nach Auffassung kann Personalentwicklung auf **Inhalte, Klientelgruppen** oder **Aktivitäten** bezogen sein.[329] Im deutschsprachigen Raum wird die Personalentwicklung zumeist anhand ihrer inhaltlichen Reichweite differenziert. Dabei stehen eine enge, eine weiter gefasste und eine im weitesten Sinne begriffene Definition nebeneinander. Diese inhaltlichen Reichweiten der Personalentwicklung können folgendermaßen präziser unterschieden werden:[330]

- Personalentwicklung im engen Sinne: Bildung im Sinne von Aus- und Weiterbildung
- Personalentwicklung im weiten Sinne: Bildung und Förderung
- Personalentwicklung im weitesten Sinne: Bildung, Förderung und Organisationsentwicklung

Wir beziehen uns auf folgende Definition: „Personalentwicklung umfasst alle Maßnahmen der Bildung, der Förderung und der Organisationsentwicklung, die von einer Person oder Organisation zur Erreichung spezieller Zwecke zielgerichtet, systematisch und methodisch geplant, realisiert und evaluiert werden."[331]

Dabei müssen konkret **Kenntnisse, Fertigkeiten, Wissen und Verhaltensweisen** gefördert und entwickelt werden.[332] Das Bündel der genannten Faktoren kann auch unter dem Begriff der Kompetenz zusammengefasst werden.[333] Eine besonders relevante Personalentwicklung ist die Förderung der **beruflichen Handlungskompetenz**. Diese kann in vier verschiedene (Grund-)Kompetenzen, die eng miteinander verwoben sind, klassifiziert werden:[334]

- **Personale Kompetenz:** Die personale Kompetenz ist die Disposition einer Person, reflexiv selbstorganisiert zu handeln. Somit spiegelt sie die Fähigkeit wider, Einstellungen, Werthaltungen, Motivationen oder Begabungen zu entwickeln und zu entfalten. Hierzu zählen z.B. in der beruflichen Praxis Belastbarkeit, Flexibilität, Risikobereitschaft und Bereitschaft zur Selbstentwicklung.

327 Vgl. Becker (2009), S. 3.
328 Vgl. Berthel & Becker (2007), S. 306.
329 Vgl. Mentzel (1997), S. 16.
330 Vgl. Olfert (2010), S. 376.
331 Becker (2009), S. 4.
332 Vgl. Solga (2011), S. 19 f.
333 Vgl. Knapek & Neiss (1999), S. 85.
334 Vgl. Erpenbeck & Heyse (2007), S. 159; Olfert (2010), S. 378.

- **Fachlich-methodische Kompetenz:** Die fachlich-methodische Kompetenz ist die Disposition einer Person, die Lösung von sach-gegenständlichen Problemen selbstorganisiert durchzuführen und dabei fachliche, instrumentelle Kenntnisse, Fähigkeiten oder Fertigkeiten einzusetzen. In der Praxis zählen hierzu z.B. Allgemein- und Fachwissen, Sprachkenntnisse, fachliche Fähigkeiten und Fertigkeiten sowie organisationsbezogenes Denken und Handeln.
- **Sozial-kommunikative Kompetenz:** Die sozial-kommunikative Kompetenz ist die Disposition einer Person, kommunikativ und kooperativ selbstorganisiert zu handeln und sich mit anderen kreativ auseinander- und zusammenzusetzen. Da in neuen Führungsmodellen Dezentralisation oder internationale Zusammenarbeit immer bedeutsamer werden,[335] spielt die sozial-kommunikative Kompetenz eine Schlüsselrolle bei der Entwicklung der beruflichen Handlungskompetenz. Praktische Beispiele für die sozial-kommunikative Kompetenz sind Teamfähigkeit, Kommunikationsfähigkeit, Empathievermögen sowie Kooperations- und Konfliktlösungsbereitschaft.
- **Umsetzungsbezogene Kompetenz:** Die umsetzungsbezogene Kompetenz ist die Disposition einer Person, selbstorganisiert zu handeln und dieses Handeln auf die Umsetzung von Vorhaben oder Absichten zu richten. Das Vermögen, eigene Absichten, Motivationen, Fähigkeiten oder Erfahrungen zu integrieren und umzusetzen, ist dabei essentiell. Hierzu zählen z.B. Beharrlichkeit, Mobilität und Initiative.

Bei den Ausführungen dürfte aufgefallen sein, dass das Adjektiv „selbstorganisiert" immer wieder genannt wird. Damit wird auch die Selbstverantwortung der Mitarbeiter für ihre eigene (Personal-)Entwicklung hervorgehoben.

Ziele der Fortentwicklung sind der Erwerb oder die Vertiefung von Kompetenzen. Damit die Entwicklungsmaßnahmen möglichst erfolgreich, aber auch nachvollziehbar sind, müssen die Ziele möglichst genau formuliert werden. Ein dafür in der Praxis häufig angewandtes Schema ist **SMART**:[336]

- **Specific (spezifisch):** Die Lern- und Entwicklungsziele sollten so formuliert sein, dass das angestrebte Ergebnis konkret beschrieben ist, damit festgelegt werden kann, welches Qualifikationsniveau erreicht werden soll.
- **Measureable (messbar):** Die Lern- und Entwicklungsziele müssen messbar sein.
- **Attainable (erreichbar):** Es sollte darauf geachtet werden, dass die Lern- und Entwicklungsziele sowohl erreichbar als auch widerspruchsfrei sind.
- **Relevant (relevant):** Die betroffenen Akteure (Lehrer als auch Lernende) müssen die Lern- und Entwicklungsziele akzeptieren und als bedeutsam erachten. Dies ist deshalb wichtig, da nicht akzeptierte Ziele Barrieren und Widerstände hervorrufen können.
- **Trackable (nachvollziehbar):** Das Erreichen der Lern- und Entwicklungsziele muss für die betroffenen Akteure steuerbar sein.

335 Vgl. Rosenstiel (1992), S. 87 f.
336 Vgl. Becker (2010), S. 372; Hersey et al. (1996), S. 405 f.

Erste Schritte einer Personalentwicklung sind die Bedarfsanalyse und die Formulierung der Ziele. Diese sind damit Grundsteine für die Maßnahme des kreativen Gestaltens. Im Rahmen des kreativen Gestaltens werden der Aufbau und die Infrastruktur der durchzuführenden Personalmaßnahmen festgelegt und bestimmt:[337]

- **Zeitlich:** Auf zeitlicher Ebene werden Beginn, Dauer und Ende der Maßnahme festgelegt.
- **Sachlich:** Die Festlegung von Ressourcen, Lern- und Lehrmitteln ist Bestandteil der sachlichen Maßnahme.
- **Inhaltlich:** Inhaltlich sind die adäquaten Lerngegenstände, bezogen auf die angestrebten Ziele, zu bestimmen.
- **Methodisch:** Geeignete Lehr- oder Lernformen müssen bestimmt werden.
- **Personell:** Es muss festgelegt werden, an welchen Personenkreis die Personalentwicklungsmaßnahmen adressiert sind und/oder wer sie durchführt.

Sind die Inhalte konkretisiert, sind die Verfahren, Methoden und Instrumente auszuwählen, die abhängig sind von dem Zeitpunkt, der Zielsetzung sowie der Strategie. Diese Verfahren und Methoden sind wie folgt kategorisiert:[338]

- **Into-the-job** bildet die Verfahren ab, die die betreffenden Personen für ihre zukünftige Tätigkeit im Beruf ausbilden und vorbereiten sollen.
- **On-the-job-Verfahren** stehen vornehmlich mit der Arbeitstätigkeit am Arbeitsplatz in Verbindung und dienen dem Erwerb unmittelbarer kontextbezogener Kompetenzen.
- **Training-near-the-job** bezeichnet die Durchführung von bildungsbezogenen Verfahren, die nicht während der unmittelbaren Arbeitstätigkeit stattfinden. Sie beschäftigt sich mit der Vermittlung tätigkeitsrelevanter Lerninhalte, die auf die ausgeübte Arbeitstätigkeit transferiert werden können.
- **Parallel-the-job-Verfahren** in arbeitsfreien Zeiträumen fördern die Reflexionsfähigkeit eigener Stärken und Schwächen und die Stellung der eigenen Person im Arbeitskontext.
- **Trainings-off-the-job** sind zumeist in institutionalisierter Form stattfindende Verfahren außerhalb des Arbeitsplatzes. Sie dienen zur Qualifikations- und Motivationsförderung.
- **Out-of-the-job-Verfahren** sind gekennzeichnet als Verfahren zur Vorbereitung der Arbeitnehmer auf einen Arbeitsplatzwechsel oder auf den Ruhestand sowie die Sicherung seines Wissens für die Organisation.

Die referierten Personalentwicklungsmaßnahmen bilden das Fundament für die strategische, operative und wertbewusste Entwicklung der Mitarbeiter. Wir beziehen uns im Folgenden auf ein für die Polizei (prinzipiell) geeignetes und vielfach bereits im unterschiedlichen Ausprägungsgrad angewandtes, facettenreiches Instrumentarium. Eine Kategorisierung wird in Abbildung 14 dargestellt.

337 Vgl. Becker (2010), S. 374.
338 Vgl. Becker (2009), S. 241 f.; Gmür & Thommen (2006), S. 185; Neuberger (1994), S. 61; Oechsler (2011), S. 524.

Methoden und Verfahren der Personalentwicklung

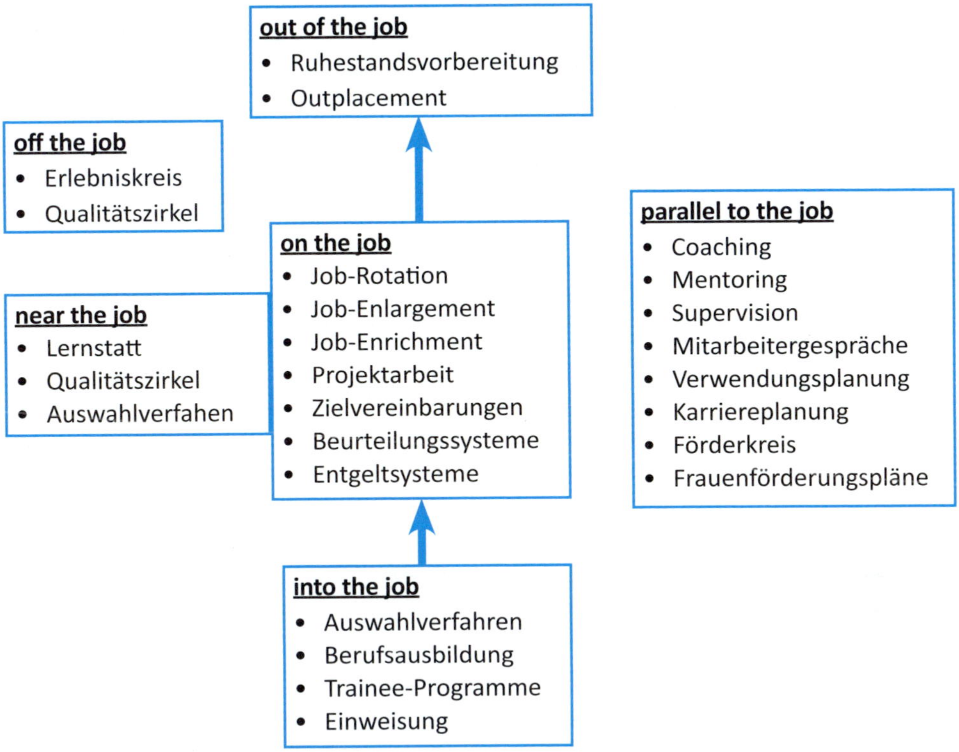

Abbildung 14: Methoden und Verfahren der Personalentwicklung (eigene Darstellung)

Die nachfolgende Tabelle gibt eine Übersicht für die speziellen Instrumente der oben genannten Methoden und beschreibt diese kurz inhaltlich. Im Abschnitt über die Integration in die polizeiliche Führungspraxis beziehen wir uns auf diese Möglichkeiten der Personalentwicklung.

Instrument	**Beschreibung**
Berufsausbildung	Erwerb von Fähigkeiten, Kenntnissen, Wissen und Kompetenzen zur Vorbereitung auf auszuübende Tätigkeiten
Trainee-Programme	6- bis 24-monatige Programme über Verwendungen in verschiedenen Bereichen der Organisation
Einweisung	Qualifikationsvermittlung durch einen Ausbilder am Arbeitsplatz
Bildungscontrolling	Systematische Überprüfungen von Bildungsmaßnahmen durch Befragungen, Evaluationen, Zertifizierungen und Qualitätsmanagement

Job-Rotation	Systematischer Arbeitsplatzwechsel zwischen Mitarbeitern
Job-Enlargement	Quantitative Erweiterung der Arbeitsaufgaben auf horizontaler Ebene
Job-Enrichment	Qualitative Erweiterung der Spielräume (Planung, Vorbereitung, Ausführung und Kontrolle) auf vertikalen Ebenen
Projektarbeit	Zeitlich begrenzte Arbeit meist in einer Gruppe oder alleine zur Lösung bereichsübergreifender Probleme
Zielvereinbarungen	Schriftlich fixierte Vereinbarungen zwischen Führungskräften und Mitarbeitern über gemeinsam vereinbarte, messbare Ziele, die sich auf Leistung, Verhalten, Förderung und Bildung beziehen
Beurteilungssysteme	Strukturierte Beschreibungen und Bewertungen der Befähigungen, der Kenntnisse und der Leistungen unter dem Gesichtspunkt, Weiterentwicklungen systematisch zu erfassen und zu beschreiben sowie Prognosen für künftige Verwendungen abzugeben
Entgeltsysteme	Systematische Erfassung des Grades der Erreichung von vereinbarten und durch den Einzelnen oder die Bezugsgruppe bestimmten Zielen unter Ankoppelung an festgelegte monetäre oder nicht-monetäre Belohnung
Coaching	Systematische und individuelle Unterstützung eines Mitarbeiters durch Coaches (Trainer) mit dem Ziel der individuellen Weiterentwicklung
Mentoring	Individuelle Entwicklungsförderung durch eine zugeteilte Führungskraft, oft über mehrere Jahre hinweg
Frauenförderungspläne	Verbindliche Regelungen zur Förderung von Frauen, die Benachteiligungen aufgrund des Geschlechtes in Organisationen ausgleichen sollen
Verwendungsplanung	Schriftliche gemeinsame Vereinbarungen mit Mitarbeitern über die weitere Verwendung in der Organisation, dazu zählen u.a. Rotation, Job-Enlargement und -Enrichment, Projektarbeit
Karriereplanung	Schriftliche gemeinsame Vereinbarungen mit Mitarbeitern über die weiteren Karriereschritte, z.B. in Führungs- oder Fachlaufbahnen, dazu zählen u.a. Mentoring und Coaching, Förderkreise und Bildungsmaßnahmen
Mitarbeitergespräche	„Vier-Augen-Gespräche" zwischen Führungskraft und Mitarbeiter zur Leistungs- und Verhaltensrückmeldung unter Berücksichtigung zukünftiger Perspektiven

Supervision	Qualifikationsmaßnahmen in Gruppen/für Einzelpersonen unter Leitung eines qualifizierten Supervisors, um berufliches Handeln zu prüfen und zu verbessern oder um berufliche Belastungen verarbeiten zu können
Auswahlverfahren	Strukturierte Verfahren, meist Kombination von verschiedenen Verwendungen, Beurteilungen, Abgeben von Arbeitsproben sowie sozialwissenschaftlicher Testverfahren, häufig in Assessment-Centern, bezüglich kognitiver Intelligenz, sozialer Intelligenz und Persönlichkeitsmerkmalen
Lernstatt	Gruppe von Freiwilligen unter Leitung eines ausgebildeten Leiters zur Bearbeitung selbst gestellter Aufgaben aus dem Arbeitsfeld zur Schaffung gemeinsamen Qualitätsbewusstseins, Bereitschaft für Veränderungen und Erzeugung von Identifikation mit dem Unternehmen
Qualitätszirkel	Kleine Gruppe von Freiwilligen, die sich regelmäßig trifft zur Hebung des Qualitätsstandards innerhalb der Organisation, Lösungsbearbeitung von Problemen innerhalb der Gruppe oder Bearbeitung sozialer Problemstellungen
Erlebniskreis	Gruppenerfahrung zur Entwicklung der Persönlichkeit und sozialer Kompetenzen
Förderkreis	Festgelegte Anzahl von Mitarbeiter, die nach Bewerbung oder Nominierung als Gruppe und individuell systematische Maßnahmen der PE erfahren, um für neue Aufgabenstellungen qualifiziert zu werden, manchmal mit gleichzeitiger Selektion verbunden (auch High-Potential-Pool)
Ruhestandsvorbereitung	Unterstützung des betroffenen Mitarbeiters durch Vorbereitungen auf den Ruhestand sowie Sicherung seines Wissens
Outplacement	Beratung zur beruflichen Neuorientierung für eine Platzierung außerhalb der Organisation

Abbildung 15: Überblick über die Instrumente der Personalentwicklung (angelehnt an Weibler 2012)

Eine wichtige Maßnahme zum Abschluss der durchgeführten Maßnahmen wird durch eine **Evaluation** geleistet. Dabei werden die durchgeführten Maßnahmen mit den artikulierten Zielen abgeglichen. Leider werden in vielen Organisationen Evaluierungen als zu teuer oder unnötig erachtet. Sie sind aber von großer Bedeutung zur Bewertung der durchgeführten Aktivitäten.[339] Die Evaluation ist Qualitäts- und Erfolgskontrolle gleichermaßen. Sie dient der Bewertung der inhaltlichen Konzeption, der Durchführung, der Wirtschaftlichkeit sowie schlussendlich der Wirksamkeit der durchgeführten Maßnahmen.[340] Unseres Erachtens muss Evaluation ein Standardbaustein bei Maßnahmen der Personalentwicklung sein.

339 Vgl. Berthel & Becker (2007), S. 411.
340 Vgl. Solga (2011), S. 33.

Schließlich verfestigt erst eine **langfristige und nachhaltige Sicherung des Gelernten** die Umsetzung der durchgeführten Personalentwicklungsmaßnahme. Die kontinuierliche Anwendung der erworbenen Qualifikationen und Kompetenzen ist sowohl Ergebnis der Personalentwicklung als auch Grundlage für weiteres, lebenslanges Lernen. Das Gelernte ist Basis und Anstoß für neue Lernprozesse und fördert die Entwicklung der Persönlichkeit des Mitarbeiters und seiner Fähigkeiten.[341]

9.3 Integration in die polizeiliche Führungspraxis

Personalentwicklung als generelle Notwendigkeit ist sowohl in den Polizeiorganisationen als auch im Bewusstsein der polizeilichen Führungskräfte gut verankert.[342] In der polizeilichen Grundvorschrift, der bundesweit geltenden Polizeidienstvorschrift 100, ist der Begriff explizit aufgeführt und die entsprechende Vorschriftennummer wird eingeleitet mit dem Satz „Personalentwicklung ist Führungsaufgabe".[343] Konkretisiert wird es im Weiteren mit den Formulierungen: „es sind Programme zu erstellen und fortzuschreiben, die insbesondere Auswahlverfahren, Ausbildung und Fortbildung, Förderung, Verwendungsplanung auf der Basis von Stellenbeschreibungen, Anforderungsprofilen, Stellen- und Dienstpostenbewertungen umfassen"[344].

Die Vorschrift korrespondiert mit der unter Kap. 9.2 vorgestellten Auffassung von Personalentwicklung im weiten Sinne. Auch der Bezug zur weitesten Auffassung von Personalentwicklung – und den damit verbundenen notwendigen Aspekten der Organisationsentwicklung – wird durch die Erwähnung der klassischen Elemente wie Stellenbeschreibungen, Anforderungsprofile und Dienstpostenbewertungen sichtbar und steht damit auch im grundsätzlichen Einklang mit unserer Auffassung. Es soll nicht unerwähnt bleiben, dass die Vorschrift explizit die Beteiligung der betroffenen Mitarbeiter einfordert[345] und damit die Grundsätze der kooperativen Führung hochhält.

Die in Abbildung 15 genannten Instrumente sind keineswegs ein abschließender Katalog von Maßnahmen der Personalentwicklung. Für professionelle Personalentwicklung ist es kennzeichnend, dass verschiedene Maßnahmen nicht isoliert, sondern in einem aufeinander abgestimmten System geplant, durchgeführt und evaluiert werden.

Wichtig ist die grundsätzliche Erkenntnis, dass Personalentwicklung in der Polizei sowohl von der Organisation strukturell (indirekte Führung) als auch von den Führungskräften in interaktioneller (direkter) Führung praktiziert wird.[346] Für den Bereich der strukturellen Führung sind schriftlich fixierte Regelungen der Personalentwicklung von Bedeutung, die in vielen Polizeien und Verwaltungen in Deutschland vorhanden sind und realisiert werden.[347]

Gleiches gilt zwar auch hinsichtlich der Konzepte für die direkte Führung, aber auch ohne organisationsinterne Konzepte können und sollten polizeiliche Führungskräfte in ihrem Verantwortungsbereich systematische Personalentwicklung betreiben. Eine Herausforderung besteht u.a. darin, die initiierten Personalentwicklungsmaßnahmen so zu kombinieren und

341 Vgl. Becker (2010), S. 380 f.
342 Vgl. u.a Driller (2005); Barthel (2009).
343 Polizeidienstvorschrift 100 (1999), Nr. 1.5.1.2.
344 Polizeidienstvorschrift 100 (1999), Nr. 1.5.1.2.
345 Vgl. Polizeidienstvorschrift 100 (1999), Nr. 1.5.1.2.
346 Vgl. Barthel (2009).
347 Vgl. z.B. Hessisches Ministerium des Innern und für Sport (2009).

in die Gesamtorganisation einzupassen, dass sie nicht mit übergeordneten Interessen kollidieren. Prinzipiell kann man sagen, dass das Fehlen von Personalentwicklung als schädlicher einzuschätzen ist als die Anstrengungen für Koordinierung und Synchronisation von einzelnen Maßnahmen in der Organisation. Auch aus dieser Erkenntnis heraus hat z.B. die Polizei Hessen einen „Arbeitskreis Personalentwicklung" gebildet, der sich mit strategischen und operativen Maßnahmen von Personalentwicklung auseinandersetzt.

In den polizeilichen Organisationen werden, wie festgestellt, verschiedene Maßnahmen von Personalentwicklung in unterschiedlicher Intensität und Qualität umgesetzt. In den folgenden Ausführungen werden diese allgemein angesprochen und einige Beispiele genannt (die Reihenfolge folgt den in Abbildung 15 genannten Stichworten in der Rubrik Instrumente).

Berufsausbildung bzw. Aus- und Fortbildung: Bildung wurde als klassische Maßnahme in der Polizei lange als fast einziges Instrument der Personalentwicklung betrachtet und bildet auch heute noch einen Schwerpunkt. Das bewährte Aus- und Fortbildungssystem in der Polizei baut auf den nachfolgenden Grundsätzen auf:

Für den Berufseinstieg, für den Aufstieg in eine höhere Laufbahngruppe und für die Ausbildung von Experten zur Wahrnehmung spezialisierter Aufgaben stützt man sich auf zentrale Bildungseinrichtungen wie die Hochschulen oder (Verwaltungs-)Fachhochschulen der Polizeien, Polizeiakademien, Ausbildungsstellen der Bereitschaftspolizei und die Deutsche Hochschule der Polizei. Diese polizeiinternen Einrichtungen gewährleisten, gelegentlich von Diskussionen über die Praxisnähe begleitet, die Ausbildung der Mitarbeiter. Ausbildung wird verstanden als grundlegende Qualifizierung für den Einstieg in eine Laufbahn (Berufsanfänger), als Aufstieg aus einer unteren Laufbahn (Aufstiegsausbildung) oder für die erstmalige Übernahme einer spezialisierten Aufgabe (Expertenausbildung, z.B. Sachverständige).

Im weiteren Berufsleben folgen Fort- und Weiterbildungen, die in der Mehrzahl wieder an polizeilichen Fortbildungseinrichtungen absolviert werden, einige Maßnahmen werden dezentral von den örtlichen Dienststellen betrieben. Vergleichsweise wenige Fortbildungen für Spezialisten werden bei Unternehmen angekauft. Unter Fortbildung wird dabei der Erhalt oder die Erweiterung der beruflich notwendigen Kenntnisse und Fähigkeiten verstanden, unter Weiterbildung die erstmalige Qualifizierung oder Erweiterung der Qualifikation für bestimmte weitere Aufgaben durch den Erwerb von zusätzlichen Kenntnissen und Fähigkeiten.

Die fortschreitende Entwicklung unserer Gesellschaft zu einer Informations- und Wissensgesellschaft, die Globalisierung sowie die steigende Komplexität der Umwelt generieren aber völlig neue Herausforderungen auch für die Organisation Polizei und den einzelnen Mitarbeiter. Der Begriff des lebenslangen Lernens gewinnt immer mehr an Bedeutung. Im Bereich des Wissensmanagements bzw. Bildungsmanagements wurden und werden deshalb neue Formen der Fort- und Weiterbildung entwickelt. Deutlich wird, dass der Einzelne mehr als früher Verantwortung für seine Fort- und Weiterbildung hat und sich aktiv um Bildung bemühen muss. Die Führungskräfte haben dafür Sorge zu tragen, dass Möglichkeiten der Bildung nicht nur fern des Arbeitsplatzes, sondern verstärkt am Arbeitsplatz oder in dessen Nähe („training on the job" bzw. „near the job") angeboten und genutzt werden. Multimedia und E-Learning sind zwei Stichworte bei diesen Bildungsbestrebungen. Natürlich werden die zentralen Fortbildungsangebote an den polizeilichen Einrichtungen nach wie vor notwendig und überwiegend sein, sie werden aber ergänzt durch eine dezentrale Weiterbildung am Arbeitsplatz oder häufiger sogar in der Freizeit.

Im Sinne der Personalentwicklung sind Aus- und Fortbildungsprogramme organisatorisch als indirekte bzw. strukturelle Führungsinstrumente und individuell als direkte bzw. interaktionelle Führungsinstrumente zu verstehen. Für die indirekte Führung sind Organisationsprogramme der Aus- und Fortbildung, d.h. die genehmigten Lehr- und Studienpläne der polizeilichen Aus- und Fortbildungseinrichtungen, notwendig. Ergänzt werden die Lehr- bzw. Studienpläne durch dezentrale Fortbildungsprogramme in den Polizeibehörden. Konzepte von E-Learning, also eigenständige Fortbildung über das Intranet oder Internet, sind in vielen Bereichen der Polizei national und international (z.B. CEPOL European Police College[348]) realisiert und stellen sinnvolle Erweiterungen des Bildungsangebotes dar. Gerade die letzten Bildungsmöglichkeiten sind als Personalentwicklungsvereinbarungen im Rahmen direkter Führung, also individuelle Bildung außerhalb von generellen Vorschriften und Regularien, gut geeignet.

Trainee-Programm: Die in Wirtschaftsunternehmen gängigen Trainee-Programme sind in den polizeilichen Organisationen nicht sehr weit verbreitet, zumindest wird der Begriff selten genannt. Es bestehen jedoch in den Grundsätzen und der Durchführung ähnliche Entwicklungsmaßnahmen, die meist unter dem Begriff „Hospitation" firmieren. Diese Art Hospitationen gibt es häufig für Aufstiegsbeamte, die aus einer niedrigen Laufbahngruppe in eine höhere aufsteigen sollen. In der Regel vor, manchmal auch während laufender Bildungsmaßnahmen an zentralen Bildungseinrichtungen, werden die Trainees Mitarbeitern in Behörden und Einrichtungen zugeordnet, die die angestrebte Funktion schon ausüben, um von diesen im Arbeitsalltag zu lernen. Eine weitere Zielgruppe für Trainee-Maßnahmen sind sogenannte Seiteneinsteiger in den höheren Polizeivollzugsdienst. Da diese Art der Qualifikation für diese Gruppe auch Einweisung genannt wird, wird auf die Ausführungen zur folgenden PE-Maßnahme verwiesen.

Einweisung: Einweisungen in die dienstlichen Aufgaben haben in der Polizei eine lange Tradition. Schon in den 1950er Jahren wurden die jungen Abgänger von Polizeischulen (Frauen gab es damals im Polizeivollzugsdienst noch nicht) erfahrenen Streifen- und Ermittlungsbeamten zugewiesen, die diese in den ersten Monaten in der Praxis begleiteten. Häufig wurden diese Einweiser „Bärenführer" genannt und hatten oft den Status eines informellen Führers in den Dienst- und Ermittlungsgruppen. Dieses Prinzip hat sich in den Grundzügen über die Generationen erhalten.

Mit der Einführung der (Fach-)Hochschulausbildung (Diplom- bzw. Bachelor-Studiengang) wurden zwischen den zentralen, theoretischen Studienabschnitten auch dezentrale, praktische Abschnitte bei den Polizeidienststellen eingerichtet. Man erkannte schnell, dass das alte „Bärenführer-Modell" dafür nicht mehr ausreichte und qualifizierte auf freiwilliger Basis Mitarbeiter, die die jungen Bewerber in den praktischen Berufsalltag einwiesen. Dafür werden in einem zertifizierten Seminar zentral Multiplikatoren ausgebildet, die wiederum die Praxisausbilder dezentral in den Dienststellen ausbilden.[349]

Ein weiteres Beispiel für Einweisungen sind die im vorherigen Abschnitt erwähnten Seiteneinsteiger, die als Volljuristen direkt als Polizei- bzw. Kriminalräte im höheren Polizeivollzugsdienst (ca. 5 %) eingestellt werden. Diese Heranführung an die Aufgabenbereiche als Teil der Qualifizierung für die vorgesehenen Verwendungen wird formell in Laufbahnvorschriften

348 Vgl. https://www.cepol.europa.eu/index.php?id=e-learning.

349 Vgl. Lang & Wetzchewald (2012).

„Vorbereitungsdienst" genannt, ist aber inhaltlich wie ein Trainee-Programm konzipiert, da neben einem Einführungslehrgang auch eine „praktische Unterweisung" erfolgt.[350]

Bildungscontrolling: Controlling von Bildungsmaßnahmen ist Standard bei den polizeilichen Bildungseinrichtungen, systematische Evaluation der Aus- und Fortbildungsmaßnahmen ist gängig im Qualitätsmanagement. Etliche polizeiliche Bildungseinrichtungen haben sich in diesen Bereichen zertifizieren lassen (z.B. 2008 die Polizeiakademie Hessen mit der „Lernerorientierten Qualitätstestierung in der Weiterbildung" (LQW) und dem Qualitätsmanagementmodell nach LQW[351] sowie die Hessische Hochschule für Polizei und Verwaltung mit „TÜV ProfiCert-plus Verfahren"[352]). Die Einführung der Bachelor-Studiengänge an den polizeilichen Hochschulen bzw. des Master-Studienganges an der Deutschen Hochschule der Polizei bewirkte ebenfalls einen Qualitätsschub in dieser Hinsicht: Notwendiger Bestandteil bei der Akkreditierung von Studiengängen ist der Nachweis von Bildungscontrolling.

Optimierungsbedarf besteht eindeutig noch in Bezug auf den individuellen Mitarbeiter: Bildungscontrolling, welches den Lernerfolg und dessen Nachhaltigkeit beim Einzelnen als Bezugspunkt hat, ist bislang nur gelegentlich in polizeilichen Organisationen anzutreffen.[353]

Job-Rotation: Der regelmäßige Wechsel der Verwendungen ist ebenfalls angewandte und gewohnte Praxis in den polizeilichen Organisationen. Verstanden wird darunter der planmäßige Wechsel von Organisationsangehörigen – mindestens einmalig, in der Regel mehrmals – von einem Dienstposten zu einem anderen innerhalb der Organisation oder zu anderen Organisationen.[354] Diese Rotationen können entweder durch Regelungen vorgegeben oder individuell vereinbart werden. Durch Regelungen und Vorschriften initiierte Maßnahmen können – wenn richtig kombiniert – ein gutes Beispiel für das Zusammenspiel von indirekter und direkter Führung sein. So gibt es z.B. bei den meisten Polizeien der Länder und des Bundes Regelungen für die Erstverwendungen im höheren Polizeivollzugsdienst. Durch die Verwendungen in verschiedenen Funktionen (z.B. Stab, Einsatz, Lehre, Ausland) mit festgelegten Mindestverweilzeiten (z.B. 1–3 Jahre) werden die Verwendungsbreite des Personals allgemein und die Qualifikation des Einzelnen speziell erhöht. Werden diese Rotationen noch mit mitarbeiterseitigen Vereinbarungen gekoppelt und auf den spezifischen Bildungsbedarf des Einzelnen sowie der vorgesehenen Verwendung bzw. Karriere ausgerichtet, kann man von professioneller Personalentwicklung sprechen.

Ein weiterer Anstoß für regelmäßige Rotationen sind die Bemühungen um Vorbeugung im Feld der Korruption. Insbesondere Inhaber von Dienstposten, die mit der Vergabe von Aufträgen oder Verwaltung von Finanzmitteln zu tun haben, sollen regelmäßig auf andere Verwendungen rotieren. Ähnlich sind die Überlegungen für die Rotation von Bediensteten in den sogenannten Endämtern einer Laufbahn, die aus eigenem Antrieb erfahrungsgemäß eher nicht neue Funktionen anstreben würden. Neben der Verhinderung zur Umgehung von Kontrollmechanismen, die nach jahrelangen Standzeiten aufgrund der hohen Erfahrung und persönlichen Beziehungsgeflechte möglich sind, geht es dabei auch um die Verhinderung von Machtmissbrauch und Innovationsstau.

350 Vgl. § 20 Abs. 3 Verordnung über die Laufbahnen des hessischen Polizeivollzugsdienstes (HPolLVO).
351 Vgl. http://artset-lqw.de/cms/lqw.html.
352 Vgl. http://www.proficert.de/content/tuev_proficert_plus/index_ger.html.
353 Vgl. Driller (2001).
354 Vgl. Hinn & Thielmann (2009).

Rotationen sind auch aus Gründen der Fürsorge erforderlich. Die dauernde Verwendung in gefährlichen (z.B. Spezialeinsatzkommandos), in gesundheitlich belastenden (z.B. Schichtdienst), psychisch belastenden (z.B. Kinderpornografie), monotonen (z.B. Objektschutz) oder in den vorgenannten korruptionsanfälligen Aufgabenbereichen erfordert in regelmäßigen Abständen den Wechsel in andere Verwendungen. Erfolgreich sind Rotationen jedoch nur, wenn vier Bedingungen erfüllt sind:

Erstens müssen Rotationsverfahren allen Mitarbeitern transparent sein hinsichtlich der Ziele, der Modalitäten und der Konsequenzen. Zweitens müssen die Maßnahmen und Folgen verlässlich sein, sowohl die Organisation als auch der Einzelne müssen auf die Einhaltung der Modalitäten vertrauen können. Rotationen müssen drittens Konsequenzen haben, d.h., bei erfolgreichen Rotationen treten die positiven Wirkungen ein, bei Erfolgsgefährdungen werden Hilfeangebote unterbreitet, im schlechtesten Fall Sanktionen ergriffen. Die Rechtmäßigkeit der Maßnahmen, als vierte Bedingung, sollte kein Fallstrick sein, denn die Einhaltung dienst-, arbeits- und personalvertretungsrechtlicher Vorschriften ist eine conditio sine qua non der Polizei in allen Bereichen.

Job-Enlargement: So bezeichnet man die Ausdehnung des Aufgabenbereichs,[355] die in der Regel die horizontalen Erweiterungen einer Arbeitsrolle bedeutet. Dabei sollen Anzahl und Vielfalt der Aufgaben erhöht werden, damit die Arbeit als abwechslungsreicher empfunden wird. In der polizeilichen Praxis trifft man dies in Aufgabenfeldern an, die als wenig herausfordernd empfunden werden, z.B. Objektschutz, Begleitung Schwertransporte, Bewachung Festgenommener, Statistikarbeiten, Aktenanalysen. Eine Möglichkeit ist dabei der Wechsel der Aufgaben in einem bestimmten Rhythmus, z.B. nach einer Schichtfolge Objektschutz erfolgt der Einsatz im Streifendienst eines Reviers. Eine andere Möglichkeit, insbesondere bei Büroarbeiten, besteht darin, dass man einer Organisationseinheit verschiedene Aufgaben zuweist und somit jeder Mitarbeiter alle Aufgaben prozentual verteilt auf den Tagesablauf erledigt, z.B. 20 % Fallanalyse, 20 % Ermittlungen, 10 % Aktenablage usw. Bei dieser Art der Diversität der Aufgaben ist die polizeiliche Ausbildung ausreichende Basis zur Wahrnehmung dieser Aufgaben – um die Grenze zum nachfolgend beschriebenen Job-Enrichment aufzuzeigen, wo weitere Qualifikationen zur Übernahme anderer Aufgabenbereiche erforderlich sind.

Die grundsätzliche Frage, die sich stellt, wenn man die oben beschriebenen Beispiele sieht, ist, ob diese als Personalentwicklungsmaßnahme zur Förderung der Mitarbeiter gesehen werden können. Vergegenwärtigt man sich ein Ziel von kooperativer Führung, nämlich die Zufriedenheit der Mitarbeiter, dann ist diese Frage zu bejahen. Personalentwicklung heißt auch, die Zufriedenheit der Menschen im Berufsalltag zu gewährleisten.

Job-Enrichment: Darunter wird eine qualitative Anreicherung des Aufgabenbereichs[356] verstanden, bildlich gesehen eine vertikale Ausweitung der Aufgaben. Diese erfordern auch andere Qualifikationen als die für den hauptsächlichen Arbeitsbereich.

Die Erweiterungen von Aufgabenspektren der Mitarbeiter in dem genannten Sinn ist schon lange Routine in den Polizeien Deutschlands. Geschieht dies ziel- und planvoll mit der Absicht der Entwicklung des Einzelnen – und nicht nur aus Personalnotstand oder als Einsparbemü-

355 Weibler (2012), S. 440.
356 Weibler (2012), S. 440.

hungen –, ist es eine effiziente Maßnahme von Personalentwicklung. Im Übrigen wird dieser Art der Personalentwicklung ein hohes Motivationspotenzial zugeschrieben.[357]

Ein Beispiel aus der Praxis ist das Vorhalten von Spezialkräften für Verhandlungsgruppen (für Gesprächsführungen, Verhandlungen und polizeiliche Betreuung von Menschen in psychischen Ausnahmesituationen). In vielen Polizeibehörden ist nur eine Kernmannschaft hauptamtlich mit den Aufgaben einer Verhandlungsgruppe betraut. Im Einsatzfall werden sie durch nebenamtliche Kräfte verstärkt. Es handelt sich dabei um Polizeibeamte und aus allen Verwendungsbereichen der Polizei, die sich für diese Aufgabe freiwillig melden. Nach einem Eignungstest werden diese Mitarbeiter für die speziellen Aufgaben ausgebildet und durch Übungen ständig fortgebildet. Der Einsatzwert der Kräfte ist aufgrund der intrinsischen Motivation als sehr hoch einzuschätzen. Ähnliche Modelle existieren bzw. sind denkbar z.B. für Kontrollgruppen für Gefahrguttransporte und Schwerlastverkehr, Beratungen und Vorträge über Prävention (Moderatoren) oder für Einsatzfälle, die bestimmte Fremdsprachen erfordern (Gruppe von bi- oder multilingualen Mitarbeitern).

Im gleichen Kontext zu sehen sind die nebenamtlichen Trainer, die für Schießen/Nicht-Schießen-, Selbstverteidigungs- oder praktische Einsatztrainings eingesetzt werden. Um flächendeckend dezentrale Einsatztrainings zu gewährleisten, wird das klassische Konzept der „Train-the-Trainer"-Seminare, die zentral an polizeilichen Bildungseinrichtungen durchgeführt werden, angewandt. Die Trainer werden anschließend nebenamtlich in ihren Behörden eingesetzt.

Ebenfalls unter Job-Enrichment ist die Praxis der Lehrbeauftragten an den (Fach-)Hochschulen und Fortbildungsakademien zu subsumieren. Dazu werden Fachleute aus den Polizeibehörden, z.B. für Kriminalistik, Verkehrslehre, Einsatzlehre, Führungslehre oder Recht, die zusätzlich pädagogische Fähigkeiten aufweisen, für Vorlesungen und zum Unterrichten mit Lehraufträgen versehen. Diese Art der Nebentätigkeit wird von den Dienstherren ausdrücklich gefördert, da sie den Lehrbedarf abdeckt und den Einfluss der Praxis in der Aus- und Fortbildung gewährleistet. Ein weiteres Ziel ist aber auch die Qualifizierung des Personals in pädagogischer Hinsicht und damit ebenfalls ein kleiner Baustein einer Personalentwicklung.

Projektarbeit: Projektgruppen bearbeiten in der Regel temporär umfangreiche oder spezielle Aufgaben und sind meist aus Experten unterschiedlicher Fachrichtungen zusammengesetzt.[358]

Projektgruppenarbeit ist in den Polizeien in Deutschland seit Jahrzehnten üblich. Der Bogen der Aufträge geht dabei von voluminösen und weitreichenden Zielen, wie die gesamte Organisation einer Länderpolizei grundlegend zu verändern,[359] bis zur Einführung eines anderen Schichtdienstmodells in einer kleinen Polizeistation. Die Anzahl der Projektgruppenmitglieder kann von hunderten, strukturiert in Kern- und dislozierte Unterarbeitsgruppen, bis zu einer lokalen Projektgruppe gehen. In Einzelfällen können auch einzelne Mitarbeiter Projektarbeiten erledigen, dies ist aufgrund der teamorientierten Arbeitsweisen in den Polizeien jedoch weniger der Fall. Dass diese Art der Aufgabenerledigung fester Bestandteil der polizeilichen Arbeit ist, erkennt man auch daran, dass für Projektmanagement in der

357 Vgl. Herzberg (2003).
358 Vgl. Nerdinger et al. (2008), S. 408.
359 Vgl. z.B. „Struktur der Polizei Baden-Württemberg": http://www.polizei-bw.de/polizeireform/Seiten/default.aspx.

Polizei Handbücher entwickelt wurden[360] oder spezielle Aus- und Fortbildungen angeboten werden.[361]

Auf den ersten Blick nicht als Projektarbeit angesehen wird in der Polizei die durchgängig angewandte Methode der „Besonderen Aufgabenorganisation - BAO -" für bestimmte Einsatzanlässe: Auch hier wird eine temporäre Aufgabe unter Zusammenwirken von Kräften aus unterschiedlichen Organisationseinheiten in einer vorübergehenden Organisationsstruktur erledigt.

Als Personalentwicklungsmaßnahme wird Projektarbeit häufig zur Förderung und Auslese von Führungsnachwuchs eingesetzt. Mitarbeiter, die das Potenzial für den Aufstieg zeigen, werden zur Bewährung in neuen Aufgabenfeldern und zur Entwicklung von Kompetenzen einer Projektgruppe zugewiesen und meist mit deren Leitung beauftragt.

Zielvereinbarungen: Dies sind in der Regel schriftlich fixierte Vereinbarungen zwischen Führungskräften und Mitarbeitern über gemeinsam vereinbarte, messbare Ziele, die sich auf Leistung, Verhalten, Förderung und Bildung beziehen. In den deutschen Polizeien existieren unterschiedliche Modelle über Zielvereinbarungen – allerdings nicht selten unter einer Vermischung von Findungsprozessen der Organisationsziele und Vereinbarungen über mitarbeiterbezogene Ziele. Dabei trifft man kaskadenförmige Modelle der Zielvereinbarungen über Organisationsziele, aber auch Regelungen über individuelle Mitarbeiterziele als Instrument der direkten Führung, häufig auch Mischformen, an.

Organisationsziele berühren den Zweck der Organisation; sie werden entweder von Vorgesetzten vorgegeben oder teamorientiert (gemeinsam) formuliert. Sie gelten aber einseitig für die gesamte Organisation, der Einzelne wird in seiner Funktion als „Organisationseinheit" gesehen, die Interessen der Mitarbeiter werden in der Regel nur berücksichtigt, wenn es dem Zweck dient. Deswegen ist dies auch keine Zielvereinbarung im Sinne von Personalentwicklung, sondern ein formalisierter Zielfindungsprozess.

Zielvereinbarungen zwischen Führungskraft und Mitarbeiter beziehen sich dagegen auf Arbeitsziele des Einzelnen. Sie sollen im Sinne der kooperativen Führung vereinbart werden und gelten als zweiseitige Vereinbarung zwischen Führungskraft und Mitarbeiter. Die Vereinbarungen richten sich zwar nach den Organisationszielen, berücksichtigen jedoch vorrangig die Interessen des Mitarbeiters, insbesondere dessen Entwicklung. Dieses Führungsinstrument wird auch als **Management by Objectives (MbO)** bezeichnet. Das Konzept geht davon aus, dass Initiative, Kreativität und Flexibilität der Mitarbeiter durch die Führung mit Zielen gefördert werden. Die Ziele der Mitarbeiter werden dabei – wie oben beschrieben – aus den Organisationszielen abgeleitet, insofern besteht ein Zusammenhang zwischen dem Organisations- und dem Mitarbeiteraspekt. Folgende Vorteile werden gesehen: Die Gesamtziele der Organisation werden über die Teilziele der Organisationseinheiten in Ziele der Mitarbeiter umgewandelt. Es besteht die Chance, dass eine strategische Verzahnung der Ziele erfolgt und damit die Organisationsebenen stringenter ausgerichtet sind. Es gibt ein hohes Motivierungspotenzial, da Motivation durch Ziele als belegt gilt und damit dieses Potenzial systematisch in die Organisation implementiert wird. Erreicht wird so eine verbesserte Orientierung der Mitarbeiter bezogen auf das, was erreicht werden soll. Es folgen deshalb auch

360 Vgl. z.B. Projektmanagement-Handbuch der Polizei Hessen – V 2.0, Sept. 2011 (nicht veröffentlicht).

361 Vgl. als ein Beispiel von vielen: Seminar Projektmanagement der DHPol mit Erwerb „Basiszertifikat im Projektmanagement" der Deutschen Gesellschaft für Projektmanagement sowie „Zertifikat Projektmanager/-in in der Polizei".

bessere Leistungen, da diese Ziele präzise bekannt sind. Die Kommunikation zwischen allen Beteiligten wird durch den notwendigen Austausch gefördert. Damit ist auch eine transparente Grundlage für Belohnungssysteme und Beurteilungen vorhanden, die vereinbarten Ziele können von beiden Seiten zu Kontrollzwecken herangezogen werden. Kooperativ vereinbarte Ziele gelten gemeinhin als erfolgversprechend.[362] Die kritischen Aspekte sollen an dieser Stelle nicht übersehen werden: Ob Zielvereinbarungen wirklich nachhaltige motivierende Effekte zeigen, ist nicht unumstritten, ein zu wettbewerbsorientiertes Verhalten oder ein Nachlassen von Kreativität werden in diesem Zusammenhang neben anderen Gefahren immer wieder genannt. Unbestritten ist auch, dass die Praxis der Zielvereinbarung (oder auch der Zielsetzung) der Erfahrung bedarf.[363]

Beurteilungssysteme: In der Theorie sind Beurteilungen systematische, strukturierte Beschreibungen und Bewertungen der Befähigungen, der Kenntnisse und der Leistungen, auch unter dem Gesichtspunkt von Weiterentwicklungen. Dazu zählen u.a. Prognosen über Eignungen für künftige Verwendungen. Die polizeiliche Praxis bietet allerdings ein sehr heterogenes Bild. In allen Polizeien gibt es Regelungen über Beurteilungen, die meist als Regelbeurteilungen (in festgelegten Zeitabständen) oder Anlassbeurteilungen (z.B. bei Bewerbungen und Beförderungen) erstellt werden müssen.

Die gebotenen Unterscheidungen in Befähigungen, Kenntnissen und Leistungen sind aus arbeitspsychologischer Sicht nicht immer optimal, beachten aber die wesentlichen Erkenntnisse. Schwierigkeiten bereiten meist die Vergleichsmaßstäbe, es bleibt oft unklar, ob absolute oder relative Maßstäbe angewandt werden sollen, bei Letzteren sind auch häufig die Vergleichsgruppe und der Bezugsmaßstab diffus. Problematisch gestalten sich auch die Anwendungen der Beurteilungsregeln hinsichtlich Validität und Objektivität, da der Kreis der Beurteiler sehr groß, divers und für das Erstellen von Beurteilungen nicht unbedingt ausgebildet ist. Entweder wegen Nichtvorhandsein entsprechender Instrumente oder aufgrund fehlenden Bewusstseins werden klassische Beurteilungsfehler, wie z.B. Subjektivität und Konformitätsdruck, häufig nicht ausgeglichen.

Verschärft werden diese Problematiken durch die Bindung der Beurteilungen an das Verwaltungsrecht, d.h., die Beurteilungen sind im Wege der Verwaltungsgerichtsbarkeit anfechtbar. Dies hat dazu geführt, dass die formalen Kriterien von Beurteilungsrichtlinien mehr Bedeutung und Aufmerksamkeit erlangen als die Beachtung von arbeitspsychologischen Erkenntnissen für eine objektive und faire Beurteilung.

Beurteilungen sind trotzdem als Personalentwicklungsmaßnahme auch in polizeilichen Organisationen geeignet, wenn sie einigen grundlegenden Anforderungen entsprechen: Bei der Beurteilung erfolgt eine eindeutige, fachlich korrekte Unterscheidung hinsichtlich der Feststellungen von Leistung (Verhalten, bezogen auf Ergebnisse und Bereitschaft zur Leistung), Kenntnissen (kognitiv, arbeitsbezogenes Wissen) und Befähigungen (individuelle Kompetenzen). Die Anforderungen in diesen Bereichen sind klar definiert in Art und Umfang. Den Feststellungen folgen Bewertungen, bezogen auf klar definierte und nachvollziehbare Maßstäbe. Verbunden werden diese Feststellungen und Bewertungen mit einer Prognose bezogen auf den Mitarbeiter hinsichtlich der Entwicklung im aktuellen Aufgabengebiet oder in anderen Aufgabengebieten. Werden die in der Beurteilung dokumentierten Weiter-

362 Vgl. Weibler (2012), S. 215, 428.
363 Vgl. z.B. Semrau et al. (2011).

entwicklungsmöglichkeiten noch gestützt durch weitere Maßnahmen der Personalentwicklung, wie Fortbildung, Coaching o.ä., sind Beurteilungen aus Sicht der Personalentwicklung durchaus sinnvoll.

Seit einigen Jahren werden in vielen Polizeien Vorgesetztenbeurteilungen (auch Vorgesetzten-Feedback, Vorgesetzten-Rückmeldung[364]) praktiziert. Dieses Instrument der Personalentwicklung mit der Zielgruppe Führungskräfte wird häufig skeptisch betrachtet. Am erfolgreichsten waren die Modelle, wo die Mitarbeiter verpflichtet wurden, eine Rückmeldung abzugeben, diese aber absolut anonym blieb, Vorgesetzte der beurteilten Führungskraft nicht über das Ergebnis informiert wurden und die Beurteilten zu einem Rückkoppelungsgespräch mit der gesamten Mitarbeiterschaft angehalten wurden.

Entgeltsysteme: Darunter wird die systematische Erfassung von vereinbarten und durch den Einzelnen oder die Bezugsgruppe erreichten Zielen unter Ankoppelung an festgelegte monetäre oder nicht-monetäre Belohnung verstanden. Die Polizei ist Teil des öffentlichen Dienstes und damit an die gesetzlichen Regeln zur der Besoldung der Beamten und die dienstrechtlichen Regelungen über die Vergütung der Tarifbeschäftigten gebunden. Somit sind die fixen Höhen der Gehälter aus Tabellen, die sich an der Besoldungsgruppe und dem Dienstalter ausrichten, öffentlich ablesbar. Dazu kommen funktions- oder tätigkeitsgebundene Zulagen, die ebenfalls veröffentlicht sind.

Als Personalentwicklungsmaßnahme kommt dieses Entgeltsystem nur über den Umweg der Beförderung zum Tragen, indem es Anreize setzt, durch gute Leistungen und Verhalten bei Beförderungen zum Zuge zu kommen.

Im öffentlichen Dienst wurden allerdings in den letzten Jahren vermehrt Leistungsanreize durch Regelungen über Leistungszulagen (regelmäßig, längerfristig), Leistungsprämien (einmalig) sowie durch das vorzeitige Erreichen einer Dienstaltersstufe in den Gehalts- oder Vergütungstabellen geschaffen. Diese Entwicklung wurde ausgelöst und möglich, nachdem 2006 die Gesetzgebungskompetenzen von Bund und Ländern im Rahmen der Föderalismusreform grundlegend neu strukturiert wurden. Die Rahmengesetzgebungskompetenz des Bundes für die Rechtsverhältnisse der im öffentlichen Dienst der Länder, Gemeinden und anderen Körperschaften des öffentlichen Rechtes stehenden Personen sowie die Gesetzgebungskompetenz für die Besoldung und Versorgung der Angehörigen des öffentlichen Dienstes wurden aufgehoben. Die Länder haben daraufhin eigene gesetzliche Regelungen – und dabei auch Entgeltsysteme – entwickelt, sodass eine umfassende Darstellung der Systeme im öffentlichen Dienst in Deutschland an dieser Stelle nicht möglich ist.[365]

Die praktischen Erfahrungen zeigen, dass diese Art der Entgeltsysteme aufgrund der Starre der Regelungen, der (notwendigen) Transparenz und der Unerfahrenheit im öffentlichen Dienst auch negative Wirkungen entfalten kann: (Gefühlte) Ungerechtigkeiten, ein nicht zulässiger Ausgleich für nicht mögliche Beförderungen, die Tendenz zur „sozialistischen Vergabe“ (jeder erhält irgendwann einen Bonus) sowie fehlende Nachweise der behaupteten positiven Wirkungen können Unzufriedenheit auslösen.[366]

Coaching: Grundsätzlich wird darunter die systematische und individuelle Unterstützung eines Mitarbeiters durch Coaches mit dem Ziel der individuellen Weiterentwicklung erfasst.

364 Vgl. Hessisches Ministerium des Innern und für Sport (2008).
365 Vgl. als ein Beispiel: Gesetz zum Neuen Dienstrecht in Bayern 2010.
366 Vgl. Waitzmann (2010).

Im Bereich der Polizei wird darunter auch verstanden, Mitarbeiter nach belastenden Erlebnissen wieder im Organisationsalltag zu stabilisieren.

In vielen Polizeien wird Coaching speziell für Führungskräfte angeboten. Ein Beispiel dafür ist das Angebot der Zentralen Polizeidirektion Niedersachsen, die dies anbietet mit der Aussage: „Entscheiden in Grenzsituationen und/oder unter extremem Zeit- und Handlungsdruck, führen in emotional hoch belastenden Situationen – dies alles sind Kennzeichen des polizeilichen Führungsalltags. Coaching hilft und unterstützt bei der Bewältigung dieser Anforderungen und stärkt die professionellen Handlungskompetenzen."[367]

Coaching ist dabei nicht auf die oberen Hierarchieebenen zu begrenzen. Gerade für jüngere Führungskräfte in unteren Ebenen, die in die Sandwich-Position zwischen den Erwartungen der Gruppe und denen der Vorgesetztenebene geraten, ist Coaching eine wertvolle Unterstützung und folgerichtige Personalentwicklungsmaßnahme.

Mentoring: Darunter wird die Entwicklungsförderung von Mitarbeitern verstanden, oft über mehrere Jahre hinweg, durch eine zugeteilte Führungskraft. Diese Art der Mitarbeiterförderung ist in den polizeilichen Organisationen in verschiedenen Ausprägungsformen anzutreffen. Bei den meisten dieser Maßnahmen geht es um die Förderung des potenziellen Nachwuchses für Führungsfunktionen. Einige Programme beziehen sich auf die Förderung von Frauen in Führungsfunktionen, da diese nicht ihrem Gesamtanteil in den Organisationen entsprechend in den oberen Hierarchieebenen anzutreffen sind.[368]

Als ein Beispiel für ein systematisches und professionelles Personalentwicklungsprogramm kann das Mentoring-Konzept der Polizei Hessen angeführt werden, das seit 2003 realisiert wird. Ursprünglich aufgelegt als Programm zur Förderung von Frauen in Führungsfunktionen, wurde es im Zuge der Gleichberechtigung bald auf Männer und Frauen ausgedehnt. Sowohl die Mentees als auch die Mentoren bewerben sich auf freiwilliger Basis, beide Gruppen durchlaufen danach ein Auswahlverfahren und werden nach bestimmten Kriterien („Matching") als Tandem zusammengestellt. Eine Evaluation belegt, dass von den Beteiligten mit großer Mehrheit die Erreichung der Ziele bestätigt wird. Ein interessanter Aspekt ist dabei, dass teilweise auch die Mentoren durch die Wahrnehmung der Aufgaben eine Weiterentwicklung bei sich selbst feststellten.[369]

Frauenförderungspläne: Dies sind verbindliche Regelungen zur Förderung von Frauen, um die Benachteiligungen aufgrund des Geschlechtes in Organisationen auszugleichen. Frauenförderungspläne gibt es in den öffentlichen Verwaltungen, und damit auch in der Polizei, seit vielen Jahren. Es gibt keine polizeiliche Organisation, die keinen solchen Förderplan hat. Zum Teil werden die Polizeien durch Förderpläne eines Ressorts erfasst,[370] teilweise bestehen nur den Polizeibereich entsprechende Vorschriften.[371]

Auf einen Aspekt soll dabei hingewiesen werden: Es ist Fakt, dass Frauen erst seit den achtziger Jahren des letzten Jahrhunderts Polizeivollzugsbeamtinnen in allen Aufgabenbereichen werden konnten. Der Anteil an Einstellungen von Frauen aufgrund der anteilig niedrigen

367 http://www.zpd.polizei-nds.de/zpd_spezial/sozialwissenschaftlicher_dienst/coaching/der-sozialwissenschaftliche-dienst-837.html.

368 Vgl. Wulff-Bruhn (2010).

369 Vgl. Göbel (2012).

370 so z.B. Senatsverwaltung für Inneres und Sport Berlin (2012).

371 so z.B. Ministerium für Inneres und Sport des Saarlandes (2013).

Bewerbungszahlen liegt unter 50 % der Gesamteinstellungen. Damit ist der Frauenanteil in der Vollzugspolizei insgesamt (noch) sehr niedrig. Er lag 2009 bei geschätzten maximalen 20 %, bezogen auf alle Polizeien. Eine Aufstellung einer Polizeigewerkschaft wies 2009 als niedrigste Werte 11,6 % (Saarland) bzw. 11,8 % (Bundespolizei) und als höchste Werte 21,8 % (Bremen) bzw. 37 % (Bundeskriminalamt) aus.[372] Frauen sind also unterrepräsentiert. U.a. wurde ein vom Bundesforschungsministerium und der Europäischen Union gefördertes Projekt „Frauen in Spitzenpositionen des Polizeidienstes und der Wirtschaft" an der Deutschen Hochschule der Polizei durchgeführt und 2013 beendet. Es beschäftigte sich in einem multidisziplinären Ansatz aus Psychologie sowie Arbeits- und Sozialwissenschaft mit den Ursachen und Rahmenbedingungen für die Gewinnung und Förderung weiblicher Führungskräfte. Die Veröffentlichung der Ergebnisse steht noch aus.[373]

In einigen Bereichen sind Frauenförderungspläne durch andere Maßnahmen der Personalentwicklung ersetzt worden. So wird z.B. in hessischen Rechtsvorschriften ausgeführt: „Um die strukturelle Chancengleichheit von Frauen und Männern in Konzepten und konkreten Maßnahmen weiterzuentwickeln, können an die Stelle von Frauenförderungsplänen neue Modelle der Verwaltungssteuerung oder Personalentwicklung treten, soweit sie geeignet sind, die Ziele und Grundsätze des Gesetzes zu verwirklichen."[374]

Verwendungsplanung: Dies sind schriftliche, gemeinsam getroffene Vereinbarungen mit den Mitarbeitern über die weitere Verwendung in der Organisation. Dazu zählen u.a. Job-Rotation, Job-Enlargement und -Enrichment. Diese Art der Planung ist unterschiedlich ausgeprägt in den Polizeien, aber Standardmaßnahme der Personalentwicklung.

Die Trennlinie zwischen Förderungs- und Verwendungsplanung ist fließend, da jede Fördermaßnahme zwar eine Verwendung darstellt, aber nicht jede Verwendung eine Fördermaßnahme. Um sicherzustellen, dass die Organisation den bestmöglichen Nutzen von ihren Mitarbeitern hat, diese auf der anderen Seite jedoch einen gewissen Anspruch auf planbare und beeinflussbare Verwendung haben, sollte für jeden Mitarbeiter eine solche Verwendungsplanung gemeinsam besprochen und festgelegt werden. Ausgangspunkte können Grundsatzprogramme für bestimmte Gruppen sein (z.B. Berufsanfänger, Frauen, Seiteneinsteiger usw.), diese Vorschriften sind aber für individuelle Verwendungsplanungen nicht zwingend erforderlich. Individuelle Verwendungsplanungen sind auf die Möglichkeiten des Einzelnen und der Organisation auszurichten. Damit wird sichergestellt, dass mit einer Potenzialerfassung und -förderung das Optimum der Fähigkeiten und Kenntnisse des Einzelnen für die Organisation erfasst, gefördert und bereitgestellt wird. Damit verbunden ist auch die Fürsorge für die Menschen, damit diese in bestimmten Verwendungen nicht überfordert werden und generell Zufriedenheit in der Arbeitswelt erreichen können. Es ist auch die Verpflichtung des Dienstherrn – der durch die Vorgesetzten verkörpert wird –, dafür zu sorgen, dass Menschen im Rahmen ihrer Fähigkeiten in der Organisation die bestmögliche Position bzw. Funktion erreichen (können).

Grundsätzlich sollen die Handlungskompetenz, verstanden als die fachliche Kompetenz (häufig untergliedert in Fach- und Methodenkompetenz), die soziale Kompetenz und die persönliche Kompetenz gefestigt und erweitert werden. Zur Vorbereitung, Festlegung und

372 Deutsche Polizeigewerkschaft (2009).

373 http://www.dhpol.de/de/microsite/fis/steckbrief/steckbrief.php.

374 § 5 Abs. 8. Satz 1 Hessisches Gleichberechtigungsgesetz (HGIG).

Begleitung von Verwendungsplanungen eignen sich am besten Personalgespräche in regelmäßigen Abständen, u.a. das Jahresgespräch, aber auch eigens anberaumte Verwendungsgespräche. Konkret sollten bestimmte Verwendungen für einen definierten Zeitraum zwar flexibel, jedoch mit einer gegenseitigen Verbindlichkeit festgelegt werden.

Ziele der Verwendungsplanung sollten sein, dass sich die Mitarbeiter nach dem festgelegten Zeitraum in Funktionen befinden, die ihren Leistungen und Befähigungen entsprechen und die Berufs- und Arbeitszufriedenheit gewährleisten. Verwendungsplanungen sollten berufsbegleitend für die gesamte Dienstzeit erfolgen und zum Schluss in einer persönlichkeitsgerechten Hinführung zur Pensionierung enden. Spezielle Verwendungsplanungen, sowohl aus Fürsorge gegenüber den Mitarbeitern als auch zur Erhaltung der Leistungsfähigkeit der Organisation, sind auch zur Reintegration von Menschen zu erstellen, die aus unterschiedlichen Gründen wie Krankheit, Sucht, Fehlverhalten, Schicksalsschlägen oder anderen privaten Gründen nur geringe oder keine Leistungen mehr für die Organisation erbringen.

Karriereplanung: Realisiert werden solche Planungen durch gemeinsame schriftliche Vereinbarungen mit Mitarbeitern über die weiteren Karriereschritte, z.B. in Führungs- oder Fachlaufbahnen, und die dazu erforderlichen Bildungsmaßnahmen. Dazu zählen u.a. Mentoring und Coaching.

Nach der Ausbildung und dem Einstieg in die ersten Funktionen im Polizeidienst müssen frühzeitig Personalgespräche geführt werden, um den künftigen Berufsweg der Menschen zielgerichtet zu gestalten und zu begleiten. Dabei gilt es, die Ziele der Organisation und die Ziele des Individuums in Einklang zu bringen, auch wenn Letztere bei jungen Menschen mitunter noch undifferenziert sind. Für die weitere Verwendung kann dies sowohl die Förderung für spezialisierte Verwendungen (Fachlaufbahn) als auch die Förderung für den Aufstieg in Führungsfunktionen (Führungslaufbahn) sein. In den polizeilichen Organisationen liegt das Hauptaugenmerk auf einer Führungslaufbahn. Aber im Interesse der Organisation und der Mitarbeiter sollte der Fachlaufbahn mehr Aufmerksamkeit gewidmet werden. Neben einer Verwendungsplanung, die nicht unbedingt „Beförderung" als Hauptziel hat, und einem individuellem Aus- und Fortbildungsprogramm kommen weitere Instrumente der Förderung wie Coaching, Mentoring, Trainee-Programme, Hospitationen, Rotationen u.ä. in Betracht. Karriereplanung und Verwendungsplanung haben große Schnittmengen, es wird deshalb auch auf die vorstehenden Ausführungen dazu verwiesen.

Mitarbeitergespräche: Mitarbeitergespräche sind „Vier-Augen-Gespräche" der Führungskraft mit Mitarbeitern und dienen der Leistungs- und Verhaltensrückmeldung unter Berücksichtigung zukünftiger Perspektiven. Sie sind fester Bestandteil der Personalentwicklungsmaßnahmen in polizeilichen Organisationen.[375] Dabei sind die Arten der Mitarbeitergespräche vielfältig, es können hier daher nur wesentliche Punkte angesprochen werden.

In allen Polizeien sind Beurteilungsgespräche vorgeschrieben, in der Regel bei der Erstellung einer Beurteilung, auf jeden Fall bei der Eröffnung einer Beurteilung. Ebenfalls flächendeckend werden Jahresgespräche als verbindliche Personalentwicklungsmaßnahme vorgegeben.[376] Grundsätzlich sollen diese Gespräche einmal jährlich anlassunabhängig geführt werden. In dem Gespräch soll das vergangene Jahr unter den Blickwinkeln „Sachinhalte" und „Beziehungsebene" erörtert werden, wobei dem Beziehungsaspekt gebührender Raum

375 Vgl. u.a. Barthel (2009a).

376 Vgl. als ein Beispiel: Hessisches Ministerium des Innern und für Sport (2007), Nr. 14.

eingeräumt werden soll. Für das künftige Jahr sollen Vereinbarungen über Arbeitsziele, Verhaltensänderungen und Fördermaßnahmen erreicht werden, die schriftliche Form der Vereinbarungen wird empfohlen. Manchmal als eigenständiges Gespräch ausgewiesen, manchmal als Teil des Jahresgesprächs verstanden, werden Gespräche über Zielvereinbarungen gesehen,[377] die sich im Schwerpunkt auf Leistungsziele beziehen, aber auch andere Bereiche der Führungsbeziehungen betreffen können.

Nicht flächendeckend, aber häufig anzutreffen sind Handlungsempfehlungen für weitere Arten von Gesprächen, wie Förder- oder Entwicklungsgespräch, Verwendungsplanungsgespräch, Konfliktgespräch, Kritikgespräch, Motivationsgespräch, Anerkennungsgespräch, Rückkehrgespräch; selten anzutreffen sind Feedbackgespräche (Mitarbeiter spiegeln der Führungskraft die Wahrnehmung über ihn).

Supervision: Damit sind Qualifikationsmaßnahmen erfasst, die unter Leitung eines qualifizierten Supervisors erfolgen, um berufliches Handeln zu prüfen und zu verbessern. Diese Maßnahmen finden für Einzelpersonen oder Gruppen statt. Methoden sind u.a. Psychodrama, Gruppendynamik, Gestalttherapie, Neuro-Linguistische Programmierung, Themenzentrierte Interaktion, Erlebnispädagogik, Systemische Therapie, Rollenspiele und Videoanalyse.

Obwohl schon in den 1990er Jahren in der Diskussion[378] und u.a. auch erfolgreich in einer Polizeibehörde (2002)[379] angewandt, hat sich diese Personalentwicklungsmaßnahme nicht flächendeckend durchgesetzt. Supervision wird nur punktuell im Polizeibereich betrieben. Ein Grund dafür könnte die Notwendigkeit von qualifizierten Supervisoren sein, die entweder innerhalb der Organisation nicht zur Verfügung stehen oder als externe Supervisoren als zu kostspielig empfunden werden. Am häufigsten sind Modelle von Supervision dort anzutreffen, wo polizeiinterne Sozialwissenschaftler beschäftigt sind, also in der Regel an polizeilichen Bildungseinrichtungen.

Auswahlverfahren: Darunter werden strukturierte Verfahren verstanden, die meist in Kombination von Erprobung in verschiedenen Verwendungen, Beurteilungen, Arbeitsproben sowie sozialwissenschaftlichen Testverfahren, häufig in Assessment-Centern, bezüglich kognitiver Intelligenz, sozialer Intelligenz und Persönlichkeitsmerkmalen angewandt werden.

Durchgeführt werden solche Verfahren in den polizeilichen Organisationen, um den Nachwuchs für die Polizei zu selektieren oder um Mitarbeiter für bestimmte Aufgaben auszuwählen.

Mit den Verfahren zur Einstellung werden die besten Bewerber für den Beruf des Polizeivollzugsbeamten (gilt prinzipiell auch für den Verwaltungsdienst und Fachbeamtenschaft) ausgesucht. Die Verfahren umfassen in der Regel administrative, schriftliche Auswertungen anhand von Dokumenten, medizinische Untersuchungen, körperliche Leistungstests und wissenschaftlich fundierte schriftliche bzw. computergestützte Testverfahren sowie Gruppen- und Einzelaufgaben in Assessment-Centern.

Bei der administrativen Auswertung werden schulische Leistungen und Abschlüsse, bisherige Ausbildungen, gerichtliche Bestrafungen, anhängige Strafverfahren, Leumundsüberprüfungen und ärztliche Atteste bewertet.

---

377 Vgl. als ein Beispiel: Innenministerium des Landes Nordrhein-Westfalen (2004).
378 Vgl. Baurmann (1992).
379 Vgl. Behr (2004).

Die körperlichen Eignungen werden durch Sporttests und medizinische Untersuchungen festgestellt. Speziell für die Polizeidiensttauglichkeit gibt es eine Polizeidienstvorschrift 300 „Ärztliche Beurteilung der Polizeidiensttauglichkeit und Polizeidienstfähigkeit“ [380].

In sozialwissenschaftlichen Testverfahren werden kognitive Fähigkeiten und Persönlichkeitsstruktur von Bewerbern untersucht. Diese gehen von berufsspezifischen Intelligenztests, Konzentrations- und Leistungstests über Prüfungen der schriftlichen und mündlichen Sprachfähigkeit bis zu Persönlichkeitsstrukturtests. Assessment-Center (Simulation von meist berufsbezogenen Situationen und deren professionelle, standardisierte Beobachtung), die wissenschaftlichen Anforderungen genügen, werden sowohl zur Feststellung der Leistungsfähigkeit als auch der Persönlichkeitsstruktur eingesetzt.

Ein sensibler und schwieriger Teil der Auswahlverfahren ist die Überprüfung der charakterlichen Eignung. Jede Fehleinschätzung dieser Eigenschaften und Nicht-Passung zum Beruf stellt später für die Organisation und den betroffenen Menschen ein großes Problem dar.

Auswahlverfahren werden auch vor der Ausbildung für die Übernahme höherwertiger Funktionen sowie vor der Übernahme von bestimmten Aufgaben eingesetzt. Die Spannbreite geht dabei von Polizeireitern, Polizeihundeführern, Einsatzsachbearbeitern in Leitstellen, Einsatzbeamten in Einsatzeinheiten über Ermittlungsbeamte in Fachkommissariaten, Polizeitechnikern, Lehrkräften bis zu Mitarbeitern in z.B. psychologischen Dienststellen und polizeiärztlichen Diensten. Von besonderer Bedeutung sind Auswahlverfahren für Spezialkräfte, insbesondere Mitglieder von Spezialeinsatzkommandos, Mobilen Einsatzkommandos und Verhandlungsgruppen. Auswahlverfahren dienen auch der Gewährleistung des im Grundgesetz in Artikel 33 verankerten Grundsatzes, nach welchem der am besten geeignete Bewerber Zugang zu jedem öffentlichen Amt hat.

Lernstatt: Damit sollen die Schaffung gemeinsamen Qualitätsbewusstseins, Bereitschaft für Veränderungen und Erzeugung von Identifikation mit dem Unternehmen erreicht werden. Definiert wird eine Lernstatt als eine „Gruppe von i.d.R. sechs bis acht (freiwilligen) Mitarbeiterinnen und Mitarbeitern, die eine selbst gestellte Aufgabe bearbeitet. Ursprünglich entwickelt zur besseren betrieblichen Integration von ausländischen Mitarbeitern, zeigen Erfahrungen, dass so auch betriebliche Probleme zu lösen sind (Hawthorne-Effekt).“[381]

Die Lerngruppe soll von Gruppenmitgliedern, die vorher geschult wurden, geleitet werden. Die Gruppe soll sich regelmäßig in einem vorher definierten Zeitraum treffen und nach Feststellung der Ergebnisse wieder aufgelöst werden. Bearbeitet werden sollen Probleme in der Gruppe, es gibt ferner keine „Lernkonzepte“ für Problemlösungen.

Diese Art von Personalentwicklung ist unter dieser Begrifflichkeit in polizeilichen Organisationen so gut wie nicht anzutreffen (wegen des sehr ähnlichen Qualitätszirkels siehe nächster Absatz), obwohl sie für bestimmte Bereiche, insbesondere mit handwerklichen Aufgaben, administrativen Aufgaben und im Bildungsbereich, zweckmäßig erscheint. Gelegentlich wird die Form der Lernstatt als didaktisches Mittel bei Bildungsgängen (z.B. die gemeinsame Erarbeitung von Problemstellungen in Masterarbeiten) angewandt.

Qualitätszirkel (QZ): Als Minimaldefinition werden darunter kleine Gruppen von Freiwilligen verstanden, die sich regelmäßig treffen, um Probleme zu identifizieren und zu lösen, die bei

380 Polizeidienstvorschrift 300 (2012).

381 http://wirtschaftslexikon.gabler.de/Definition/lernstatt.html.

der gemeinsamen Arbeit auftreten.[382] Ziele solcher QZ sind die Hebung des Qualitätsstandards innerhalb der Organisation sowie Lösungsbearbeitung von Problemen innerhalb einer Gruppe (des Zirkels). Qualitätszirkel sollen unter der Moderation von dafür ausgebildeten Mitarbeitern durchgeführt werden.

Die Unterschiede zur vorgenannten Lernstatt bestehen einmal darin, dass Qualitätszirkel in der Regel in ein systemisches Netzwerk eingebunden sind; es gibt auf unterschiedlichen Ebenen (horizontal und vertikal) mehrere Qualitätszirkel, die sich wechselseitig beeinflussen. Der zweite Unterschied ist das erweiterte Zielspektrum: Es geht dabei um Arbeitsergebnisse, Verfahren oder eingesetzte Technik zu entwickeln, einzuführen bzw. zu verbessern. Dies sind zwar auch Ziele einer Lernstatt, aber in Qualitätszirkeln können auch soziale Problemstellungen bearbeitet werden, wie Teamverhalten, Arbeitseinstellung, Führungsverhalten, Kommunikationsstörungen u.ä. Zudem sind sie in eine übergeordnete Qualitätsphilosophie eingebettet. Qualitätszirkel werden vielfach in den Polizeien durchgeführt. Zur Umsetzung des gemeinsam erarbeiteten Leitbildes wurde z.B. bei der Polizei Rheinland-Pfalz ein ganzes System von Qualitätszirkeln und Leitbildzirkeln entwickelt und über einen längeren Zeitraum umgesetzt.[383]

Erlebniskreis: Die Erlebnispädagogik als ein Fachgebiet der Pädagogik befasst sich mit Gruppen-Erfahrungen in der Natur, um die Persönlichkeit und soziale Kompetenzen zu entwickeln. Dabei werden Natursportarten betrieben, die vielfältige Erlebnisse bieten sollen, ergänzt mit Methoden aus Theater-, Abenteuer- und Spielpädagogik, der Gruppendynamik und der Sozialpädagogik.

In der Polizei wird Erlebnispädagogik im Rahmen von Personalentwicklung gelegentlich eingesetzt bei Trainings für Führungskräfte und in der Aus- und Fortbildung sowie bei Maßnahmen des behördlichen Gesundheitsmanagements.

Förderkreis: Dies ist eine festgelegte Anzahl von Mitarbeitern, die nach Bewerbung oder Nominierung als Gruppe und individuell systematisch Maßnahmen der Personalentwicklung erfahren, um für neue Aufgabenstellungen, die in der Regel mit einer besseren Entlohnung und Beförderung verbunden sind, qualifiziert zu werden; manchmal ist dies auch mit gleichzeitiger Selektion verbunden. In solche Gruppen werden meist sogenannte High Potentials entsandt, d.h. Mitarbeiter mit Entwicklungsmöglichkeiten für höherwertige Aufgaben.

In den Polizeien sind solche Gruppen seit langer Zeit anzutreffen. Insbesondere der Nachwuchs für den höheren Polizeivollzugsdienst – vor dem Hintergrund des Prinzips der Aufstiegslaufbahn nachvollziehbar – wird auf diese Weise qualifiziert und selektiert. Die demographische Entwicklung hat in der Polizei zur Folge, dass in den ersten beiden Jahrzehnten des 21. Jahrhunderts große Kohorten von Jahrgängen in den Ruhestand treten und damit sehr viele Führungsfunktionen nicht nur im höheren, sondern auch im gehobenen Polizeivollzugsdienst (mittlere und untere Führungsebene) zu besetzen sind. Um die fehlende Dienst- und Lebenserfahrung der nachrückenden jüngeren Jahrgänge im Bereich des gehobenen Dienstes auszugleichen, hat man in vielen Behörden für diese Bedarfsgruppe Fördermaßnahmen entwickelt und geeignete Beamte in Fördergruppen zusammengefasst.[384]

382 Vgl. Weinert (2004), S. 442.

383 Vgl. Ebling (2003); Kuntze & Sarter (2012).

384 Vgl. als ein Beispiel: Goebel (2004).

Ruhestandsvorbereitung: Unter diesem unbestimmten Begriff werden alle dezentralen oder zentralen Maßnahmen zusammengefasst, die kurz vor dem Ruhestand befindlichen Mitarbeitern den Übergang aus dem Berufsleben in den Ruhestand erleichtern, aber auch deren Wissen für die Organisation sichern. Die aus Fürsorge angebotenen Maßnahmen für die Vorbereitung auf den Ruhestand sind in allen Polizeien in unterschiedlichen Formen im Angebot.[385] Häufig werden sie durch Seminare von Berufsvertretungen oder der Polizeiseelsorge ergänzt.[386]

Noch lange nicht im notwendigen Umfang realisiert, aber doch anzutreffen, sind systematische Maßnahmen des Wissens- und Erfahrungstransfers von den älteren auf die jüngeren Mitarbeiter. Es gibt eine Reihe von Möglichkeiten, diesen Wissenstransfer zu gewährleisten.[387] Eine kostengünstige, aber effiziente Möglichkeit im Polizeibereich ist die Zusammenstellung von Teams von älteren Kollegen aus den Ermittlungsgruppen (Tagesdienst) sowie jüngeren Kollegen, die immer wieder aus dem Schichtdienst heraus in die Ermittlungsgruppen gehen.

Outplacement: Die Beratung zur beruflichen Neuorientierung für eine Platzierung außerhalb der Organisation ist in den polizeilichen Organisationen nicht bzw. nur sehr schwach ausgeprägt. Das liegt hauptsächlich daran, dass die Fluktuation in der Mitarbeiterschaft aufgrund des Status öffentlicher Dienst und der sehr berufsbezogenen Ausbildung der Vollzugsbeamten extrem gering ist.

Abschließend wird auf einige Aspekte eingegangen, die keine Personalentwicklungsmaßnahmen sind, für diese jedoch als Basis oder Rahmenbedingungen – gerade für polizeiliche Organisationen – essentiell erscheinen. Es handelt sich um **Stellenbeschreibungen, Anforderungsprofile** sowie **Stellen- und Dienstpostenbewertungen**.

In einer professionell strukturierten Organisation existiert für jeden Arbeitsplatz, meist als Stelle bezeichnet, eine Stellenbeschreibung mit den wahrzunehmenden Aufgaben. Dabei sind Art und Umfang der Aufgaben, der zeitliche und/oder sachliche Umfang, die Zusammenarbeit mit anderen Stellen oder Organisationseinheiten, die übertragenen Kompetenzen, die Unterstellungsverhältnisse (sowohl hinsichtlich Vorgesetzter als auch Nachgeordneter) und unter Umständen Berichtspflichten und Kommunikationswege festzulegen.

Für den Bereich der Tarifbeschäftigten sind diese Stellenbeschreibungen aufgrund des Tarifvertrages für den öffentlichen Dienst rechtlich zwingend, für die Beamtenschaft prinzipiell erforderlich.

Ausgehend von der Stellenbeschreibung muss für jede Stelle ein Anforderungsprofil erstellt werden, d.h. welche Fähigkeiten und Kenntnisse der Stelleninhaber haben muss, um die beschriebenen Aufgaben erfüllen zu können. Die Anforderungen der Kategorien können in mindestens drei Abstufungen beispielsweise wie folgt beschrieben werden: „zwingend erforderliche/überdurchschnittlich ausgeprägte Kriterien“, „erforderliche/durchschnittlich ausgeprägte Kriterien“ und „wünschenswerte/günstige Kriterien“. Anforderungsprofile dienen dazu, bei Besetzung einer Stelle aus dem Bewerberkreis diejenige Person herauszusuchen, deren Qualifikationsprofil die größte Übereinstimmung mit dem Anforderungsprofil

385 Vgl. Neumann-Prystaj (2012).

386 Vgl. als ein Beispiel: „Wie bereite ich mich auf den Ruhestand vor?“ Bildungswerk Saar – Arbeit und Leben e.V. & Gewerkschaft der Polizei; 16.–18. Oktober 2013 in Bosen.

387 Vgl. u.a Robert-Bosch-Stiftung (2009).

aufweist. Sofern mehrere Personen annähernd gleiche Qualifikationsprofile aufweisen, ist der Grad der individuellen Ausprägungen maßgeblich. Je deckungsgleicher die nachgewiesenen Kriterien mit dem Anforderungsprofil sind, desto besser ist die Person geeignet. Damit wird u.a. dem rechtlichen Grundsatz der Bestenauswahl im öffentlichen Dienst Rechnung getragen.

Die Stellen bzw. Dienstposten müssen auch bewertet sein, d.h. welche Besoldungs- bzw. Vergütungsgruppe, unter Umständen welche variablen Vergütungen, dieser Stelle zugeordnet werden. Solche Bewertungen lösen in der Regel Diskussionen in Organisationen aus, da es keine zwingend objektive Methode gibt, die es ermöglicht, eine Besoldungs- bzw. Vergütungsgruppe exakt einem bestimmten Dienstposten bzw. einer bestimmten Stelle zuzuweisen. In hierarchischen Organisationen mit vielfältigen Aufgaben – wie auch die der Polizei – geht es in der Regel nach der Stelle in der Hierarchie, d.h., an der Spitze der Organisation wird das höchste Gehalt gezahlt und absteigend in den Hierarchiestufen wird die Vergütung immer geringer. Problematisch wird es, wenn Expertenfunktionen bewertet werden sollen. In der Regel stehen sich dann die Philosophien der Führungslaufbahn (je mehr Nachgeordnete, desto höher die Vergütung) und die der Fachlaufbahn (je mehr komplexes Wissen, desto höher die Vergütung) gegenüber; in polizeilichen Organisationen wird häufig zugunsten der Führungslaufbahn entschieden. Im Tarifbeschäftigtenbereich wird versucht, über den Schwierigkeitsgrad der Aufgaben und den prozentualen Anteil an der Gesamtaufgabe eine Bewertungsgrundlage zu definieren.

Keine Organisation kommt ohne eine solche Dienstpostenbewertung aus, denn sie ist u.a. die Berechnungsbasis für das notwendige Personalbudget. Außerdem dient sie der strategischen Personalplanung und letztlich der Personalentwicklung, da die Dienstpostenbewertung erst die Antwort auf die Frage ermöglicht, welche Mitarbeiter mit welchen Qualifikationen und welchem Ausgangsamt zu welchem Zeitpunkt bereitstehen sollten.

Die Beteiligung der Mitarbeiter (und der Personalvertretungen) an diesen Prozessen sollte selbstverständlich sein, da sie den Grundsätzen von kooperativer Führung entspricht. Die Beteiligung ist auch Wertschätzung der geleisteten Arbeit und letztlich ein Teil der Personalentwicklung. Auch hier wird ersichtlich, dass man Personalentwicklung als einen dynamischen Prozess begreifen muss, der sich selbst stärkt und bis zum Ende der Dienstzeit andauert.

10 Motivation

Von der Streife zum Netzwerk[388] oder: Jedem das Seine

Der Polizist war schon seit geraumer Zeit bei seinen Vorgesetzten aufgefallen: Streifendienste, Kfz-Kontrollen, Verkehrsregelungen etc., alle ihm übertragenen Aufgaben absolvierte er lustlos und unwillig. Er war träge und griesgrämig, und niemand wollte gerne mit ihm zusammenarbeiten. In seiner muffigen Art war er nicht nur für seine Kollegen, sondern auch für seine Vorgesetzten schwer zugänglich. Woran lag der fehlende Einsatzwille? War der Streifenpolizist ‚nur' faul und bequem? War er von seiner Arbeit überfordert? Oder hatte er möglicherweise Probleme im privaten Bereich? Alle Spekulationen für den Dienst nach Vorschrift liefen ins Leere. Gespräche zwischen dem Mitarbeiter und seinem Vorgesetzten gestalteten sich schwierig, weil er selbst sein Arbeitsverhalten keineswegs als ungenügend empfand: ‚Was haben Sie denn? Ich erledige doch alle Aufgaben, die mir übertragen werden. Schichtdienst, Überstunden, schlechte Bezahlung, da kann es schon mal vorkommen, dass man nicht so gut drauf ist.'

Dem Polizisten war durchaus klar, dass seine Vorgesetzten ein höheres Maß an Leistung und Engagement erwarteten. Weil er seine Arbeit aber als Maloche und Mühsal erlebte, war es für ihn unverständlich, dass er auch noch engagiert bei der Sache sein sollte. Das musste doch auch sein Chef verstehen! Der stellte fest, dass er sehr wenig über seinen Mitarbeiter wusste. Auch die unmittelbaren Kollegen des Polizisten konnten keine weitergehende Auskunft über ihn geben. Nur einem Polizeimitarbeiter war aufgefallen, dass der griesgrämige Kollege in den Pausen intensiv in Computerzeitschriften las und dabei nicht gestört werden wollte. Diese Verhaltensbeobachtung zeigte eine andere Seite des Beamten. Im Gegensatz zur fehlenden Leistungsbereitschaft während der Arbeit gab es offensichtlich einen Bereich, in dem sich der Polizist ganz anders verhielt, nämlich interessiert und motiviert: ‚Den bewegt ja doch was!'

Diese Erkenntnis des Chefs führte zu folgendem Plan: Zunächst erkundigte er sich nach Möglichkeiten für Computerarbeitsplätze im Innendienst. Im Bereich der Netzwerktechnik gab es tatsächlich Personalbedarf. Da Spezialisten für diese Tätigkeit knapp und teuer waren, war die EDV-Abteilung dazu bereit, dem Kollegen aus der Streife eine Chance zu geben. Als dieser die berufliche Veränderung in Aussicht gestellt bekam, war er zunächst völlig überrascht, willigte aber spontan in den Tätigkeitswechsel ein und fand sich anschließend sehr rasch in seinem neuen Arbeitsumfeld zurecht. Kein Wunder, denn jetzt hatte er ja eine Tätigkeit, für die er sich schon immer interessiert hatte. Der ehemalige Streifenpolizist war wie ausgewechselt. Selbst die Beziehung zu seinen Kollegen verbesserte sich zusehends, denn nun konnte er sich mit seiner Fachkenntnis einbringen. Und er erlebte etwas, was er wohl selbst gar nicht für möglich gehalten hatte: Arbeit muss nicht als Pflicht und Maloche erlitten werden, sondern kann durchaus spannend und anziehend sein.

388 Cube et al. (2003), S. 161 f.

Der Begriff **Motivation** ist nicht nur in der Arbeitswelt, sondern auch im alltäglichen Sprachgebrauch präsent. Trotzdem besteht wenig Klarheit darüber, was Motivation genau ist. Aufgrund ihres psychologischen und prozessartigen Charakters ist sie begrifflich schwer zu fassen. Es fällt allerdings auf, dass als Erklärungsgröße für besondere Leistungen oder Misserfolg in Leistungssituationen fast immer die Motivation herangezogen wird – sowohl im beruflichen als auch privaten Kontext.[389] Motivation scheint die Triebkraft zu sein, die Menschen dazu bewegt, ein bestimmtes Verhalten zu zeigen. Dabei kann man davon ausgehen, dass Menschen ein angeborenes Streben nach Wirksamkeit besitzen, in ihrem Leben also etwas gestalten oder erreichen wollen.[390] Dies gilt auch für die Arbeits- und Organisationswelt, die ja ein wesentlicher Bestandteil des Lebensweges fast aller Menschen sind.

10.1 Bedeutung für die Führung

Wie beschrieben, werden auch in Organisationen und Unternehmen Leistungen meist in Verbindung mit der Motivation der Organisationsmitglieder bzw. Mitarbeiter gesehen. Nicht zufriedenstellende Leistungen werden entsprechend auf mangelnde Motivation, also auf unmotivierte Mitglieder bzw. Mitarbeiter, zurückgeführt. Es besteht eine große Übereinstimmung bei Führungskräften darüber, dass es gilt, Motivation zu fördern oder, anderen Meinungen[391] zufolge, die bestehende Motivation der Mitarbeiter nicht zu beeinträchtigen.

Organisationen – und dabei ist auch die Polizeiorganisation nicht ausgenommen – sind nicht immer so gestaltet, dass sich die Eigenmotivation der Mitarbeiter automatisch voll entfalten kann. Es besteht ein Spannungsfeld (siehe Abb. 16) zwischen der Organisation sowie den an die Organisationsmitglieder gestellten Anforderungen einerseits und dem Individuum, also dem Mitarbeiter mit seinen individuellen Neigungen, Vorlieben sowie Bedürfnissen und Motiven andererseits.[392] Es liegt gewissermaßen in der „Natur der Sache", dass aus den Gegensätzlichkeiten zwischen Organisation und Individuum häufig Spannungen und Konflikte resultieren, die sich auch auf das Engagement der Mitarbeiter für die Organisation auswirken.

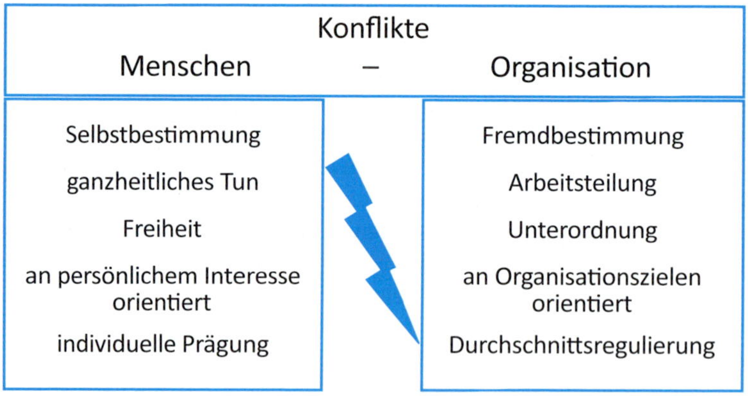

Abbildung 16: Konflikte zwischen dem Menschen und der Organisation (vgl. Deeg und Weibler 2008, S. 15; Rosenstiel 2003, S. 13)

389 Vgl. auch Comelli & Rosenstiel (2009).
390 Vgl. z.B. Heckhausen & Heckhausen (2006); Cube et al. (2003).
391 Vgl. Sprenger (2005).
392 Vgl. Deeg & Weibler (2008).

Da sich Eigenmotivation in Organisationen nicht unbedingt von selbst entwickelt, ist es wichtig, über inspirierende Motivation in Führungsbeziehungen nachzudenken. Es ist Aufgabe von Führungskräften, sich der skizzierten Spannungsfelder bewusst zu sein und Motivationsprozesse in Gang zu setzen bzw. zu befördern.[393] Wir möchten dafür sensibilisieren, dass es darauf ankommt, eine möglichst gute Passung zwischen den organisationalen und individuellen Ansprüchen zu erreichen und – wo dies nicht möglich ist – zumindest ausgleichend und individuell fördernd zu agieren.

Mit den nachfolgenden Ausführungen gehen wir über das Verständnis von Motivation in Kapitel 6 hinaus. Dort wurden die Inhaltstheorien von Motivation und deren Bezug auf die Bedürfnisse der Menschen dargestellt. Es wurde aufgezeigt, wie bedürfnisgerechte Anreize die Motivation beeinflussen und dass Bedürfnisse auch bestimmbar sind, z.B. Anerkennung. Da das Fördern von Motivation allerdings ein anspruchsvolles Anliegen darstellt, sind weitere Ausführungen über die Komplexität von Motivationsprozessen erforderlich. Dabei geht es, unter Bezugnahme auf ein aktuelles Motivationsmodell, um die zentralen Begriffe „Motivation“ und „Volition“ (Wille), die zunächst erläutert werden.

10.2 Wissenschaftlicher Hintergrund

Der Begriff der Motivation geht zurück auf die lateinische Bezeichnung „motivus“ (Bewegung auslösend) oder „movere“ (in Bewegung versetzen), er kennzeichnet also etwas Aktivierendes. Motivation ist ein vielschichtiges Konstrukt und bezieht sich auf unterschiedliche psychische Prozesse, die insbesondere mit der Richtung, Intensität, Form und Dauer von menschlichen Handlungen zu tun haben. Motivation ist ein Sammelbegriff für verschiedene Phänomene, denen, wie Rheinberg ausführt, „[...] die Komponente einer aktivierenden Ausrichtung des momentanen Lebensvollzugs auf einen positiv bewerteten Zielzustand“[394] gemeinsam ist. Die Motivationsforschung beschreibt die verschiedenen Komponenten und prozessualen Verknüpfungen in ihren Wechselwirkungen, bestimmt die Abhängigkeiten sowie die Beeinflussbarkeit und klärt deren Auswirkungen auf Erleben und Verhalten auf.[395]

Ein grundlegendes Ergebnis ist, dass Motivation weder ausschließlich in der Persönlichkeit eines Menschen verankert ist und damit auch keine überdauernde Persönlichkeitseigenschaft darstellt, noch allein von außen „erzeugt“ werden kann. Allgemein wird von einem Wechselspiel personaler und situationaler Faktoren ausgegangen. Motivation wird als Zustand verschiedener angeregter Motive einer Person verstanden, mit anderen Worten, spezifische Motivation entsteht aus dem Zusammenspiel von Person (Motive/Bedürfnisse) und Situation (Anreize). Diese grundlegenden Zusammenhänge sind im Folgenden als klassisches Grundmodell der Motivation (siehe Abb. 17) visualisiert.

393 Vgl. Weibler (2012).
394 Rheinberg (2007), S. 15.
395 Vgl. Rheinberg (2007), S. 15.

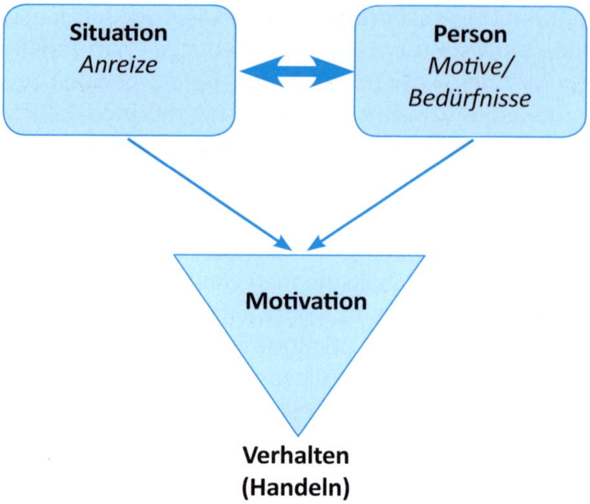

Abbildung 17: Das klassische Grundmodell der Motivation (eigene Darstellung)

Dieses vorgenannte klassische Grundmodell, auf das im Weiteren Bezug genommen wird, beschreibt die Entstehung von Motivation hinsichtlich der Frage, **warum** ein Mensch etwas tun sollte bzw. könnte. Wichtig sind im Weiteren aber vor allem die Erklärungen dafür, zum einen, wann er sich auch im Widerstreit mit anderen Handlungsabsichten für eine konkrete Handlung entschließt (Willensentscheidung), und zum anderen, wann mit einer optimalen Motivation zu rechnen ist bzw. was zu tun ist, um dorthin zu kommen.

Zentral ist der Wille einer Person, der wissenschaftlich auch als Volition bezeichnet wird. Der Wille wird als Kraft umschrieben, die in unterschiedlichen Phasen menschlichen Verhaltens zum Tragen kommen kann.[396] So handelt es sich z.B. in der Phase der Entscheidung für eine bestimmte Handlung um Entschlusskraft, die sich im Erleben als innerer Impuls oder innerer Befehl darstellt. Dieser Gedanke wurde vom sogenannten Rubikon-Modell der Handlungsphasen bei der Motivation aufgegriffen.[397] Der Rubikon ist der Fluss, den Cäsar 49 v. Chr. nach langem Abwägen überschritt, wodurch er unwiderruflich den Bürgerkrieg eröffnete. Die Metapher von der Überschreitung des Rubikon veranschaulicht eine durch das Individuum willentlich herbeigeführte Zäsur und somit die Unwiderruflichkeit einer einmal getroffenen Entscheidung. Der Wille dient dazu, Handlungsabsichten gegen innere Widerstände durchzusetzen. Der Willensbegriff wird hier als Sammelbegriff aller Selbstüberlistungs-Strategien verstanden.[398]

Das komplexere **Kompensationsmodell der Motivation und Volition (KM)** von Hugo Kehr ist unser zentrales Rahmenmodell und Basis der weiteren Darstellungen. Es verbindet die traditionellen motivationspsychologischen Ansätze sowie die Ergebnisse neuerer Volitionsforschung in einem integrativen Ansatz. Dadurch wird es zum einen möglich, die unterschiedlichen Ansätze im Gesamtzusammenhang besser zu verstehen. Zum anderen beruht das Modell auf dem modernen Menschenbild des mündigen, nach (Selbst-)Verwirklichung

396 Vgl. Puca (2009), S. 118.
397 Vgl. Heckhausen (1989); für einen Überblick auch Weibler (2012) sowie die dort angegebene Literatur.
398 Vgl. Kehr (2009).

strebenden Menschen. Von Vorteil ist außerdem, dass das Modell für die Personalführung aufbereitet wurde. Populärwissenschaftlich wird es auch als Schnittmengenmodell von Motivation und Wille bezeichnet.[399] Das KM (Schnittmengenmodell, siehe Abb. 18) ist das Zusammenspiel von drei sogenannten strukturellen Komponenten:

1. implizite Motive/Bedürfnisse
2. explizite Motive/Ziele
3. subjektive Fähigkeiten

Diese drei Komponenten wirken zunächst unabhängig voneinander auf das Motivationsgeschehen. Stimmen alle drei Komponenten überein, entsteht ein Zustand idealer Motivation, der auch als Fluss-Erleben (Flow) bezeichnet wird. Er ist als Überlappungsbereich (Schnittmenge) aller drei Modellkomponenten veranschaulicht.

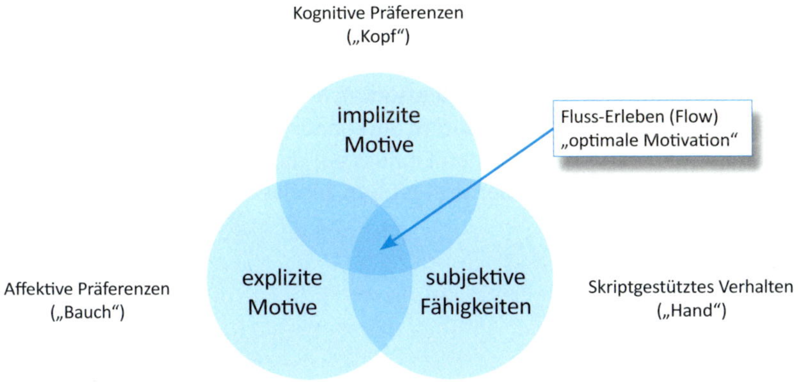

Abbildung 18: Schematischer Überblick des Kompensationsmodells der Motivation und Volition (in Anlehnung an Kehr: 2005, S. 139; 2004, S. 490)

Um das Verständnis dafür zu wecken, wie dieser optimale Motivationszustand gefördert werden kann, werden die Charakteristika dieser drei strukturellen Motivationskomponenten nachfolgend erläutert. Es geht dabei vorwiegend um die impliziten Motive sowie die expliziten Motive, da die Schnittmenge dieser beiden Motivationskomponenten bedeutend ist: In ihrem Überlappungsbereich wird vom Vorliegen einer prinzipiell erwünschten intrinsischen Motivation ausgegangen.[400]

Fangen wir jedoch zunächst bei der dritten Modellkomponente an, den **subjektiven Fähigkeiten**. Im Kompensationsmodell sind die subjektiven Fähigkeiten weit gefasst und beziehen sich auf die objektiv vorhandenen Fähigkeiten und Fertigkeiten einschließlich des aufgabenbezogenen Wissens. Hinzu treten die Selbstwirksamkeitsüberzeugungen einer Person. Gemeint ist damit die subjektive Einschätzung einer Person, dass sie über die zur Bewältigung der Aufgaben erforderlichen Fähigkeiten verfügt (wobei diese Einschätzung von den tatsächlichen Gegebenheiten abweichen kann). Eine positiv ausgeprägte Selbstwirksamkeitsüberzeugung trägt zu Anstrengungsbereitschaft und Beharrlichkeit bei der Aufgabenerledigung

399 Vgl. Kehr (2001).
400 Vgl. Kehr (2009).

bei und erhöht damit die Erfolgswahrscheinlichkeit.[401] Diese Komponente wird bildlich auch als „Hand“ (für das tatsächliche Tun) bezeichnet.[402]

Implizite Motive, die erste Komponente, sind überdauernde charakteristische Dispositionen, die erklären, was Menschen besonders bewegt. Sie sind eher mit dem Unbewussten, Intuitiven und Emotionalen assoziiert, sie werden daher bildhaft dem „Bauch“ zugeordnet (siehe Abb. 18 + 21). Im Folgenden verwenden wir zur Vereinfachung die Begriffe „implizite Motive“ und „Bedürfnisse“ synonym. Diese Motive bewirken, dass Menschen in unterschiedlicher Weise auf bestimmte Situationen reagieren – scheinbar gleiche Situationen allerdings auch unterschiedlich wahrnehmen.[403] Wie es Rheinberg anschaulich beschreibt, stellen Motive daher „[...] so etwas wie eine spezifisch eingefärbte Brille [dar; G. T./J. W.], die ganz bestimmte Aspekte von Situationen auffällig macht und als wichtig hervorhebt“[404]. Die Aufmerksamkeit wird also unbewusst auf die Aspekte gelenkt, die eine Realisierung von impliziten Motiven bzw. Bedürfnissen ermöglichen.

Es wird in der Literatur eine Vielzahl von Motiven bzw. Bedürfnissen angenommen. Nachfolgend werden die drei grundlegend bedeutsamen Motive, das Anschluss-, das Macht- und das Leistungsmotiv (siehe Abb. 19), erläutert. Sie können in fast allen alltäglichen Situationen angeregt werden und haben erheblichen Einfluss auf das Erleben sowie das Verhalten von Menschen. Die Charakteristika dieser drei großen Motive werden in Abbildung 19 dargestellt.

401 Vgl. u.a. Weibler (2012).
402 Vgl. Kehr (2005), S. 133.
403 Vgl. Weibler (2012).
404 Rheinberg (2008), S. 63.

	Anschlussmotiv	Leistungsmotiv	Machtmotiv
Anreizstruktur	Situationen, in denen man neue Kontakte aufbauen und Freunde gewinnen kann und die es ermöglichen, wechselseitig positive Beziehungen herzustellen bzw. zu erhalten.	Situationen, die eine Auseinandersetzung mit einem (internen) Tüchtigkeits- bzw. Gütemaßstab ermöglichen und in denen man seine Tüchtigkeit unter Beweis stellen kann.	Situationen, die es ermöglichen, andere Menschen zu beeinflussen, zu kontrollieren oder zu beeindrucken (z.B. durch Erreichen einer überlegenen Position).
Affektiver Kern und implizite Antriebskraft zur Leistungserbringung	Hoffnung auf Anschluss und das Erleben des Gefühls zwischenmenschlicher Nähe, Gemeinschaft und Geborgenheit; die affektive Vermeidungskomponente ist die Angst vor Zurückweisung.	Hoffnung auf Erfolg und das Erleben des Gefühls von Stolz über die eigene Tüchtigkeit bei der Meisterung herausfordernder Aufgaben; Freude am Kompetenzerwerb zur Optimierung der eigenen Leistungsstärke; die affektive Vermeidungskomponente ist die Furcht vor Misserfolg.	Hoffnung auf Kontrolle und das Erleben des Gefühls der Überlegenheit und Stärke anderen gegenüber sowie das Gefühl der Wirksamkeit (etwas zu erreichen oder zu kontrollieren); die affektive Vermeidungskomponente ist die Angst vor Erfolglosigkeit des eigenen Machtverhaltens (Niederlagen oder Kontrollverlust).

Abbildung 19: Anregungsbedingungen und affektiver Kern der Motive Anschluss, Leistung und Macht (vgl. Weibler 2012 und die dort angegebene Literatur)

Die Beschreibung der jeweiligen Anreizstruktur in der Abbildung umfasst wesentliche Situationsmerkmale, die als Anreize wirken. Der grundlegende Zusammenhang, dass Motive auch äußerer Anreize bedürfen, um verhaltenswirksam werden zu können, wurde bereits beim Grundmodell der Motivation in Abbildung 17 aufgezeigt. Menschen nehmen, wie dargestellt, Situationen je nach individueller Motivausprägung unterschiedlich wahr. Eine stark leistungsmotivierte Person sucht viel häufiger nach Gelegenheiten, ihre Tüchtigkeit zu erproben und zu steigern als z.B. anschlussorientierte Menschen. Leistungsmotivierte Personen erleben diese Gelegenheiten als anregender und wichtiger als z.B. machtmotivierte Personen. Letzteren würden Situationen auffallen, welche ihnen Chancen auf Einflussnahme und Prestigegewinn bieten könnten.[405]

405 Vgl. Rheinberg (2008), S. 62 f.

Wichtig ist, dass die eigentlich motivierende Kraft vom affektiven Kern, der für jedes Motiv spezifisch ist, ausgeht. Dieser affektive Kern entfaltet seine Wirkung dadurch, dass die Erwartung darauf ausgerichtet ist, bestimmte Emotionen erleben zu können (Erwartungsemotionen, z.B. Hoffnung auf Kontakte beim Anschlussmotiv, Hoffnung auf Erfolg beim Leistungsmotiv, Hoffnung auf Kontrolle beim Machtmotiv). Neben dieser Hoffnungskomponente besitzt jedes Motiv eine affektive Vermeidungskomponente, die sich aus dem Nicht-erleben-Wollen von negativen Emotionen ergibt (affektive Vermeidungskomponente oder Vermeidungsmotiv, z.B. Angst vor Zurückweisung, Furcht vor Misserfolg, Angst vor Erfolglosigkeit).

Wie die bisherigen Ausführungen gezeigt haben, gibt es unterschiedliche Antriebskräfte (Motive), die Menschen zur Leistungserbringung im weitesten Sinne anregen. Dabei ist festzuhalten, dass keines der Motive als überlegen oder vergleichsweise wertvoller angesehen wird; jedes Motiv besitzt Vorzüge und Stärken, die in unterschiedlichen Situationen zum Tragen kommen.[406] So können Menschen, die sich bei der Arbeit in gleichen Situationen um gute Ergebnisse bemühen, entweder

- ein gutes Teamklima sowie die Stabilisierung der Beziehungen zu Kollegen anstreben (Anschlussmotiv) oder
- danach streben, sich tüchtig und kompetent zu fühlen, wenn die Erledigung einer herausfordernden Aufgabe besonders gut gelingt oder zur weiteren Steigerung ihrer Qualifikationen beiträgt (Leistungsmotiv), oder
- es auf eine Besserstellung gegenüber den Teammitgliedern, einen Aufstieg oder mehr Kontrolle, aber auch mehr Verantwortungsübernahme absehen (Machtmotiv).

Es sind also unterschiedliche Motive, welche dem „motivierten" Arbeitsverhalten des Einzelnen zugrunde liegen können und die im Übrigen auch hormonelle Korrelate besitzen.[407] Die jeweilige Ausprägung der Motivkonstellation eines Menschen hängt – neben der genetischen Disposition – außerdem von seinen vorwiegend frühkindlichen Lernerfahrungen ab. Implizite Motive erzeugen emotional getönte Präferenzen, die sich in besonderer, unbewusster und positiver Wahrnehmung des jeweils motivspezifischen Anreizes äußern. Sie funktionieren also weitgehend unabhängig von bewussten Denk- und Steuerungsprozessen und sind daher, wie bereits erörtert, im Kompensationsmodell bildlich dem „Bauch" zugeordnet. Da implizite Motive stark mit der unbewussten Bedürfnisstruktur verwurzelt sind, sind sie sprachlich von den betroffenen Menschen nicht ohne Weiteres darstellbar. Implizite Motive können daher nicht direkt „abgefragt", sondern nur indirekt gemessen werden. Dies geschieht etwa durch sogenannte projektive Verfahren, bei denen die Testpersonen zu mehrdeutigen, also unterschiedlich interpretierbaren Bildvorlagen spontane Geschichten erzählen oder niederschreiben sollen. Es wird davon ausgegangen, dass durch die Betrachtung der Bildvorlagen unwillkürlich Gefühle entstehen und die damit verknüpften Motive angeregt werden. Mittels besonderer Auswertungsschlüssel kann dann eine Zuordnung zum Anschluss-, Leistungs- oder Machtmotiv erfolgen.[408]

Da diese Verfahren im Organisationsalltag nicht zur Verfügung stehen, kommt den durch sensible Beobachtung gewonnenen Eindrücken der Führungskräfte besondere Bedeutung zu. Führungskräfte müssen sich bemühen, vor dem Hintergrund der dargelegten Erkenntnis-

406 Vgl. z.B. Kehr (2009), S. 76.
407 Vgl. z.B. Rheinberg (2008); Weibler (2012).
408 Vgl. z.B. Langens et al. (2005); Rheinberg (2008); Weibler (2012).

se festzustellen, welche Aufgabenbestandteile Freude und Zufriedenheit bzw. Lustlosigkeit und Langeweile beim jeweiligen Mitarbeiter auslösen können. Grundsätzlich kann davon ausgegangen werden, dass Mitarbeiter unterschiedliche Akzentuierungen in den Bewertungen von Aufgaben setzen. Diese Zusammenhänge zu kennen sowie darüber hinaus im Führungshandeln zu berücksichtigen, ist eine der Herausforderungen für Führungskräfte.

Explizite Motive bzw. Ziele, also die verbliebene zweite Komponente, stehen für die kognitiven Quellen menschlicher Motivation und damit für Verstand und Rationalität, was bildhaft durch die Bezeichnung „Kopf" veranschaulicht wird (siehe Abb. 18 + 21). Wir verwenden im Folgenden – auch wenn dies streng genommen nicht ganz richtig ist – zur Vereinfachung die Begriffe „explizite Motive" und „Ziele" synonym.

Explizite Motive beziehen sich auf die (ihr bewussten) Selbstbilder einer Person hinsichtlich der selbst zugeschriebenen Motive bzw. Beweggründe. Diese sind dem Bewusstsein zugänglich, verbalisierbar und daher relativ einfach mittels Befragung zu erheben. Führungskräfte können diese expliziten Motive also im Gespräch erkennen, wenn eine gewisse emotionale Sensibilität vorhanden ist. Da explizite Motive, anders als implizite, nach der Frühkind-Phase entwickelt werden, sind sie stärker lernabhängig und eher sozialisationsbedingt.[409] Die Unterschiede zwischen impliziten und expliziten Motiven sind in der folgenden tabellarischen Gegenüberstellung zusammengefasst (Abb. 20).

Implizite Motive (Bedürfnisse)	**Explizite Motive (motivationale Selbstbilder/Ziele)**
• neurohormonal-affektive Grundlage	• kognitive Grundlage
• vorsprachlich früh erworben	• später erworben
• individuelle Unterschiede genetisch verursacht und/oder bedingt durch frühkindliche Erfahrungen	• individuelle Unterschiede sind gänzlich lernabhängig (sozialisationsbedingt)
• unwillkürliche Aktivierung durch motivthematische Reize	• Aktivierung über selbstbezogene Kognitionen (z.B. Selbstaufmerksamkeit, „ego-involvement") sowie selbst eingeschätzte Gründe für eine Handlung
• sorgen für affektive Präferenzen und erscheinen als Wünsche nach Erfahrungen/Erlebnissen („Bauch")	• es entstehen kognitive Präferenzen, die als Ziele oder Pflichten erscheinen („Kopf")
• Verhaltenseffekte sind langfristig	• Verhaltenseffekte sind kurzfristig (und relativ störanfällig)
• Messung durch (teil-)projektive Instrumente mit Bildvorgaben	• Messung durch Selbstberichte (z.B. Fragebogen)

Abbildung 20: Charakteristische Merkmale expliziter und impliziter Motive (vgl. Weibler 2012 sowie die dort angegebene Literatur)

409 Vgl. Kehr (2005); Weibler (2012).

Die Bedeutung der Unterscheidung zwischen impliziten und expliziten Motiven liegt darin begründet, dass diese jeweils mit unterschiedlichem Verhalten in Verbindung gebracht werden:

- Implizite Motive sorgen für spontanes, selbst initiiertes, auch langfristig mühelos und störungsresistent ablaufendes Verhalten (affektive Präferenz).
- Explizite Motive hingegen begründen ein willentlich kontrolliertes, an rationalen Entscheidungen und Bewertungen (z.B. Nutzenbeurteilungen) orientiertes Verhalten (kognitive Präferenz), das häufig kurzfristig und störanfällig ist.

Doch nicht nur in der Qualität des Verhaltens, sondern auch in der Art und Weise der Aktivierung bestehen Unterschiede. Implizite Motive werden ohne bewusste Zielsetzung und Nutzenbeurteilung, also unbewusst, von innen angeregt. In der Arbeits- und Organisationspsychologie spricht man dann von tätigkeits- und aufgabenimmanenten, also intrinsischen Anreizen. In der Motivationspsychologie werden Anreize allgemein als intrinsisch bezeichnet, wenn diese sich aus dem Vollzug der (gefühlsmäßig positiv getönten) Tätigkeit selbst oder den Zielen der Handlungen ergeben.

Die Aktivierung expliziter Motive erfolgt in der Regel über selbstbezogene Kognitionen, z.B. durch Selbstaufmerksamkeit, d.h. Nachdenken über das, was man anstreben sollte, oder durch rational abgewogene Gründe für eine Handlung. Explizite Motive werden daher in der Regel durch sozial vermittelte Anreize wie Anerkennung und Belohnungen, aber auch Bestrafungen (extrinsische Anreize) angeregt. Bei ihrer Entstehung spielen deshalb auch externe Normen sowie Erwartungen anderer eine maßgebliche Rolle. Die extrinsischen Anreize beziehen sich auf das Ergebnis der Tätigkeit oder das, was mit dem erfolgreichen Erreichen eines Handlungsziels nachfolgend verbunden ist, z.B. Entlohnung für eine ansonsten ungeliebte Tätigkeit, Aussicht auf Beförderung, Anerkennung, gute Noten und das Ausbleiben von Nachteilen.[410]

Die Unterschiede zwischen den Motiven werden auch in der praktischen Konsequenz deutlich, wenn man das implizite Leistungsmotiv als ein Beispiel noch einmal genauer betrachtet: Der affektive Kern des Leistungsmotivs ist die Auseinandersetzung mit einem internen Gütemaßstab, d.h., die Person will „immer besser werden" und strebt daher die Vervollkommnung persönlicher Fähigkeiten und Kompetenzen an. Ein so vorhandenes Leistungsmotiv wird daher auch als „Selbstoptimierungsanliegen"[411] verstanden, welches eng mit dem Selbstverwirklichungsbedürfnis[412] verwandt ist. Der Antrieb zum Handeln geht von der Person selbst aus, die durch das Erlernen von Kompetenzen und Fähigkeiten sowie durch den Zugewinn an kompetenzbasierter Beherrschbarkeit von Aufgaben und Umwelt positive Emotionen erleben will und kann. Beim impliziten Leistungsmotiv liegt der Anreiz in den erwarteten positiven Gefühlen, wie z.B. dem Erfolg, der Freude und dem Stolz darüber, eine herausfordernde Aufgabe aufgrund der eigenen Tüchtigkeit bewältigt zu haben.

Etwas vereinfacht zusammengefasst: Aufgrund der rationalen Erkenntnis wird eine Person eine Tätigkeit, die durch extrinsische Anreize und explizite Ziele angeregt wurde, zwar als wichtig erachten, diese aber niemals mit der nachhaltigen Begeisterung, Leidenschaft oder Freude erledigen wie eine Aktivität, die durch intrinsische Anreize und implizite Motive ausgelöst wurde.

---

410 Vgl. Rheinberg (2008).
411 Engeser & Vollmeyer (2005), S. 67.
412 Vgl. Nerdinger (1996), S. 25; Weibler (2012).

Wenn auch durch die bisherigen Ausführungen deutlich geworden ist, dass intrinsischen Anreizen bzw. impliziten Motiven eine besondere Bedeutung zukommt, heißt dies nicht, dass extrinsische Motivation bzw. explizite Motive unwichtig wären. Generell werden Ziele als eine grundlegende Größe für Handlungssteuerung von außen angesehen.[413] „Ziele können als zukünftige, positiv bewertete und angestrebte Ergebnisse des eigenen Handelns verstanden werden."[414] Ziele aktivieren den Menschen für bestimmte Tätigkeiten, sie lenken Tätigkeiten und liefern Bewertungs- und Vergleichsmaßstäbe. Die Wirkung von Zielen bzw. Zielsetzungen ist eine gut untersuchte Thematik in der arbeits- und organisationspsychologischen Forschung, dies zeigt u.a. die Entwicklung einer Reihe von Zielkonzepten.[415] Eine grundlegende und empirisch bestätigte Theorie, die maßgeblich von Locke und Latham entwickelte Theorie der Zielsetzung,[416] soll im Folgenden vorgestellt werden.

Die **Theorie der Zielsetzung** basiert auf der Annahme, dass bewusstes menschliches Handeln eigentlich immer zweckgerichtet und durch individuelle Ziele reguliert ist. Ziele werden dabei als bewusste Annahmen einer Person aufgefasst, die sich auf zukünftige, von ihr angestrebte Handlungsresultate beziehen. In der Zielsetzungstheorie wurde insbesondere die Wirkung von Zielen auf die Leistung untersucht, diese hängt demnach von zwei Faktoren ab:

- der Höhe eines Zieles (Zielschwierigkeit) und
- der Spezifität eines Ziels (Zielspezifität).

So führen herausfordernde Ziele (Zielschwierigkeit) zu besseren Leistungen als mittlere oder leichte Ziele und präzise, spezifische Ziele (Zielspezifität) zu besseren Leistungen als vage Ziele („machen Sie es so gut wie möglich").

Die unmittelbaren Effekte von herausfordernden und spezifischen, also „gut formulierten" Zielen auf die Leistung werden von verschiedenen Moderatoren (Moderatorenvariablen) beeinflusst. Zu den wichtigsten bisher nachgewiesenen Moderatoren zählen:

- Zielbindung:

  Grad, in dem sich die Person dem Ziel verpflichtet fühlt, sich damit identifiziert, es als wichtig einschätzt, den erwarteten Nutzen bewertet. Eine Zielbindung ist die eigentlich motivierende Kraft.[417]

- Aufgabenkomplexität:

  Eher einfache Aufgabenstrukturen (nicht zu verwechseln mit leichten Zielen!) entfalten stärkere Motivation als komplexe Aufgaben, da diese zuerst die Entwicklung von Plänen und Strategien erfordern.

- Selbstwirksamkeit:

  Aufgabenspezifisches Selbstvertrauen, die Aufgaben mit eigenen Fähigkeiten zu bewältigen.

- Feedback:

  Rückmeldungen über den Stand der Zielerreichung. Leistungssteigernde Wirkungen werden durch die Diskrepanz zum angestrebten Ziel erwartet. Maßgeblich ist die Art des

413 Vgl. Kleinbeck (2006).
414 Kehr (2009), S. 31.
415 Vgl. u.a. Nerdinger (1995); Weibler (2012).
416 Locke & Latham (2002).
417 Vgl. Kleinbeck (1996), S. 59.

Feedbacks: Spezifische, aufgabenbezogene Rückmeldungen sind wirksamer als unspezifische, verhaltensbezogene. Auch sozial vergleichende Meldungen lenken die Aufmerksamkeit zur Person und von der Aufgabe ab.

Allerdings bringt die ausschließliche Fokussierung auf die Zielsetzung als Motivation einige negative Effekte mit sich: Es besteht die Gefahr, dass sich zu sehr auf quantitativ Messbares fixiert wird und qualitative Aspekte vernachlässigt werden. Wenn Ziele zu hoch gesetzt werden, erhöht sich die Risikobereitschaft, insbesondere wenn die Zielerreichung eingefordert wird. Kognitive Zielsetzungstheorien beruhen auf dem Menschenbild des sogenannten homo oeconomicus, der rein rational und nur gewinnorientiert handelt, was mittlerweile jedoch als überholt gilt. Bei reinen Zielsetzungskonzepten finden Emotionen und unbewusste Prozesse zu wenig Beachtung, denen mittlerweile stärkere Bedeutung zugemessen wird. Grund für die gestiegene Beachtung sind die vorstehend in Grundzügen dargestellten Forschungsergebnisse, die nahelegen, dass die eigentlich motivierenden Kräfte aus dem Inneren des Menschen kommen und emotional verankert sind. Das heißt, es geht nicht mehr nur um ein Mehr an Motivation, sondern um eine grundlegend andere Qualität der Motivation. Motiviert im Sinne dieser Qualität ist daher nur, wer sich emotional angesprochen und von einer Sache angezogen fühlt. Eine alleinige Fixierung auf eine extrinsische Motivation, z.B. durch Zielsetzung, ist folglich eher kontraproduktiv.

Bis hierher wurden die wesentlichen Prozesse der unbewussten Anregung impliziter Motive und der Prozess der bewussten Zielverfolgung unabhängig voneinander dargestellt. Die Existenz dieser beiden unterschiedlich wirkenden und in verschiedenen Bereichen der Person verankerten Motivsysteme ist mittlerweile gut belegt. In der Literatur spricht man von der Konzeption „dualer Motivsysteme"[418].

Allerdings können „kopflastige Konzepte" die „bauchlastigen Konzepte" auch unterstützen, wie in Abbildung 21 symbolisch dargestellt ist. Dabei stehen die unterschiedlichen Symbole für unterschiedliche Motive, die wiederum in unterschiedlicher Ausprägung vorliegen können.

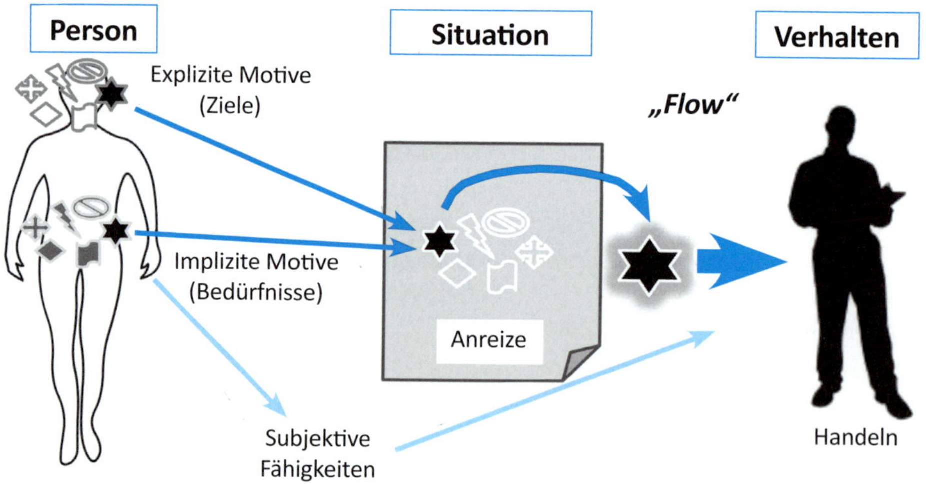

Abbildung 21: Motivation: Interaktion von Person (Motive/Ziele) und Situation (Anreize) (eigene Darstellung)

418 Vgl. Weibler (2012).

Der Stern im Bauchbereich symbolisiert das am stärksten ausgeprägte implizite Motiv. Die Person nimmt in ihrer Umwelt daher am stärksten diejenigen Reize (als explizite Motivationsquelle) wahr, die zu ihrem impliziten Motiv passen. Es sind allerdings ebenso Konstellationen denkbar, in denen innere und äußere Motive im Widerspruch stehen und es nicht klar erkennbar ist, welche der beiden Motivlagen bestimmte Entscheidungen jeweils beeinflussen. Die Bezeichnung „duale Motivsysteme" verweist also darauf, dass nicht selten widersprüchliche Motivkonstellationen (Motivdiskrepanzen) vorkommen.

Es gibt aber auch eine Reihe von Befunden[419] darüber, dass bei einer Übereinstimmung von impliziten und expliziten Motiven, also im Überlappungsbereich der Kreise (siehe Abb. 18), eine motivational besonders harmonische und positive Konstellation vorzufinden ist. Für das Führungshandeln bedeutet dies, die Zusammenhänge zu kennen, diese im Organisationsalltag analysieren zu können und den optimalen Motivationszustand anzustreben, um das „Fluss-Erleben", den Flow, zu erreichen.

10.3 Integration in die polizeiliche Führungspraxis

Wie zum Abschluss des vorstehenden Abschnittes ausgeführt, ist der zentrale Gedanke des Kompensationsmodells, eine möglichst große Übereinstimmung der drei Motivationskomponenten implizite Motive, explizite Motive (Ziele) und subjektive Fähigkeiten zu erreichen. In Abbildung 22 ist dieser Idealzustand mit dem Sektor „a" gekennzeichnet. Als Beispiel aus dem Polizeibereich kann die Mitarbeit in einer Projektarbeit oder einer Sonderkommission genannt werden. Auch in der Allgemeinen Aufbauorganisation finden sich Arbeitsbereiche, in denen häufig eine Passung vorliegt, sei es die Arbeit im Ermittlungsdienst, Streifen- und Wachdienst, in der polizeilichen Bildung, Prävention oder Polizeitechnik. Zu bedenken ist allerdings, dass in der Langzeitbetrachtung eine Passung alleine nicht ausreicht. Auch ideal motivierte Mitarbeiter wollen gefördert werden und suchen nach neuen Entwicklungsmöglichkeiten.[420]

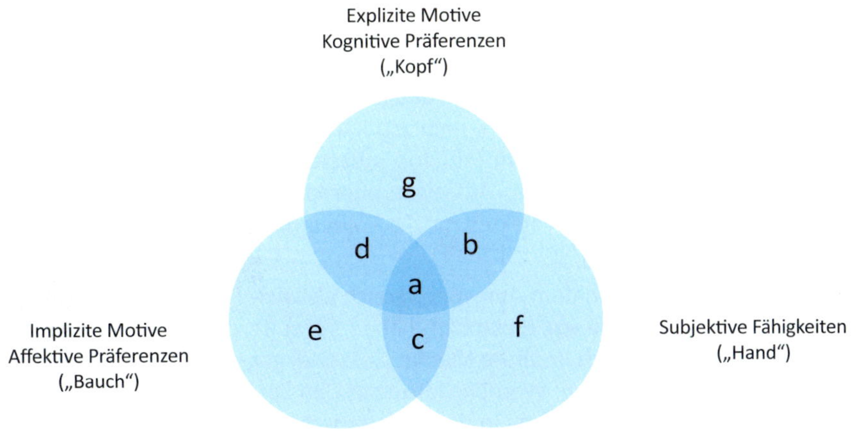

Abbildung 22: Verwendung des Kompensationsmodells als Führungsinstrument (modifiziert nach Kehr 2005, S. 142)

419 Vgl. Weibler (2012), S. 199 und die dort genannte Literatur.
420 Vgl. Kehr (2005), S. 146.

Es liegt nahe, dass die Anwendung des Modells in der Praxis zunächst eine Analyse erfordert, um zu erkennen, in welchem Bereich die Konstellation der Motivationskomponenten bei den jeweiligen Mitarbeitern lokalisiert werden kann. Mit anderen Worten: Die Führungskraft muss die impliziten Motive, die expliziten Motive (Ziele) und die subjektiven Fähigkeiten (z.B. Problemlösungseffizienz) der Mitarbeiter bestmöglich einschätzen. Neben der sensiblen Beobachtung können dabei die sogenannten Proxy-Variablen[421] hilfreich sein. Hierbei geht es darum, durch gezielte Fragen die drei Komponenten der Motivation zu prüfen, weshalb dies von Kehr auch die „3-K-Prüfung" genannt wird. Die Fragestellungen, bezogen auf die drei angesprochenen Bereiche, können beispielhaft etwa die Folgenden sein:

1. Affektive Präferenzen bzw. implizite Motive: Ob die Aufgabenerledigung Spaß oder Freude bereiten könnte, ob Ängste oder ungute Gefühle aufkommen.
2. Kognitive Präferenzen bzw. explizite Motive: Ob die Aufgabe als wichtig erachtet wird, wie wichtig sie für den Betroffenen ist.
3. Subjektive Fähigkeiten: Ob der Mitarbeiter sich die Aufgabe zutraut, sich ihr gewachsen fühlt oder noch Bedarf an Fortbildung sieht.

Es ist evident, dass diese Art der Kommunikation eine Vertrauensbasis erfordert, also nur in Führungsbeziehungen realisiert werden kann, in denen sich die Gesprächspartner schon länger kennen und sich einschätzen können.

Anhand eines fiktiven, aber in der Praxis möglichen Beispiels sollen nun die verschiedenen Konstellationen diskutiert werden, die sich aus der vorgenannten Erhebung mittels der „3-K-Prüfung" ergeben können. Das Beispiel bezieht sich darauf, dass Mitarbeiter in eine Projektgruppe für grenzüberschreitende polizeiliche Zusammenarbeit in der EU umgesetzt werden sollen und dies eine Betrauung mit neuen Aufgaben bedeutet. Die nach vorgeschlagener Art und Weise durchgeführten Gespräche, unterstützt durch andere Erkenntnisquellen, könnten Folgendes ergeben: Ein Mitarbeiter bringt die nötigen Fähigkeiten wie Sprachkenntnisse sowie Stabs- und Projektarbeit mit (subjektive Fähigkeiten, Sektor f) und hat auch Interesse an dem Aufgabengebiet (implizites Motiv, Sektor e), im Ergebnis liegt also eine Überschneidung im Modell im Sektor c vor (siehe Abb. 22). Was jedoch fehlt, ist ein Nutzen, der von dem Mitarbeiter auch als solcher gesehen wird. Die Aufgabe wird, so die individuelle Bewertung, in der Organisation nicht als wichtig erachtet, und in der Regel stellen Abordnungen in einen anderen Bereich, besonders ins Ausland, eher ein Karrierehindernis dar (Fehlen expliziter Motive, fehlender Sektor g). In diesem Szenario müssten Maßnahmen zur Erhöhung der Zielbindung ergriffen werden, z.B. das Aufzeigen alternativer Karrierepfade oder die Verdeutlichung der Wichtigkeit des Projektes für die Polizei, damit der idealtypische Sektor a erreicht werden kann.

Sehen Mitarbeiter die Arbeit in dem Aufgabenbereich als wichtig und sogar karrierefördernd an, liegen explizite Motive vor (Sektor g); haben sie außerdem Spaß an der Arbeit in einer solchen Gruppe, sind auch implizite Motive (Sektor e) gegeben, insgesamt gibt es also eine Überschneidung im Sektor d. Werden Defizite in den Sprachkenntnissen gesehen, die objektiv tatsächlich oder nur subjektiv in der Selbsteinschätzung vorliegen, fehlt die Übereinstimmung mit den subjektiven Fähigkeiten (Sektor f). Im erstgenannten Fall kann durch gezielte Fortbildung das Defizit ausgeglichen werden, im zweiten Fall sollte die Führungskraft

421 Vgl. Kehr (2005), S. 141.

ermutigen oder durch Fremdeinschätzung darlegen, dass die Selbsteinschätzung zu negativ ist, damit der Sektor a erreicht werden kann.

Am herausforderndsten dürfte folgende Konstellation sein: Den Mitarbeitern fehlt die Lust, in einem solchen Projekt zu arbeiten, oder sie haben diffuse Ängste, das Anliegen wird also in keinem Fall durch implizite Motive unterstützt (fehlender Sektor e). Es steht aber sowohl in der Fremd- als auch Eigeneinschätzung der Mitarbeiter fest, dass alle erforderlichen Fähigkeiten vorliegen (subjektive Fähigkeiten, Sektor f) und die Wichtigkeit und Akzeptanz der Aufgabe in der Organisation sowie aus Sicht der Mitarbeiter hoch ist (explizite Motive, Sektor g) – im Modell läge demnach der Sektor b vor. Hier gilt es nun, die zugrunde liegenden Ursachen für die Nicht-Passung im Einzelnen zu erkennen und bei den impliziten Motiven anzusetzen, um den Sektor a zu erreichen. Damit geht das vorgestellte Kompensationsmodell weiter als z.B. die Ansätze der situativen Führung, wie das Reifegrad-Modell nach Hersey und Blanchard.[422] Bei der situativen Führung würde nicht weiter nach den emotionalen Dimensionen gefragt, das Motivationsdefizit bliebe deshalb unentdeckt.[423] Das Kompensationsmodell legt nahe, sich dem Bereich der impliziten Motive zuzuwenden. Es bietet zwar mit „metavolitionalen und metamotivationalen Strategien" auch Lösungsansätze an, diese erscheinen uns jedoch zu kompliziert für den polizeilichen Führungsalltag, weshalb sie hier nicht weiter vorgestellt werden.

Auf praxisorientierterem Niveau scheinen uns folgende Hinweise zu sein: Wenn Führungskräfte erkennen, ob die jeweiligen Mitarbeiter eher leistungs-, macht- oder anschlussorientiert sind, sollten sie versuchen, die „kalt" erscheinenden expliziten Ziele mit positiven, „warmen" Erwartungen, also Emotionen, hinsichtlich der individuellen affektiven Kerne der Mitarbeiter zu verbinden. Für Leistungsorientierte könnte dies z.B. das Belegen der anspruchsvollen und die Fähigkeiten fördernden Arbeit sein, für Machtorientierte die Möglichkeit des Aufstiegs durch Beförderungen und für Anschlussorientierte das Aufzeigen der teamorientierten Aufgabenstellung und des guten Gruppenklimas. Dabei geht es nicht um eine Manipulation des Mitarbeiters aus kühlem Macht- oder Nutzenkalkül, sondern um die tatsächliche Koppelung der Organisationsinteressen mit seinen persönlichen Zielen und Motiven.

Sollten sich die Defizite, also die „Nichtpassung" von Mitarbeiter und Aufgabenstruktur auf zu viele Aufgaben beziehen oder langfristiger Natur sein – und dies wird in der Praxis anzutreffen sein –, ist es (nicht nur ethisch) geboten, weitere gravierendere Maßnahmen der Arbeitsgestaltung einzuleiten.[424] Dies kann im Bereich der Polizei eine Versetzung in andere Arbeitsbereiche bedeuten oder als letzte Möglichkeit – bei der Polizei nur bei jüngeren Mitarbeitern realistisch – eine Trennung, weil Person und Organisation absolut nicht zusammenpassen.

Wichtig ist in diesem Kontext die Herausstellung, dass eine hundertprozentige Passung als Idealbeschreibung anzusehen ist und im Arbeitsalltag eher im Ausnahmefall erreicht wird. Entsprechend werden immer Abweichungen vom Ideal zu konstatieren sein, d.h., es treten Diskrepanzen bei den Motiven und Motivierungslücken auf. Diese müssen durch Volition, also durch Willenskraft des Einzelnen, ausgeglichen werden. Führungskräfte sollten sich

422 Hersey & Blanchard (1982).
423 Vgl. Kehr (2011).
424 Vgl. Kehr (2005), S. 146.

aber nicht darauf verlassen, dass Mitarbeiter in hinreichendem Ausmaß über volitionale Kompetenzen (Energien) verfügen, da diese stets endlich sind. Eine entsprechende Überforderung führt theoriegemäß langfristig zu Minderleistungen und körperlichen wie geistigen Erschöpfungszuständen. Deshalb empfiehlt es sich, die Qualifikation der Mitarbeiter für die Aufgabenbewältigung zu optimieren. Daran kann man in der Praxis erfolgreich arbeiten, u.a. durch Fortbildungen, Trainings, Coaching, Mentoring, Netzwerkbildungen, aufgabenbezogenes Feedback und Bereitstellung ausreichender Ressourcen (Material, Budget, Informationen). Bei wahrgenommener und akzeptierter Qualifikation auch für schwierige und herausfordernde Aufgaben wird es Mitarbeitern leichter fallen, den Willen zur Bewältigung der Aufgaben erfolgreich bzw. erfolgversprechend umzusetzen.

Zur Illustration der geschilderten Problematik verweisen wir auf das eingangs des Kapitels gewählte Fallbeispiel „Von der Streife zum Netzwerk“[425], das die Schilderungen einer Polizeidirektorin über einen „schwierigen Mitarbeiter“ wiedergibt. In diesem Fallbeispiel werden einige der angesprochenen motivationalen Probleme und entsprechende Lösungsmöglichkeiten deutlich.[426]

---

425 Cube et al. (2003), S. 161f.

426 Vgl. weiterführend Cube et al. (2003).

11 Vorbild

Wenn das Verhalten des Vorbildes nicht vorbildlich ist

Der achtunddreißigjährige Diplom-Psychologe und Regierungsoberrat Alois O. ist Leiter der Organisationseinheit „Nachwuchsgewinnung, Öffentlichkeitsarbeit und taktische Kommunikation" des Polizeipräsidiums Y-Stadt. Die junge Mitarbeiterschaft besteht aus Angestellten und Beamten im Alter von 22 bis 32 Jahren beiderlei Geschlechtes.

Alois O. ist ein hervorragender Kommunikator und aktiv bei jedem dienstlichen Einsatz dabei, er behält auch in turbulenten Situationen den Überblick. Er ist sehr innovativ, fordert, aber fördert auch seine Mitarbeiter. Er bietet Hilfestellungen bei persönlichen Problemstellungen an und ist ein gesuchter Berater. Er organisiert auch Feste für die Organisationseinheit, bei der als Barmixer und DJ auftritt, die Feste werden hinter vorgehaltener Hand als legendär bezeichnet.

Alois O. erfreut sich offensichtlich großer Anerkennung in der Gruppe und ist anerkannter Leitwolf. Eines Tages fragt er eine ledige Angestellte, ob sie nicht aufsteigen wolle in der Karriereleiter, und bietet ihr dazu ein Gespräch an. Dieses Gespräch wird in den nächsten Tagen mehrfach verschoben, woraufhin er der Angestellten anbietet, sie solle doch nachmittags auf dem Nachhauseweg einfach bei ihm im Apartment am Stadtrand vorbeischauen, dann habe man endlich Ruhe und Gelegenheit, die Angelegenheit zu besprechen. Als die Mitarbeiterin in der Wohnung ist, bietet er ihr einen seiner berühmten Cocktails an, welchen die Angestellte auch akzeptiert. Als sie zum Ende des Gesprächs gehen will, fordert der Regierungsoberrat sie auf, in seiner Wohnung zu übernachten. Als die Angestellte dies ablehnt, droht er, die örtliche Polizeidienststelle zu informieren, dass sie nach dem Genuss von Alkohol noch Auto fahren will.

Die Mitarbeiterin vertraut sich in den nächsten Tagen einigen Angehörigen der Organisationseinheit an. Anfangs halten diese zu ihrem Vorgesetzten, doch dann erzählen zögernd einige Kolleginnen ähnliche Erlebnisse. Die Angestellte fasst sich ein Herz und wendet sich an den nächsthöheren Vorgesetzten. Als dieser der Sache nachgeht, bricht innerhalb kurzer Zeit das Bild der vorbildlichen Führungskraft zusammen – es folgen Disziplinarverfahren und die Versetzung in eine andere Dienststelle.

Es ist immer wieder zu beobachten, dass sich Personen in Gruppen hervorheben, von den Anderen als ausgesprochen kompetent und präsent erlebt werden, sie beeindrucken. Manche Menschen haben eine so starke Ausstrahlung, dass andere sie als **Vorbild** nehmen, ihnen nacheifern, auf ihre Ratschläge hören, ihre Meinungen teilen, sogar Gefolgschaft leisten. In einer fast mythischen Überhöhung kann man von „Spellbinders"[427] reden, die andere Menschen in ihren Bann schlagen.

Im Einzelfall kann dies viele Gründe haben. Wir möchten hier jedoch drei in der Literatur umfassend besprochene Bereiche aufgreifen, die mit der Vorbildwirkung von Führungskräften in Verbindung gebracht werden. Zum einen ist dies **persönliche Ausstrahlung**, die unter besonderen Umständen eine charismatische Führungsbeziehung begründen kann. Zum

427 Jemand, der andere Menschen faszinieren, fesseln kann; spell = Bann, Zauber; binder = Binder nach Neuberger (2002), S. 143.

zweiten ist es die **Authentizität**, die einer Person zugeschrieben wird, und zum dritten die **Integrität**, die durch unmittelbaren Kontakt erfahrbar wird. Gemeinsam ist diesen Faktoren, dass sie zu den Phänomenen gehören, die man im Alltag als evident erlebt, die sich einer exakten, gar wissenschaftlichen Bestimmung jedoch ein Stück weit entziehen.

11.1 Persönliche Ausstrahlung

11.1.1 Bedeutung für die Führung

Da Führung in weiten Teilen Beeinflussung anderer Menschen ist, ist es schon interessant zu erfahren, unter welchen Bedingungen ein erfolgreicher Einfluss wahrscheinlich oder weniger wahrscheinlich ist. Die jüngere Forschung zeigt, dass – wie es aufgrund der Alltagsbeobachtung zu erwarten war – auch in Organisationen Emotionen eine große Bedeutung besitzen.[428] Ein bedeutender Auslöser für Emotionen ist die Ausstrahlung einer Person auf andere. Dies betrifft auch Situationen im Alltagsleben, wo z.B. die Präsenz einer anderen Person als angenehm erlebt wird und beim Gegenüber die Bereitschaft wächst, intensiv mit dieser Person zusammenzuarbeiten.

Im Verhältnis zwischen Führungskräften und Mitarbeitern ist es im Prinzip nicht anders. Damit soll nicht behauptet werden, dass viele Führungskräfte diese Ausstrahlungskraft haben, sondern dass diese wie die meisten Menschen in jener Hinsicht als durchschnittlich erlebt werden. Richtig ist aber auch, dass Personen, die es verstehen, in einer Führungsbeziehung durch ihre Ausstrahlung Einfluss zu gewinnen, damit positive Emotionen generieren und eine höhere Wirkung auf Leistungsbereitschaft und Einstellung zur Organisation haben. Deshalb ist es bedeutsam zu erfahren, wie sich dies ausnimmt.

Wir wählen an dieser Stelle zur Verdeutlichung gleich das Extrem, nämlich die häufig genannte charismatische Führungsbeziehung. Charisma kommt aus dem Griechischen und ist aus „charis" (Gnade) und „ma" (Geschenk, Gnade) zusammengesetzt. Charismatische Führung wäre damit so etwas wie eine begnadete Führung. Der Begriff ist in Deutschland allerdings nicht unverfänglich, wie auch Neuberger[429] ausführt.

11.1.2 Wissenschaftlicher Hintergrund

Als der deutsche Soziologe Max Weber im Zuge seiner Herrschaftssoziologie zu Beginn des 20. Jahrhunderts den Begriff Charisma in die wissenschaftliche Literatur einführte,[430] war noch nicht abzusehen, welche Bedeutung dies Jahrzehnte später für die Führungslehre haben würde. Max Weber hatte das Anliegen, drei Formen von als legitim erlebter Herrschaft zu beschreiben und durch historische Betrachtungen anschaulich zu erklären. Er grenzte den Begriff Macht von Herrschaft dadurch ab, dass Macht als Chance verstanden wird, seinen Willen auch gegen Widerstand durchzusetzen, während Herrschaft über Akzeptanz oder Geltung eines Anspruches legitimiert ist. Als legitime Herrschaftsformen sah er neben der traditionalen (Monarchie) und der legalen (Verwaltung) Herrschaft auch eine Herrschaft, die Anspruch auf Gefolgschaft durch Charisma begründete bzw. generierte. Max Weber sah Charisma als eigenschaftsorientiert, d.h. als ein Vermögen, welches einer Person innewohnt: „Charisma soll eine als außeralltäglich [...] geltende Qualität einer Persönlichkeit heißen, um

428 Vgl. u.a. Küpers & Weibler (2005); Elfenbein (2007); Fischbach & Lichtenthaler 2012.
429 Neuberger (2002), S. 145.
430 Weber (1980/1922).

derentwillen sie als mit übernatürlichen oder übermenschlichen oder mindestens spezifisch außeralltäglichen, nicht jedem anderen zugänglichen Kräften oder Eigenschaften [begabt] oder als gottgesandt oder als vorbildlich und deshalb als »Führer« gewertet wird.“[431]

Diese Art der Herrschaft ist labil und bedarf der steten Bewährung – ein Kriterium dafür wäre z.B. „Wohlergehen für die Beherrschten“. Die Bewährung äußert sich in der Anerkennung durch die Beherrschten, die sich wiederum auf die aus „Begeisterung“ oder „Not und Hoffnung“ geborene persönliche Hingabe stützt.[432] Weber geht von einer besonderen, magischen, übernatürlichen und nicht alltäglichen Qualität der Persönlichkeit aus. Die Person ist auch in der Lage, bestehende Ordnungen zu überstrahlen bzw. sich ungestraft darüber hinwegzusetzen. Folglich wurde das Konzept der charismatischen Führung dafür kritisiert, dass es unklar und dualistisch formuliert sei, einem elitären Individualismus huldige, auf einem vormodernen Gesellschaftsmodell fundiere und besondere (historische, soziale, kulturelle) Bedingungen für das Wirksamwerden von Charisma nicht spezifiziere.[433] Der Verdienst von Weber ist jedoch die Beschreibung des Phänomens charismatischer Führung und dessen Einführung in die Organisationssoziologie.

Die aktuelle Forschung, die verschiedene Facetten und Protagonisten aufweist,[434] basiert hingegen auf einer attributionstheoretischen Position.[435] Demnach ist Charisma ein Wahrnehmungsphänomen, welches innerhalb einer Beziehung zwischen zwei oder mehreren Personen entsteht und darüber hinaus an begünstigende Situationsbedingungen geknüpft ist.

Klein und House beschrieben dies mit folgender Metapher: Wenn „Sauerstoff“ („oxygen“) in der Atmosphäre vorhanden ist und ein „Funke“ („spark“) auf „entflammbares Material“ („flammable material“) trifft, dann wird es ein „Feuer“ („fire“) geben. Dies soll den Prozess des Charismas symbolisieren.[436]

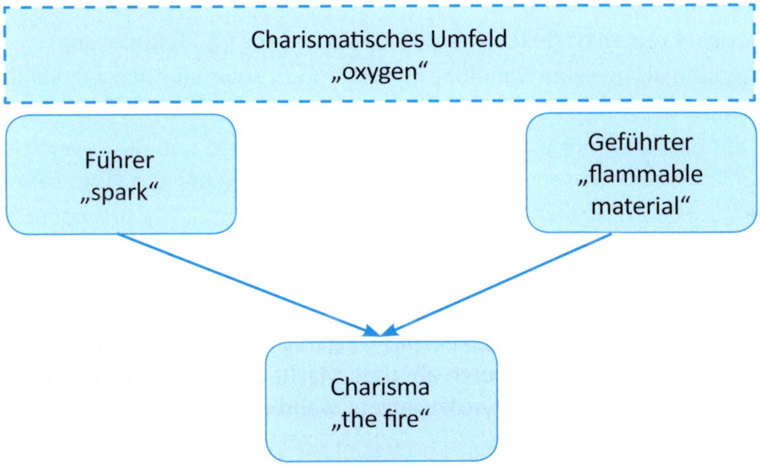

Abbildung 23: Komponenten charismatischer Führung (vgl. Klein/House 1995, S. 186)

431 Weber (1980/1922), S. 140.
432 Vgl. Weber (1980/1922), S. 140.
433 Vgl. Neuberger (2002), S. 149.
434 Vgl. z.B. House (1977); Conger & Kanungo (1988), S. 78–97; zur Übersicht: Conger (2011); Bryman (1992); Steyrer (1999).
435 Vgl. Weibler (2012).
436 Klein & House (1995).

Die Person des Führers („spark“) zeichnet sich aus durch:

- eine Vision, gleichsam den Traum von einer besseren Zukunft
- die Überzeugung einer moralischen Rechtlichkeit und den persönlichen Einsatz dafür
- Selbstvertrauen, Entschlossenheit und Ausdauer (v.a. gegenüber mächtigen Gegnern)
- die Fähigkeit, wichtige Motive bei den Geführten, z.B. das Anschlussmotiv, zu wecken
- eine außergewöhnliche Bereitschaft zum Einsatz
- hohe Erwartungen an die Geführten (z.B. in Bezug auf Entschlossenheit, Ausdauer, Selbstaufopferung, Leistung), gleichzeitig aber auch ein hohes Vertrauen in die Geführten
- ein positives Menschenbild (ist stolz auf Mitarbeiter, lobt sie usw.)
- das Bemühen, zur Entwicklung Geführter beizutragen (z.B. Entwicklung von Kompetenzen, Förderung des Vertrauens in die eigene Leistungsfähigkeit)
- symbolische Verhaltensweisen (z.B. zur Demonstration der eigenen Entschlossenheit)
- positive Selbstdarstellung (z.B. in Bezug auf Kompetenz, Glaubwürdigkeit, Vertrauenswürdigkeit)
- das Vorleben von Visionen und die Vermittlung von Werten
- moralische Integrität (z.B. Fairness, Redlichkeit, Verantwortlichkeit, Übereinstimmung von Worten und Taten)
- außergewöhnliches Verhalten (z.B. in Bezug auf Interaktion oder Innovation)
- anregende Kommunikation, die Botschaften einfallsreich und emotional ansprechend transportiert

Charismatische Führung setzt Geführte („flammable material“) voraus, die bereit bzw. fähig sind,[437]

- Werte vor eine rein materielle Orientierung zu stellen (z.B. Beförderung),
- Selbstinteresse als nur eine Handlungsmotivation zu sehen (neben z.B. Solidarität),
- Selbstachtung als Wert zu begreifen sowie
- Einfluss auf die relevante Umwelt zu nehmen, zu glauben und die Zuversicht zu besitzen, die hieraus erwachsenden Aufgaben bewältigen zu können (sog. Selbstwirksamkeit).

Damit die beiden Komponenten „spark“ und „flammbable material“ auch zur Wirkung kommen, muss das Umfeld für charismatische Führung („oxygen“) gegeben sein: Sie entfaltet sich zumeist in Situationen, in denen viel auf dem Spiel steht – wie etwa die Freiheit eines Volkes (z.B. Mahatma Gandhi als charismatisch erlebter politischer Führer) oder das Überleben einer Unternehmung (z.B. Lee Iacocca als charismatisch erlebter Chrysler-Manager) – oder in allgemeinen heiklen, existenziellen oder auch nur gefährlichen Situationen.[438]

Was sind nun die Erkenntnisse für die Führungslehre? In der Theorie wird die zentrale These formuliert, dass charismatische Führungsbeziehungen Wirkungen zeigen, wie sie keine andere Führungsform je erreichen könnte.[439] So verheißt z.B. Bass – im Zusammenhang mit Transformationaler Führung – eine weit überdurchschnittliche Leistung („performance

437 Vgl. auch House & Shamir (1993), S. 89 f.
438 Vgl. Kim et al. (2002), S. 159 f.
439 Vgl. Conger (2011), S. 88.

beyond expectations")[440] durch charismatische Beeinflussung. House und Shamir haben diesen Effekt mit dem Begriff des Motivationssyndroms bezeichnet. Gemeint ist damit ein „Gefolgschaftsverhalten, das Verhaltensweisen beinhaltet, wie die Bereitschaft, länger zu arbeiten, freiwillig unangenehme und mühevolle Arbeiten zu übernehmen sowie im Interesse der Vision und der Gemeinschaft eigene Interessen zurückzunehmen"[441]. Wichtig zu erwähnen ist, dass die zahlreichen unterstützenden empirischen Befunde unterschiedliche Personengruppen einbeziehen und verschiedene Methoden umfassen, also eine gute Erkenntnisbasis bilden.

Versucht man die vielfältigen, zum Teil enthusiastisch anmutenden Aussagen in der Führungsliteratur zu strukturieren, dann sind es letztlich zwei zentrale Wirkungsweisen, die der charismatischen Führung zugeschrieben werden.[442] Dies sind:

- Leistungsbezogene Wirkungen, d.h., charismatische Führung führt eine fortgesetzte Leistungs-Entgrenzung herbei (Bereitschaft, zeitbezogen extensiver und aufgabenbezogen intensiver zu arbeiten).
- Integrationsbezogene Wirkungen, d.h., charismatische Führung bewirkt eine faktische Konfliktbegrenzung innerhalb der Gruppe der Geführten (Bereitschaft, eigene Ziele zugunsten gemeinschaftlicher Ziele aufzugeben und harmonisch sowie vertrauensvoll mit anderen zusammenzuarbeiten).

Beides sind sicherlich Wirkungen, die auch in der polizeilichen Führungspraxis wünschenswert sind. Und auch wenn es nicht immer die außerordentliche Form einer Ausstrahlung, d.h. die charismatische, ist, so liefert dieser Wissenschaftszweig der Führungslehre doch Anregung dafür, wie die eigene Ausstrahlung verbessert werden kann. Zu beachten ist dabei aber der Kontext: Es sind immer mindestens zwei Personen oder eine Gruppe (Führungskraft und Mitarbeiter) gemeinsam zu betrachten sowie die jeweilige Situation, die hemmend oder förderlich sein kann.

Wir wollen aber in aller Deutlichkeit darauf hinweisen, dass die Faszination für das Charismatische auch ihre Schattenseiten besitzt. Systematisch werden die Gefahren, die eine charismatische Führung in Organisationen zeitigt, unterschätzt. Weibler hat schon 1997 u.a. auf die für Organisationen eigentlich wesensfremde Risikoakkumulation hingewiesen, die durch die Dominanz einer Person entsteht.[443] Häufig wird Charisma so behandelt, als sei es für den Führenden automatisch zu erreichen, wenn nur bestimmte Voraussetzungen vorlägen. Charisma ist hingegen eine höchst fragile, nicht planbare Attribution, und ihre Folgewirkungen sind nicht abschätzbar.

11.1.3 Integration in die polizeiliche Führungspraxis

In den USA wird an der FBI-Academy in Quantico (Virginia/USA) Führungslehre mit einer Diskussion darüber eingeleitet, was Menschen wie z.B. George Washington oder J. F. Kennedy zu großen Führern machte.[444] Hinter dieser Vorgehensweise steht die „Great Man Theory", d.h., man will überdauernde Persönlichkeitseigenschaften von erfolgreichen Führern

440 Bass (1985).
441 House & Shamir (1995); S. 878 f.
442 Vgl. Kuhn (2000), S. 31 f.
443 Vgl. Weibler (1997b).
444 Mündlicher Bericht eines Absolventen der FBI-Academy aus der Polizei Baden-Württemberg an die Autoren (2011).

identifizieren, die dann von den Polizeiabsolventen für deren Führungsalltag verinnerlicht bzw. kopiert werden sollen. Diese Vorgehensweise, die sich in das Gesamtkonzept charismatischer Führung einfügt, ist unseres Erachtens für eine polizeiliche Führungslehre und -praxis nicht geeignet. Es existiert weder ein klares Set von Eigenschaften, was Menschen zu Führungspersönlichkeiten macht und andere zwingend davon ausschließt (und gäbe es dies, verfügte nicht jede polizeiliche Führungskraft über die notwendige persönliche Disposition) noch bietet der Alltag in der polizeilichen Organisation den nötigen Rahmen dafür, sich nur hierauf konzentrieren zu können.

Es sind auch in der Polizei Menschen zu beobachten, die eine gewisse Ausstrahlung haben und andere Menschen für sich gewinnen. Ein Beispiel sind die „grauen Eminenzen" in Organisationseinheiten. Dabei handelt es sich um dienst- und meist auch lebensältere Mitarbeiter der mittleren Führungsebene, die häufig jüngeren Führungskräften unterstellt sind. Die Älteren haben aufgrund ihrer Erfahrung, aber vor allem wegen positiv wahrgenommener Verhaltensweisen und Eigenschaften (Integrität, Wohlwollen, Kompetenz, Konsistenz, Authentizität, Kooperation usw.) im Kollegenkreis eine Gefolgschaft. Dies kann für jüngere Führungskräfte dann ein Problem bereiten, wenn sie es schaffen, zwei Bedingungen zu erfüllen: diese grauen Eminenzen nicht als Partner zu gewinnen und aus offensichtlicher Unerfahrenheit vermeidbare Fehler zu produzieren. Gelingt es dagegen, dies zu vermeiden, können die Älteren der jüngeren Führungskraft zu Akzeptanz und Anerkennung innerhalb der Mitarbeiterschaft verhelfen.

Andere negative Auswirkungen sind vor allem in stark kohärenten Gruppen zu beobachten, z.B. Dienstgruppen im Schichtdienst oder besondere Einheiten. Aus der Praxis sind etliche Fälle bekannt, in denen Führungskräfte solcher Gruppen, die eine besondere Beeinflussungsgabe haben, ganze Organisationseinheiten zu nicht organisationskonformem Verhalten bis hin zu strafbaren Handlungen verleiteten. Bei der Analyse dieser Vorfälle kam neben Faktoren wie fehlender Dienstaufsicht aufgrund zeitlicher oder räumlicher Trennung von unmittelbaren Vorgesetzten sowie katalytischen Effekten wie fehlender Anerkennung, gefühlter Ungerechtigkeit, günstiger (Tat-)Gelegenheiten auch immer hinzu, dass ein Gruppenmitglied – meist der formale Führer der Gruppe – charismatische Eigenschaften aufwies und diese Person die ganze Gruppe „auf die schiefe Bahn" brachte.

Zu beobachten sind auch Führungskräfte auf den oberen Integrationsebenen, wie etwa Behördenleiter, die im Mitarbeiterkreis eine hohe Gefolgschaft im positiven Sinne haben. Diese Führungskräfte haben in der Regel eine Vision, wohin sich die Organisation entwickeln sollte. Sie treten den Mitarbeitern gegenüber berechenbar auf, meist kooperativ. Wenn sie eher autoritäre, aber konsistente Verhaltensweisen zeigen, werden diese jedoch deshalb akzeptiert, da sie zwar als hart, aber fair, angemessen und erforderlich, also nicht willkürlich oder unberechenbar, empfunden werden. Das Verhalten der Führungskräfte ist integer und tadellos, d.h., die geschriebenen und ungeschriebenen Regeln der Organisation werden befolgt.

Wir präferieren in unserem Modell der polizeilichen Führung den Begriff **der persönlichen Ausstrahlung**, können trotzdem aber aus der Charisma-Diskussion lernen, welche positiven Folgen – bei all den angedeuteten Gefahren – damit verbunden sein können.

Führungskräfte sollten allerdings so oder so nie von den Mitarbeitern als „Übermensch" wahrgenommen werden. Man sollte ihnen durchaus in vielen Dingen nacheifern und nachfolgen. Dazu bedarf es aber keiner außergewöhnlichen Begabung, sondern lediglich eines vorbildlichen Verhaltens im tatsächlichen Sinne des Begriffes.

Wenn wir also charismatische Führung eine Stufe tiefer hängen und als vorbildliches Führungshandeln verstehen, besteht kein Zweifel daran, dass wesentliche Merkmale, die einer charismatischen Führungsbeziehung zugeschrieben werden, wie z.B. Mut, situationsangemessene Risikobereitschaft, Respekt und Vertrauen, wünschenswerte Bestandteile einer vorbildlichen Führungsbeziehung sind. Diejenigen, die ein solches Verhalten zeigen, werden eher getreue, aber nicht unbedingt kritiklose Mitarbeiter um sich scharen als diejenigen, die dies nicht realisieren können.

11.2 Authentizität

11.2.1 Bedeutung für die Führung

Das Verlangen nach einer positiven Führung wird häufig artikuliert. Als eine solche positive Form des Führungsverhaltens wurde im angloamerikanischen Raum die „Authentische Führung“[445] in die Diskussion eingeführt. Wir halten deshalb das Bemühen um eine authentische Führung auch im Kontext von polizeilicher Führung für wichtig und richtig. Dabei geht es nicht darum, dass dies den Grundsätzen der von uns präferierten transformationalen und transaktionalen Führungsformen im Sinne von „entweder – oder“ gegenüber steht, vielmehr formulieren wir ein additives „sowohl – als auch“.

Um diese Art der Führung verstehen zu können, betrachten wir zunächst den Begriff der Authentizität etwas genauer: Authentizität bedeutet Echtheit im Sinne von als Original, als unverfälscht empfunden zu werden. Seine Wurzeln hat das Konzept der Authentizität in der griechischen Philosophie: „To thine own self be true“,[446] dies kann mit „zu seinem eigenen Selbst ehrlich sein“ übersetzt werden. Das „Authentische“ und die „Authentizität“ sind seit der Antike verwendete Begrifflichkeiten, die über die Neuzeit bis in die Gegenwart reichen. So werden Menschen als authentisch bezeichnet, die ihrer inneren Stimme folgen, ganz sie selbst sind, also echt, und orientiert an (moralischen) Werten ihren eigenen Weg gehen. Gleichzeitig respektieren sie die Andersartigkeit ihrer Mitmenschen in höchstem Maß und begegnen anderen mit Respekt, Wertschätzung und Toleranz.[447]

Wichtig ist also, dass man seinen eigenen Überzeugungen entsprechend handelt. Noch deutlicher wird dies in den Worten des Drogerie-Markt-Unternehmers Werner: „Authentisch wirkt, wer wirklich danach strebt, in gelassener Selbstführung und aus eigener Kraft und Einsicht zu arbeiten und zu leben.“[448] Dieser Meinung ist auch Schmid: „Nur wer den Umgang mit sich selbst zu gestalten weiß, ist fähig zur Gestaltung des Umgangs mit anderen.“[449]

In Bezug auf Führung haben wir zuvor schon mehrfach aufgezeigt, dass Führerschaft zugeschrieben wird und der Akzeptanz der Geführten bedarf.[450] Die Authentizität der Führungskraft im Führungshandeln könnte ein Ansatz sein, Akzeptanz durch die Geführten zu erreichen. Authentische Führungskräfte kennzeichnet ein hoher Grad an tatsächlich gelebter

445 Vgl. Luthans & Avolio (2003); Weischer et al. (2013).
446 Shakespeare, Hamlet, Akt 1, Szene III.
447 In Anlehnung an Dudàs (2008).
448 Werner (2004).
449 Schmid (2004).
450 Vgl. Weibler (2012).

und wahrgenommener Authentizität, da sie wissen, wer sie sind und an was sie glauben. Sie richten ihre Handlungen an ihren Werten, Überzeugungen und Glaubensvorstellungen aus, agieren nach hohen integren Maßstäben und führen aufgrund einer inneren, wertebasierten Überzeugung. Im Erfolgsfalle bedeutet dies, dass die Geführten durch einen authentisch Führenden positiv beeinflusst werden können. Durch dieses Erlebnis verhalten sie sich wiederum authentisch sowohl gegenüber ihrem Führenden als auch den Kollegen. Damit kann das beidseitig authentische Verhalten sogar in der Lage sein, die Organisationskultur positiv zu beeinflussen.

11.2.2 Wissenschaftlicher Hintergrund

Im Alltag wird der Begriff der Authentizität in vielfältigen Beziehungen und Bedeutungen verwandt. Ob in der Musik, der Werbung oder der Rechtsprechung, in vielen Bereichen wird Authentizität proklamiert. In der Führung ist Authentizität erst seit einigen Jahren zu einem wichtigen und mittlerweile breit erforschten Begriff geworden. Insbesondere die bedeutenden Führungsforscher Bruce Avolio und William Gardner haben sich ausgiebig mit der **Authentischen Führung** beschäftigt. Die von ihnen entwickelte Theorie sowie einige daran anschließende Ideen sollen im Folgenden vorgestellt werden. Allerdings bieten alle Theorien bisher nur Erklärungsansätze, da eine allgemeine Operationalisierung des Authentischen in der Führung bisher noch nicht zufriedenstellend erreicht wurde.

Das bekannteste Modell „Authentischer Führung" wurde erst vor einiger Zeit von Gardner und Kollegen[451] entwickelt und ist im Folgenden abgebildet (siehe Abb. 24):

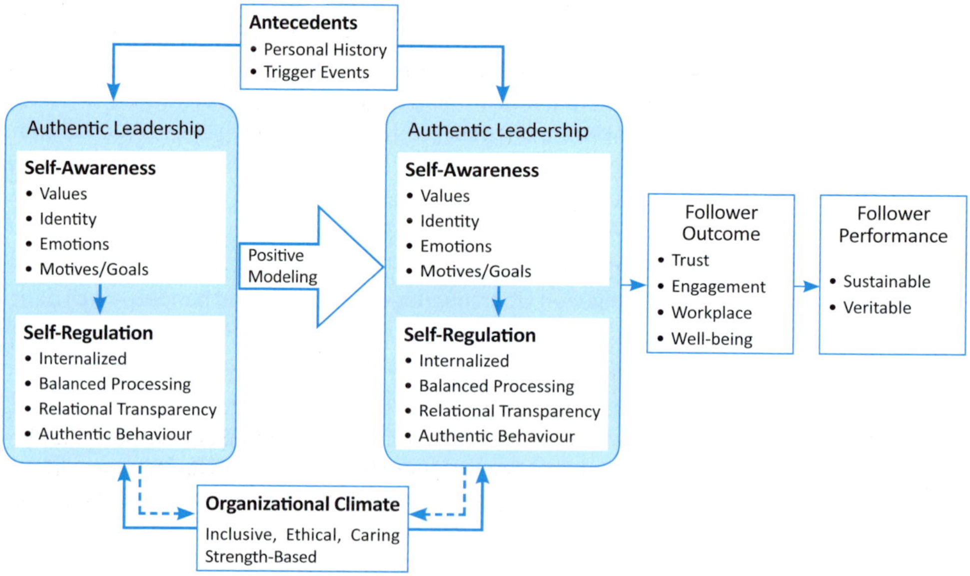

Abbildung 24: Bezugsrahmen „Authentischer Führung" (vgl. Gardner et al. 2005, S. 346)

451 Gardner et al. (2005), S. 346 f.

Hiernach erreicht der Führende Authentizität zuerst durch Selbsterkenntnis („Self-Awareness") und Selbstregulation („Self-Regulation"). Unter Selbsterkenntnis verstehen die Autoren, dass jeder sich Klarheit über seine Identität,[452] Werte, Emotionen, Motive, Ziele und Grundverständnisse verschaffen sollte. Der Prozess der Selbstreflexion wird nie vollkommen abgeschlossen sein. Selbstregulation bedeutet dabei nichts anderes, als dass der Führende seine eigenen Handlungen und Emotionen steuern kann. Damit ist gemeint: Der Führende berücksichtigt für seine Entscheidungsfindung (möglichst) vorurteilsfrei alle Informationen und reflektiert diese in Beziehung zu seinen eigenen Motiven, Werten usw. Erst dann zieht er die entsprechenden Rückschlüsse. Die Informationen gibt ein authentisch Führender dann auch transparent an seine Geführten weiter, sodass diese über die gleichen Informationen verfügen und ihre Rückschlüsse ziehen können. Diese Transparenz im Führungsprozess ist besonders wichtig, damit die Geführten die Handlungen ihrer Führungskraft nachvollziehen und verstehen können.

Die Autoren des Modells sind der Meinung, dass die persönliche Entwicklung die Authentizität maßgeblich bestimmt. Das heißt, dass die individuelle Biographie (Familie, Kultur, Kindheit, Erziehung, Berufserfahrung, Führungserfahrung) besonders entscheidend ist für die eigene Selbsterkenntnis. Gerade die zurückliegenden prägenden Erfahrungen sind für die Entwicklung ausschlaggebend. Wendepunkte im Leben, wie z.B. der Tod eines Elternteils, bestandene oder eben auch nicht bestandene schwierige Prüfungen oder erfolgreiche Führung einer Problemdienststelle determinieren die Entwicklung der eigenen Authentizität nachhaltig. Diese besonders prägenden Einzelereignisse werden auch „trigger events" genannt. In diesem Modell führen Selbsterkenntnis und Selbstregulation dann zu einem authentischen Führungshandeln. Der authentisch Führende agiert dabei als Vorbild für seine Mitarbeiter. Die authentische Beziehung zwischen dem Führenden und den Geführten führt letztendlich dazu, dass die Mitarbeiter der Führungskraft ein größeres Vertrauen schenken. Die positiven Resultate auf Seiten der Geführten sind dann ein Mehr an Vertrauen, Wohlfühlen und Engagement, was zu einer nachhaltigen Leistungsverbesserung beiträgt.

Es muss jedoch beachtet werden, dass sich dieser Prozess in Organisationen im jeweils spezifischen Führungskontext abspielt. Das bedeutet, dass die Strukturen des Unternehmens und die Unternehmenskultur „Authentische Führung" unterstützen oder behindern können. So sind z.B. eine Kultur der Offenheit, Transparenz und Unterstützung förderlich für die Authentizität des Führenden.

Wie wir gesehen haben, gehen Gardner und seine Kollegen von einem Modell der Authentizität aus, das ganz auf das Selbst der beteiligten Personen gerichtet ist. Es geht also um eine nach innen gerichtete Authentizität. Demgegenüber gibt es einen weiteren Forschungszweig der „Authentischen Führung", der sich mit der äußeren Wahrnehmung der Authentizität beschäftigt. Aufbauend auf der Attributionstheorie[453] wird begründet, dass die Authentizität eines Führenden keine Qualität ist, die dieser einfach innehat. Sie kann nur von den Geführten, also von außen, zugeschrieben werden. Wenn die Geführten bestimmtes Führungshandeln bewerten und es mit der Einstellung der Führungsperson im Einklang sehen, wird diese als authentisch wahrgenommen.[454] Wir erkennen, dass es nicht ausreicht, dass Führungskräfte

452 Vgl. Hogg (2001).
453 Vgl. Calder (1977).
454 Vgl. Endrissat et al. (2007), S. 208.

sich ihrer Auffassung nach authentisch gegenüber ihren Geführten verhalten. Entscheidend ist, dass die Geführten selbst das Verhalten als authentisch erkennen. Auch Fields[455] bekräftigt die Bedeutung der Zuschreibung der Authentizität durch die Geführten. Er erklärt, dass sich Authentizität und Integrität eines Führenden nur dann auf seinen (Führungs-)Einfluss auswirken können, wenn diese von den Geführten auch wahrgenommen werden.

Fasst man die vorgestellten Überlegungen zusammen, ergeben sich folgende Erkenntnisse für die Authentizität in kooperativen Führungsbeziehungen:

- Eine Führungskraft sollte sich ihrer eigenen Motive, Emotionen, Stärken und Bedürfnisse bewusst werden, bevor sie im Führungsprozess mit den Geführten interagiert.
- Die Fähigkeit zur Selbstregulation ist wichtig, d.h., die Führungskraft sollte ihrer Position entsprechend handeln; sie sollte alle Informationen vor einer Entscheidung abwägen und diese dabei transparent an die Geführten weitergeben.
- Authentizität muss wahrgenommen werden: Eine Führungskraft sollte sich bewusst sein, dass die Geführten diejenigen sind, die ihre Authentizität beurteilen. Nur ein offener, ehrlicher und moralischer Umgang ermöglicht eine Zuschreibung von Authentizität.

11.2.3 Integration in die polizeiliche Führungspraxis

Bei dem Versuch, das Konstrukt der „Authentischen Führung" auf die polizeilichen Begebenheiten zu projizieren, fällt auf, dass Selbsterkenntnis und Selbstregulation nicht so einfach umgesetzt werden können. Kann Authentizität denn erlernt werden? Und kann Authentizität vermittelt werden?[456]

Es gibt einige Forscher, die die Erlernbarkeit „Authentischer Führung" diskutieren, so könnte z.B. Authentizität in der Aus- und Weiterbildung von Führungskräften vermittelt werden. Küpers[457] schlägt in diesem Zusammenhang ein besonderes Management-Training zur Persönlichkeitsentwicklung vor. Dabei sollen Führungskräfte ihre eigenen Rollen und Wirkungen kennenlernen und bisher nicht gelebte Formen des Authentischen erproben. Seiner Meinung nach kann u.a. die Methode des Mentorings zur Vermittlung des Authentischen beitragen. Allerdings sollte das Mentoring auf längerfristige Sozialisation und persönliche Unterstützung ausgerichtet sein. Förderlich könnten auch gemeinsam entwickelte und gelebte Unternehmensleitsätze sowie eine entsprechende Kultur-, Strategie- und Organisationsgestaltung sein.[458] Endrissat und Kollegen machen darauf aufmerksam, dass die Vermittlung von Authentizität nur durch ein stark personalisiertes Management-Training zum Erfolg führen kann, was für jede Führungskraft ein individuelles Programm voraussetzen würde. Dies liegt daran, dass jede Führungskraft für sich selbst ein Verständnis von Authentizität entwickeln soll. Dabei sollte das Training auf die Vereinbarkeit zwischen eigenen inneren Werten und Arbeitsanforderungen ausgerichtet sein.[459]

Einen interessanten Ansatz zur praktischen Entwicklung von Führungsauthentizität möchten wir hier vorstellen, weil dieser ohne aufwändiges Training auskommt und sozusagen das

455 Fields (2007), S. 196 ff.
456 Vgl. Cooper et al. (2005).
457 Küpers (2006).
458 Vgl. Küpers (2006), S. 353 ff.
459 Vgl. Endrissat et al. (2007), S. 218.

Leben selbst als Quelle des Lernens sieht: Shamir und Eilam konstruierten einen lebensgeschichtlichen Ansatz, den „**lifestories approach**".[460] Ihre Theorie basiert auf der Annahme, dass die Fähigkeit zu einer „Authentischen Führung" stark mit den Geschehnissen zusammenhängt, die ein Führender während seiner Lebensgeschichte als prägend empfindet. Die Lebensgeschichte umfasst berufliche wie außerberufliche Begebenheiten und Entwicklungen. Das bedeutet, dass eine Führungskraft zu Selbsterkenntnis gelangt, indem sie sich zentrale Begebenheiten und Geschehnisse ihrer Lebensgeschichte vergegenwärtigt, wie z.B. die Folgen einer gravierenden Fehlentscheidung und was sie daraus lernte, oder wie sich familiäre Restriktionen auf die Karriere der Führungskraft auswirkten und wie sie damit umging. Wichtig ist, dass der Führende seine Lebensgeschichte nicht für sich behält, sondern Elemente daraus den Geführten anlassbezogen erzählt. Dabei dient die Lebensgeschichte den Geführten als Hinweis zur Bewertung der Authentizität des Führenden. Sie machen sich ein Bild des Führenden, indem sie Auszüge seiner Lebensgeschichte kennen. Zur Weiterentwicklung der Authentizität könnten Führende versuchen, besonders wichtige Begebenheiten aus ihrer Vergangenheit oder ihrem Alltag zu notieren. Diese sehr persönlichen, für ihre Entwicklung aber sehr relevanten Informationen können dann in alltäglichen, hierzu passenden Führungssituationen mit den Geführten durch kurze, auf Führungs- oder Arbeitsprobleme bezogene Erzählungen geteilt werden.[461] Jüngst wurde eine recht positive Erfolgsprüfung dieses Ansatzes vorgelegt. Betont wurde die Art und Weise der Vermittlung lebensgeschichtlicher Erfahrungen, die – wie zu erwarten – zuvorderst Berufserfahrungen sind und vorzugsweise solche, bei denen aus entscheidenden Fehlern gelernt wurde.[462]

Nun möchten wir auf die zwei Hauptelemente der „Authentischen Führung" zurückkommen: **Selbsterkenntnis** und **Selbstregulation** bzw. Transparenz. Wie lassen sich diese in der polizeilichen Führungspraxis fördern? Selbsterkenntnis ergibt sich aus einem beständigen, aufbauenden Prozess während des individuellen Lebenslaufs. Sie beginnt mit der Kindheit und der Erziehung, der Bildung im Jugendalter und geht über Erfahrungen, Erfolge und Misserfolge im privaten und beruflichen Bereich als Erwachsener bis hin zu Beobachtungen und dem Lernen von anderen Menschen während des ganzen Lebens.

Polizeiliche Führungskräfte müssen sich – und dabei unterscheiden sie sich nicht von Führungskräften in anderen Organisationen – zuerst der Prägung der eigenen Identität durch Kindheit und Erziehung bewusst werden. Ohne es an dieser Stelle fachlich vertiefen zu wollen, ist beispielsweise das Bewusstwerden von (auch leichten) neurotizistischen Persönlichkeitsmerkmalen (im Sinne von Eysenck[463]), wie Nervosität oder Unsicherheit, ein Schritt dazu, diese im Führungshandeln nicht zu negativen Effekten führen zu lassen. Bei dem vorgeschlagenen Modell des „lifestories approach" kann dies möglicherweise auch manchmal zu peinlich empfundenen Einsichten führen. So kann z.B. das Streben nach Anerkennung durch eine (über-)fordernde Mutter oder ein Hang zur Perfektion aufgrund einer übergroßen Vaterfigur manches Führungshandeln stark beeinflussen.[464] Diese Kindheitsprägungen sind sicherlich nicht unbedingt Dinge, die man Geführten offenbaren will, sie können aber wertvoll für das Erkennen der eigenen Persönlichkeit sein. Für Erzählungen sind aber durchaus

460 Shamir & Eilam (2005).
461 Vgl. Sparrowe (2005), S. 436.
462 Vgl. Weischer et al. (2013).
463 Eysenck (1970).
464 Vgl. Doppler et al. (2002), S. 182.

bestimmte, prägende Erfahrungen aus der Kindheit und Jugendzeit geeignet, wie das Verarbeiten vom frühen Verlust eines Elternteiles oder positive Erfahrungen, z.B. warum man als Schulsprecher gewählt wurde.

Polizeilich relevanter und damit spezifischer wird es für das Lebensstadium der Ausbildung und Eintritt in den Polizeiberuf. Hier wirkt sich durchaus positiv aus, dass polizeiliche Führungskräfte in der Mehrzahl die gleichen Ausbildungsgänge und -inhalte wie die ihrer Mitarbeiter erfahren haben. Sich darauf zu beziehen, ist für die Geführten deswegen leicht nachzuvollziehen. Somit lässt das Teilen gleicher Erfahrungen und Werte die positiven Wirkungen von Authentischer Führung leichter zur Entfaltung kommen.

In gleichem Zusammenhang ist auch die bevorzugte Arbeitsform in der Polizei, die Teamarbeit sowie die sogenannte Aufstiegslaufbahn zu sehen. Das Darstellen von Erfahrungswerten und Erkenntnissen ist für die Mitarbeiter authentischer, weil klar ist, dass sich der Führende auf die von ihm selbst durchlebte Arbeitswelt des Geführten bezieht.

Ein weiterer Aspekt in der speziellen Betrachtung ist das Gemeinschaftsgefühl, das durch den gleichartigen Berufsweg in der polizeilichen Organisation befördert wird.

Das bisher Gesagte bedeutet nun keinesfalls, dass die Führungskräfte, die auf andere Art zur polizeilichen Organisation gekommen sind, dadurch benachteiligt wären. Im Gegenteil: Das Gegenüberstellen der eigenen Vita und der eigenen Erfahrungen kann nicht nur bereichernd in der Führungsbeziehung wirken, sondern unterstreicht die Authentizität der Person. Es wäre sogar töricht, sich fälschlicherweise so zu geben, als sei man „von der Pike auf“ dabei gewesen. Schnell würde dies erkannt und negativ bewertet werden – ein klassischer Fall des Nicht-Authentischen, wie weiter oben erläutert.

Hinsichtlich zweier Felder der inneren Einstellung sehen wir aktuell und in der nahen Zukunft Anforderungen an die polizeilichen Führungskräfte. Einer der beiden Bezugspunkte betrifft die Einstellung und das Verhalten gegenüber unterschiedlichen Gruppen in der Mitarbeiterschaft im Sinne von Diversity bzw. der Vielfalt im weitesten Sinne. Die demographischen Entwicklungen sowie die fortschreitende Globalisierung werden dazu führen, dass, wie in der gesamten Gesellschaft auch in der Polizei die unterschiedlichsten Gruppen von Menschen arbeiten werden: Alte und Junge, Gesunde und Beeinträchtigte, Menschen verschiedenster ethnischer und kultureller Herkunft, Menschen mit mannigfaltigen politischen Ansichten, verschiedenen religiösen Bekenntnissen und unterschiedlichen sexuellen Orientierungen.[465] Das Bewusstmachen der eigenen Werte und Einstellungen zu diesen Gruppen, das Artikulieren derselben im Sinne einer offenen, toleranten Geisteshaltung wird für Authentisches Führen große Bedeutung erlangen. Der andere Bezugspunkt bezieht sich auf die fortschreitende Internationalisierung der polizeilichen Arbeit. Auch in diesem Feld wird es für Führungskräfte nicht nur darauf ankommen, bei gelegentlichen Kontakten mit ausländischen Kollegen bestimmte interkulturelle Werte im Denken und Handeln zu realisieren, es werden auch vermehrt Führungsaufgaben in inter- oder supranationalen Organisationen wahrzunehmen sein. Es ist anzunehmen, dass authentisches Verhalten auch in anderen Kulturkreisen geschätzt wird. Für Integrität ist dies zumindest nachweisbar.[466]

465 Vgl. Thielmann (2010b).
466 Vgl. Weibler (2009).

Das zweite Hauptelement, das wir im polizeilichen Kontext ansprechen wollen, ist die **Selbstregulierung**. Ein Schlüssel für den Erfolg der „Authentischen Führung" ist **Transparenz**. Damit ist gemeint, dass der Führende die Informationen, die für sein Handeln entscheidend sind, seinen Mitarbeitern zugänglich macht. Für das polizeiliche Führungshandeln ist dies dem Grunde nach nichts Neues, da im KFS das Element Transparenz verankert ist. Zu beachten ist allerdings, dass im KFS nicht unbedingt gefordert wird, die inneren Einstellungen und Werte zu offenbaren, es stehen mehr die organisations- und umweltbezogenen Informationen, die für das Führungshandeln maßgeblich erscheinen, im Fokus. Die Philosophie der „Authentischen Führung" geht weiter, bezieht ausdrücklich die Persönlichkeit und innere Wertehaltung des Führenden mit ein. Dies bedeutet nicht, dass die Führungskraft einen „Seelen-Striptease" machen muss. Dennoch wird ein Einstehen des Führenden für seine Überzeugungen ebenso verlangt wie der Mut zur Reflexion der eigenen Lebensgeschichte.

Für polizeiliches Handeln ist die Bindung an Recht und Gesetz ein maßgeblicher Faktor. Diese explizite Bindung an Normen wirkt sich auf die Anerkennung von impliziten Normen, von ungeschriebenen Regeln aus. Es besteht dabei die Gefahr, dass beim Führungshandeln der Rückzug zum Beharren auf Regeln und deren unterschiedslose Durchsetzung erfolgt und dies die Anwendung von Handlungsoptionen in den Zwischenbereichen, den Grauzonen, einschränkt. Damit ist gemeint, dass eine rigorose „Entweder – oder"-Handlungspolitik zwar dem Recht zur Geltung verhilft, nicht aber unbedingt der Gerechtigkeit. Es besteht nicht der geringste Zweifel daran, dass bei bestimmten Dimensionen von Regelverletzungen negativ sanktionierendes Führungshandeln die einzig mögliche Option ist – im öffentlichen Dienst gilt in weiten Teilen im übertragenen Sinne das Legalitätsprinzip. Es sind jedoch Situationen denkbar, bei denen es auf die sensible Abwägung der Entscheidungen und Aktionen ankommt, bei denen nicht jede Regelabweichung automatisiert bestraft werden sollte. Damit aber die Führungskraft nicht als willkürlich oder unberechenbar wahrgenommen wird, ist es für die Authentizität wichtig, die Werte und die individuellen Toleranzen zu erkennen zu geben, also die Grenzen zu markieren. Dies geht – mit erneutem Bezug auf den „lifestories approach" – am besten, wenn der Führende nicht wartet, bis ein aktuelles Ereignis vorliegt, sondern mithilfe von (situationsangemessenen) Erzählungen von persönlich erlebten Begebenheiten und den daraus gezogenen individuellen Schlussfolgerungen seine persönliche Einstellung zu erkennen gibt. Dies ermöglicht den Geführten die Einschätzung der Wertelandschaft – und damit der wahrscheinlichen Reaktionsmuster – des Führenden, was konfliktpräventiv wirken und gleichzeitig eine Anerkennung in Form der Bereitschaft zur Öffnung der eigenen Persönlichkeit auslösen dürfte.

Im Zusammenhang mit ungeschriebenen Regeln steht für polizeiliche Organisationen aufgrund ihrer Aufgabenstruktur und der Sozialisierung ihrer Organisationsmitglieder der Korpsgeist in seiner positiven Form im Blickfeld. Das im Vergleich zu vielen anderen Organisationen stärker ausgeprägte Zusammengehörigkeitsgefühl ist für „Authentische Führung" ein Pluspunkt, auch wenn sich hier Spannungsfelder auftun (Stichworte hierzu: „Street-Cop-Culture" und „Management-Cop-Culture"[467] sowie offener bzw. verdeckter Umgang mit Fehlverhalten im Dienst). Führungskräfte in polizeilichen Organisationen befinden sich häufig im Spannungsfeld „Kamerad versus Vorgesetzter".[468] Von ihnen wird einerseits erwartet, dass sie die Werte der Mitarbeiterschaft kennen und teilen, z.B. die starke Verbundenheit,

467 Vgl. Behr (2000); Behr (2006).
468 Vgl. Mensching (2006).

andererseits erfordert ihre Rolle als Vorgesetzter im Konfliktfall die Durchsetzung formeller Regeln der Organisation auch gegen den Willen ihrer Mannschaft. Dadurch wird es für manche Führungskräfte schwierig, in dieser Polarität ihren tatsächlichen Standpunkt für die Mitarbeiter wahrnehmbar zu machen.

Eine wichtige Besonderheit für das authentische Führungshandeln in der Polizei ist das Gewaltmonopol, dessen Wahrnehmung zu den Aufgaben der Polizei gehört. Die Anwendung von Gewalt in Form rechtlich und ethisch einwandfreier Ausübung unmittelbaren Zwanges bietet für Führungskräfte zwei Herausforderungen. Damit ist erstens gemeint, dass die rechtliche Erfordernis, Zwangsmaßnahmen zur Durchsetzung des Rechtes nicht nur anwenden zu dürfen, sondern sogar anwenden zu müssen, sich auf das persönliche Handlungsrepertoire abfärben kann. Es birgt die Gefahr, dass schon bei alltäglichen Führungssituationen eine rigorose Durchsetzung auch gegen Widerstände eigener, als richtig empfundener Standpunkte als legitimer Weg gesehen wird. Bei der Selbstregulation kommt es für polizeiliche Führungskräfte darauf an, sich dieser Gefahr bewusst zu sein und sensibel mit ihr umzugehen. Die zweite Herausforderung ist die Anordnung von unmittelbarem Zwang im Einsatz und die Auswirkungen für die Mitarbeiter, die diese Anordnung umsetzen müssen. Bei der Anwendung von Zwangsmaßnahmen ist gesetzlich gefordert, intensiv die Auswirkungen auf den betroffenen Bürger zu prüfen – Erforderlichkeit und Verhältnismäßigkeit sind dabei nur zwei Stichworte. Was polizeiliche Führungskräfte außerdem bedenken müssen, ist, welche Folgen dies für die Mitarbeiter haben kann. Die Palette der Maßnahmen geht dabei vom Einsatz von Schlagstock oder Reizstoffen bis zum finalen, d.h. tödlichen Rettungsschuss. Es besteht kein Zweifel, dass die Anwendung von Zwangsmitteln zum Berufsfeld von Polizeibeamten gehört und auch zumutbar ist. Uns kommt es auf die Betonung an, dass die ethische Fürsorgepflicht von Führungskräften auch diesen Aspekt der Zumutbarkeit im Führungshandeln berücksichtigt, denn wie schon zuvor ausgeführt, muss nicht alles, was rechtmäßig ist, auch gerecht oder zumutbar sein, auch nicht für die anvertrauten Mitarbeiter.

Die letzten Ausführungen leiten zu einem weiteren Gedankengang über. Polizeiliche Führungskräfte müssen bei der Selbstregulation über die Zumutbarkeit und den Umgang mit menschlichen Leiden reflektieren. Die Polizei hat täglich in großem Umfang Kontakt mit Opfern von Straftaten oder Unglücksfällen. Während für die „Abarbeitung“ der Täter und Unfallverursacher umfangreiche rechtliche und organisatorische Maßnahmen vorgehalten werden, ist dies für die Opfer zwar in den letzten Jahren erheblich besser geworden, aber bei Weitem noch nicht so ausgereift wie auf der Täterseite. Diese Tatsache betrifft aber mehr eine kriminalpolitische oder rechtsethische Diskussion, soweit es die Opfer anbelangt. Im Führungskontext meinen wir, dass Führungskräfte eine Haltung dazu entwickeln müssen, wie sie mit den Auswirkungen des ständigen Umganges mit Leid oder Abscheulichkeiten, die auf Mitarbeiter einwirken, umgehen. An dieser Stelle sollen nur einige Beispiele skizziert werden, um zu verdeutlichen, um was es sich hierbei handelt:

- Der ständige Zwang zum Umgang mit Opfern manchmal grausamster Tötungsdelikte, der zu Abstumpfungseffekten führen kann.
- Der Zwang zur Auseinandersetzung mit jedweder Form sexueller Perversion, der schwerwiegende seelische Belastungen hervorrufen kann.
- Die ständige Konfrontation von jungen Polizeibeamten mit Serienstraftätern und die dabei subjektiv erlebte Unfähigkeit des Staates, damit effektiv umzugehen, können Fehlverhalten der Mitarbeiter provozieren.

Diese hier nur angedeuteten Belastungssituationen erfordern eine intensive Auseinandersetzung der Führungskräfte mit solchen Gefährdungsmomenten, die Herausbildung einer klaren Werthaltung dazu und das Entwickeln von problemlindernden Handlungsoptionen unter Wahrung des Auftrages. Wer sich hier selbstreflexiv der Problemstellungen bewusst wird, seine Standpunkte artikuliert und seinen Weg nachvollziehbar geht, kann dies anderen auch glaubwürdig vermitteln – mit anderen Worten: authentisch führen.

11.3 Integrität

11.3.1 Bedeutung für die Führung

Bereits die Erklärung des Wortes Integrität ist programmatisch: „Integrität, die [...] Makellosigkeit, Unbescholtenheit, Unbestechlichkeit [...]. Synonyme zu Integrität: Anständigkeit, Ehrlichkeit, Makellosigkeit, Rechtschaffenheit, Redlichkeit, Unbescholtenheit, Unbestechlichkeit, Vertrauenswürdigkeit, Zuverlässigkeit.“[469] Es geht also um die Eigenschaften, aber auch das Verhalten von Personen, die als makellos empfunden werden. Weltweit erwarten Geführte von Vorgesetzten,[470] dass deren Verhalten den in der Gesellschaft und Organisation herrschenden ethischen Werten und Normen entspricht. Die Integrität verweist im Besonderen auf die Wahrheit des Wortes und auf die Reinheit des Anliegens. Auch wenn sich die Führungsforschung selten mit der Integrität selbst beschäftigt,[471] wird diese doch in nahezu allen Führungsbeziehungen vorausgesetzt. Dies liegt natürlich auf der Hand: Welcher Mitarbeiter wünscht sich denn Vorgesetzte, die eigennützig agieren, die ihr Wort brechen und denen man besser nicht über den Weg traut?

Reflektiert man die Ergebnisse von jüngeren Studien, bei denen Führungskräfte zu diesem Themenkreis befragt wurden, fällt auf, dass Integrität sowie mit ihr in Verbindung gebrachte Eigenschaften und Verhaltensweisen immer stärker in den Vordergrund treten. Bei einer seit 2007 jährlich wiederholten Befragung von deutschen Führungskräften[472] wurden 2012 mit jeweils über 70% „Verantwortung“ und „Vertrauen“, gefolgt von „Integrität“ und „Nachhaltigkeit“ als Unternehmenswerte genannt. Sie gelten als Grundfesten für ein langfristiges Bestehen von Organisationen am Markt, es wird ein eindeutiger Zusammenhang zwischen dem Unternehmenserfolg und diesen Werten gesehen. „Der Grund hierfür dürfte darin liegen, dass sich mit zunehmender Führungserfahrung positive Alltagserfahrungen mit werteorientierter Führung zu einem belastbaren und bewährten Führungsprinzip addieren.“[473] Ähnliche bzw. gleiche Aussagen liegen aus Befragungen von Führungskräften aus der Schweiz, Österreich und Deutschland vor,[474] wobei u.a. konstatiert wird, dass in kleineren Unternehmen die Werte eher implizit gelebt werden, in größeren Unternehmen dagegen explizit thematisiert werden müssen. Es kommt jedoch sowohl in kleineren als auch in den größeren Organisationen auf die einzelne Führungskraft an: „[...] ethische Prinzipien können sich Unternehmen auf die Fahnen heften, so viel sie wollen. Wenn sie heiße Luft und Versprechen verbreiten,

469 Integrität: http://www.duden.de.
470 Vgl. Weibler (2009).
471 Vgl. Palanski & Yammarino (2009); weitere Details in Kuhn & Weibler (2012).
472 Vgl. Wertekommission (2012).
473 www.wertekommission.de/presse/ [10.02.2012].
474 Vgl. Herrnstein Management Report (2009).

die sie nicht halten, reagieren Mitarbeiter sensibel. Die Integrität von Managern lässt sich nicht von ihren Lippen ablesen, sondern an ihren Taten."[475]

Ausgehend von der Organisationskultur hat Neubauer das Verhalten von Führungskräften untersucht, dabei u.a. die positiven Wirkungen von Vertrauen beschrieben und Letzteres als ein wesentliches Element für die Kultur herausgestellt.[476] Für den Aufbau von Vertrauen werden vier Bedingungen für Führungskräfte als wichtig erachtet: Fachkompetenz, zugeschriebenes Wohlwollen, offene Kommunikation und Integrität.[477] In weitgehender Kongruenz mit den bisherigen Ausführungen wird auch von Neubauer „die Übereinstimmung von Wort und Tat sowie [...] die Beachtung von geltenden Normen und Werten, aber auch [...] Fairness gegenüber anderen"[478] als Definition für Integrität gegeben. Bemerkenswert ist die Ausführung, dass eine integre Führungskraft auch auf manipulative Techniken verzichtet – ein Aspekt, der unter der Überschrift Integrität in dieser Hinsicht meist nicht diskutiert wird.

In so gut wie allen Organisationen erwarten die Mitglieder, dass Führungskräfte sich integer verhalten – auch in kriminellen Organisationen, die in der Regel zwar andere Werte und Normen als der Rest der Gesellschaft haben, in denen diese jedoch gleichermaßen eine Bindungswirkung entfaltet (Stichwort: Ehrenkodex). So oder so: Integrität und Führung sind eng verbunden. Deshalb ist es sinnvoll, sich mit Integrität zu beschäftigen, um stärker zu verdeutlichen, um was es bei diesem Konstrukt geht.

11.3.2 Wissenschaftlicher Hintergrund

In einer umfassenden Studie haben Palanski und Yammarino über 30 Artikel hinsichtlich dessen analysiert, was in der Führungsforschung unter Integrität verstanden wird.[479] Dabei sind unterschiedliche Schwerpunkte des Verständnisses erkennbar, die Spannbreite geht von einem ganzheitlichen Verständnis von Integrität bis hin zur einfachen Übereinstimmung von Wort und Tat. Palanski und Yammarino erweitern den Begriff, indem sie davon ausgehen, dass auch eine Gruppe oder eine Organisation als integer oder nicht integer eingestuft werden kann. Dies ist wichtig, da durch eine solche erweiterte Betrachtungsweise der Zusammenhang zwischen individueller und kollektiver Integrität besser verortet werden kann. So ist besser differenzierbar, ob und warum einzelne Personen in einer Organisation als integer eingestuft werden können, auch wenn die Organisation selbst nicht als integer gesehen wird.

Weiterhin machen sie darauf aufmerksam, dass bei der Zuschreibung von Integrität differenziert wird, in welchem Umfang, von welchen Personen und in welchen Situationen Integrität zuerkannt wird. Damit ist evident, dass Integritätszuschreibungen erheblich variieren können. Während dies für Einzelpersonen in Organisationen eigentlich immer schon gegolten hat, gilt es bei dem erweiterten Blickwinkel auch für unterschiedliche Abteilungen oder Gruppen innerhalb einer Organisation.

Als Fazit ist feststellbar, dass sowohl Außenstehende als auch die Organisationsmitglieder unterschiedliche Zuschreibungen von Integrität an Personen, Gruppen oder Organisationen vornehmen. Gemeinsam ist den Betrachtungen, wie vorstehend erläutert, dass positive

475 Integrität: http://diepresse.com/home/bildung/weiterbildung/527701/Integritaet_Ein-Chef-wie-ein-Handschlag.
476 Neubauer (2003), S. 113 f.
477 Vgl. Neubauer (2003), S. 113 sowie Weibler (1997).
478 Neubauer (2003), S. 115.
479 Palanski & Yammarino (2007).

Auswirkungen von Integrität auf Führungsbeziehungen und die Organisationen insgesamt bestehen. Zu denken wäre hierbei insbesondere an die Zufriedenheit mit der Führungskraft, an deren Leistungsvermögen (u.a. Aufbau von Netzwerken, Qualität von Arbeiten), aber auch an das Vertrauen in Personen und Institutionen. Wir heben hervor, dass durch die Zuschreibung von Integrität bei Führungskräften positive Vorbildeffekte auf Mitarbeiter entstehen, so z.B. bei der Einhaltung von Normen oder ganz allgemein bei ethisch korrektem Verhalten. Letzteres gilt als ein Kernelement von Integrität.[480]

Eine immer wieder aufkommende Frage ist die nach der Differenzierung innerhalb dieses Konstrukts von Begrifflichkeiten, wie Vertrauen oder Gerechtigkeit.[481] Es bestehen zwar Überschneidungen, jedoch keine Identitäten. So hat das Konstrukt des Vertrauens beispielsweise eine größere emotionale Komponente und beinhaltet Urteile über andere. Die Bewertung einer Führungskraft hinsichtlich ihrer Gerechtigkeit ist immer auch mit Integrität verbunden, jedoch ist diese dann nur ein Aspekt neben anderen, wie z.B. Höflichkeit und Respekt.

Simons und Kollegen fassen Integrität als Übereinstimmung zwischen dem Wort und der Tat auf und entwickelten dazu eine Skala, die eine direkte Abfrage dieses Zusammenhanges vornimmt und Fragen nach der Einhaltung von Versprechungen sowie nach der Übereinstimmung von artikulierten Werten mit dem jeweiligen Verhalten beinhaltet. Bemerkenswert ist, dass dabei unter Integrität auch verstanden wird, wenn eine Person auch solche Prioritäten als eigene verfolgt, die durch andere gesetzt wurden, z.B. von den oberen Führungskräften oder Mitgliedergruppen in ihrer Organisation. Eine Untersuchung von Huberts und Kollegen weist anhand von Fehlverhalten von Polizisten nach, dass diese sich an den (schlechten) Standards der Vorgesetzten hinsichtlich Integrität ausrichteten.[482]

Wir möchten an dieser Stelle auf einen weiteren interessanten Aspekt hinweisen: Auch in der Welt des Qualitätsmanagements, die vordergründig mehr auf Effizienz und Effektivität denn auf Ethik ausgerichtet ist, spielt Integrität eine besondere Rolle. So lautet eines der acht Grundprinzipien des EFQM-Modells (European Foundation for Quality Management): „Mit Vision, Inspiration und Integrität führen. Exzellente Organisationen haben Führungskräfte, die die Zukunft gestalten und verwirklichen, und die vorbildlich für Werte und Ethik einstehen."[483]

Wir sind uns bewusst, dass mit den bisherigen Ausführungen Integrität in ihrer ganzen Vielfältigkeit nur angerissen werden konnte.[484] Es scheint ohnehin die Frage offen zu bleiben, ob bislang überhaupt eine philosophische Theorie in Bezug auf Integrität existiert[485] – ganz basal kann man aber der Forderung des philosophischen Humanismus folgen, indem im Großen und Ganzen eine Übereinstimmung zwischen idealistischen Werten und der tatsächlichen Lebenspraxis erwartet wird.

480 Vgl. u.a. Batson et al. (1999).

481 Vgl. Simons et al. (2007).

482 Huberts et al. (2007).

483 European Foundation for Quality Management: http://www.efqm.org/the-efqm-excellence-model.

484 Ausführlich dazu: Kuhn & Weibler (2003; 2012, S. 110 ff.).

485 Vgl. u.a. Pollmann (2005).

11.3.3 Integration in die polizeiliche Führungspraxis

Nicht nur, aber gerade auch in einer polizeilichen Organisation, die schon von ihrer staatlichen Aufgabe her zur Integrität verpflichtet ist, wird diese von den Mitgliedern selbstverständlich erwartet. Uhlendorff und Jäger weisen in ihrem Buch „Führung in der Polizei“[486] aus, dass Integrität eine notwendige Qualifikation für polizeiliche Führungskräfte ist. Ihre Erläuterung des Begriffes ist konform mit unseren bisherigen Erläuterungen. Perez und Barkhurst bringen es in ihrem Buch „Paradoxes of Leadership in Police Management“ gut auf den Punkt: „There are several definitions of the word ‘integrity’ [...] integrity refers to the congruence between a person’s philosophy and their behavior. That is, a person has integrity if they live a life that mirrors their belief systems. They lack integrity (they are hypocritical) it they say one thing and do another. This concept is crucial to the ideal of the role model.“[487]

Nach diesen Ausführungen ist es unseres Erachtens nach einleuchtend, dass (auch) Führungskräfte in der Polizei sich integer verhalten sollten bzw. müssen. Es gibt dabei einige Aspekte, die gerade für Angehörige der Polizei besondere Bedeutung haben. Polizeiliche Führungskräfte stehen unter dem Rubrum Integrität im Schnittpunkt dreier Betrachtungsebenen:

- Erstens ist es ein integres Verhalten, wie es aktuell von Führungskräften in unserer Gesellschaft und unserem Staat erwartet wird. Die Ereignisse der letzten Jahre haben den Blick auf die Werte und das Verhalten der Führungskräfte geschärft. Höhere Erwartungshaltungen (vielleicht aber eher die Rückkehr zu angemessenen), sowie eine aufmerksamere Beobachtung von Führungskräften durch deren Mitarbeiter, aber auch die Gesellschaft insgesamt, können die Folge sein. Polizeiliche Führungskräfte müssen sich dieser Anforderung bewusst sein, insbesondere wenn sie – was häufig der Fall ist – auch im Blickpunkt der lokalen Öffentlichkeit stehen. Beispiele für nicht angemessenes Verhalten sind die extensive Nutzung von Dienst-Kfz für (halb-)private Anlässe, Reitunterricht auf Polizeipferden, Reparaturen von Privatfahrzeugen in dienstlichen Werkstätten oder Tennisstunden während der Dienstzeit.
- Zweitens sind Angehörige des öffentlichen Dienstes, insbesondere die im Beamtenstatus, dazu verpflichtet, bestimmte Verhaltensweisen, die Arbeitnehmern eines privaten Unternehmens in ihrer Privatsphäre freistehen, zu unterlassen. Nicht nur während des Dienstes, sondern auch in der Freizeit wird von Beamten gefordert: „Ihr Verhalten muss der Achtung und dem Vertrauen gerecht werden, die ihr Beruf erfordert.“[488] Es gibt naturgemäß keinen abschließenden Katalog von tolerierten bzw. nicht tolerierten Verhaltensweisen, aber unstrittig fallen unter nicht akzeptables Verhalten z.B. strafbare Handlungen, Mitgliedschaften in oder Umgang mit kriminellen oder verfassungsfeindlichen Gruppen, Bruch der Verschwiegenheitspflicht über dienstliche Angelegenheiten sowie Nebentätigkeiten bei obskuren Arbeitgebern wie Bordellen, Drückerkolonnen etc. Zwar nicht für das Privatleben, aber für die Dienstzeit kann der Dienstherr Re-

---

486 Uhlendorff & Jäger (2011).

487 Perez & Barkhurst (2012), S. 178. „Es gibt verschiedene Definitionen des Wortes ‚Integrität‘ [...] Integrität bezieht sich auf die Übereinstimmung zwischen der Philosophie einer Person und ihrem Verhalten. Das heißt, eine Person hat Integrität, wenn sie ein Leben lebt, das ihr Glaubenssystem widerspiegelt. Es mangelt ihnen an Integrität (sie sind scheinheilig), wenn sie doppelzüngig sind < im Sinne des deutschen Sprichwortes: Wasser predigen, aber Wein saufen >. Dieses Konzept ist entscheidend für das Ideal des Vorbildes/vorbildlichen Verhaltens.“

488 § 34 Beamtenstatusgesetz.

gelungen über das äußere Erscheinungsbild (Haar- und Barttracht, Tätowierungen, auffälliger Schmuck u.ä.) treffen, ein weiteres Feld, in dem Führungskräfte besondere Sensibilität zeigen sollten.

- Drittens stehen Polizeibeamte besonders – u.a. auch wegen der Uniform, aufgrund derer sie eindeutig der Organisation zugeordnet werden können – im Blickpunkt der Umwelt. Dies bedeutet neben den vorgenannten allgemeinen Beamtenpflichten eine besondere Sensibilität auch in ihrem außerdienstlichen Verhalten, insbesondere dort, wo ihr Beruf der Umwelt bekannt ist. Von Polizeiangehörigen – im Gegensatz zu anderen Beamtengruppen – wird unausgesprochen erwartet, dass sie auch keine leichteren Gesetzesübertretungen wie überhöhte Geschwindigkeit oder Falschparken begehen, schon gar nicht strafbare Verkehrsdelikte wie Trunkenheitsfahrten. Aber auch im Innenverhältnis wird von Führungskräften einer „Normenüberwachungsorganisation" erwartet, dass diese interne Regelungen und Normen strikt beachten bzw. vorleben, z.B. Nutzung von Dienst-Kfz, Tragevorschriften von Uniformteilen, Tragepflicht von Waffen, Arbeitszeitregelungen, Teilnahme an Schießausbildung usw.[489]

Ein besonderes Spannungsfeld besteht bei der verwandten oder als Teil der Integrität verstanden Loyalität. Polizeiliche Führungskräfte müssen sich loyal gegenüber der Organisation und damit auch gegenüber den Vorgesetzten verhalten. Dabei kann es aber zu konträren Erwartungshaltungen kommen. Die Mitarbeiter erwarten von der Führungskraft, dass diese sich insbesondere für ihre Interessen und die der Gruppe einsetzt. Demgegenüber fordert die politische Führung, auch unter Berufung auf das Primat der Politik, Loyalität gegenüber den politischen Zielen, die die Polizei erreichen soll, welche aber häufiger nicht mit den Vorstellungen der Mitarbeiter übereinstimmen. Als besonders strittig werden z.B. die Sollstärken des Personals und die Vorgehensweisen in bestimmten Arbeitsfeldern (u.a. Budget für Ausstattung und Entlohnung, Präsenz in der Öffentlichkeit, Verkehrsüberwachung, Bearbeitung von Deliktsformen) empfunden. Somit wird auch hier deutlich, dass es von dem Standpunkt und der Einstellung des Betrachters abhängig ist, ob eine polizeiliche Führungskraft als integer empfunden wird. Ganz auflösen kann man dieses Spannungsfeld nicht, durch frühzeitige Transparenz und klare Standortbestimmung jedoch dafür sorgen, dass keine falschen Erwartungshaltungen entstehen, die dann besondere Enttäuschungen nach sich ziehen. Integrität ist zuallererst immer Selbstverpflichtung.

489 Vgl. Thielmann (2012c).

12 Kommunikation

Kommunikation ist Führungsalltag

Der fast vierzigjährige Polizeihauptkommissar Manfred M. ist seit vier Jahren Dienstgruppenleiter (DGL) der Dienstgruppe A auf dem Polizeirevier Mitte in K-Stadt. Sein Stellvertreter ist der Mitte dreißigjährige Polizeihauptkommissar Ewald S. Die restlichen neun Beamten der Dienstgruppe teilen sich in zwei Gruppen auf: Sechs Beamte sind Polizeioberkommissare zwischen Ende vierzig und Ende fünfzig. Sie alle wurden prüfungsfrei aus dem mittleren Dienst vom Polizeihauptmeister zum Polizeioberkommissar übergeleitet und sind schon jahrelang im Schichtdienst. Zwei Beamte stehen kurz vor dem Ruhestand. Ihnen allen gemeinsam ist auch, dass sie mit ihren Familien in eigenen Häusern im Dienstbereich wohnen.

Jünger sind ein Kollege, Mitte dreißig, und eine Kollegin, Anfang dreißig, beide Polizeioberkommissar. Sie haben direkt als Polizeikommissar-Anwärter im gehobenen Dienst angefangen und ein Studium an der Polizei-Fachhochschule mit einem Diplom abgeschlossen. Beide haben Familien mit kleinen Kindern, die jeweiligen Ehepartner sind ebenfalls berufstätig. Die jüngste Mitarbeiterin ist Polizeikommissarin Yvonne K. Nach dem dreijährigen Studium an der Hochschule für Polizei und Verwaltung hat sie ihren Bachelor-Abschluss erhalten und war danach kurze Zeit Einsatzbeamtin in einer Einsatzeinheit der Bereitschaftspolizei. Sie kommt aus einem anderen Bundesland und ist in die Großstadt zugezogen.

In der letzten Dienstbesprechung konnte keine Einigung darüber erzielt werden, welche zwei Angehörige der Dienstgruppe am übernächsten Wochenende – in der Freischicht – in einer Alarmhundertschaft Dienst versehen, die das Polizeipräsidium K-Stadt zur Unterstützung in den Süden des Bundeslandes entsenden muss. Die älteren Mitarbeiter berufen sich auf ihr hohes Überstundenkonto sowie ihr Alter, in dem man nicht unbedingt in einer Alarmhundertschaft Dienst versehen sollte. Die verheiratete Beamtin müsste sich an diesem Wochenende um ihre beiden Kleinkinder kümmern. Ihr Ehemann ist ebenfalls Polizeibeamter auf einem Nachbarrevier und ist schon für die Alarmhundertschaft vorgesehen. Der andere Mitarbeiter hatte schon vor längerer Zeit den Tag verplant, weil seine Schwester an dem Tag heiratet. Der stellvertretende DGL verweist auf ein Attest des Polizeiarztes, dass er für „möglichst wenig Verwendung in Einsatzeinheiten" eingeteilt werden sollte. Die jüngste Mitarbeiterin hat ihre Bereitschaft erklärt, jedoch Gerechtigkeit in der Arbeitsbelastung eingefordert.

Der DGL setzt daraufhin für alle Mitarbeiter ein Personalgespräch an.

Er bereitet sich auf die Gespräche vor, indem er sich für jede einzelne Person die individuellen Daten und Umstände notiert. Den Gesprächsaufbau strukturiert er in vier Schritten, indem er nach einer Einleitung die Problemstellung beschreibt, die sich einmal auf die besondere Situation am übernächsten Wochenende und auf die allgemeine Situation der unterschiedlichen Dienst- und Lebensumstände der Mitarbeiter in der Dienstgruppe beziehen. Durch Fragen animiert, schildern die jeweiligen Gesprächspartner ihre Einstellungen. Diese spiegelt der DGL mit eigenen Worten wider, um sich zu vergewissern, dass beide Beteiligten das „gleiche Bild" haben. Bei der Entwicklung von Problemlösungen und Vereinbarungen berücksichtigt er die unterschiedlichen Erwartungen, Ziele und Motivationslagen des Gegenübers.

Es gelingt ihm nach den Einzelgesprächen in der nächsten Dienstgruppenbesprechung, mit der Gruppe ein Modell zu entwickeln, das von allen akzeptiert wird: Die jüngeren Mitarbeiter gehen vermehrt in die Alarmhundertschaften, dafür stehen die Älteren für Dienstzeiten in der Dienstgruppe zur Verfügung, was den Jüngeren familiengerechte Arbeitszeiten ermöglicht. Wenn in den Alarmhundertschaften weniger belastende Einsatzarten wie Logistikarbeiten oder Objektschutz anstehen, gehen eher die Älteren, die Jüngeren mehr zu Einsätzen mit zu erwartenden Gewalttaten. Die jüngste Kollegin fährt häufiger mit, die Dienstgruppe ermöglicht ihr aber dafür längere zusammenhängende Zeiträume, in denen sie die Mehrdienststunden abbaut. In dieser Zeit kann sie auch in ihre Heimat fahren. Dieses unterschiedliche Engagement wird der DGL in der nächsten Beurteilung in abgestufter Form berücksichtigen.

Die Art und Weise der **Kommunikation** ist ein Schlüssel für die Umsetzung von Führungsphilosophien. In unserem Polizeilichen Führungsmodell ist sie deshalb zum einen positive Kohäsionskraft, die das Modell stabilisiert bzw. mit Leben erfüllt, zum anderen die Projektionsfläche, auf der das kooperative Führungsverhalten sichtbar wird.

12.1 Bedeutung für die Führung

Kommunikation ist essentiell für jede Art menschlicher Beziehungen. Aus dieser Erkenntnis ergibt sich, dass die Kommunikation auch in Führungsbeziehungen eine grundlegende Rolle spielt. Für die weiteren Betrachtungen kann man formulieren: Führung ist ohne Kommunikation nicht realisierbar; Führung ist letztlich eine spezielle Art von Kommunikation, um bestimmte Ziele zu erreichen.

Untersuchungen über den Arbeitsalltag von Führungskräften zeigen, dass diese im Schnitt rund 70 % ihrer Arbeitszeit mit persönlicher („face-to-face"-)Kommunikation, davon ca. 43 % in Besprechungen und 26 % in Dialogen, verbringen.[490] Dabei wurde nur die Quantität der Tätigkeit „Kommunikation" der Führungskraft erfasst. Es liegt aber auf der Hand, dass Kommunikation nicht nur quantitativ, sondern auch qualitativ eine Schlüsselrolle für Führungsbeziehungen spielt. „Führen durch das Wort ist sicher die unmittelbare und ursprüngliche Form des Führens", schreibt Lay in seinem lesenswerten Werk[491] und führt weiter aus, dass die bisher vorherrschende Überzeugungsdialektik bei Managern mit gehobener Führungsverantwortung durch eine Führungsdialektik ergänzt werden muss. Er konstatiert: „Die allgemeine Führungsunsicherheit in demokratischen Strukturen erfasst vor allem das Führen in hierarchischen Ordnungen."[492] Lay plädiert deshalb für die Entwicklung und Umsetzung einer Führungsdialektik, die durch drei Grundregeln beschrieben wird:

490 Vgl. Mast (2000), S. 17.
491 Lay (2002), S. 7.
492 Lay (2002), S. 10.

1. Achten Sie mehr auf den Menschen, den Sie überzeugen wollen, und auf die Sache, von der Sie überzeugen wollen, als auf sich selbst (Postulat der Alterozentrierung).
2. Legen Sie bei der verbalen Interaktion den Akzent auf Kommunikation (Postulat der einwandfreien Kommunikation).
3. Beachten Sie, dass Sie einen Menschen nur überzeugen können, wenn keine emotionalen Widerstände vorhanden sind (Postulat des emotionalen Anspruchs).[493]

Er verkennt dabei aber nicht, „[...] dass es keine Patentrezepte optimaler Führung durch das Wort geben kann".[494] Diese Gedankengänge greifen wir deshalb auf, weil die von uns präferierte Form von Führung sich einerseits eindeutig auf demokratische Werte und Verhaltensformen bezieht und andererseits in hierarchischen Organisationen der Polizei zur Entfaltung kommt. Auch wir glauben, dass eine erfolgreiche Umsetzung zeitgemäßer polizeilicher Führung nur durch eine systemadäquate Form von Kommunikation gelingt. Diese muss eher zum Ziel haben, eine demokratisch fundierte Legitimation der Führung zu erreichen als lediglich autokratische Machtausübung zu exekutieren.

Versteht man unter Führung u.a. „all die notwendigen Prozesse der Aufgabenverteilung, der Zielvereinbarung und Leistungsbewertung, der Motivation und Zusammenarbeit sowie der Gestaltung des Wandels", dann folgern Schulz von Thun und Kollegen, dass „für all dies [...] die Qualität der Gesprächskultur entscheidende Bedeutung bewahren [wird; G. T./J. W.]", und fragen weiter: „Und wer prägt die Gesprächskultur am stärksten? Ganz gewiss die Führungskraft, jedenfalls innerhalb des Teams, der Abteilung!"[495] Die Autoren verweisen darauf, dass in der Führungsrolle eine richtige Kommunikation von drei Komponenten abhängt, die sie zusammengenommen als „Stimmige Führung" bezeichnen. Kommunikation muss demzufolge sein:

- wesensgemäß, d.h. in Übereinstimmung mit sich selbst,
- system- und situationsgerecht, d.h. in Übereinstimmung mit dem jeweiligen Kontext sowie
- metakommunikativ, d.h. sie muss sich mit den Rollenpartnern auseinandersetzen.[496]

Wir sehen dieses Konstrukt als weitgehend übereinstimmend mit den Inhalten und Intentionen des von uns vorgeschlagenen Führungsmodells. Richtet man den Blick in die Zukunft, wird Kommunikation offensichtlich auch von künftigen Führungskräften als ein wichtiger Aspekt in Unternehmen betrachtet werden. Rust berichtet,[497] dass in seinen Studien die Einschätzung des Führungskräftenachwuchses über den „Arbeitsstil des Managers von morgen" von folgenden drei Aspekten bzw. Aussagen geprägt ist: „Weiterbildung der Führungskräfte", „pflegt häufige Kommunikation mit Angestellten" und „legt Wert auf die persönliche Entwicklung der Mitarbeiter". Als eine dafür notwendige Kernkompetenz wird Mitarbeiterorientierung angegeben, denn „[...] motivierte und engagierte junge Leistungsträger erwarten nicht nur fachliche Herausforderungen und finanzielle Anreize, sondern Inspiration und Ermutigung, eine kommunikative Arbeitsatmosphäre und schließlich eine wertorientierte Grundhaltung".[498] Dies alles sind Erwartungen, die dafür sprechen, sich mit Kommunikation

493 Vgl. Lay (2002), S. 220.
494 Lay (2002), S. 8.
495 Schulz von Thun et al. (2004), S. 10.
496 Vgl. Schulz von Thun et al. (2004), S. 27–30.
497 Rust (2010).
498 Rust (2010), S. 21.

im Führungshandeln intensiver zu beschäftigen. Darüber hinaus decken sich diese Erwartungen mit den Inhalten des von uns vorgestellten Polizeilichen Führungsmodells, ebenso wie wesentliche Aussagen der „New Leadership School", die aus den Theorien zur charismatischen und transformationalen Führung Schlussfolgerungen und Empfehlungen ableitet, die denen des Polizeilichen Führungsmodells gleichgelagert sind.[499]

12.2 Wissenschaftlicher Hintergrund

Betritt man das weite Feld der wissenschaftlichen Erkenntnisse über Kommunikation, besteht zunächst die Herausforderung darin, sich auf das Wesentliche zu beschränken. Im Folgenden werden die wichtigsten Theorien und Erkenntnisse über Kommunikation und ihr Bezug zur Führung, notwendigerweise selektiv, im Überblick dargestellt.

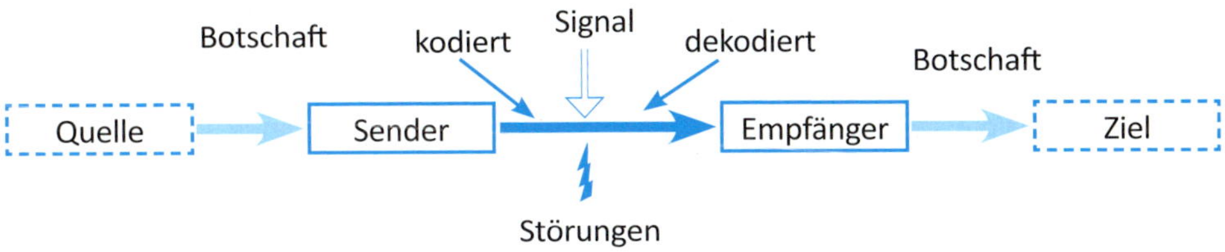

Abbildung 25: (Vereinfachtes) Kommunikationsmodell (nach Shannon und Weaver 1963)

Als Ausgangspunkt, auch in historischer Hinsicht, dient das Kommunikationsmodell von Shannon und Weaver,[500] das als ein technisches Sender-Empfänger-Modell für die Übermittlung von Signalen bzw. Zeichen in Form von Codes entwickelt wurde. Das Modell wurde auf die menschliche Kommunikation im Allgemeinen übertragen und basiert auf folgenden Erkenntnissen: Kommunikation beruht auf der Übermittlung von Zeichen als endliche Anzahl von Wörtern oder Gesten. Ein Wort oder eine Geste bzw. mehrere Wörter oder Gesten bilden ein Signal, welches eine Reaktion beim Gegenüber hervorruft. Diese Reaktionen können instinktiv erfolgen, durch Lernprozesse erworben sein oder auf Vereinbarungen beruhen. Verknüpft man nun Signal und Reaktion, spricht man von einer Information.

Bei diesem Kommunikationsprozess werden drei Ebenen der Kodierung unterschieden:

- Erstens die Syntax, d.h. welchen formalen Regeln die Zusammensetzung von Zeichen und Signalen folgt.
- Zweitens die Semantik, d.h. welche Bedeutung die Zeichen jeweils haben.
- Die dritte Ebene ist die Pragmatik, die beschreibt, welche Wirkung die entstandene Nachricht hat und welche möglichen Reaktionen sie nach sich zieht.

Eine Folgerung ist, dass Sender und Empfänger grundsätzlich über den gleichen Zeichenbestand und dessen Interpretation verfügen müssen, um überhaupt miteinander kommunizieren zu können. Das erscheint banal, wenn es sich z.B. um Schriftzeichen oder bestimmte Flaggensignale handelt. Kommunikation in sozialen Beziehungen scheitert aber häufig daran, dass bestimmte komplexe „Zeichen", die z.B. in einem Unternehmen üblich sein können, von Außenstehenden oder Neulingen nicht verstanden bzw. beherrscht werden. Für die

499 Vgl. Martens (2012).
500 Shannon & Weaver (1963).

Semantik gilt: Die Bedeutungen von bestimmten Wörtern, Sätzen oder Handlungen können je nach Sender und Kontext völlig unterschiedlich aufgefasst werden. Um es an einem Beispiel zu skizzieren: Das Wort „Aufklärung" wird umgangssprachlich je nach Kontext als sexuelle Aufklärung, die geschichtliche Phase der Aufklärung oder z.B. die Aufklärung eines Patienten durch einen Mediziner verstanden. Wird das gleiche Wort in der Polizei verwandt, kann es entweder die Aufklärung einer Straftat bedeuten oder die taktische Aufklärung zur Informationsgewinnung während eines Einsatzes. Damit wird – um die Ebene der Pragmatik anzusprechen – deutlich, dass die Varianz an Handlungsmöglichkeiten sehr groß ist und Reaktionen nicht immer einheitlich oder erwartungsgemäß verlaufen, was wiederum Störungen verursachen kann.

Die Lehre daraus ist, dass der Sender bei der Wahl der Zeichen und Signale darauf zu achten hat, dass der Empfänger diese auch dekodieren kann, bzw. dass er sich der Probleme, die sich durch möglicherweise falsches Dekodieren ergeben können, bewusst ist. Deshalb sollte auf Verständlichkeit geachtet werden, d.h., es sollten einfache und kurze Sätze formuliert und keine dem Empfänger (höchstwahrscheinlich) unbekannten Wörter benutzt werden. Abhängig vom Inhalt ist ein geeigneter Kanal zu wählen, womit gemeint ist, lange Sachverhalte z.B. eher schriftlich weiterzugeben, schwierige durch Bilder oder zusätzliche Gesten zu erläutern. Wenn möglich, sollte man wichtige Botschaften auf verschiedene Weise kodieren, etwa Wort, Text und Bild kombinieren, und zudem Inhalte redundant senden, d.h. mehrfach oder überlagernd auf verschiedenen Kanälen. Der Empfänger seinerseits sollte die Möglichkeit von Fehlinterpretationen bedenken und z.B. darauf achten, dass gleiche „Codes" angewandt werden oder aber durch Rückkoppeln von Nachrichten für Klarheit sorgen.

Die weiteren Entwicklungen in der Kommunikationsforschung basierten auf der Erkenntnis, dass psychologische Effekte die Kommunikation wesentlich beeinflussen. Modelle über die zwei Seiten von Kommunikation, den Sachaspekt und den Beziehungsaspekt, waren Ergebnisse dieser Überlegungen. Die geläufigsten Vertreter der „Zwei-Seiten-Theorie" von Kommunikation sind Watzlawick, Beavin und Jackson, die verschiedene Axiome über die psychologischen Perspektiven des Kommunizierens aufstellten.

Das bekannteste Axiom dürfte sein: „Man kann nicht nicht kommunizieren."[501] Jedes menschliche Verhalten hat eine kommunikative Komponente, selbst wenn ein Mensch (= Sender) nicht kommunizieren will, vermitteln Schweigen und Nichtstun eine Botschaft an andere (= Empfänger).

Das zweite Axiom lautet: „Jede Kommunikation hat einen Inhalts- und Beziehungsaspekt, derart, dass Letzterer den ersteren bestimmt und daher eine Metakommunikation ist."[502] Übermittelte Nachrichten enthalten zuerst eine Sachinformation, die mehr oder weniger klar durch den Empfänger entschlüsselt werden kann. Was aber in jedem Fall auch übermittelt wird, ist die Sichtweise des Senders, d.h. wie er seine Beziehung zum Empfänger sieht. Sind die wechselseitigen Beziehungen positiv, rückt der Beziehungsaspekt eher in den Hintergrund. Je negativer oder anfälliger die Beziehungen aber sind, desto stärker treten Störeffekte auf. Dies geht bis zu einem Punkt, an dem sogar Sachinformationen als Angriff oder Rechtfertigung interpretiert werden und den inhaltlichen Austausch überlagern. Treten diese Störungen auf, sollte die Beziehungsebene geklärt werden, d.h., man sollte sich mit

501 Watzlawick et al. (2011), S. 53.
502 Watzlawick et al. (2011), S. 56.

dem gegenseitigen Umgang auseinandersetzen und versuchen, die Beziehungen zu klären. Da dies Kommunikation über die Kommunikation darstellt, spricht man hier von der Metaebene oder der Metakommunikation.

Das dritte Axiom ist wie folgt formuliert: „Die Natur einer Beziehung ist durch die Interpunktion der Kommunikationsabläufe durch die Partner bedingt."[503] Kommunikation ist grundsätzlich eine Art Endlosschleife, d.h. eine ununterbrochene Folge des Austausches von Mitteilungen. Die subjektive Wahrnehmung des Menschen legt diesem Austausch jedoch eine Struktur zugrunde, so nimmt er Anfang und Ende eines Prozesses wahr. Dabei wird jede eigene Reaktion interpretiert als durch das Verhalten des Anderen ausgelöst. Diese Art der Interpretation läuft in der Mehrzahl der Interaktionen unbewusst und komplikationsfrei ab. Störungen treten dann auf, wenn ein wahrgenommenes Verhalten als eine bestimmte „Interpunktion" fehlinterpretiert wird. An einem Beispiel skizziert: In einem Gespräch ist ein Partner aufgedreht und redet pausenlos, während der andere (scheinbar) demonstrativ schweigt. Jeder reagiert mit seinem Verhalten auf das Verhalten des Anderen, so empfindet der Redende das Schweigen als irritierend und erhöht die Lautstärke, während der Zuhörende das Lauterwerden als störend empfindet. Die jeweilige Ursache für das eigene Verhalten wird bei der Gegenseite gesehen. Dies kann dazu führen, dass beide Partner verärgert sind, obwohl ihre eigene Verhaltensweise andere Gründe haben könnte, als der Gesprächspartner annimmt. Häufig liegen Ursachen sogar außerhalb der eigentlichen Interaktion, z.B. Müdigkeit oder Zahnschmerzen des Schweigsamen. Hilfreich ist auch hier Metakommunikation, d.h. ein Austausch über die Beziehungsqualität bzw. die Darlegung der eigentlichen Beweggründe für das gezeigte Verhalten.

Von großer Bedeutung bei den Erkenntnissen über Kommunikation waren bzw. sind auch die Modelle über die „vier Seiten einer Nachricht". In Deutschland populär ist das Modell von Schulz von Thun,[504] ähnliche Ansätze gibt es von Lay[505] und Neuberger.[506] Die Wurzeln lassen sich vom Organon-Modell von Bühler[507] bis hin zu den griechischen Philosophen und deren Aussagen über die vier Bedeutungsinhalte einer Nachricht zurückverfolgen.

503 Watzlawick et al. (2011), S. 61.
504 Schulz von Thun (1981), S. 25–30.
505 Lay (2002), S. 158 ff.
506 Neuberger (1996).
507 Bühler (1999/1934).

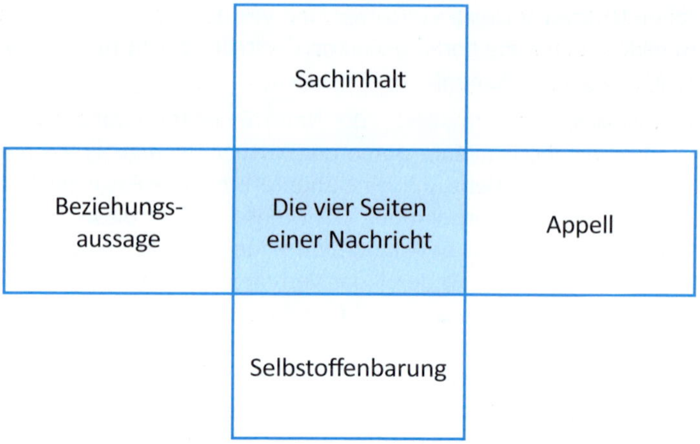

Abbildung 26: Vier Seiten einer Nachricht (in Anlehnung an Schulz von Thun 1981)

Der Kerngedanke des Modells ist, dass jede Nachricht vier Botschaften enthält:

- Erstens einen Sachinhalt, der sachliche Informationen seitens des Sender enthält.
- Zweitens eine Selbstoffenbarung, womit der Sender über sich selbst berichtet, wie er sich sieht.
- Drittens eine Beziehungsaussage, mit der der Sender angibt, was er vom Empfänger hält und wie er zu ihm steht.
- Viertens einen Appell, der verdeutlicht, zu was der Sender den Empfänger veranlassen möchte.

Schwerpunkte der Nachrichten können zwar in einem oder zwei bestimmten Feldern liegen, es werden aber immer alle vier Seiten angesprochen. An einem Beispiel verdeutlicht: Wenn während einer Besprechung der Sitzungsleiter sagt: „Es ist sehr kühl im Raum", dann hat diese Nachricht zuerst die Sachinformation, dass die Raumtemperatur nicht sehr hoch ist und als kühl empfunden wird. Als Appell steht dahinter: „Jemand soll das Fenster zumachen", was in der Regel auch so verstanden wird. Ein Teilnehmer wird höchstwahrscheinlich aufstehen und das Fenster schließen. Die Beziehungsaussage liegt darin, dass der Leiter seine Stellung in der Hierarchie dadurch zum Ausdruck bringt, dass er die Teilnehmer nicht in Form einer Entschuldigung oder Bitte, sondern indirekt anspricht. Die Selbstoffenbarung ist, dass sich der Sitzungsleiter seiner Position und Autorität bewusst ist.

Dieses Quadrat der Nachrichteninhalte ist nicht nur für den Sender relevant, sondern auch für den Empfänger. Schulz von Thun hat dies mit „Vier Ohren"[508] umschrieben: Der Empfänger hat ein „Sachohr", ein „Selbstoffenbarungsohr", ein „Beziehungsohr" und ein „Appellohr", mit denen er jeweils Nachrichten aufnimmt. Auf welchem Ohr der Empfänger nun die Nachricht interpretiert, ist nicht hinreichend klar für den Sender und damit Quelle für mögliche Kommunikationsstörungen. Bei dem vorgenannten Beispiel mit dem Teilnehmer, der das Fenster zumachte, war dessen „Appellohr" weit offen und dürfte damit den Erwartungen des Senders entsprochen haben. Ein anderer Teilnehmer war vielleicht sensibler auf dem „Beziehungsohr" und ärgerte sich heimlich darüber, dass der Sitzungsleiter nicht einfach

508 Schulz von Thun et al. (2004).

selbst aufstand und das Fenster schloss oder die Bitte direkt aussprach – dieser unterdrückte Ärger könnte im Verlauf der Sitzung noch Störungen provozieren.

Die generelle Bedeutung dieses Modells liegt darin, dass diese Kenntnisse und die daraus folgende Berücksichtigung der vier Seiten von Nachrichten sowohl bei der Formulierung und dem Senden als auch bei der Aufnahme von Botschaften Kommunikationsstörungen reduzieren können.

A Bereich freien Handelns *mir und anderen bekannt*	B Bereich „blinder Fleck“ *anderen bekannt*
C Bereich des Verbergens *nur mir bekannt*	D Bereich des Unbewussten *mir und anderen nicht bekannt*

Abbildung 27: Das Johari-Fenster (nach Luft und Ingham 1955)

Für die Interpretation des Modells der vier Seiten einer Nachricht sind auch Erkenntnisse der US-amerikanischen Sozialpsychologen Luft und Ingham[509] hilfreich, deren Überlegungen in dem bekannten Johari-Fenster münden. Es geht hierbei um die Selbstwahrnehmung und um die Fremdwahrnehmung von Menschen. Es wird eine Matrix zugrunde gelegt, die vier Zellen (A–D) besitzt (siehe Abb. 27):

- Bereich A stellt den Teil dar, der einem selbst und den Kommunikationspartnern bekannt ist. Dies ist für eine offene Diskussion ideal.
- Der Bereich B ist der sogenannte „blinde Fleck“ des Selbst. Andere nehmen Eigenschaften oder Verhalten deutlich wahr und bewerten diese auch. Selbst kann oder will man sich dem nicht nähern (es existiert praktisch nicht) oder wird hinsichtlich der Wirkung auf andere falsch gesehen. Dieser „blinde Fleck“ führt z.B. dann zu Störungen in der Kommunikation, wenn der Sender sich der Wirkungen seines Auftretens oder seiner Wortwahl nicht bewusst ist (blinder Fleck) und er sich die (unbewusst) provozierten Reaktionen der Empfänger nicht erklären kann.
- Im Bereich C befinden sich die Dinge, die der Mensch bewusst vor seiner Umwelt verbirgt. Dieser Bereich ist, abhängig vom Umfeld und insbesondere von der Qualität des gegenseitigen Vertrauens, größer oder kleiner.
- Der Bereich D umfasst das Un- bzw. das Unterbewusste des Menschen. Dieser Teil ist weder dem Menschen selbst noch seiner Umwelt zugänglich, nur durch tiefenpsychologische Methoden kann dieser teilweise aufgehellt und ins Bewusstsein geholt werden.

509 Luft & Ingham (1955).

Es ist evident, dass alle vier Bereiche für die Kommunikation von Bedeutung sind. Wesentliches Feld, weil potenzielle Quelle für Störungen, ist der „blinde Fleck". Dieser kann nur verkleinert werden, wenn in Führungsbeziehungen Feedback durch die Umwelt, sei es durch Mitarbeiter, Kollegen oder Vorgesetzte, ermöglicht und einfordert wird. Hier helfen u.a. ein Vorgesetztenfeedback in hierarchischen Beziehungen oder sogenannte Peer (Kollegen-) Reviews in lateralen Beziehungen.

Eine andere Möglichkeit, Feedback oder Rückmeldungen in Interaktionen in strukturierter Form zu erlangen, ist die vom US-amerikanischen Psychiater Eric Berne[510] entwickelte Transaktionsanalyse (TA). Bei ihm ist die Kommunikation zentral zur Gestaltung des Umgangs miteinander und zum Verstehen der Welt an sich.

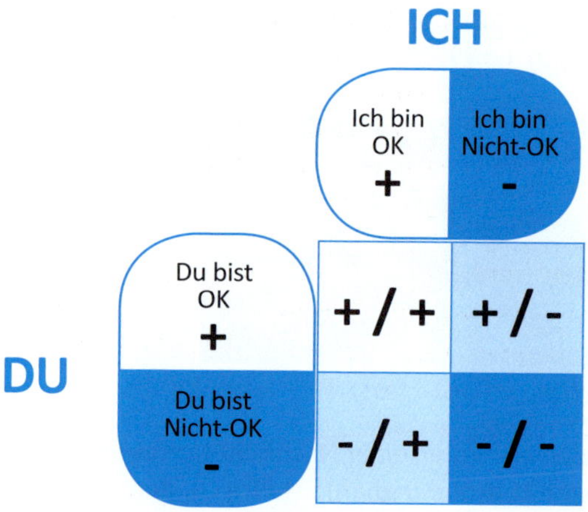

Abbildung 28: Modell der vier Lebensanschauungen in der Transaktionsanalyse (eigene Darstellung)

Das Modell basiert auf zwei Grundannahmen: Die erste Annahme ist, dass in der Kindheit des Menschen für drei verschiedene Lebensauffassungen die ursächlichen Grundlagen gelegt werden, die in diesem Modell mit „OK"- bzw. „Nicht-OK"-Auffassungen des Ich's oder des Gegenübers (Du) bezeichnet werden. Die am häufigsten anzutreffende Form ist die „Ich bin Nicht-OK – Du bist OK"-Auffassung. Als Kleinkind erlebt der Mensch, dass er hilflos ist („Ich bin Nicht-OK") und durch die Eltern Schutz und Behütetheit erlebt („Du bist OK"). Erlebt das Kind seine Eltern als kalt, wird keine Geborgenheit vermittelt, entwickelt sich die Auffassung „Ich bin Nicht-OK – Du bist Nicht-OK". Leidet das Kind unter den Eltern und wird terrorisiert, erfährt es, dass es ihm am besten geht, wenn die Eltern nicht anwesend sind, es alleine ist, dann manifestiert sich die Auffassung „Ich bin OK – Du bist Nicht-OK".

Dieser Ansatz geht grundsätzlich davon aus, dass bei jedem Menschen eine der drei genannten Lebensauffassungen anzutreffen ist und dessen Handeln determiniert. Es ist aber möglich, als Erwachsener durch willentliche Überlegungen und Handlungen sowie das Sich-Bewusstmachen von Zusammenhängen eine vierte Lebensauffassung zu entwickeln und anzunehmen, welche lautet: „Ich bin OK – Du bist OK". Dabei wird sich die persönlich vorherrschende der drei vorgenannten Einstellungen bewusst gemacht und akzeptiert, deren Mängel aber willentlich ausgeglichen.

510 Berne (1991).

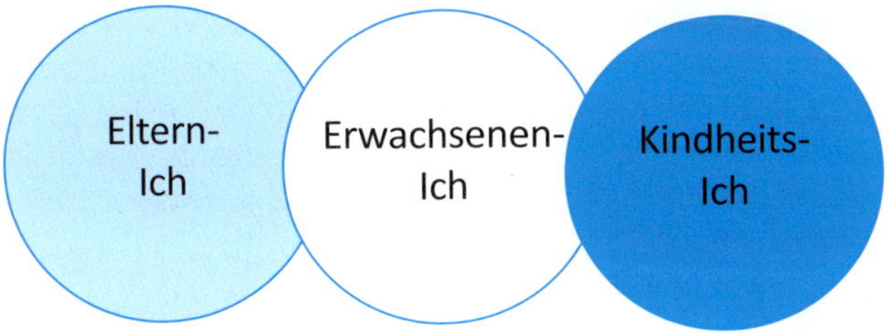

Abbildung 29: Modell der Transaktionsanalyse (TA) der „Ich-Zustände" (nach Berne 1991)

Die zweite Grundannahme des Modells ist die der „Ich-Zustände". Der Mensch wird im Laufe seines Lebens wie beschrieben geprägt und nimmt aufgrund der vorgenannten Lebensauffassungen unter bestimmten Bedingungen einen von drei sogenannten Ich-Zuständen an. Die Zustände werden als Eltern-Ich, Kindheits-Ich und Erwachsenen-Ich bezeichnet (siehe Abb. 29). Den jeweiligen Zustand zeigt der Mensch in seinem gesamten Denken, Fühlen und Handeln, so auch in der Kommunikation. Das Eltern-Ich im Menschen lobt, behütet, tadelt, korrigiert, verbietet oder bestraft – alles Verhaltensformen, die an den Menschen während der Kindheit herangetragen werden. Diese werden dann übernommen und generieren im weiteren Leben häufig angewandte Verhaltensregeln. Das Kindheits-Ich ist dagegen bemüht, Erwartungen zu erfüllen, Lob zu erfahren – es zeigt sich daher angepasst, ist aber auch spontan und kreativ. Im weiteren Leben äußert sich dies in (gefühlter) Hilflosigkeit sowie dem Bemühen, sich anzupassen und dafür möglichst gelobt zu werden. Auch eine bei Erwachsenen kindlich wirkende Renitenz hat hier ihre Wurzeln. Das Erwachsenen-Ich als dritter möglicher Zustand stellt das rationale, das Emotionen kontrollierende Verhalten dar, das auf Wissen und Überlegungen basiert. Im Handeln zeigt sich dies durch Zugewandtheit gegenüber dem Anderen sowie in der überlegten Gestaltung des verbalen und nonverbalen Verhaltens in der Kommunikation.

Diese beiden Inhalte der Transaktionsanalyse, die Lebensauffassungen und die Ich- bzw. Du-Zustände, sind auf die Kommunikation übertragbar. Bei Interaktionen (verbal oder nonverbal) werden verschiedene Ich-Zustände durch einen Transaktions-Stimulus (Sender) hervorgerufen und als Transaktions-Reaktion (Empfänger) sichtbar. Bei der Begegnung zweier Menschen löst das Verhalten des einen, jeweils abhängig davon, aus welchem Ich-Zustand heraus er (Eltern-, Kindheits- oder Erwachsenenzustand) die Interaktion eröffnet, als Stimulus beim anderen eine Reaktion aus. Dieser antwortet aus einem seiner drei Ich-Zustände heraus (Eltern, Kind, Erwachsener), was wiederum als Stimulus beim Gesprächspartner eine Reaktion hervorruft. Laufen nach dem Verständnis der Transaktionsanalyse die Kommunikationsbeziehungen parallel ab (z.B. Sender spricht als „Erwachsener", Empfänger reagiert als „Erwachsener"), werden sie als komplementär bezeichnet, sie ergänzen sich immer wieder aufs Neue und können quasi endlos weitergehen. Es ist dabei nicht erforderlich, dass die gleichen Ich-Zustandsebenen angesprochen werden – die Kommunikation verläuft solange reibungslos, wie die Reaktionen parallel verlaufen (z.B. Sender spricht als „Erwachsener", Empfänger antwortet als „Kind", worauf wieder als „Erwachsener" geantwortet wird). Kommt es allerdings zu Überkreuz-Reaktionen, wird die Kommunikation unterbrochen und konfliktär (z.B. Sender spricht als „Erwachsener", Empfänger antwortet als „Kind", womit beim Sender das „Eltern-Ich" angesprochen wird). Eine bildhafte Darstellung ergibt sich aus Abbildung 30.

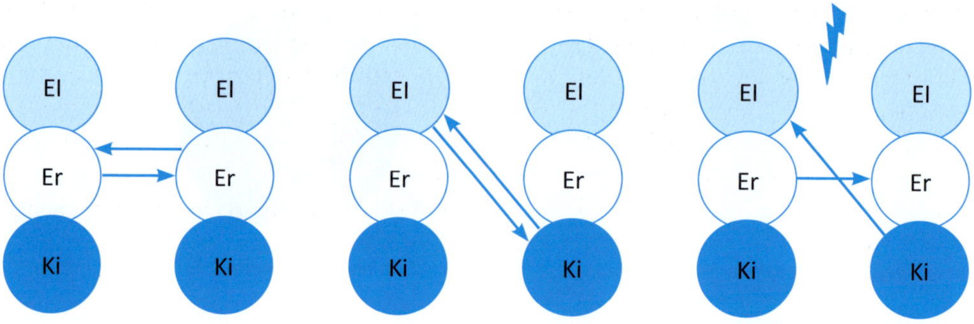

Er – Er: Wie spät ist es?
Er – Er: Es ist acht Uhr.

El – Ki: Weißt du, wie spät ist es?
Ki– El: Es war gerade so schön.

Er – Er: Wie spät ist es?
Ki – El: Ich komme, wann ich will!

Abbildung 30: Beispiele für komplementäre und Überkreuz-Kommunikation im TA-Modell (eigene Darstellung)

Hinter der Entschlüsselung dieser Reiz-Reaktionsmuster stehen zwei wesentliche Ideen. Die erste Überlegung ist, dass man dadurch erkennen kann, auf welcher Ebene der Kommunikationspartner sendet. Durch ein paralleles Antwortmuster kann man nun die Kommunikation in Gang halten. Ein Beispiel dafür: Während einer Besprechung sagt ein Teilnehmer: „Die Präsentation muss heute fertiggestellt werden". Diese Botschaft kommt aus dem Erwachsenen-Ich. Aus dem Kindheits-Ich kommt die Antwort des Angesprochenen: „Was soll ich denn noch alles machen?", die an das Eltern-Ich des Gegenübers gerichtet ist. Damit liegt eine gekreuzte Kommunikation vor. Wäre die Antwort dagegen gewesen: „Der PC war ausgefallen, wir mussten einen Ersatz besorgen," die man dem Erwachsenen-Ich zuordnen kann, wäre die Kommunikation parallel verlaufen. Die zweite normative Idee ist, dass in der Mehrzahl Kommunikationsbeziehungen angestrebt werden sollen, die auf der Ebene „Erwachsenen-Ich" zu „Erwachsenen-Ich" stattfinden. Der Grund dafür liegt in der Sachlichkeit des Informationsaustausches. Botschaften aus dem Eltern-Ich oder Kindheits-Ich bergen grundsätzlich die Gefahr, anders entschlüsselt zu werden als beabsichtigt und emotionale Reaktionen hervorzurufen. Damit sei nicht gesagt, dass diese Formen der Kommunikation mit allen Mitteln zu vermeiden sind, weil Menschen durchaus emotional sind und auch sein dürfen.

Der Informationsaustausch auf der Ebene des Erwachsenen-Ichs gestaltet sich aber in der Regel konfliktfreier. Um die Kommunikationen auf der Ebene des Erwachsenen-Ichs, aber auch parallele Kommunikationen in anderen Ich-Zuständen, die ebenfalls konfliktreduzierter sind, gestalten zu können, sollte man die Zustände anhand der Lebensanschauungen entschlüsseln können. Zum einen sieht man in sich selbst hinein, um festzustellen, wie man sich fühlt, und zum anderen beobachtet man sein Gegenüber, um einzuschätzen, wie dieses sich fühlen könnte. Wird nun erkannt, wie die Zustände „Ich bin OK" und „Du bist OK" durch parallele Kommunikationen erreicht werden können, stellt man das Kommunikationsverhalten darauf ab. Die Kommunikation ist dann gelungen, wenn beide Partner sich im „Ich bin OK – Du bist OK"-Modus befinden, was wiederum am leichtesten bei wechselseitiger Kommunikation aus dem „Erwachsenen-Ich" heraus gelingt.

Eine weitere Besonderheit bei diesem Ansatz ist die Möglichkeit der „verdeckten Transaktion"[511]. Es sind zwar vorgebliche Ich-Zustände erkennbar, aber durch Gestik, Mimik oder

511 Vgl. Hintz (2011), S. 281 f.

Wortwahl deutet es sich an, dass diese von einer anderen Ebene überlagert werden. Dies kann der Fall sein, wenn z.B. jemand dem sachlichen Hinweis auf einen Fehler, gesendet aus dem Erwachsenen-Ich, scheinbar auf der Erwachsenen-Ebene mit einem Dank begegnet, Tonfall und Mimik jedoch erkennen lassen, dass das Kindheits-Ich reagiert und der Empfänger eigentlich von dem Hinweis genervt ist. Für die Entschlüsselung der verdeckten Transaktionen braucht es eine gewisse Erfahrung und Empathie.

Für eine solche Verbesserung von Kommunikation in Gruppen entwickelte die Psychoanalytikerin Ruth Cohn[512] das Modell der Themenzentrierten Interaktion (TZI), das aber auch für Zweiergespräche genutzt werden kann.

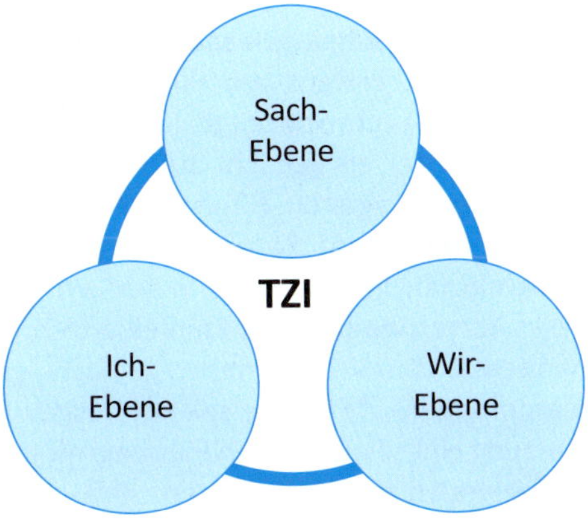

Abbildung 31: Modell der Themenzentrierten Interaktion (nach Cohn 2009)

Bei diesem Modell versuchen die Gesprächspartner, die eigene Person (Ich), die Gruppe (Wir) und die Aufgabe oder das Thema (Es) im dynamischen Gleichgewicht zu halten. Die Überwachung der Balance soll in größeren Gruppen durch erfahrene Leiter geschehen und unter bestimmten Regeln ablaufen. Die Grundregeln sind:

- „Versuche, in dieser Sitzung das zu geben und zu empfangen, was du selbst geben und empfangen möchtest. (Diese Richtlinie schließt alle folgenden, die nur zur besseren Verdeutlichung gegeben werden, ein.)
- Sei dein eigener Chairman und bestimme, wann du reden oder schweigen willst und was du sagst.
- Es darf nie mehr als einer auf einmal reden. Wenn mehrere Personen auf einmal sprechen wollen, muss eine Lösung für diese Situation gefunden werden.
- Unterbrich das Gespräch, wenn du nicht wirklich teilnehmen kannst, z.B. wenn du gelangweilt, ärgerlich oder aus einem anderen Grund unkonzentriert bist. (Ein »Abwesender« verliert nicht nur die Möglichkeit der Selbsterfüllung der Gruppe, sondern bedeutet auch einen Verlust für die ganze Gruppe. Wenn eine solche Störung behoben ist, wird das unterbrochene Gespräch entweder wieder aufgenommen werden oder einem momentan wichtigeren Platz machen.)

512 Cohn (2009), S. 110 f.

- Sprich nicht per »man« sondern per »ich«. (Ich kann nie wirklich für einen anderen sprechen. Das »man« oder »wir« in der persönlichen Rede ist fast immer ein Sich-Verstecken vor der individuellen Verantwortung.)
- Es ist beinahe immer besser, eine persönliche Aussage zu machen, als eine Frage an andere zu stellen. (Meine Äußerung ist ein persönliches Bekenntnis, das andere Teilnehmer zu eigenen Aussagen anregt; viele Fragen sind unecht, sie stellen indirekt Ansprüche an den anderen und vermeiden eine persönliche Aussage.)
- Beobachte Signale aus deiner Körpersphäre und beachte Signale dieser Art bei den anderen Teilnehmern. (Diese Regel ist ein Gegengewicht gegen die kulturell bedingte Vernachlässigung unserer Körper- und Gefühlswahrnehmung.)“[513]

Insbesondere drei Erkenntnisse bzw. Anregungen kann man dem Modell der TZI für fast alle Kommunikationsanlässe entnehmen. Erstens den Hinweis, Störungen Vorrang zu geben. Die Erfahrung zeigt, dass nicht bearbeitete Störungen in Kommunikationen häufig später an unpassender Stelle und meist heftiger als gedacht aufbrechen. Zweitens die Empfehlung, besser mit Aussagen als mit Fragen zu agieren. Häufig sind Letztere ohnehin nichts anderes als eine in Frageform verpackte Meinungsäußerung. Als dritte und vielleicht wichtigste Erkenntnis ist die Aufforderung einzuordnen, anstelle in der „Wir“- oder „Man“-Form in der „Ich“-Form zu sprechen. Dies korrespondiert mit Empfehlungen aus anderen Quellen, bei Konflikten nicht zu argumentieren: „Du/Sie hast/haben gemacht/getan/gewollt ...“, sondern zu sagen: „Ich habe es so empfunden ...“[514] Diese selektiv ausgewählten Erkenntnisse kann man, bezogen auf die Umsetzung eines Polizeilichen Führungsmodells, mit folgenden Grundsatzüberlegungen und Empfehlungen zusammenfassen:

Die erste Überlegung bezieht sich auf eine Metaebene, es geht dabei um die Prinzipien in der Kommunikation. Schulz von Thun empfiehlt in seinem Konzept der Stimmigen Führung: „willst Du ein guter Kommunikator sein, dann schau auch in dich selbst hinein, dann nimm auch den Systemblick ein“[515]. Ersteres bezeichnet er als authentisch und identitätsgemäß, Letzteres als situations- und systemgerecht. Für Authentizität empfiehlt er – auch in unserem Führungsmodell ein wichtiges Element – die Denkfigur eines „Wertequadrates“ (diese Figur wendet er auch für andere Eigenschaften an, wir beziehen uns hier nur auf die Authentizität). Dabei geht er davon aus, dass jede Tugend eine komplementäre Schwestertugend braucht, um im richtigen Maße zur Entfaltung zu kommen. Bei der Authentizität wäre dies das Wirkungsbewusstsein. Wenn Authentizität übertrieben wird, kann sie zur naiven Unverblümtheit (übertrieben offen, zur falschen Zeit, im falschen Kontext) werden. Wirkungsbewusstsein hingegen zeichnet sich durch Takt, Diplomatie und auch Kalkül aus, sollte aber wiederum nicht zur manipulativen Fassadenhaftigkeit mutieren.

513 Cohn (2009), S. 115 ff.
514 Vgl. u.a. Hintz (2011), S. 241 f.
515 Schulz von Thun (2005), S. 15.

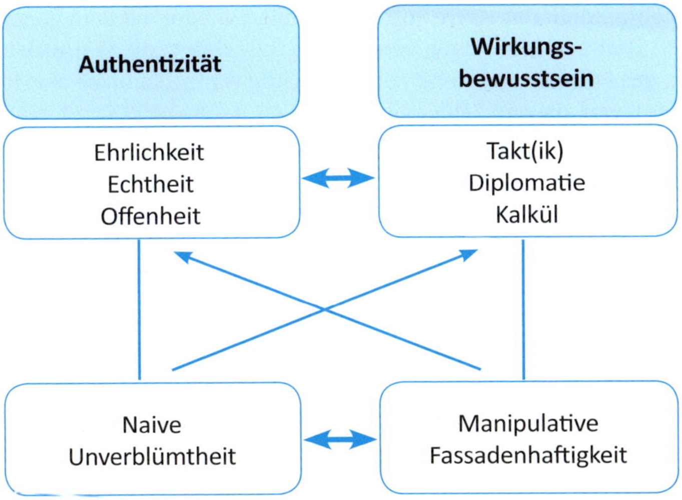

Abbildung 32: Werte-Entwicklungsquadrat (nach Schulz von Thun und Kollegen 2004, S. 53)

Die zweite Grundsatzüberlegung betrifft die operative Ebene, das tägliche Führungshandeln. Die Anzahl der Publikationen von Kommunikationsempfehlungen für Führungskräfte ist fast unüberschaubar. Wir stellen aus der Fülle der professionellen Literatur über Kommunikation vier Postulate von Lay heraus, die der von ihm verfochtenen Führungsdialektik Rechnung tragen:[516]

- Das erste Postulat: Richtiges Zuhören. Darunter werden Eigenschaften, wie geduldiges Zuhören, genaues Zuhören und analytisches Zuhören verstanden.
- Das zweite Postulat: Richtiges Darstellen. Dabei geht es um verständliches Sprechen, Vermeidung überflüssiger Redundanzen, Einheit von Inhalt und Ausdruck sowie das Einstellen auf Sprachstile (Code).
- Das dritte Postulat: Einstellen auf andere. Unter diesem Rubrum finden sich die Organisation und die Gruppe, Gruppenprozesse sowie das Führen als Gruppenbeeinflussung.
- Das vierte Postulat: Richtiges Fragen. Unterschieden wird dabei zwischen unrichtigen und richtigen Fragen.

Dazu ein Beispiel: Ein Mitarbeiter hat einen Fehler gemacht, der in einem Kritikgespräch behandelt werden soll. Das erste Postulat erfordert, dem Mitarbeiter ausreichend Gelegenheit zur Darstellung seiner Sicht der Dinge zu geben, ihn dabei nicht zu unterbrechen und aufmerksam und zugewandt zuzuhören sowie ggf. durch Verständnisfragen und Echo-Aussagen sicherzustellen, dass man den Mitarbeiter verstanden hat. Das zweite Postulat gebietet, das eigene Sprachniveau der Ebene des Mitarbeiters anzupassen, sich kurz zu fassen und z.B. darauf zu achten, ob der Mitarbeiter eher juristisch oder technisch ausgebildet ist und dementsprechend seine Darstellungen strukturiert. Das dritte Postulat, das Einstellen auf den Gesprächspartner, erfordert z.B. zu berücksichtigen, wie lange der Mitarbeiter schon in der Organisation ist, wie seine Stellung in der Gruppe ist, wo seine kulturellen Wurzeln sind (z.B. Migrant) und wie seine persönlichen Lebensumstände (z.B. erkrankt, schwerkranke An-

516 Lay (2002), S. 219–289.

gehörige) momentan sind. Das vierte Postulat korreliert wieder mit dem ersten. Eine richtige Frage wäre z.B.: „Habe ich Sie richtig verstanden, dass Ihre bisherige Ausbildung Sie nicht dazu befähigte, das Problem zu lösen?", eher unrichtig wäre: „Kann ich also festhalten, dass es Ihre Unfähigkeit war, die den Fehler verursachte?"

In den folgenden Ausführungen werden weitere Empfehlungen angesprochen, die in Varianten in fast allen Werken über Kommunikation für Führungskräfte[517] auftauchen. Die erste bezieht sich auf einen **grundlegenden Gesprächsaufbau**. Soweit es sich nicht um Konferenzen oder formelle Tagungsabläufe handelt, wird für Gespräche in Gruppen ein grundsätzlicher Aufbau empfohlen:

1. Einleitung, eher unverbindliche Inhalte ansprechen, gleitender Einstieg
2. Problem bzw. Aufgabe beschreiben, Klarheit schaffen, Fragen stellen, noch keine Wertungen vornehmen
3. Argumentationsphase, Argumente austauschen, jetzt weniger fragen, mehr begründen
4. Ergebnisse festhalten, Vergewisserung, dass das Gleiche verstanden wird, Verbindlichkeiten festlegen

Die zweite Empfehlung: Besonders für Kommunikation in Führungsbeziehungen wird **aktives Zuhören** nahegelegt.[518] Diese Verhaltensform bietet mehrere Vorteile. Wenn sich die Führungskraft selbst zum geduldigen und längeren Zuhören anhält, wird die Dominanz des Führenden abgeschwächt und das Gespräch kann sich tendenziell symmetrisch entwickeln. Wer länger zuhört, versteht auch mehr von dem Gesagten. Bei vielen Problemfällen wird durch längeres Reden des Betroffenen der wahre Kern von Problemen deutlich, und oft werden dabei Lösungsmöglichkeiten erkennbar, die den weiteren Gesprächsverlauf sowohl abkürzen als auch emotional entschärfen können. Aktives Zuhören äußert sich non-verbal in zugewandter Haltung, kurzen Blickkontakten, bestätigenden Gesten und Lauten sowie dem Sicherstellen eines störungsfreien Gesprächsverlaufs. Verbal sollte man das Gehörte dem Sender widerspiegeln, d.h. die Aussagen mit eigenen Worten wiederholen, zusammenfassen, paraphrasieren und durch kurze Rückfragen klären. Es sollte versucht werden, einen solchen kontrollierten Gesprächsablauf über mehrere Minuten aufrechtzuerhalten.

Mit Fragen führen – sozusagen im doppelten Sinne – ist der dritte Ratschlag für Gesprächsführungen.[519] In der Phase der Schaffung von Klarheit über das Problem, die Aufgabe, das Thema etc. ist es sinnvoll, Gespräche mit Fragen zu steuern. Durch Fragen werden die Redeanteile des Mitarbeiters automatisch größer. Die nach Lay „richtigen Fragen"[520] wirken motivierend und fördern viele Aspekte zutage. Als Fragetypen bieten sich zuerst die klassischen W-Fragen nach dem Wer, Wie, Was, Wann, Warum, Wo usw. an. Offenen Fragen sollte man den Vorzug vor geschlossenen Fragen, die nur mit ja oder nein zu beantworten sind, geben. Hinsichtlich der Dramaturgie sollten die Fragen dem grundlegenden Gesprächsaufbau folgen: zuerst Fragen nach den Fakten und dem Sachverhalt, dann Ausdehnung auf Fragen nach Umfeld und Auswirkungen, Bedingungen u.ä. In der nächsten Phase sind dann Fragen nach Lösungen zweckmäßig. In der Argumentationsphase sollten dann die Fragen zugunsten von Aussagen zurückgestellt werden.

---

517 Unter vielen anderen: von der Heyde & von der Linde (2003).
518 Vgl. u.a. Hintz (2011), S. 220.
519 Vgl. u.a. Hintz (2011), S. 208.
520 Lay (2002), S. 284.

Bei der Kommunikation sollten, so oft es geht – so die vierte Empfehlung, die bereits weiter oben genannt wurde –, **Ich-Botschaften** formuliert werden. Es geht zum einen darum, weniger in der „Man"- oder „Wir"-, dafür mehr in der „Ich"-Form zu sprechen, und zum anderen, „Du-" bzw. „Sie-Botschaften" zu vermeiden. Letztere belasten u.a. auch die Gesprächssituation, da dem Gegenüber ständig signalisiert wird, was er falsch gemacht hat oder wie er zu fühlen hat – obwohl dies vielleicht noch nicht mal der tatsächlichen Sach- und Gefühlslage entspricht. Es ist besser zu formulieren, wie „ich" etwas empfunden habe, also dem Gegenüber zu vermitteln, wie etwas auf einen wirkte. Versieht man diese Aussagen noch mit einem erklärenden „Weil", wobei sich die Begründung darauf bezieht, warum man so fühlt, so ist es für das Gegenüber fast nicht möglich, dies zu negieren, weil es die subjektive Gefühlslage des Redners nicht umdefinieren kann. Wenn im Gespräch geäußert wird: „Du bist unfair", wirkt dies regelmäßig wie ein Angriff – besonders dann, wenn der Andere gar nicht unfair sein wollte – meist wird der weitere Gesprächsverlauf emotional werden. Wird als „Ich-Botschaft" z.B. formuliert: „Ich fühle mich nicht fair behandelt, weil ich nicht die gleichen Unterlagen habe", kann das Gegenüber das Gefühl des Senders nicht ernsthaft in Abrede stellen, sondern in der Nachricht eher den Appell zum Überlassen von Unterlagen aufnehmen und diese zur Verfügung stellen.

Feedback geben und Feedback fordern sowie nehmen sind für erfolgreiche Kommunikationsbeziehungen unentbehrlich, so die fünfte Empfehlung. Für Führungskräfte ist das Einfordern und Abholen von Feedback die erfolgversprechendste Form, den eigenen „blinden Fleck" zu verkleinern. Neben Vorgesetzten und Kollegen auf gleicher Ebene sind vor allem die Mitarbeiter eine wertvolle Erkenntnisquelle. Feedback von Mitarbeitern fordern und annehmen können trägt wesentlich zum Aufbau von Vertrauen in Führungsbeziehungen bei. Wenn einem Feedback gegeben wird, sollte man in jedem Falle ohne Unterbrechung zuhören. Man sollte lediglich nachfragen, ob man alles richtig verstanden hat, dann aber nicht langatmig rechtfertigen oder argumentieren. Die kürzeste und meist effektivste Form der Erwiderung auf das Feedback ist die Aussage, dass man sich dafür bedankt und darüber nachdenken wird. Selbst Feedback geben sollte man auch nach einigen wenigen Grundregeln. Es muss verdeutlicht werden, dass es um Wahrnehmungen und Gefühle, nicht um reine Fakten geht; dabei sind Formulierungen in „Ich"-Form hilfreich und Beschreibungen dessen, was man wünscht bzw. was geändert werden könnte (wichtig: nur Verhaltensweisen ansprechen, die auch geändert werden können). Bewertungen sollten vermieden werden, denn diese haben immer etwas Abwertendes.

Die wichtigste Regel lautet allerdings: **Mehr positives Feedback geben als negatives**. Gerade in diesem Punkt täuschen sich Führungskräfte erheblich: So berichten Leitl und Sackmann, dass bei Befragungen 61 % der oberen Führungskräfte sowie 43 % der mittleren Führungsebene der Meinung waren, Mitarbeiter erführen ausreichende Wertschätzung und Anerkennung,[521] während jedoch Erkenntnisse über eine andere Wahrnehmung der Mitarbeiter vorliegen: „Nur jeder fünfte Arbeitnehmer (19 %) erklärt, dass für gute Arbeit Lob und Anerkennung ausgesprochen wird, ebenso viele Beschäftigte (22 %) bekunden, dass ihnen regelmäßiges Feedback über persönliche Fortschritte bei der Arbeit gegeben wird."[522] Die Verringerung dieser Diskrepanz ist eine tägliche Herausforderung in modernen Führungsbeziehungen.

521 Leitl & Sackmann (2011).
522 Nink (2011).

12.3 Integration in die polizeiliche Führungspraxis

Für die Polizei ist es ausgesprochen sinnvoll, sich mit der Kommunikation in Führungsbeziehungen zu beschäftigen, da u.a. Strompen nachgewiesen hat, dass Kommunikation als Belastungsfaktor für Polizeibedienstete zwar wesentlich durch den Umgang mit dem polizeilichen Gegenüber bestimmt wird, aber „die Störungen der polizeiinternen Kommunikation [...] als belastender empfunden“[523] werden. Zur internen Kommunikation zählte dabei insbesondere die Interaktion mit Führungskräften.

Ein Blick in die Polizeidienstvorschrift 100 (PDV 100) gibt einen ersten Hinweis zur internen Kommunikation. Dort wird kurz und bündig ausgeführt: „Erfolgreiches Führen erfordert umfassende Kommunikation und zielgerichtete Information“.[524] Das Wesen einer Dienstvorschrift erlaubt es aber nicht, ausführlich Bedeutung sowie Art und Weise von Kommunikation in der polizeilichen Führung zu beschreiben, sodass dies der Ausgestaltung in anderen Regelwerken sowie den Aus- und Fortbildungsinhalten und der Literatur obliegt.

Die Dienstvorschrift ist eine wesentliche Quelle für die polizeiinterne Fachsprache. Nahezu alle polizeitypischen Formulierungen und Begrifflichkeiten, von den Bezeichnungen der Anlässe für polizeiliches Handeln über die taktischen und organisatorischen Maßnahmen bis hin zu den Grundbegriffen, finden sich hier. Die Verbindlichkeit der Grundbegriffe wird wie folgt begründet: „Die Verwendung der Grundbegriffe ist Grundlage einer einheitlichen Fachsprache und gewährleistet eine unmissverständliche Information und Kommunikation.“[525] Wie wir aber gesehen haben, ist die Unmissverständlichkeit nicht so einfach zu erreichen, wie sie gefordert ist.

Die polizeiinterne Sprache ist nicht nur auf den zwar großen, aber trotzdem überschaubaren Bereich der (taktischen) Bewältigung von Lagen begrenzt, sondern hat insgesamt eine Reihe von Elementen aus anderen fachsprachlichen Bereichen übernommen. An erster Stelle sind juristische Begriffe und Formulierungen zu nennen. Dies ist soweit logisch, da die Polizei zur Überwachung und Durchsetzung des geltenden Rechtes verpflichtet ist. Handelt es sich um Straftaten oder Ordnungswidrigkeiten, bewegt sie sich im Strafverfolgungsrecht, hauptsächlich normiert durch das Strafgesetzbuch, die Strafprozessordnung, das Ordnungswidrigkeitengesetz, Straßenverkehrsgesetz und -ordnung sowie weitere strafrechtliche bzw. ordnungsregelnde Nebengesetze. Geht die Polizei ihrer vornehmsten Aufgabe nach, der Prävention und Gefahrenabwehr, müssen die einschlägigen Polizeigesetze der Länder und des Bundes (auch Sicherheits- und Ordnungsgesetze genannt) sowie die diversen Verwaltungsverfahrensgesetze beachtet werden. Deshalb ist die interne Sprache in weiten Teilen durch die Verwendung von „Amts-“ bzw. „Juristendeutsch“ und einen Bürokratie-Duktus geprägt. Die modernen Technologien[526] haben ebenfalls, wie auch in anderen Organisationen, ihre Spuren in der internen Fachsprache hinterlassen. Auch eine nicht unerhebliche Anzahl von Begriffen aus der Management- und Organisationslehre fand Eingang in die Polizeiwelt. Erwähnenswert sind nicht zuletzt die häufigen Abbreviationen und Akronyme, die nicht nur

523 Strompen (2008), S. 213–229.

524 Polizeidienstvorschrift 100 (1999), Nr. 1.5.3.2.

525 Polizeidienstvorschrift 100 (1999), Anlage 20.

526 Obwohl sich die Polizeifachsprache gegen die Übernahme bestimmter umgangssprachlicher Begriffe widerspenstig zeigte: Ein „Telefon“ war amtlich ein „Fernsprecher“, ein „Telex“ heißt bis heute „Fernschreiben“. Erst mit der elektronischen Datenverarbeitung wurden mit der Übernahme der Begriffe „PC“ und „E-Mail“ die Kreationen von eigenen amtlichen Begriffen (in diesem Bereich) aufgegeben.

den Schriftverkehr, sondern auch den verbalen Sprachgebrauch durchziehen. Dies erschwert in gewissem Maße den Wechsel zu einer Kommunikation, die Empathie als Grundlage des Gelingens voraussetzt.

Die **Beherrschung dieser polizeitypischen Fachsprache**, d.h. die Kenntnis und Anwendung des gleichen Zeichenbestands sowie der entsprechenden Kodierungs-Dekodierungsregeln, sind für Mitarbeiter und Führungskräfte meist kein größeres Problem. Dies wird durch intensive Aus- und Fortbildung gewährleistet, zudem durchlaufen Führungskräfte aufgrund des Aufstiegsprinzips im Laufe ihres Dienstlebens die Hierarchieebenen. Sie kennen somit auch die ebenenspezifischen Begriffswelten. Probleme treten in den Bereichen auf, in denen die schon erwähnten „Management-Cops“[527] an den Schnittstellen mit der Politik, den Medien und anderen Organisationen eine Art Politik- und Management-Idiom sprechen (müssen), dies dann aber auch in der eigenen Hierarchie gegenüber den „Streets-Cops“ verwenden und damit auf Unverständnis im doppelten Wortsinne stoßen. Empathische Führungskräfte beachten eine zielgruppengerechte Kommunikation hinsichtlich der Sprachstile (wie es Lay nennt[528]), bemühen sich um Verständlichkeit und Reduktion der Komplexität und wählen sorgsam die verschiedenen Möglichkeiten der Übertragungen.

Als ein klassisches Beispiel zur Illustration der Bedeutung von Kommunikation in polizeilichen Führungsbeziehungen kann die **Vermittlung von Zielvereinbarungen** im Sinne der Neuen Steuerungsmodelle herangezogen werden. Als die Neuen Steuerungsmodelle in der Polizei Fuß fassten, entstand in der Mitarbeiterschaft großes Misstrauen gegenüber diesem Führungsinstrument. Faktisch wurden die Steuerungsmodelle vorrangig zur Kostenreduzierung eingesetzt und nicht zur Steigerung der Effektivität der Organisation, wozu sie grundsätzlich gedacht waren. Eine weitere, aber nicht unwesentliche Ursache für die spürbare Ablehnung war auch die manchmal fast sektiererisch betriebene Anwendung der Fachbegriffe der neuen Modelle – was letztendlich ein Kommunikationsproblem darstellte. So wurden z.B. die Begriffe „Kunde“ und „Kundenzufriedenheit“ eigentlich – und angesichts der sehr differenten Klientel der Polizei verständlicherweise – nie richtig akzeptiert: Vom Auskunftsersuchenden, Schaulustigen über den Anzeigeerstatter oder das Opfer bis hin zum Straftäter und Störer reicht die nur unvollständig genannte Palette des „polizeilichen Gegenübers“, wie der jahrelang polizeilich benutzte Terminus lautet. Gerade gegenüber der Gruppe der Straftäter und Störer fielen die Assoziationen mit einem „zufriedenen Kunden“ schwer. Erst als es den Führungskräften gelang, die Sinnhaftigkeit der Steuerungsinstrumente zu verdeutlichen, trat eine größere Akzeptanz ein: Vorteile waren z.B. mehr finanzielle Autonomie auf der Ausführungsebene oder die Erkenntnis, dass durch Zielvereinbarungen über die Steigerung von erkennungsdienstlichen Maßnahmen (Stichwort: DNA) eine größere Aufklärungsquote zu erreichen war, dadurch wiederum bessere Verurteilungsquoten, die wiederum zum Absinken von Fallzahlen führten.

Eine andere kommunikative Anforderung der Zukunft wird sein, dass Führungskräfte und Mitarbeiter sich auch kommunikativ auf die **Vielfältigkeit** (Diversity)[529] in der Organisation einstellen. Insbesondere die verschiedenen kulturellen Einflüsse werden eine Bereicherung der internen Sprache hervorrufen.

527 Vgl. Behr (2000).
528 Lay (2002), S. 256.
529 Vgl. Thielmann (2010b).

Kommunikation in der Gesamtheit stellt – wie auch beim Kooperativen Führungssystem – für das Polizeiliche Führungsmodell sowohl Kohäsionskraft als auch Projektionsfläche dar. Wie bereits ausgeführt, kann „Wertschätzung" nur erfahren werden, wenn die Kommunikation darauf ausgerichtet ist. Durch aktives Zuhören und Interesse am Gesprächspartner wird erst in Erfahrung gebracht, welche Leistungen Mitarbeiter erbringen. Durch angemessene Feedback-Methoden wiederum kann Anerkennung kommunikativ transportiert werden.

Eine Entwicklung von Mitarbeitern im Sinne von Förderung ist über Kommunikation nur möglich, wenn man sich ein umfassendes Bild über Kenntnisse und Fähigkeiten, Erwartungen und Befürchtungen, Stärken und Schwächen sowie Persönlichkeit und Charakter der betroffenen Menschen macht. Grundlage dafür ist immer die kooperativ angelegte Kommunikation, die sich in einer vertrauensvollen und transparenten Atmosphäre abspielt. Beispielsweise ist die erfolgreiche Realisierung des Elementes „Motivierung" durch Führungsverhalten jenseits struktureller Anreizsysteme und vorhandener Selbstmotivation stark von der Art und Weise der Kommunikation abhängig. Führungskräfte müssen in der Lage sein, sowohl kognitive als auch emotionale Bedürfnisse der Mitarbeiter zu erkennen, diese mit den Erfordernissen der Organisation abzugleichen und adäquate, dem Einzelnen gerecht werdende Ziele zu entwickeln bzw. zu vereinbaren. Auf der Ebene der indirekten Führung müssen übergreifende Strategien oder Visionen kommuniziert werden, die individuelle Antriebskräfte freisetzen und zur Entfaltung bringen. Für die vorbildhafte Führung gilt: Schlechte Kommunikatoren haben es schwer, als Vorbild zu wirken. Aber auch bei guten Kommunikatoren muss die Kommunikation in Form und Inhalt passen, sie kann nur mit Leben erfüllt werden, wenn sie authentisch ist. Wie dies erreicht werden kann, wurde in Kapitel 12.2 durch die Darstellung der „Stimmigen Führung"[530] und des Wertequadrates „Authentizität vs. Wirkungsbewusstsein" erörtert. Führung und Kommunikation stehen, so die Botschaft, in einer festen Verbindung miteinander.

	Empfehlungen für eine erfolgreiche Kommunikation
1	Grundlegender Gesprächsaufbau mit Einleitung, Beschreibung, Argumentation, Ergebnissen
2	Aktiv zuhören
3	Mit Fragen führen
4	Ich-Botschaften verwenden
5	Feedback geben und fordern sowie nehmen

Abbildung 33: Fünf Praxisempfehlungen für erfolgreiche Kommunikation in Führungsbeziehungen (eigene Darstellung)

530 Vgl. Schulz von Thun (2004).

13 Führungspraktische Wegweisungen

Wir sind an dem Punkt angelangt, wo wir unsere Ausführungen zur polizeilichen Führungslehre und zu deren Kern, dem Polizeilichen Führungsmodell (PFM), abschließen. Uns verbleibt noch als letztes, Vorschläge zur Implementierung in die polizeiliche Führungspraxis zu unterbreiten.

Sicherlich wäre es wünschenswert, begleitend dazu einen breiten **wissenschaftlichen Diskurs** zu führen, doch besteht aufgrund der Erfahrungen kaum Anlass, hier zu optimistisch zu sein. In der deutschen Wissenschaftslandschaft gehört die polizeiliche Führungsforschung nicht zu den zentralen Themen, was auch für die wissenschaftlichen Forschungsinstitutionen der Polizei gilt. Nur wenige Wissenschaftler haben sich hier für die Ausrichtung „Führungslehre" oder „Führungsforschung" entschieden. So dürften die stärksten konzeptionell orientierten Impulse aus der Reihe von akademisch tätigen Polizeivollzugsbeamten kommen, die sich Führungsfragen verschrieben haben und auf diesem Gebiet seit Jahren erfolgreich lehren, allerdings – nicht zuletzt aufgrund zeitlich bedingter Restriktionen – nur im bescheidenen Maße forschen.

Deshalb kommt dem **Dialog mit der polizeilichen Praxis** die Schlüsselrolle zu. Die Diskussionen werden unerlässlich sein, da einerseits Akzeptanz nur durch Einbindung geschaffen werden kann, andererseits so Rückmeldungen eingespeist werden, die der Fortentwicklung dienen. Um den Diskurs anzuregen, sind weitere **Publikationen über das PFM** wünschenswert. Das vorliegende Grundlagenwerk ist u.E. dafür der Ausgangspunkt. Die polizeilichen Fach- und Gewerkschafts- bzw. Berufsvertretungszeitschriften sind hierzu naheliegende und relevante Plattformen, Beiträge in Fachbüchern weitere Aktionsfelder.

Die Grundsätze des Polizeilichen Führungsmodells sollten des Weiteren – wie schon beim Kooperativen Führungssystem (KFS) praktiziert – eine **Verankerung in Vorschriften** erfahren. Eine solche Fixierung in den Vorschriften ist zwar keine Erfolgsgarantie, aber als eine Maßnahme der indirekten Führung von großer Bedeutung. Das Wissen über und die Begründung für ein Polizeiliches Führungsmodell muss zum einen in die oberen Leitungsebenen der Polizeiorganisationen der Länder und des Bundes hineingetragen werden, zum anderen in den bundesdeutschen Gremien (zuvorderst im Arbeitskreis II, im Unterausschuss Führung, Einsatz und Kriminalitätsbekämpfung sowie der Vorschriftenkommission) aufgegriffen werden. Soweit Diskussionen über Leitbilder noch virulent sind, gehören die Inhalte des PFM auf deren Agenden.

Von ausschlaggebender Wichtigkeit ist die **Verankerung in der Aus- und Fortbildung**. Die Grundlagen und Inhalte des PFM müssen in die Curricula der polizeilichen Bildungseinrichtungen eingebracht werden. Sowohl die Ebenen- als auch die Zielgruppen-Adäquanz muss dabei sichergestellt werden. So sind die Studieninhalte für die Berufsanfänger in den Bachelor-Studiengängen (oder vergleichbare Studiengänge) anders in Art und Umfang zu entwickeln als für die Aufsteiger in den höheren Dienst im Master-Studiengang. In der Fortbildung sind verschiedene, auf Zielgruppen zugeschnittene Lehr- und Lernmethoden anzuwenden. So müssen die Inhalte z.B. einer künftigen, jüngeren Führungskraft im gehobenen Dienst anders vermittelt werden als einer langjährigen, älteren Führungskraft des höheren Dienstes. Wiederum ganz anders muss die Vermittlung an die jungen Frauen und Männer in der Polizei – die Geführten – aussehen. Vergessen werden darf dabei nicht die große Gruppe der Führungskräfte, die nicht über vollzugspolizeiliche Karrierepfade in die und in der Organisation sozialisiert wurden. Wichtig erscheint uns der Hinweis, dass diese Vermittlung eines PFM nicht allein Aufgabe der klassischen Führungslehre in der Polizei ist, sondern sich interdisziplinär in anderen Bildungsbereichen entweder komplementär oder analog widerspiegeln muss. Dazu zählen die Ethik mit Fragen zu den Menschenrechten, Berufsethos oder Kommunikationstrainings mit Inhalten der Kommunikationsformen, ferner die Psychologie mit Erkenntnissen über Motivation, Authentizität, ebenso die Organisationslehre mit Begriffen wie Aufbauorganisation, Hierarchie sowie die Einsatzlehre mit Diskussionen über „Führung im Einsatz", um nur einiges zu nennen. Grundsätzlich geeignet sehen wir im Übrigen die polizeiliche Führungslehre mit Adaptionen für die Gestaltung der Führung auch in anderen Sicherheitsbehörden.

Letztlich wird es in der Polizei darauf ankommen, ob sich die Erkenntnis durchsetzt, dass ein Polizeiliches Führungsmodell für die Organisation Polizei und ihre Führungskräfte von unzweifelhaftem Nutzen ist. **Praxistauglichkeit** ist hier das Schlüsselwort. Allerdings kommt niemand in modernen Organisationen, und damit auch in der Polizei, an der Tatsache vorbei, dass Praxistauglichkeit nicht allein und nicht vorwiegend heißen kann, Führungskräfte von ihren Führungsaufgaben dadurch zu befreien, indem mechanistische Handlungsanweisungen und Checklisten als glückseligmachend verkauft werden. Wer dies meint, hat Führung noch nicht ausreichend durchdrungen und unterliegt den zahlreichen Führungsmythen, die in der Praxis kursieren (siehe dazu kritisch Weibler[531]).

Unser Führungsmodell bietet begründetes Orientierungswissen. Es überschreitet die subjektiven Erfahrungen, die ein Einzelner in seiner Führung bisher gemacht hat, und bietet einen Rahmen, der aus den wissenschaftlich aufbereiteten Erfahrungen vieler und perspektivischen Überlegungen anderer, auch unserer Personen, besteht. Hier können sich aus der Warte der polizeilichen Führungskraft Gemeinsamkeiten oder Unterschiede ergeben, in der Regel aber sicherlich ein Mehr an Optionen für die eigene Führung. Die Verantwortung zu führen wird man dadurch nicht los. Und dies soll auch so sein, denn wer Führungsverantwortung abgeben möchte, ist auf einer Führungsposition am falschen Ort. Wer jedoch der Auffassung ist, dass Führungsverantwortung prinzipiell mit denen zu teilen ist, auf die Führung abzielt, weil diese Menschen schon verstehen, dass Führung immer etwas ist, was in einer Beziehung gemeinsam geschaffen werden muss und eben nicht verordnet werden kann, der ist auf einem guten Weg. In diesem Sinne ist unsere polizeiliche Führungslehre als Wegweisung zu verstehen.

531 Weibler (2013).

Literaturverzeichnis

Ahlf, E.-H. (1997). *Ethik im Polizeimanagement. Polizeiethik mit Bezügen zu Total Quality Management* (TQM). Wiesbaden: Bundeskriminalamt.

Altmann, R. & Berndt, G. (1976). *Grundriß der Führungslehre: Allgemeine Führungsvoraussetzungen.* Lübeck: Schmidt-Römhild. (Hinweis: Seit der 2. Auflage 1982 teilweise Änderungen des Titels.)

Altmann, R. & Berndt, G. (1978). *Grundriß der Führungslehre: Führung in der Organisation.* Lübeck: Schmidt-Römhild.

Altmann, R. & Berndt, G. (1982). *Grundriß der Führungslehre: Grundlagen kooperativer Führung* (2. erweiterte und neu bearbeitete Auflage). Lübeck: Schmidt-Römhild.

Altmann, R. & Berndt, G. (1983). *Grundriß der Führungslehre: Führung in der Organisation* (2. erweiterte und neu bearbeitete Auflage). Lübeck: Schmidt-Römhild.

Altmann, R. & Berndt, G. (1992). *Grundriß der Führungslehre: Grundlagen kooperativer Führung* (3. erweiterte und neu bearbeitete Auflage). Lübeck: Schmidt-Römhild.

Altmann, R. & Berndt, G. (1994). *Grundriß der Führungslehre: Führung in der Organisation* (3. erweiterte und neu bearbeitete Auflage). Lübeck: Schmidt-Römhild.

Amelang, M. & Bartussek, D. (2001). *Differentielle Psychologie und Persönlichkeitsforschung* (5. Auflage). Stuttgart.

Antonakis, J. (2004). On why „emotional intelligence“ will not predict leadership effectiveness beyond IQ or the „big five“: An extension and rejoinder. In *Organizational Analysis*, 12 (2), S. 171–182.

Antonakis, J., Ashkanasy, N. M., Dasborough, M. T. (2009). Does leadership need emotional intelligence? In *The Leadership Quarterly*, 20 (2), S. 247–261.

Asendorpf, J. P. (2005). *Psychologie der Persönlichkeit.* Berlin: Springer.

Ashkanasy, N. M. (2002). Studies of cognition and emotions in organisations: Attributions, affective events, emotional intelligence and perception of emotion. In *Australian Journal of Management*, (27), S. 11–22.

Avolio, B. J. & Gardner, W. L. (2005). Authentic leadership development: Getting to the root of positive forms of leadership. In *The Leadership Quarterly*, (16), S. 315–338.

Axelrod, R. (2009). *Die Evolution der Kooperation* (7. Auflage). München: Oldenbourg.

Backes, O., Dollas, R., Heitmeyer, W., Meyer, J., Spona, D., Wilkening, F. (1997). *Risikokonstellationen im Polizeialltag.* Bielefeld: Universität, Fakultät für Rechtswissenschaft.

Baltes, T. (2012). Hat das KFS seine Schuldigkeit getan? Führen in einer High-Speed Polizei. In *Deutsches Polizeiblatt*, (3), S. 11–14.

Barthel, C. (2007). Führungslehre in der Polizei: Eine Diskursanalyse. In C. Barthel, J. Christe-Zeyse & D. Heidemann (Hrsg.). *Professionelle Führung in der Polizei: Jenseits des Führungsmythos und technokratischer Managementansätze* (S. 20–69). Frankfurt am Main: Verlag für Polizeiwissenschaft.

Barthel, C. (2009). *Personalentwicklung als Führungsaufgabe in der Polizei.* Stuttgart: Boorberg.

Barthel, C. (2009a). Das Mitarbeitergespräch oder Führen mit Zielvereinbarungen. In C. Barthel (Hrsg.). *Personalentwicklung als Führungsaufgabe in der Polizei* (S. 65-86). Stuttgart: Boorberg.

Barthel, C. (2010). Das kooperative Führungssystem (KFS). Anmerkungen zur Geschichte und Zukunft des KFS – Nutzen, blinde Flecken und Baustellen der polizeilichen Führungslehre. In *DIE POLIZEI*, (3), S. 40–48.

Barthel, C. & Heidemann, D. (2013). KFS 2.0 – ein Vorschlag zur zeitgemäßen Neuformulierung des Kooperativen Führungssystems. In *DIE POLIZEI*, (6), S. 155–166.

Bass, B. M. (1985). *Leadership and performance beyond expectations.* New York: Free Press.

Bass, B. M. & Avolio, B. J. (1994). *Improving organizational effectiveness through transformational leadership.* Sage Publications.

Bass, B. M. & Bass, R. (2008). *The Bass handbook of leadership. Theory, research, and managerial applications* (4. Auflage). New York: Free Press.

Bass, B. M. & Riggio, R. E. (2006). *Transformational Leadership* (2. Auflage). New Jersey: Mahwah.

Batson, C. D., Thompson, E. R., Seuferling, G., Whitney, H. & Strongman, J. A. (1999). Moral hypocrisy: Appearing moral to oneself without being so. In *Journal of Personality and Social Psychology*, (77), S. 525–537.

Bauer, J. (2006). *Prinzip Menschlichkeit.* Hamburg: Hoffmann und Campe.

Baurmann, M. (1992). Supervision – Chance für die Polizei. In *Deutsche Polizei*, (10), S. 28–29.

Beamtenstatusgesetz (BeamtStG) vom 17. Juni 2008 (BGBl. I S. 1010), zuletzt geändert durch Artikel 15 Absatz 16 des Gesetzes vom 5. Februar 2009 (BGBl. I S. 160).

Becker, M. (2009). *Personalentwicklung: Bildung, Förderung und Organisationsentwicklung* (5. Auflage). Stuttgart: Schäffer-Poeschel.

Becker, M. (2010). Wie gestalten? Systematische Personalentwicklung im Funktionszyklus. In M. Meifert (Hrsg.). *Strategische Personalentwicklung* (S. 365–384). Heidelberg u.a.: Springer.

Becker, P. (2002). The four-plus-X-factor model as a framework for the description of normal and disordered personality. A pilot study. In *Trierer Psychologische Berichte*, 29 (1).

Behr, R. (2000). *Cop Culture – Der Alltag des Gewaltmonopols. Männlichkeit, Handlungsmuster und Kultur in der Polizei.* Opladen: Leske + Budrich.

Behr, R. (2004). Supervision in der Polizei – Zeichen einer neuen Lernkultur oder politischer Reflex? Organisationsentwicklung, Professionalisierung und Reflexivität in bürokratischen Organisationen. In K. Liebl (Hrsg.). *Fehler und Lernkultur in der Polizei* (S. 139–174). Empirische Polizeiforschung V. Frankfurt am Main: Verlag für Polizeiwissenschaft.

Behr, R. (2006). *Polizeikultur. Routinen - Rituale - Reflexionen: Bausteine zu einer Theorie der Praxis der Polizei.* Wiesbaden: VS Verlag für Sozialwissenschaften.

Behr, R. (2008). Veränderungsprozesse des Gewaltmonopols. Organisationssoziologische Anmerkungen zum Transformationsprozess der staatlichen Polizei. In R. Kreissl, C. Barthel & L. Ostermeier (Hrsg.). *Policing in Context* (S. 53–72). Wien: Spitzer.

Behr, R. (2010). Licht und Schatten: ‚Diversität' für die Polizei. In D. Hunold, D. Klimke, R. Behr & R. Lautmann (Hrsg.). *Fremde als Ordnungshüter. Die Polizei in der Zuwanderungsgesellschaft Deutschland (S. 145*–156). Wiesbaden: VS Verlag für Sozialwissenschaften.

Behrendes, U. (2013). Wesentliche Entwicklungsschritte der Länderpolizeien der Bundesrepublik Deutschland. In B. Frevel (Hrsg.). *Polizei im Wandel. Entwicklungen, Strukturen und Prozesse* (S. 5–117). Themenheft, Ausgabe 3., Verlag für Polizeiwissenschaft.

Berndt, G. (1977). Voraussetzungen, Bedingungen und Wirkungsweisen des polizeilichen Führungssystems und die Bedeutung für die Führungslehre. In *Die Polizei*, (68), S. 318–321.

Berndt, G. (1980). Warum Führungslehre für alle Laufbahngruppen. In *Die Polizei*, (71), S. 318–321.

Berndt, G. (2004). *Die Entwicklung des Kooperativen Führungssystems (KFS) auf dem Hintergrund der gesellschaftlichen Entwicklung. Der lange Weg zu einer modernen Personalführung in der Polizei.* Vortrag Symposium „30 Jahre Kooperatives Führungssystem in der deutschen Polizei – Bilanz und Perspektiven" am 21. Juni 2004 an der Polizei-Führungsakademie Münster (nicht veröffentlicht).

Berne, E. (1991). *Transaktionsanalyse der Intuition. Ein Beitrag zur Ich-Psychologie.* Paderborn: Jungfermann.

Berthel, J. & Becker, F. G. (2007). *Personalmanagement – Grundzüge für Konzeptionen betrieblicher Personalarbeit* (8. Auflage). Stuttgart: Schäffer-Poeschel.

Bierhoff, H. W. & Müller, G. F. (1993). Kooperation in Organisationen. In *Zeitschrift für Arbeits- und Organisationspsychologie*, 37 (N.F. 11), S. 42–51.

Bittelmeyer, A. (2009). Vom Wert der Wertschätzung. Anerkennung im Arbeitsleben. In *managerSeminare*, (138), S. 20–26.

Blake, R. R. & Mouton, J. S. (1964). *The Managerial Grid: The Key to Leadership Excellence*. Houston: Gulf Publishing Co.

Bondio, M. G. (1995). Die Rezeption der kriminalanthropologischen Theorien von Cesare Lombroso in Deutschland von 1880–1914. In *Abhandlungen zur Geschichte der Medizin und der Naturwissenschaften*, (70), S. 297.

Bornewasser, M. (2012). KFS der Polizei – Symbol ohne nachhaltige Ausstrahlung in die tägliche Praxis. In *Deutsches Polizeiblatt*, (3), S. 11–14.

Brodbeck, F. C. (2008). Evidenzbasiertes (Veränderungs-)Management (EbM). In *Organisations Entwicklung*, (1), S. 4–9.

Bruggemann, A. (1974). Zur Unterscheidung verschiedener Formen der Arbeitszufriedenheit. In *Arbeit und Leistung*, (28), S. 281–284.

Bruggemann, A., Groskurth, P. & Ulrich, E. (1975). *Arbeitszufriedenheit.* Bern: Hans Huber.

Bryman, A. (1992). *Charisma and leadership in organizations*. London: Sage.

Buchmann, K. E. & Hermanutz, M. (1991). Arbeitszufriedenheit, Motivation und kooperatives Führungssystem. Konsequenzen aus einer empirischen Untersuchung. In *DIE POLIZEI*, 82 (5), S. 109–115.

Bühler, K. (1999/1934). *Sprachtheorie. Die Darstellungsfunktion der Sprache.* Ungekürzter Neudruck der Ausgabe Jena: Fischer Verlag von 1934 (3. Auflage). Stuttgart: Lucius und Lucius.

Burns, J. M. (1978). *Leadership*. University of Michigan: Harper & Row.

Calder, R. J. (1977). An attribution theory of leadership. In B. Staw & G. Salanczik (Hrsg.). *New directions in organizational behavior* (S. 179–204). Chicago: Krieger.

Chan, A., Hannah, S. T. & Gardner, W. L. (2005). Veritable authentic leadership. Emergence, functioning and impacts. In W. L. Gardner, B. J. Avolio & F. O. Walumbwa (Hrsg.). *Authentic Leadership Theory and Practice: Origins, Effects and Development* (S. 3–41). Oxford: Elsevier.

Christe-Zeyse, J. (2007). Polizei und Management. Beobachtungen zu einem konfliktträchtigen Verhältnis. In C. Barthel, J. Christe-Zeyse & D. Heidemann (Hrsg.). *Professionelle Führung in der Polizei: Jenseits des Führungsmythos und technokratischer Managementansätze* (S. 195–278). Frankfurt am Main: Verlag für Polizeiwissenschaft.

Coesfeld, F. & Fengler, D. (2011). Hamburger Polizisten fordern mehr Respekt. In *Hamburger Abendblatt* vom 11.08.2011. Verfügbar unter: http://www.abendblatt.de/hamburg/kommunales/article1987155/Hamburger-Polizisten-fordern-mehr-Respekt.html [10.03.2012].

Cohn, R. (2009). *Von der Psychoanalyse zur themenzentrierten Interaktion. Von der Behandlung einzelner zu einer Pädagogik für alle.* Stuttgart: Klett-Cotta.

Coleman, J. (1990). *Foundations of Social Theory*. Cambridge: Harvard University Press.

Colquitt, J. A. (2001). On the dimensionality of organizational justice: A construct validation of a measure. In *Journal of Applied Psychology, 86* (3), S. 386–400.

Comelli, G. & Rosenstiel, v. L. (2009). *Führung durch Motivation. Mitarbeiter für Unternehmensziele gewinnen.* München: Vahlen.

Conger, J. A. (2011). Charismatic Leadership. In A. Bryman, A. D. Collinson, K. Grint, B. Jackson, M. Uhl-Bien (Hrsg). *The Sage handbook of leadership* (S. 86–102). Los Angeles: Sage.

Conger, J. A. & Kanungo, R. N. (1988). Behavioral dimensions of charismatic leadership. In J. A. Conger & R. N. Kanungo (Hrsg.). *Charismatic leadership: The elusive factor in organizational effectiveness* (S. 78–97). San Francisco: Jossey-Bass.

Cooper, C. D., Scandura, T. A. & Schriesheim, C. A. (2005). Looking forward but learning from our past. Potential challenges to developing authentic leadership theory and authentic leaders. In *The Leadership Quarterly, 16*, S. 475–493.

Correll, W. (2007). *Menschen durchschauen und richtig behandeln* (19. Auflage). Heidelberg: mvg.

Cube, F. v., Dehner, K. & Schnabel, A. (2003). *Führen durch Fordern. Die BioLogik des Erfolgs.* München: Piper.

Dams, C. (2008). Polizei in Deutschland 1945–1989. In *Aus Politik und Zeitgeschichte,* (48), S. 9–14.

Deeg, J. & Weibler, J. (2008). *Die Integration von Individuum und Organisation.* Wiesbaden: VS Verlag für Sozialwissenschaften.

Dievernich, F. E. P. (2007). *Pfadabhängigkeit im Management: Wie Führungsinstrumente zur Entscheidungs- und Innovationsunfähigkeit des Managements beitragen.* Stuttgart: Kohlhammer.

Dirks, K. T. & Ferrin, D. L. (2001). The role of trust in organizational settings. In *Organization Science*, 12 (4), S. 450–467.

Dobby, J., Anscombe, J. & Tuffin, R. (2004). *Police leadership: expectations and impact*. Home Office Report Online Report 20/04. Verfügbar unter: http://collection.europarchive.org/tna/20080205132101/homeoffice.gov.uk/rds/pdfs04/rdsolr2004.pdf [28.07.2014].

Doppler, K., Fuhrmann, H., Lebbe-Waschke, B. & Voigt, B. (2002). Die Neurosen des Chefs oder: Ein kurzer Ausflug in die Tiefenpsychologie. In *Unternehmenswandel gegen Widerstände: Change Management mit den Menschen* (S. 182–206). Frankfurt am Main: Campus.

Driller, U. (2001). Führungskräfte als Personalentwickler. Bildungscontrolling in einer Qualifizierungsmaßnahme der Niedersächsischen Polizei. In *Polizei & Wissenschaft*, (1), S. 39–58.

Driller, U. (2005). *Führungskräfte als Personalentwickler. Eine Untersuchung zu einem Pilotprojekt in einer Landespolizei.* Dissertation: Fachbereich Sozialwesen der Universität Gesamthochschule Kassel.

Duchmann, C. & Töpfer, A. (2013). Neuroleadership der Unternehmenskultur. Durch wertorientierte Personalführung das Motivationspotenzial von vier Botenstoffen im Gehirn nutzen. In *zfo*, (06), S. 394–403.

Dudàs, A. (2008). *Shiro – Das große Wagnis. Mit dickem Fell auf die Reise zu Authentizität und Selbstverwirklichung.* Norderstedt: Books on Demand.

Eberl, P. (2003). *Vertrauen und Management.* Stuttgart: Schäffer-Poeschel.

Eberl, P. & Kabst, R. (2010). Vertrauen, Opportunismus und Kontrolle. Eine empirische Analyse von Joint-Venture-Beziehungen vor dem Hintergrund der Transaktionskostentheorie. In J. Sydow (Hrsg.). *Management von Netzwerkorganisationen. Beiträge aus der Managementforschung* (S. 107–142). Wiesbaden: Gabler.

Ebling, T. (2003). Leitbildentwicklung bei der Polizei Rheinland-Pfalz. In W. U. Prigge & R. Sudek (Hrsg.). *Innere Führung durch Leitbilder? Eine Analyse des Leitbildprozesses bei der Polizei* (S. 19–30). Berlin: wvb.

Eckloff, T. & van Quaquebeke, N. (2008). Entwicklung und Validierung einer Skala zu respektvoller Führung. In E. H. Witte (Hrsg.). *Sozialpsychologie und Werte* (S. 243–275). Lengerich: Pabst Science Publishers.

Eckloff, T., van Quaquebeke, N. & Witte, E. H. (2008). Respektvolle Führung und ihre Bedeutung für die Gestaltung von Veränderungen in Organisationen. In R. Fisch, A. Müller

& D. Beck (Hrsg.). *Veränderungsprozesse in Organisationen: Stand und Perspektiven* (S. 249–271). Wiesbaden: VS Verlag für Sozialwissenschaften.

Elfenbein, H. A. (2007). Emotions in organizations: A review and theoretical integration. In The *Academy of Management Annals,* (1), S. 315–386.

Elger, C. (2013). *Neuroleadership. Erkenntnisse der Hirnforschung für die Führung von Mitarbeitern.* Freiburg: Haufe.

Endrissat, N., Müller, W. R. & Kaudela-Baum, S. (2007). En Route to an Empirically-Based Understanding of Authentic Leadership. In *European Management Journal*, 25 (3), S. 207–220.

Engeser, S. & Vollmeyer, R. (2005). Tätigkeitsanreize und Flow-Erleben. In R. Vollmeyer, J. Brunstein (Hrsg.). *Motivationspsychologie und ihre Anwendung* (S. 59–71). Stuttgart: Kohlhammer.

Erickson, R. J. (1995). The importance of authenticity for self and society. In *Symbolic Interaction*, 18 (2), S. 121–144.

Erpenbeck, J. & Heyse, V. (2007). *Die Kompetenzbiographie. Wege der Kompetenzentwicklung* (2. Auflage). Münster: Waxmann.

European Police Chiefs Convention 2013 (2013). *Outcome of the discussions of the European Police Chiefs working group on police leadership. Strengthening police leadership*. Den Haag: EUROPOL.

Evangelische Kirche in Deutschland (EKD) (2008). *Unternehmerisches Handeln in evangelischer Perspektive. Eine Denkschrift des Rates der EKD*. Gütersloh: Gütersloher Verlagshaus.

Eysenck, H. J. (1970). *The structure of human personality*. London: Methuen.

Felfe, J. & Heinitz, K. (2008). The impact of followers' and leaders' personality and perceived similarity on followers' perceptions of transformational leadership and leader acceptance. In J. Deller (Hrsg.). *Personality and Work* (S. 197–217). München: Mering.

Feltes, T. (2007). Polizeiwissenschaft in Deutschland. Überlegungen zum Profil einer (neuen) Wissenschaftsdisziplin. In *Polizei & Wissenschaft*, (4), S. 2–21.

Feltes, T., Schreiber, M. & Sol, W. (2013). Polizeialltag: Der Bürger und seine Polizei. Eine empirische Studie. In *Polizei & Wissenschaft,* (4), S. 42–66.

Fiedler, F. E. (1967). *A theory of leadership effectiveness.* New York: McGraw-Hill.

Fields, D. L. (2007). Determinants of Follower Perceptions of a Leader's Authenticity and Integrity. In *European Management Journal*, 25 (39), S. 195–206.

Fischbach, A. (2009). Viele Mythen, erste Befunde und offene Fragen. Emotionale Intelligenz im Führungskontext. In *Personalführung*, (6), S. 36–47.

Fischbach, A. & Lichtenthaler, P. (2012). Nutzung und Effekte von Emotionen und Regulationsstrategien. In *Praeview – Zeitschrift für innovative Arbeitsgestaltung und Prävention*, (4), S. 10–11.

Fischbach, A., Lichtenthaler, P. & Boltz, J. (2012). Surface Acting, Deep Acting, Automatic Acting – Emotionsregulation in der Führungsarbeit. In *Praeview – Zeitschrift für innovative Arbeitsgestaltung und Prävention*, (4), S. 12–13.

Fischer, L. (1990). Kooperative Führung – Mythos, Fiktion oder Perspektive? In G. Wiendieck & G. Wiswede (Hrsg.). *Führung im Wandel* (S. 132–156). Stuttgart: Enke.

Fisseni, H.-J. (2004). *Lehrbuch der psychologischen Diagnostik* (3. Auflage). Göttingen: Hogrefe.

Fleishman, E. A. & Harris, E. F. (1962). Patterns of leadership behavior related to employee grievances and turnover. In *Personnel Psychology*, (15), S. 247–259.

Franke, S. (1997). *Polizeiführung und Ethik.* Münster: Regensberg.

Frankl, V. (2005). *Ärztliche Seelsorge, Grundlagen der Logotherapie und Existenzanalyse.* Wien: Deuticke.

Frevel, B. (2008). Polizei, Politik und Wissenschaft. In *Aus Politik und Zeitgeschichte,* (48), S. 3–9.

Frevel, B. (2013). Sicherheit. In *Aus Politik und Zeitgeschichte,* (34–36), S. 53–57.

Fromm, E. (2000). *Authentisch leben*. Freiburg im Breisgau: Herder.

Fürstenberg Institut GmbH (2011). *FÜRSTENBERG-PERFORMANCE-INDEX 2011. Gesundheitsprobleme in Deutschland und ihr Einfluss auf die Leistung der Arbeitnehmer.* Hamburg: Fürstenberg Institut.

Gagne, R. M. & Fleishman, E. A. (1959). *Psychology and human performance: An Introduction to Psychology Holt.* New York: Elsevier.

Gardner, W. L., Avolio, B. J., Luthans, F., May, D. R. & Walumbwa, F. (2005). "Can you see the real me?". A self-based model of authentic leader and follower development. In *The Leadership Quarterly*, (16), S. 343–372.

George, J. M. (2000). Emotions and leadership: The role of emotional intelligence. In *Human Relations*, 53 (8), S. 1027–1055.

Gerichtsverfassungsgesetz (GVG) in der Fassung der Bekanntmachung vom 9. Mai 1975 (BGBl. I S. 1077), zuletzt geändert durch Gesetz vom 2. Juli 2013 (BGBl. I S. 1938) m. W. v. 6. Juli 2013.

Gesetz zum Neuen Dienstrecht in Bayern vom 5. August 2010; GVBl Nr. 15, S. 410.

Geyer, A. (2010). Ist die Führung schuld? In *Bundespolizei kompakt*, (4), S. 4–6.

Gibb, C. A. (1947). The principles and traits of leadership. In *Journal of Abnormal and Social Psychology*, (42), S. 267–284.

Gmür, M. & Thommen, J.-P. (2006). *Human Resource Management – Strategien und Instrumente für Führungskräfte und das Personalmanagement* (2. Auflage). Zürich: Versus.

Göbel, M. (2012). *Mentoring als Baustein der Personalentwicklung. Eine Evaluation des Mentoring-Programms der hessischen Polizei.* Masterarbeit. Deutsche Hochschule der Polizei: Münster.

Goebel, O. (2004). *Ermittlung des Führungskräfteentwicklungsbedarfs beim Polizeipräsidium Köln.* Magisterarbeit. Norderstedt: grin.

Goleman, D. (1999). *EQ2 – Der Erfolgsquotient*. München: Carl Hanser.

Goleman, D., Boyatzis, R. & McKee, A. (2002). *Emotionale Führung*. Berlin: Ullstein.

Greenberg, J. (1993). The social side of fairness. Interpersonal and informational classes of organizational justice. In R. Cropanzano (Hrsg.). *Justice in the workplace. Approaching fairness in human resource management* (S. 79–103). Hillsdale u.a.: Lawrence Erlbaum.

Greenberg, J. & Colquitt, J. A. (2005). *Handbook of organizational justice.* New York u.a.: Lawrence Erlbaum.

Greenleaf, R. K. (1977). *Servant Leadership. A Journey into the Nature of Legitimate Power & Grateness.* New York: Paulist Press.

Groß, A. (2012). Kooperatives Führungssystem der Polizei – Verstorben oder noch unter den Lebenden? In *Deutsches Polizeiblatt*, (3), S. 15–18.

Groß, H. (2008). Deutsche Länderpolizeien. In *Aus Politik und Zeitgeschichte*, (48), S. 20–26.

Groß, H., Frevel, B. & Dams, C. (2008). *Handbuch der Polizeien Deutschlands.* Wiesbaden: VS Verlag für Sozialwissenschaften.

Große Strafrechtskommission des Deutschen Richterbundes (2008). *Das Verhältnis von Gericht, Staatsanwaltschaft und Polizei im Ermittlungsverfahren, strafprozessuale Regeln und faktische (Fehl-?)Entwicklungen.* Gutachten im Auftrag des Bundesministeriums der Justiz. Ergebnisse der Sitzung vom 28. Juli bis 2. August 2008 in Miltenberg.
Verfügbar unter: http://www.bmjv.de/SharedDocs/Downloads/DE/Fachinformationen/Das_Verhaeltnis_von_Gericht_Staatsanwaltschaft_und_Polizei_im_Ermittlungsverfahren.pdf?__blob=publicationFile [11.06.2014].

Gusy, C. (2010). Vom neuen Sicherheitsbegriff zur neuen Sicherheitsarchitektur. In *Verwaltungsarchiv*, 101 (3), S. 309–333.

Haase, P. (1986). Das kooperative Führungssystem der Volkswagen AG. In *Schriftenreihe der Polizei-Führungsakademie,* (1986) S. 66 f.

Hackman, J. R. & Oldham, G. R. (1980). *Work redesign*. Reading: MA.

Harter, S. (2002). Authenticity. In C. R. Snyder & S. Lopez (Hrsg.). *Handbook of positive psychology* (S. 382–394). Oxford, UK: Oxford University Press.

Heckhausen, H. (1989). *Motivation und Handeln* (2. Auflage). Berlin u.a.: Springer.

Heckhausen, J. & Heckhausen, H. (2006). Motivation und Entwicklung. In J. Heckhausen & H. Heckhausen (Hrsg.). *Motivation und Handeln* (3. Auflage) (S. 393–454). Heidelberg: Springer.

Heidemann, D. (2014). ‚Bange machen gilt nicht': Führung lernen – Führung in der Polizei professionalisieren. In *DIE POLIZEI*, (3), S. 61–68.

Herrmann, T. (1991). *Lehrbuch der empirischen Persönlichkeitsforschung.* Göttingen: Hogrefe.

Herrnstein Management Report (2009). *Integrität von Managern.* Nr. 7/2009. Herrnstein Institut für Management und Leadership: Wien. Verfügbar unter: http://www.hernstein.at/Wissenswert/Hernstein-Management-Report/Reports-2004-2010/09-7-Integritaet-von-Managern/ [01.04.2012].

Hersey, P. H. & Blanchard, K. H. (1982). *Management of organization behavior: Utilizing human resources.* Englewood Cliffs, NJ: Prentice Hall.

Hersey, P. H., Blanchard, K. H. & Johnson, D. E. (1996). *Management of Organizational Behaviour – Utilizing Human Resources* (7. Auflage). Upper Saddle River, NJ: Prentice Hall.

Herzberg, F. (2003). Was Mitarbeiter in Schwung bringt. Forschung: Vergessen Sie Lob, vergessen Sie Bestrafung, vergessen Sie Geld. Um Mitarbeiter wirklich zu motivieren, müssen Sie deren Arbeitsplatz interessanter gestalten. In *Harvard Business Manager*, April 03, S. 50–62.

Herzberg, F., Mausner, B. & Snyderman, B. (1959). *The motivation to work.* New York: Wiley.

Hessisches Gesetz über die Gleichberechtigung von Frauen und Männern und zum Abbau von Diskriminierungen von Frauen in der öffentlichen Verwaltung (Hessisches Gleichberechtigungsgesetz – HGlG –), in der Fassung vom 31. August 2007, GVBl. I 2007, S. 586, zuletzt geändert durch Art. 2 des Gesetzes vom 10. Dezember 2013 (GVBl. S. 674).

Hessisches Ministerium des Innern und für Sport (2007). *Grundsätze über Zusammenarbeit und Führung in der hessischen Landesverwaltung.* Erlass – Z 46 – 3 v. 11.06. –, StAnz. 18/2007, S. 890.

Hessisches Ministerium des Innern und für Sport (2008). *Grundsätze der Vorgesetztenrückmeldung in der Hessischen Landesverwaltung.* Erlass – Z 46 – 3 v. 11.10. – StAnz. 23/2008, S. 1414–1419.

Hessisches Ministerium des Innern und für Sport (2009). *Rahmenkonzeption der Personalentwicklung in der hessischen Landesverwaltung. Grundlage für ressort-, fachverwaltungs- und behördenbezogene Personalentwicklungskonzepte.* Erlass – Z 46 – 3 v. 11.05. – StAnz. 2009, S. 2750–2755.

HGlG siehe unter „Hessisches Gesetz über die Gleichberechtigung von Frauen und Männern […]".

Hinn, H. & Thielmann, G. (2009). Die Rotation von Mitarbeitern. In C. Barthel (Hrsg.). *Personalentwicklung als Führungsaufgabe in der Polizei* (S. 175–193). Stuttgart: Boorberg.

Hintz, A. J. (2011). *Erfolgreiche Mitarbeiterführung durch soziale Kompetenz. Eine praxisbezogene Anleitung*. Wiesbaden: Gabler.

Hofstede, G. (2001). *Culture's consequences: Comparing values, behaviors, institutions, and organizations across nations.* Thousand Oaks, CA: Sage.

Hogg, M. A. (2001). A Social Identity Theory of Leadership. In *Personality and Social Psychology Review*, 5 (3), S. 184–200.

Höhn, R. (1967). *Führungsbrevier der Wirtschaft* (2. durchges. und erweiterte Auflage). Bad Harzburg: Verlag für Wissenschaft, Wirtschaft und Technik.

Homann, W. (2012). *Essays in behavioural economics. Behaviour in the job and in unemployment.* Dissertation. Frankfurt am Main: Wolfgang-von-Goethe-Universität.

Hoppock, R. (1935). *Job Satisfaction.* Harper & Row: New York.

House, R. J. (1977). A 1976 theory of charismatic leadership. In J. G. Hunt & L. L. Larson (Hrsg.). *Leadership: The cutting edge* (S. 189–207). Carbondale u.a.: Southern Illinois University Press.

House, R. J., Hanges, P. J., Javidan, M., Dorfman, P. W. & Gupta, V., Globe Associates (eds.) (2004). Culture, leadership, and organizations: In *The GLOBE study of 62 societies*. Thousand Oaks: Sage.

House, R. J. & Shamir, B. (1993). Toward the integration of transformational, charismatic, and visionary theories. In M. M. Chemers & R. Ayman (Hrsg.). *Leadership theory and research* (S. 81–107). San Diego u.a.: Academic Press.

House, R. J. & Shamir, B. (1995). Führungstheorien – Charismatische Führung. In A. Kieser, G. Reber & R. Wunderer (Hrsg.). *Handwörterbuch der Führung* (2. Auflage) (S. 878–897). Stuttgart: Schäffer-Poeschel.

House, R. J. & Singh, J. V. (1987). Organizational behavior: Some new directions for I/O psychology. In *Annual Review of Psychology*, (38), S. 669–718.

HPolLVO siehe unter „Verordnung über die Laufbahnen des hessischen Polizeivollzugsdienstes".

Huberts, L. W. J. C., Kaptein, M. & Lasthuizen, K. (2007). A study of the impact of three leadership styles on integrity violations committed by police officers. In *An International Journal of Policing Strategies & Management*, 30 (4), S. 587–607.

Huf, G. (2010). *Das Kooperative Führungssystem im 21. Jahrhundert – Eine Sekundärdatenanalyse einer Erhebungsstudie „Führung und Management" bei der Polizei in Bayern im Abgleich mit einer empirischen Befragung.* Masterarbeit. Münster: Deutsche Hochschule der Polizei.

Ibarra, H. & Hansen, M. T. (2011). Der Kooperative Manager. In *Harvard Business Manager*, (10), S. 24–31.

Innenministerium des Landes Nordrhein-Westfalen (2003). *Mitarbeitergespräch und Zielvereinbarungen Leitfaden für das Innenministerium Nordrhein-Westfalen.* Düsseldorf.

IRG: Gesetz über die internationale Rechtshilfe in Strafsachen in der Fassung der Bekanntmachung vom 27. Juni 1994 (BGBl. I S. 1537), zuletzt geändert durch Artikel 1 des Gesetzes vom 18. Oktober 2010 (BGBl. I S. 1408).

Jaschke, G. & Neidhardt, K. (2004). Moderne Polizeiwissenschaft als Integrationswissenschaft. In *Polizei & Wissenschaft*, (H 4), S. 14–249.

Judge, T. A., Bono, J. E., Ilies, R. & Gerhardt, M. W. (2002). Personality and leadership: A qualitative and quantitative review. In *Journal of Applied Psychology*, 87 (4), S. 765–780.

Judge, T. A. & Piccolo, R. F. (2004). Transformational and transactional leadership: A meta-analytic test of their relative validity. In *Journal of Applied Psychology*, 89 (5), S. 755–769.

Judge, T. A., Thoeresen, C. J., Bono, J. E. & Patton, G. K. (2001). The job satisfaction-job performance relationship. A qualitative and quantitative review. In *Psychological Bulletin*, (127), S. 376–407.

Jumpertz, S. (2013). Mehr Respekt, bitte! Führungsprinzip Achtung. In *managerSeminare*, (184), S. 44–50.

Kabanoff, B. & Holt, J. (1996). Changes in the espoused values of Australian organizations. In *Journal of Organizational Behavior*, (5), S. 201–219.

Kassebaum, U. B. (2004). *Interpersonelles Vertrauen. Entwicklung eines Inventars zur Erfassung spezifischer Aspekte des Konstrukts.* Dissertation. Universität Hamburg: Hamburg.

Kenning, P. & Kopton, I. M. (2013). Entwicklung einer Neuroleadership-Forschungsagenda. Zur Integration neurowissenschaftlicher Erkenntnisse, Theorien und Methoden in die betriebliche Organisationsforschung. In *zfo*, (6), S. 388–393.

Kehr, H. M. (2001). Volition und Motivation: Zwischen impliziten Motiven und expliziten Zielen: Das „Schnittmengenmodell von Motivation und Wille" eröffnet neue Perspektiven für die Führungspraxis. In *Personalführung. Sonderheft: Motivation*, (4), S. 20–28.

Kehr, H. M. (2004). Integrating implicit motives, explicit motives, and perceived abilities: The compensatory model of work motivation and volition. In *Academy of Management Review*, 29 (3), S. 479–499.

Kehr, H. M. (2005). Das Kompensationsmodell der Motivation und Volition als Basis für die Führung von Mitarbeitern. In R. Vollmeyer & J. Brunstein (Hrsg.). *Motivationspsychologie und ihre Anwendung* (S. 131–150). Stuttgart: Kohlhammer.

Kehr, H. M. (2008). Für Veränderungen motivieren mit Kopf, Bauch und Hand. In *Organisationsentwicklung*, (3), S. 23–30.

Kehr, H. M. (2009). *Authentisches Selbstmanagement – Ein wirksames Konzept zur Stärkung von Motivation und Wille.* Weinheim: Beltz.

Kehr, H. M. (2011). Führung und Motivation: Implizite Motive, explizite Ziele und die Steigerung der Willenskraft. In *Personalführung*, (4), S. 67–72.

Kersten, J. (2005). Medienpräsentation der Polizei: Mediale Polizeibilder. In H. Groß & P. Schmidt (Hrsg.). *Innen- und Außensicht(en) der Polizei: Empirische Polizeiforschung VI. Schriften zur empirischen Polizeiforschung* (S. 113–122). Frankfurt am Main: Verlag für Polizeiwissenschaft.

Kersten, J. (2009). Aufklärung am Sonntagabend: Der ARD Tatort. In R. Linssen & H. Pfeiffer (Hrsg.). *Polizei. Außendarstellung in Öffentlichkeit und Medien* (S. 135–143). Frankfurt am Main: Verlag für Polizeiwissenschaft.

Kersten, J. (2012a). Was versteht man unter „Polizeiwissenschaft" – Eine programmatische Standortbestimmung. In *Neue Kriminalpolitik*, (1), S. 8–11.

Kersten, J. (2012b). „Polizeiwissenschaft". Eine programmatische Standortbestimmung. In *SIAK Journal*, (1), S. 4–18.

Kersten, J. & Burchard, A. (2013). Police in Germany: History and New Perspectives. In *European Journal of Policing Studies*, 1(1), S. 21–29.

Kim, K., Dansereau, F. & Kim, I. (2002). Extending the concept of charismatic leadership using Bass (1990) categories. In B. J. Avolio & F. J. Yammarino (Hrsg.). *Transformational and charismatic leadership: The road ahead* (S. 143–172). Oxford: JAI Elsevier.

Klages, H. (1984). *Wertorientierungen im Wandel: Rückblick, Gegenwartsanalyse, Prognosen.* Frankfurt am Main u.a.: Campus.

Klaus, E. (2002). *Vertrauen in Unternehmensnetzwerken. Eine interdisziplinäre Analyse.* Wiesbaden: Gabler.

Klein, K. J. & House, R. J. (1995). On fire: Charismatic leadership and levels of analysis. In *The Leadership Quarterly*, 6 (2), S. 183–198.

Kleinbeck, U. (1996). *Arbeitsmotivation. Entstehung, Wirkung und Förderung.* Weinheim: Beltz Juventa.

Kleinbeck, U. (2006). Handlungsziele. In J. Heckhausen & H. Heckhausen (Hrsg.). *Motivation und Handeln* (3. Auflage) (S. 255–276). Heidelberg: Springer.

Kleinschmidt, H. (2010). *Empirische Befunde zu Aspekten der Zukunftsfähigkeit von Führungshandeln und Evidenzbasiertheit vom Human-Ressource Management in der Öffentlichen Verwaltung.* Forschungsbericht. Berlin: Hochschule für Wirtschaft und Recht.

Klendauer, R., Streicher, B., Jonas, E. & Frey, D. (2006). Fairness und Gerechtigkeit. In H. W. Bierhoff & D. Frey (Hrsg.). *Handbuch der Sozialpsychologie und Kommunikationspsychologie* (S. 187–195). Göttingen: Hogrefe.

Kmieciak, P. & Klages, H. (1976). *Wertestrukturen und Wertewandel in der Bundesrepublik Deutschland*. Göttingen: Schwarth.

Knapek, H. & Neiss, W. (1999). Selbstverantwortung für Kompetenzen und Karriere. In K. Schwuchow & J. Gutmann (Hrsg.). *Jahrbuch Personalentwicklung und Weiterbildung* (S. 83–88). München: Haufe.

Knelangen, W. (2008). Europäisierung und Globalisierung der Polizei. In *Aus Politik und Zeitschichte*, (48), S. 33–38.

Kreikebaum, H. (2004). Gerechtigkeit und Fairness. In G. Schreyögg & A. v. Werder (Hrsg.). *Handwörterbuch Unternehmensführung und Organisation* (S. 347–353). Stuttgart: Schäffer-Poeschel.

Kreissl, R. (2008). Das Selbstverständnis der Polizei zwischen neuen Sicherheitsbedürfnissen, kommunaler Orientierung und bürokratischer Organisationsform. In R. Kreissl, C. Barthel & L. Ostermeier (Hrsg.). *Policing in Context* (S. 31–49). Wien: Spitzer.

Kreissl, R., Barthel, Ch. & Ostermeier, L. (Hrsg.) (2008). *Policing in Context. Rechtliche, organisatorische, kulturelle Rahmenbedingungen polizeilichen Handelns.* Wien: Spitzer.

Kretschmer, E. (1921/1977). *Körperbau und Charakter. Untersuchung zum Konstitutionsproblem und zur Lehre von den Temperamenten* (26. Auflage). Berlin: Springer.

Krishnan, V. R. (2001). Value systems of transformational leaders. In *Leadership & Organization Development Journal*, 22 (3), S. 126–131.

Küpers, W. (2006). Authentische und integrale, transformationale Führung. Ein Überblick über den „state-of-the-art" aus akademischer Perspektive. In H. Wielens (Hrsg.). *Führen mit Herz und Verstand - Authentisch und integral zu einer neuen Kultur der Unternehmens- und Personalführung* (Band 2) (S. 335–378). Bielefeld: Kamphausen.

Küpers, W. & Weibler, J. (2005). *Emotionen in Organisationen.* Stuttgart: Kohlhammer.

Kuhn, T. (2000). *Internes Unternehmertum: Begründung und Bedingungen einer „kollektiven Kehrtwendung".* München: Vahlen.

Kuhn, T. & Weibler, J. (2003). Führungsethik. Notwendigkeit, Ansätze und Vorbedingungen ethikbewusster Mitarbeiterführung. In *Die Unternehmung*, 57 (5), S. 375–392.

Kuhn, T. & Weibler, J. (2012). *Führungsethik in Organisationen*. Stuttgart: Kohlhammer.

Kuntze, M. & Sarter, A. (2012). Kooperatives Führen in der Polizei Rheinland-Pfalz. In *Deutsches Polizeiblatt*, (3), S. 24–27.

Lahno, B. (2002). *Der Begriff des Vertrauens*. Paderborn: mentis.

Landesbeamtengesetz - LBG NRW - Beamtengesetz für das Land Nordrhein-Westfalen vom 21. April 2009 (GV. NRW. S. 224), zuletzt geändert durch Artikel 1 des Gesetzes zur Änderung dienstrechtlicher Vorschriften vom 21. April 2009 (GV. NRW. S. 224).

Lang, J. & Wetzchewald, A. (2012). Die Schulung der Praxisausbilderinnen und -ausbilder. In *spectrum*, (2), S. 11.

Lange, H. J. & Schenk, J. C. (2004). *Polizei im kooperativen Staat. Verwaltungsreform und Neue Steuerung in der Sicherheitsverwaltung.* Wiesbaden: VS Verlag für Sozialwissenschaften.

Langens, T. A., Schmalt, H. D. & Sokolowski, K. (2005). Motivmessung: Grundlagen und Anwendungen. In R. Vollmeyer & J. Brunstein (Hrsg.). *Motivationspsychologie und ihre Anwendung* (S. 72–91). Stuttgart: Kohlhammer.

Lautmann, R. (2010). Wissen und Organisation. Erfahrungen mit dem Versuch, Forschung und Praxis miteinander zu verbinden. In D. Hunold, D. Klimke, R. Behr & R. Lautmann (Hrsg). *Fremde als Ordnungshüter. Die Polizei in der Zuwanderungsgesellschaft Deutschland* (S. 99–144). Wiesbaden: VS Verlag für Sozialwissenschaften.

Laux, L. (2003). *Persönlichkeitspsychologie*. Stuttgart: Kohlhammer.

Lay, R. (2002). *Führen durch das Wort.* München: Econ.

Ledinsky, T. (2008). *Führungskräfte zwischen Organisationszielen und Mitarbeitererwartungen: Eine empirische Analyse.* Masterarbeit. Münster: Deutsche Hochschule der Polizei.

Leitl, M. & Sackmann, S. (2011). Zwischen Wunsch und Wirklichkeit. In *Harvard Business Manager*, (4), S. 8.

Likert, R. (1967). *The Human Organization. Its Management and Value*. New York: McGraw-Hill.

Loader, I. & Mulcahy, A. (2003). *Policing and the condition of England.* Oxford: Oxford University Press.

Locke, E. A. & Latham, G. P. (2002). Building a practically useful theory of goal setting and task motivation. A 35-Year odyssey. In *American Psychologist*, 57 (9), S. 705–717.

Luft, J. & Ingham, H. (1955). *The Johari Window, a graphic model for interpersonal relations. Western Training Laboratory in Group Development*. Los Angeles: University of California.

Luhmann, N. (1973). *Vertrauen. Ein Mechanismus der Reduktion sozialer Komplexität.* Stuttgart: Enke.

Luthans, F. & Avolio, B. J. (2003). Authentic leadership. A positive developmental approach. In K. S. Cameron, J. E. Dutton & R. E. Quinn (Hrsg.). *Positive organizational scholarship* (S. 241–261). San Francisco: Barrett-Koehler.

Malik, F. (2002). *Führen, Leisten, Leben. Wirksames Management für eine neue Zeit.* München: Heyne.

Manning, P. K. (2010). *Democratic policing in a changing world.* Boulder, London: Paradigm Publishers.

Martens, A. (2012). Die Lizenz zum Führen. Leadership lernen. In *managerSeminare* (H. 176), S. 52–59.

Maslow, A. H. (1954). *Motivation and personality.* New York: Harper.

Mast, C. (2000). Effektive *Kommunikation für Manager. informieren, diskutieren, überzeugen.* Landsberg/Lech: Verlag Moderne Industrie.

Mayer, J. D. & Salovey, P. (1995). Emotional intelligence and the construction and regulation of feelings. In *Applied and Preventive Psychology*, (4), S. 197–208.

Mayer, J. D. & Salovey, P. (1997). What is emotional intelligence? In P. Salovey & D. Sluyter (Hrsg.). *Emotional development and emotional intelligence: Implications for educators* (S. 3–31). New York: Basic Books.

McClelland, D. C. (1965). Toward a theory of motive acquisition. In *American Psychologist*, (20), S. 321–333.

McClelleand, D. C. (1966). *Die Leistungsgesellschaft – Psychologische Analyse der Voraussetzungen wirtschaftlicher Entwicklung.* Stuttgart: Kohlhammer.

McNeely, B. L. & Meglino, B. M. (1994). The role of dispositional and situational antecedents in prosocial organizational behavior: An examination of the intended beneficiaries of prosocial behavior. In *Journal of Applied Psychology*, (79), S. 836–844.

Mensching, A. (2006). „Goldfasan“ versus „Kollege vom höheren Dienst“. Zur Rekonstruktion gelebter Hierarchien in der Polizei auf der Basis von Gruppendiskussionen. In R. Bohnsack, A. Przyborski & B. Schäffer (Hrsg.). *Das Gruppendiskussionsverfahren in der Forschungspraxis* (S. 153–167). Opladen: Barbara Budrich.

Mensching, A. (2008). *Gelebte Hierarchien. Mikropolitische Arrangements und organisationskulturelle Praktiken am Beispiel Polizei.* Wiesbaden: VS Verlag für Sozialwissenschaften.

Mentzel, W. (1997). *Unternehmenssicherung durch Personalentwicklung* (7. Auflage). Freiburg: Haufe.

Mertel, B. (2007). *Arbeitszufriedenheit - Diagnose, Erfassung und Modifikation.* Saarbrücken: VDM Verlag Dr. Müller.

Mills, L. B. (2009). A Meta-Analysis of the Relationship Between Emotional Intelligence and Effective Leadership. In *Journal of Curriculum and Instruction*, 3 (2), S. 22–38.

Ministerium des Innern und für Sport des Saarlandes (2013). *Frauenförderplan für die saarländische Polizei – Zeitraum 2013–2015.* Saarbrücken.
Verfügbar unter: http://www.saarland.de/dokumente/thema_polizei/Frauenfoerderplan_2013-2015.pdf [11.06.2014].

Mintzberg, H. (2009). Die neue Führung. In *Harvard Business Manager*, (10), S. 96–100.

Mokros, R. (2010). Polizeipraxis und Polizeiforschung. In D. Hunold, D. Klimke, R. Behr & R. Lautmann (Hrsg.). *Fremde als Ordnungshüter. Die Polizei in der Zuwanderungsgesellschaft Deutschland* (S. 205–212). Wiesbaden: VS Verlag für Sozialwissenschaften.

Mokros, R. (2011). *Polizeiwissenschaft und Polizeiforschung in Deutschland. Versuch einer kritischen Bestandsaufnahme.* Holzkirchen: Felix.

Möllering, G (2006). *Trust: Reason, Routine, Reflexivity.* Oxford: Elevier.

Möllering, G. (2006). *Das Aufheben von Ungewissheit als Kern des Vertrauens: Just do it?.* Working Paper Max-Planck-Institut für Gesellschaftsforschung Köln. Verfügbar unter: http://www.mpifg.de/pu/workpap/wp06-5/wp06-5.html [11.08.2013].

Möllers, M. H. W. (2011). „Einführung zum Begriff Polizeiwissenschaft". In *Polizeiwissenschaft 2 – Rezensierte Polizeiwissenschaft JBOS*, 7.2, S. 19–23.

Möllers, M. H. W. & Van Oyen, R. (2008). Bundeskriminalamt, Bundespolizei und neue Sicherheit. In *Aus Politik und Zeitgeschichte*, (48), S. 26–32.

Muck, P. (2004). Instrumente der Arbeits- und Organisationspsychologie: Rezension des NEO-Persönlichkeitsinventar nach Costa und McCrae. In *Zeitschrift für Arbeits- und Organisationspsychologie*, 48 (4), S. 203–210.

Muck, P. (2006). Persönlichkeit und berufsbezogenes Sozialverhalten. In H. Schuler (Hrsg.). *Lehrbuch der Personalpsychologie* (2. Auflage). (S. 528–577). Göttingen: Hogrefe.

Muir, W. K. (1977). *Police: Streetcorner Politicians.* Chicago: University of Chicago Press.

Müthel, M. (2006). *Erfolgreiche Teamarbeit in deutsch-chinesischen Projekten.* Wiesbaden: Deutscher Universitäts-Verlag.

Nerdinger, F. W. (1995). *Motivation und Handeln in Organisationen: Eine Einführung.* Stuttgart u.a.: Kohlhammer.

Nerdinger, F. W. (1996). Motivation in der Kundenbetreuung. In *Bayerisches Genossenschaftsblatt*, 100 (3), S. 24–27.

Nerdinger, F. W. (2003). *Motivation von Mitarbeitern.* Göttingen: Hogrefe.

Nerdinger, F., Blickle, G. & Schaper, N. (2008). *Arbeits- und Organisationspsychologie.* Heidelberg: Springer.

Neubauer, W. (1999). Zur Entwicklung interpersonalen, interorganisatorischen und interkulturellen Vertrauens durch Führung. Empirische Ergebnisse der sozialpsychologischen Vertrauensforschung. In G. Schreyögg & J. Sydow (Hrsg.). *Führung neu gesehen* (S. 89–116). Berlin: de Gruyter.

Neubauer, W. (2003). *Organisationskultur.* Stuttgart: Kohlhammer.

Neubauer, W. & Rosemann, B. (2006). *Führung, Macht und Vertrauen in Organisationen.* Stuttgart: Kohlhammer.

Neuberger, O. (1994). *Personalentwicklung* (2. Auflage). Stuttgart: Enke.

Neuberger, O. (1996). *Miteinander arbeiten – miteinander reden! Vom Gespräch in unserer Arbeitswelt* (15. Auflage). München: Juventa.

Neuberger, O. (2002). *Führen und führen lassen. Ansätze, Ergebnisse und Kritik der Führungsforschung* (6. völlig neu bearbeitete und erweiterte Auflage). Stuttgart: Lucius & Lucius.

Neumann-Prystaj, P. (2012). Wie sich hessische Polizisten auf den Ruhestand vorbereiten. In *Echo-online*. 12. April 2012.
Verfügbar unter: http://www.echo-online.de/ratgeber/lifestyle/polizeiwie./Wie-sich-hessische-Polizisten-auf-den-Ruhestand-vorbereiten;art484,2794777 [03.08.2013].

Nienhüser, W. (1998). *Ursachen und Wirkungen betrieblicher Personalstrukturen.* Stuttgart: Schäffer-Poeschel.

Nink, M. (2011). *Engagement Index Deutschland 2010.* Pressegespräch. Berlin: Gallup. Verfügbar unter: http://eu.gallup.com/berlin/146030/praesentation-zum-gallup-eei-2010.aspx [30.03.2012].

Oechsler, W. A. (2011). *Personal und Arbeit – Grundlagen des Human Resource Management und der Arbeitgeber-Arbeitnehmer-Beziehungen* (8. Auflage). München: Oldenbourg.

Ohlemacher, Th., Mensching, A. & Werner, J.-Th. (2007). *Polizei im Wandel? Organisationskultur(en) und Organisationsreform.* Frankfurt am Main: Verlag für Polizeiwissenschaft.

Oldham, G. R. & Hackman, J. R. (2010). Not what it was and not what it will be: The future of job design research. In *Journal of Organizational Behavior*, 31 (2–3), S. 463–479.

Olfert, K. (2010). *Personalwirtschaft* (14. Auflage). Herne: Kiehl.

Ostendorf, F. & Angleitner, A. (2004). *NEO-Persönlichkeitsinventar nach Costa und McCrae.* Göttingen: Hogrefe.

Padavic, I. & Earnest, W. R. (1994). Paternalism as a component of managerial strategy. In *Social Science Journal*, 31 (4), S. 389–405.

Palanski, M. E. & Yammarino, F. J. (2007). Integrity and leadership: Clearing the conceptual confusion. In *European Management Journal* (25), S. 171–184.

Pearson-Goff, M. & Herrington, V. (2013). Police leadership: A systematic review of the literature. In *Policing, Policing Advance Access*, (11). Oxford University Press. Verfügbar unter: http://policing.oxfordjournals.org [24.03.2014].

Perez, D. W. & Barkhurst, M. (2012). *Paradoxes of Leadership in Police Management*. Clifton Park: Delmar.

Pervin, L. (2000). *Persönlichkeitstheorien* (4. Auflage). München: UTB.

Peters, U. (1984). *Wörterbuch* der *Psychiatrie und medizinischen Psychologie*. München: Urban & Schwarzenberg.

Peuntner, T. (1999). Management by Objectives (MbO) – Grundlagen. In: *PERSONAL, (10), S. 486.*

Pfeifer, S. (2008). *Internalisierung von kooperativer Führung in der Bundespolizei. Eine Sachstandanalyse am Beispiel Berlin und Brandenburg.* Masterarbeit. Münster: Deutsche Hochschule der Polizei.

Philipp, N. (2009). Integrität: Ein Chef wie ein Handschlag. In *Die Presse.com*, 11.12.2009. Verfügbar unter: http://diepresse.com/home/bildung/weiterbildung/527701/Integritaet_Ein-Chef-wie-ein-Handschlag [10.02.2012].

Polizei Bayern (2000). *Konzept Situatives Führen im KFS.* Ainring: Fortbildungsinstitut der Bayerischen Polizei. Nur für den internen Gebrauch – nicht veröffentlicht.

Polizeidienstvorschrift 100 -PDV 100- (1999). *Führung und Einsatz der Polizei.* Nur für den Dienstgebrauch – nicht veröffentlicht.

Polizeidienstvorschrift 300 -PDV 300- (2012). *Ärztliche Beurteilung der Polizeidiensttauglichkeit und Polizeidienstfähigkeit.* Nur für den Dienstgebrauch – nicht veröffentlicht.

Polizeireport GdP-Bezirksgruppe Nordhessen (2011). *Polizeireport Nr. 60.* Kassel.

Pollmann, A. (2005). *Integrität. Aufnahme einer sozialphilosophischen Personalie.* Bielefeld: transcript.

Prätorius, R. (2004). „Management of Change" und lernende Organisationen. Die Besonderheit von Polizeien. In *Schriftreihe der Polizei-Führungsakademie*, (2), S. 172–188.

Puca, R. M. (2009). Theorien der Motivationspsychologie: Historische Ansätze der Motivationspsychologie. In V. Brandstätter & J. H. Otto (Hrsg.). *Handbuch der Allgemeinen Psychologie – Motivation und Emotion* (S. 109–119). Göttingen: Hogrefe.

Rand, D. G., Greene, J. D. & Nowak, M. A. (2012). Spontaneous giving and calculated greed. In *Nature*, (489), S. 427–430.

Regnet, E. (2009). Der Weg in die Zukunft - Anforderungen an Führungskräfte. In L. v. Rosenstiel, E. Regnet & M. Domsch (Hrsg.). *Führung von Mitarbeitern. Handbuch für erfolgreiches Personalmanagement* (6. Auflage) (S. 36-50). Stuttgart: Schäffer-Poeschel

Rheinberg, F. (2008). *Motivation* (7. Auflage). Stuttgart: Kohlhammer.

Rheinberg, F., Manig, Y., Kliegl, R., Engeser, S. & Vollmeyer, R. (2007). Flow bei der Arbeit, doch Glück in der Freizeit. Zielausrichtung, Flow und Glücksgefühle. In *Zeitschrift für Arbeits- und Organisationspsychologie*, 51 (3), S. 105–115.

Robert-Bosch-Stiftung (2009). *Demographieorientierte Personalpolitik in der öffentlichen Verwaltung.* Studie in der Reihe „Alter und Demographie". Stuttgart: Robert-Bosch-Stiftung.

Roe, R. A. & Ester, P. (1999). Values and Work: Empirical findings and theoretical perspective. In *Applied Psychology*, 48 (1), S. 1–21.

Rokeach, M. (1973). *The nature of human values.* New York: Free Press.

Rokeach, M. & Ball-Rokeach, S. J. (1989). Stability and change in American value priorities, 1968–1981. In *American Psychologist*, (44), S. 775–784.

Rosenstiel, L. v. (1992). *Grundlagen der Organisationspsychologie: Basiswissen und Anwendungshinweise* (3. Auflage). Stuttgart: Schäffer-Poeschel.

Rosenstiel, L. v. (2003). *Grundlagen der Organisationspsychologie* (5. Auflage). Stuttgart: Schäffer-Poeschel.

Rosenstiel, L. v. (2006). Führung. In H. Schuler (Hrsg.). *Lehrbuch der Personalpsychologie.* (S. 353-384). Göttingen: Hofgrefe.

Rosenstiel, L.v. & Bögel, R. (2009). Arbeitszufriedenheit und Organisationsklima. In L. v. Rosenstiel, E. Regnet (Hrsg.) & M. Domsch (Hrsg.). *Führung von Mitarbeitern. Handbuch für erfolgreiches Personalmanagement* (6. Auflage) (S. 178-190). Stuttgart: Schäffer-Poeschel.

Rousseau, D. M., Sitkin, S. B., Burt, R. S. & Camerer, C. (1998). Not so different at all. A cross-Discipline view of trust. In *Academy of Management Review*, 23 (3), S. 393–404.

Rowe, M. (2006). Following the Leader. Front-line narratives on police leadership. In *An International Journal of Police Strategies and Management*, 29 (4), S. 757–767.

Rust, H. (2010). Was engagierter Führungsnachwuchs wirklich will. Führungskompetenzen im Spannungsfeld der Generationen. In *Personalführung*, (6), S. 20–27.

Sauer, J. (2009). Führung macht den Unterschied. In *Personalwirtschaft,* (9), S. 68–70.

Scheer, C. (2009). *Hält die Polizei, was sich Polizisten von ihr versprochen haben?* Dissertation. TU Dortmund: Dortmund.

Schein, E. H. (1995). *Unternehmenskultur. Ein Handbuch für Führungskräfte.* Frankfurt am Main: Campus.

Schlegel, G. & Tödtmann, C. (2006). *Business Behaviour. Souverän Auftreten im Job.* Heidelberg: Redline Wirtschaft.

Schlöder, B. (1993). *Soziale Werte und Werthaltungen. Eine sozialpsychologische Untersuchung des Konzepts sozialer Werte und des Wertewandels*. Opladen: Leske + Buderich.

Schmid, W. (2004). *Mit sich selbst befreundet sein*. Frankfurt am Main: Suhrkamp.

Schöneborn, G. & Birkner, R. (2006). Der Mensch im Mittelpunkt. In *Rheinischer Merkur*, (3), 19. Januar 2006, S. 12.

Schug, C. (2012). „Broadcast Yourself" – Eine qualitative Untersuchung zur Darstellung der Polizei bei Großereignissen auf der Internetplattform YouTube und ihrer Wirkung auf die Nutzer. In *Neue Kriminalpolitik*, (1), S. 11–16.

Schulte, W. (2009). Die historische Entwicklung der Polizei in der Bundesrepublik Deutschland. In *DIE POLIZEI*, (1), S. 16-23.

Schulz von Thun, F. (1981). *Miteinander reden. 1: Störungen und Klärungen*. Reinbek bei Hamburg: Rowohlt.

Schulz von Thun, F. (2005). *Miteinander reden. Das ‚innere Team' und situationsgerechte Kommunikation.* Reinbek bei Hamburg: Rowohlt.

Schulz von Thun, F., Ruppel, J. & Stratmann, R. (2004). *Miteinander reden. Kommunikationspsychologie für Führungskräfte.* Reinbek bei Hamburg: Rowohlt.

Schweer, M. (1997). Eine differentielle Theorie interpersonalen Vertrauens. In *Psychologie in Erziehung und Unterricht*, (44), S. 2–12.

Schwalbe, A. (2009). Die Anerkennung des Wach- und Wechseldienstes. Selbst- und Fremdbild von Streifenbeamten. In T. Feltes (Hrsg.). *Neue Wege, neue Ziele. Polizieren und Polizeiwissenschaft im Diskurs* (S. 189–204). Frankfurt am Main: Verlag für Polizeiwissenschaft.

Schwartz, S. H. (1999). A theory of cultural values and some implications for work. In *Applied Psychology: An International Review*, 48 (1), S. 23–47.

Semrau, T., Graumann, M. & Jost, L. (2011). Partizipative Zielvereinbarungen. Fördert Mitbestimmung wirklich die Motivation der Mitarbeiter? In *zfo*, (4), S. 238–244.

Senatsverwaltung für Inneres und Sport (2012). *Frauenförderplan der Senatsverwaltung für Inneres und Sport und Verwaltungsakademie 2012 bis 2018*. Berlin.
Verfügbar unter: https://www.berlin.de/imperia/md/content/seninn/pe-konzept/frauenf__rderplan_2012_finale_version.pdf?start&ts=1345720289&file=frauenf__rderplan_2012_finale_version.pdf [05.06.2014]

Shamir, B. & Eilam, G. (2005). Whats your story? A life-stories approach to authentic leadership development. In *The Leadership Quarterly*, (16), S. 395–417.

Shamir, B., House, R. J. & Arthur, M. B. (1993). The motivational effects of charismatic leadership. A self-concept based theory. In *Organization Science*, 4 (4), S. 577–594.

Shannon, C. E. & Weaver, W., (1963). *The Mathematical Theorey of Comnunication*. Illinois: University of Illinois Press.

Simons, T. L., Friedman, R., Liu, L. A. & Parks, J. (2007). Racial differences in sensitivity to behavioral integrity: Attitudinal consequences, in-group effects, and „trickle down" among black and non-black employees. In *Journal of Applied Psychology*, (92), S. 650–665.

Snyder, C. R. & Lopez, S. (2002*). Handbook of positive psychology*. Oxford, UK: Oxford University Press.

Solga, M. (2011). Förderung des Lerntransfers. In J. Ryschka, M. Solga & A. Mattenklott (Hrsg.). *Praxishandbuch Personalentwicklung* (S. 19–34). Wiesbaden: Gabler.

Sparrowe, R. T. (2005). Authentic leadership and the narrative self. In *The Leadership Quarterly,* (16), S. 419–439.

Spector, P. E. & Johnson, H. M. (2006). Improving the definition, measurement, and application of emotional intelligence. In K. R. Murphy (Hrsg.). *A critique of emotional intelligence: What are the problems and how can they be fixed?* (S. 325–344). Mahwah/New Jersey: Lawrence Erlbaum.

Sprenger, R. K. (2002). *Vertrauen Führt. Worauf es in Unternehmen wirklich ankommt.* Frankfurt am Main: Campus.

Sprenger, R. K. (2003). Vertrauen als Führungsinstrument. In *manager-magazin online 02.10.2003*.
Verfügbar unter: http://www.manager-magazin.de/koepfe/karriere/0,2828,268100,00.html [11.08.2013].

Sprenger, R. K. (2004). *Vertrauen führt* (2. Auflage). Frankfurt am Main: Campus.

Sprenger, R. K. (2005). *Mythos Motivation. Wege aus einer Sackgasse.* Frankfurt am Main: Campus.

Staehle, W. (1999). *Management. Eine verhaltenswissenschaftliche Perspektive.* München: Vahlen.

Staffelbach, B. (1991). *Management-Ethik*. Bern: Haupt.

Ständige Konferenz der Innenminister und -senatoren des Bundes und der Länder (1974). *Programm für die Innere Sicherheit in der Bundesrepublik Deutschland.*

Ständige Konferenz der Innenminister und -senatoren der Länder (1994). *Programm Innere Sicherheit Fortschreibung 1994.*

Ständige Konferenz der Innenminister und -senatoren der Länder (2009). *Programm Innere Sicherheit Fortschreibung 2008/2009.*
Verfügbar unter: http://www.mi.brandenburg.de/sixcms/media.php/1056/Programm_Innere_Sicherheit.pdf [05.06.2014]

Statistisches Bundesamt (2013). *Finanzen und Steuern. Personal des öffentlichen Dienstes.* Fachserie 14, Reihe 6. Wiesbaden.

Steyrer, J. (1995). *Charisma in Organisationen: Sozial-kognitive und psychodynamisch-interaktive Aspekte von Führung.* Frankfurt am Main u.a.: Campus.

Steyrer, J. (1999). Charisma in Organisationen – Zum Stand der Theorienbildung und empirischen Forschung. In G. Schreyögg & J. Sydow (Hrsg.). *Führung – neu gesehen. Managementforschung 9* (S. 143–197). Berlin u.a.: de Gruyter.

Steyrer, J. & Meyer, M. (2010). Welcher Führungsstil führt zum Erfolg: 60 Jahre Führungsstilforschung – Einsichten und Aussichten. *zfo,* 3 (79), S. 148–155.

Sticher-Gil, B. (2002). „Wenn das staatliche Gewaltmonopol missbraucht wird" – Die Suche nach Ursachen als Voraussetzung für eine wirkungsvolle Prävention. In B. Sticher-Gil & H. R. Strahlendorf (Hrsg.). *Beiträge zu einer innovativen Polizeiausbildung* (S. 75–97). Berlin: Hitit.

Stierle, J. (2014). Die Prinzipal-Agenten-Klienten-Theorie. In A. Vera & J. Stierle (Hrsg.). *Betriebliches Gesundheitsmanagement*. Stuttgart: Schäffer-Poeschel.

Strafprozessordnung (StPO) in der Fassung der Bekanntmachung vom 7. April 1987 (BGBl. I S. 1074, ber. 1319), zuletzt geändert durch Gesetz vom 4. Juli 2013 (BGBl. I S. 2182) m. W. v. 13. Juli 2013.

Strietzel, O. (2010). *Wissenstest polizeiliche Führungslehre.* Lübeck: Lübecker Medienverlag.

Strompen, P. (2008). *Kommunikation als Belastung im Polizeiberuf. Konstruktion und Erprobung eines Erhebungsinstrumentes zur Erfassung der psychischen Belastung durch potentiell konfliktbehaftete Kommunikationssituationen.* Aachen: Shaker.

Sturm, M., Reiher, S., Heinitz, K. & Soellner, R. (2011). Transformationale, transaktionale und passiv-vermeidende Führung. Eine metaanalytische Untersuchung ihres Zusammenhangs mit Führungserfolg. In *Zeitschrift für Arbeits- und Organisationsanalyse*, (55), S. 88–104.

Szabo, E. (2007). Hat denn überall der Boss das letzte Wort? Ein Streifzug durch die Forschung zum Thema Partizipation, Führung und Kultur. In *Organisations-Entwicklung*, (3), S. 4–13.

Temme, M. (2013). ‚Die Sicherheitsbehörden haben versagt!'. Rolle der Polizei in gesellschaftlichen Konflikten – Anspruch und Wirklichkeit. In *Deutsches Polizeiblatt*, 5, S. 2–5.

Thielmann, G. (2008). Wenn das Kooperative Führungssystem ein Auto wäre. Verschrotten oder weiter fahren? In *Polizei heute*, (37), S. 57–60.

Thielmann, G. (2009). Führungskultur(en) in der Polizei. In S. Strohschneider & R. Heimann (Hrsg.). *Kultur und sicheres Handeln* (S. 33–50). Frankfurt am Main: Verlag für Polizeiwissenschaft.

Thielmann, G. (2010a). Ist das Kooperative Führungssystem (KFS) der Polizei in den Curricula der polizeilichen Hochschulen verankert? In *DIE POLIZEI*, (4), S. 98–104.

Thielmann, G. (2010b). Anforderungen an zukünftige Führung in der Polizei. Bedeuten demografischer Wandel und Vielfalt in der Organisation automatisch mehr Probleme für die Führung? In *Deutsches Polizeiblatt*, (6), S. 8–12.

Thielmann, G. (2012a). Führungslehre – Rück- und Ausblicke. In *Deutsches Polizeiblatt*, (3), S. 2–7.

Thielmann, G. (2012b). Führung in der Polizei. In *Deutsches Polizeiblatt*, (3), S. 7–10.

Thielmann, G. (2012c). Bedeutung von Ethik für die Führung am Beispiel der Integrität. In *spectrum, Zeitschrift der Hessischen Hochschule für Polizei und Verwaltung*, 18 (34), S. 4–5.

Thielmann, G. & Bruggeman, W. (2010). Führung in der Polizei aus einer nationalen Perspektive und im neuen europäischen Rahmen. Leadership from a national perspective and within the new European framework. In *DIE POLIZEI*, (11), S. 328–331.

Thielmann, G. & Weibler, J. (2010). Das Kooperative Führungssystem (KFS) der Polizei – Entstehung, Wirkungen und Entwicklungsbedarf. In A. Gourmelon & M. Mroß (Hrsg.). *Führung im öffentlichen Sektor.* S. 69-89. Baden-Baden: Nomos.

Thielmann, G. & Weibler, J. (2014). Begründungen für eine polizeiliche Führungslehre und die Skizzierung des neuen polizeilichen Führungsmodells. In C. Barthel & D. Heidemann (Hrsg.). *Führung professionalisieren. Perspektiven der Modernisierung des Kooperativen Führungssystem in der Polizei.* S. 146–147, Frankfurt/Main: Verlag für Polizeiwissenschaft.

Thielemann, U. & Weibler, J. (2007). Betriebswirtschaftslehre ohne Unternehmensethik? Vom Scheitern einer Ethik ohne Moral. In *Zeitschrift für Betriebswirtschaft*, 77 (2), S. 179–194.

Trimpop, R. (2013). Klassiker der Organisationsforschung (10). Frederick Herzberg. In *OrganisationsEntwicklung*, (4), S. 84–88.

Türk, K. (1981). *Personalführung und soziale Kontrolle.* Stuttgart: Enke.

Uhl-Bien, M., Marion, R. & McKelvey, B. (2007). Complexity leadership theory: Shifting leadership from the industrial age to the knowledge era. In *The Leadership Quarterly*, 18 (4), S. 298–318.

Uhlendorff, W. & Jäger, M. (2011). *Führung in der Polizei. Ein praxisbezogenes Lehr- und Lernbuch.* Stuttgart: Boorberg.

Uhlendorff, W. & Osterroth, T. (1994). *Führungslehre. Lehr- und Lernbuch mit praktischen Beispielen.* Stuttgart: Boorberg.

van Knippenberg, D. L., De Cremer, D. & van Knippenberg, B. (2007). Leadership and fairness: The state of the art. In *European Journal of Work and Organizational Psychology*, 16 (2), S. 113–140.

van Knippenberg, D. L. & Sitkin, S. B. (2013). A critical assessment of charismatic-transformational leadership research: Back to the drawing board? In *The Academy of Management Annals*, (7), S. 1–60.

van Quaquebeke, N. & Eckloff, T. (2010). Defining respectful leadership: What it is, how it can be measured, and another glimpse at what it is related to. In *Journal of Business Ethics*, (91), S. 343–358.

van Quaquebeke, N., Henrich, D. C. & Eckloff, T. (2007). "It's not tolerance I'm asking for, it's respect!" A conceptual framework to differentiate between tolerance, acceptance and (two types of) respect. In *Gruppendynamik und Organisationsberatung*, (38), S. 185–200.

van Quaquebeke, N., Zenker, S. & Eckloff, T. (2009). Find out how much it means to me? The importance of interpersonal respect in employees' work values and organizational work practices. In *Journal of Business Ethics,* (89), S. 423–431.

Verordnung über die Ermittlungspersonen der Staatsanwaltschaft (1996) vom 15. März 1996, GVBl Hessen I. S. 114.

Verordnung über die Laufbahnen des hessischen Polizeivollzugsdienstes –HPolLVO– vom 27. September 2002, GVBl. I 2002, S. 629, zuletzt geändert durch Artikel 7 der Verordnung vom 21. Februar 2013 (GVBl. S. 89).

Vogt, M. (2009). Werteorientierte Führung von Unternehmen – gerade in Krisenzeiten wichtiger denn je. *Referat zum F&S Symposium Fürstenfeldbruck 15./16.10.2009.* Verfügbar unter: http://www.kaththeol.uni-muenchen.6de/lehrstuehle/christl_sozialethik/personen/1vogt/texte_vogt/index.html [24.06.2012].

von der Heyde, A. & von der Linde, B. (2003). *Gesprächstechniken für Führungskräfte. Methoden und Übungen zur erfolgreichen Kommunikation.* Freiburg: Haufe.

Waitzmann, B. (2010). *Wirkungen auf Motivation im Zusammenhang mit Leistungsprämien bei der bayerischen Polizei. Eine Erhebung von Einstellungen und Beobachtungen bei Führungskräften des Polizeipräsidiums Schwaben-Nord.* Masterarbeit. Münster: Deutsche Hochschule der Polizei.

Waldmann, S. (2007). *Kooperative Führung in der Polizei.* Hamburg: Verlag Dr. Kovac.

Walter, B. (2011). Das Kooperative Führungssystem in der Polizei – Fakten und Fiktionen. In *DIE POLIZEI*, (10), S. 273–279.

Walumbwa, F. O., Avolio, B. J., Gardner, W. L., Wernsing, T. S. & Peterson, S. J. (2008). Authentic leadership. Development and validation of a theory-based measure. In *Journal of Management*, (34), S. 89–126.

Watzlawick, P., Beavin, J. H. & Jackson, D. D. (2011). *Menschliche Kommunikation. Formen, Störungen, Paradoxien* (12. Auflage). Bern: Huber.

Weber, M. (1980/1922). *Wirtschaft und Gesellschaft: Grundriß der verstehenden Soziologie* (5. Auflage). Tübingen: Mohr Siebeck.

Weibler, J. (1997a). Vertrauen und Führung. In R. Klimecki & A. Remer (Hrsg.). *Personal als Strategie* (S. 185–214). Neuwied: Springer.

Weibler, J. (1997b). Unternehmenssteuerung durch charismatische Führungspersönlichkeiten? Anmerkungen zur gegenwärtigen Transformationsdebatte. In *zfo*, (66), S. 27–32.

Weibler, J. (2001). *Personalführung*. München: Vahlen.

Weibler, J. (2004). Führung und Führungstheorien. In G. Schreyögg & A. v. Werder (Hrsg.). *Handwörterbuch Unternehmensführung und Organisation* (4. Auflage) (S. 294–308). Stuttgart: Schäffer-Poeschel.

Weibler, J. (2009). Führung der Mitarbeiter durch den nächsthöheren Vorgesetzten. In L. v. Rosenstiel, E. Regnet & M. Domsch (Hrsg.). *Führung von Mitarbeitern. Handbuch für erfolgreiches Personalmanagement* (6. Auflage) (S. 270–281). Stuttgart: Schäffer-Poeschel.

Weibler, J. (2010). Kooperatives Führungssystem (KFS) der Polizei – Eine Anmerkung zum Stand der Dinge. In *DIE POLIZEI*, (4), S. 102–104.

Weibler, J. (2012). *Personalführung* (2. Auflage). München: Vahlen.

Weibler, J. (2013). *Entzauberung der Führungsmythen*. Roman Herzog Institut: München. Verfügbar unter: http://www.romanherzoginstitut.de/uploads/tx_mspublication/RHI_Essay-2_Fuehrugsmythen.pdf [28.07.2014]

Weibler, J. & Deeg, J. (2005). Personalführung in virtueller werdenden Unternehmen – Diskussionsstand und Zukunftsaussichten. In D. Mroß & C. Thielmann-Holzmayer (Hrsg.). *Zeitgemäßes Personalmanagement* (S. 77–97). Wiesbaden: DUV.

Weibler, J. & Feldmann, M. (2012). Gerechtigkeit und Arbeitskontext – Zur Bedeutung situativer Merkmale für die Gerechtigkeitswahrnehmung von Führungskräften. In *Zeitschrift für Betriebswirtschaft*, (82), S. 75–94.

Weibler, J. & Rohn-Endres, S. (2010). Learning conversation and shared network leadership. Development, gestalt, and consequences. In *Journal of Personnel Psychology*, 9 (4), S. 181–194.

Weibler, J. & Thielmann, G. (2010). Das Kooperative Führungssystem im Jahre 2010. Bisherige Entwicklung und Reformbedarf. In *Polizei & Wissenschaft*, (1), S. 57–65.

Weibler, J. & Deeg, J. (2014). Werthaltungen von Führungskräften. In J. Felfe (Hrsg.). *Trends der psychologischen Führungsforschung – Neue Konzepte, Methoden und Erkenntnisse* (S. 351–364). Göttingen: Hogrefe.

Weinert, A. (2004). *Organisations- und Personalpsychologie* (5. vollständig überarbeitete Auflage). Weinheim: Berlitz.

Weischer, A. E., Weibler, J. & Petersen, M. (2013). „To thine own self be true": The effects of enactment and life storytelling on perceived leader authenticity. In *The Leadership Quarterly*, (24) S. 477–495.

Wildfeuer, A. G. (2011). Wert. In P. Kolmer & A. G. Wildfeuer (Hrsg.). *Neues Handbuch philosophischer Grundbegriffe* (Band 3) (S. 2484–2504). Freiburg: Karl Alber.

Winter, M. (1998). *Politikum Polizei. Macht und Funktion der Polizei in der Bundesrepublik Deutschland.* Münster: Lit.

Werner, G. (2004). *Authentizität – Führung – Dialog.* Vorlesung Universität Karlsruhe (TH) – Interfakultatives Institut für Entrepreneurship.

Wertekommission (2012). *Führungskräftebefragung 2012*. Wertekommission – Initiative Werte Bewusste Führung e.V. Bonn.

Wuketits, F. M. (2002). *Was ist Soziobiologie?* München: Beck.

Wulff-Bruhn, T. (2010). *„Frauen in Führung". Eine vergleichende Untersuchung von Frauen mit und ohne Führungsfunktion.* Masterarbeit. Münster: Deutsche Hochschule der Polizei.

Wunderer, R. (2011). *Führung und Zusammenarbeit. Eine unternehmerische Führungslehre.* München: Hermann Luchterhand.

Wunderer, R. (2009). Merkmale guter Führung. In *Personalwirtschaft*, (6), S. 34–36.

Wunderer, R. (Hrsg.) (1991). *Kooperation*. Stuttgart: Poeschel.

Wunderer, R. & Grunwald, W. (1980a). Führungslehre: *Grundlagen der Führung,* 1. Band. Berlin: de Gruyter.

Wunderer, R. & Grunwald, W. (1980b). *Führungslehre: Kooperative Führung,* 2. Band. Berlin: de Gruyter.

Yukl, G. (2013). *Leadership in Organizations* (8. Auflage). Harlow: Prentice Hall.

Internetquellen

Bildungscontrolling:
http://artset-lqw.de/cms/lqw.html [11.08.2013]
http://www.proficert.de/content/tuev_proficert_plus/index_ger.html [11.08.2013]

Bundesamt für Statistik:
https://www.destatis.de/DE/ZahlenFakten/GesellschaftStaat/Bevoelkerung/MigrationIntegration/Migrationshintergrund/Migrationshintergrund.html [10.08.2013]

Coaching Führungskräfte Polizei Niedersachsen:
http://www.zpd.polizei-nds.de/zpd_spezial/sozialwissenschaftlicher_dienst/coaching/der-sozialwissenschaftliche-dienst-837.html [11.08.2013]

Cop2cop:
http://www.cop2cop.de/category/polizei/neuorganisation/ [11.08.2013]

Deutsche Polizeigewerkschaft (2009). *Frauenanteil im Polizei(vollzugs)dienst:*
http://www.dpolg.de/upload/pdf/FrauenanteilimPolizeidienst.pdf [28.07.2013]

Die Presse:
http://diepresse.com/home/bildung/weiterbildung/527701/Integritaet_Ein-Chef-wie-ein-Handschlag [10.02.2012]

Duden:
www.duden.de [10.02.2012]

EFQM:
http://www.efqm.org/the-efqm-excellence-model [11.08.2013]

e-learning:
http://www.polizei-online.de/p-online/Leistungen/E-Learning/Seiten/default.aspx [11.08.2013]

European Police Chief Convention 2013:
http://www.policija.lt/index.php?id=21139 [10.08.2013]

Frauen in Spitzenpositionen (FiS):
http://www.dhpol.de/de/microsite/fis/steckbrief/steckbrief.php [11.08.2013]

GEVA-Institut:
http://www.geva-institut.de/mitarbeiterbefragungen-international-benchmarks.html [10.08.2013]

„Humankapital" war das Unwort des Jahres 2004: http://www.spiegel.de/kultur/gesellschaft/0,1518,337259,00.html [03.03.2013]

Integrität:
http://diepresse.com/home/bildung/weiterbildung/527701/Integritaet_Ein-Chef-wie-ein-Handschlag [11.08.2013]
http://www.duden.de [11.08.2013]

Lernstatt:
http://wirtschaftslexikon.gabler.de/Definition/lernstatt.html [11.08.2013]

Projekt Polizeireform der Polizei Baden-Württemberg:
http://www.polizei-bw.de/polizeireform/Seiten/default.aspx [11.08.2013]

SPIEGEL:
http://www.spiegel.de/kultur/gesellschaft/0,1518,337259,00.html [04.03.2012]

Wertekommission:
www.wertekommission.de/presse/ [10.02.2012]

Zertifikate Fortbildung:
http://artset-lqw.de/cms/lqw.html [11.08.2013]
http://www.proficert.de/content/tuev_proficert_plus/index_ger.html [11.08.2013]

Zu den Autoren

Gerd Thielmann, geboren 1955, ist seit Mai 2012 der Vizepräsident der Deutschen Hochschule der Polizei in Münster/Westfalen. Davor war er fünf Jahre als Leitender Polizeidirektor im Hochschuldienst der Leiter des Fachgebietes „Polizeiliche Führungslehre". Seine Laufbahn als Polizeivollzugsbeamter der Polizei Hessen war in den Anfängen sowohl durch Erfahrungen als Streifenbeamter der Schutzpolizei als auch als Spezialist für Tatortarbeit in der Kriminalpolizei bestimmt. Im höheren Dienst der Polizei war er in unterschiedlichen Funktionen tätig, so als Lehrender in der Einsatzlehre an der Verwaltungsfachhochschule Wiesbaden und für Führungslehre an der Polizei-Führungsakademie Münster. Strategische Verantwortung für die Aus- und Fortbildung der Polizei Hessen hatte er einige Jahre als Referatsleiter im hessischen Innenministerium. Über praktische Führungserfahrungen verfügt er neben einschlägigen Verwendungen im gehobenen und höheren Dienst u.a. aus seiner zweijährigen Verwendung als „Deputy Head of Mission" der European Union Police Mission in Bosnien-Herzegowina sowie als mehrjähriger Leiter der Abteilung Einsatz (Vollzugspolizei) des Polizeipräsidiums Nordhessen.

Er hat zur Thematik „Führung in der Polizei" mehrere Veröffentlichungen vorgelegt (siehe unter: www.dhpol.de/de/hochschule/Wir_ueber_uns/Praesidium/Thielmann.php).

Jürgen Weibler, geboren 1959, ist ordentlicher Professor für Betriebswirtschaftslehre, insbesondere Personalführung und Organisation, an der FernUniversität in Hagen.

Nach den Diplom-Studiengängen der Volkswirtschaftslehre sozialwissenschaftlicher Richtung und der Psychologie an der Universität zu Köln erfolgte dort die Promotion zum Dr. rer.pol. (Graduiertenstipendium). Anschließend zweijährige Tätigkeit in einer internationalen Unternehmensberatung (Senior Consultant). Später Habilitation an der Universität St. Gallen -HSG- (Förderung durch den Schweizerischen Nationalfonds) und Übertragung der Lehrbefugnis für Betriebswirtschaftslehre. Mehrjähriger Forschungsleiter des dortigen Instituts für Führung und Personalmanagement (IFPM). Danach Übernahme der Professur für Betriebswirtschaftslehre der öffentlichen Verwaltung /Managementlehre an der Universität Konstanz. Gastprofessor an der Macquarie Graduate School of Management (MGSM), Sydney 2004/2005. Dekan der Fakultät für Wirtschaftswissenschaft 05/2005 bis 04/2007 an der FernUniversität in Hagen. Geschäftsführender Herausgeber der Zeitschrift für Personalforschung (German Journal of Research in Human Resource Management). Gutachter für Forschungsinstitutionen und Zeitschriften. Gründungssenator der Deutschen Hochschule der Polizei. (Co-)Verfasser von mehreren Büchern und Herausgeberwerken sowie Autor von mehr als hundert Beiträgen, u.a. in begutachteten nationalen wie internationalen Fachzeitschriften (siehe unter: www.fernuni-hagen.de/weibler/).

Stichwortverzeichnis

3-K-Prüfung 148

A
AAO 39, 147
AEPC 38
Affektive Präferenz 144, 148
Affektiver Kern 141, 144
Aktives Zuhören 184, 188
Alleinentscheidungen 39
Allgemeine Aufbauorganisation 39, 147
Altersstruktur 37
Anerkennung 21, 64, 71, 79, 80, 87, 156, 185, 188
Anforderungsprofile 118, 133
Anforderungsvielfalt 68, 80
Anreizstruktur 141
Anschluss 72
Anschlussmotiv 141, 142, 154
Appellohr 176
Arbeitsformen 38, 96
Arbeitsmedizin 87
Arbeitsplatzsicherheit 65, 66, 71, 78
Arbeitszufriedenheit 22, 27, 63, 64, 68, 69, 78, 79, 80, 92, 98, 129
Artefakte 54
Assessment-Center 107, 130
Attributionstheorie 93, 151, 159
Aufbauorganisation 190
Aufgaben 38
Aufgabenorientiert 31, 85
Aufgabenorientierte Führungsverhalten 19
Aufgabenorientierter Führungsstil 83
Aufgabenstruktur 38, 80, 89, 96, 145, 149, 163
Aufklärungsquote 75
Aufstiegslaufbahn 40, 132, 162
Aus- und Fortbildung 40, 119, 120, 124, 129, 187, 189
Auswahlverfahren 130
Authentische Führung 157, 158
Authentizität 151, 157, 182, 188, 190
Autonomie 68, 80

B
BAO 39, 124
Bedarfsanalyse 114
Bedeutsamkeit 68, 80
Bedingungen für Vertrauen 94
Bedürfnis 69, 85, 98, 100, 104, 107, 136, 137, 140, 143, 160, 188
Bedürfnispyramide 72
Befähigung 125
Beförderung 42, 126, 132
Berufliche Handlungskompetenz 112
Berufsausbildung 119
Berufsvertretungen 42
Besondere Aufbauorganisation 39, 124
Beteiligung 21, 28, 86, 118, 134
Beurteilungen 28, 72, 75, 76, 89, 108, 125
Beurteilungsgespräche 129
Beurteilungssysteme 125
Beziehungsmanagement 106, 107
Beziehungsohr 176
Beziehungsorientiert 85, 98
Beziehungsorientierte Führungsverhalten 19
Big-Five-Modell 104, 107
Bildung 112
Bildungscontrolling 121
Blinder Fleck 177
Bürokratie 41, 186

C
CEPOL 38
Charakter 101, 102, 188
Charakteristische Dispositionen 140
Charakterliche Eignung 131
Charismatische Führung 152, 157
Coaching 126, 129
Cop Culture 59

D
Delegation 21, 28, 33, 47, 50
Demographie 36
Demokratische Führung 88
Dienstpostenbewertung 118, 134
Dienstrecht 40, 97
Dienstwerte 55

Distributive Gerechtigkeit 99
Diversität 36, 49
Diversity 37, 162, 187
Doppelrolle 38
Duales Motivsysteme 146

E

EFQM-Modell 167
Einflusshorizont 100
Einsatz 43
Einweisung 120
Elitär 56
Emotionale Intelligenz 106, 107
Emotionen 106
Entgeltsysteme 126
Entscheidung 39, 47
Entwicklung 50, 110
Erlebniskreis 132
Ermittlungsperson der Staatsanwaltschaft 34
Ethik 53, 61, 167, 190
Ethos 40, 56
EUROPOL 37
Evaluation 117, 121
Evidenzbasiertem Führungshandeln 47
Explizite Motive 143
Extraversion 105

F

Facebook 36
Fachliche Kompetenz 128
Fachlich-methodische Kompetenz 113
Fachsprache 187
Fairness 99, 154, 166
Feedback 178, 185, 188
Fixierte Arbeitsunzufriedenheit 70, 79
Flow 139, 147
Fluktuation 69, 78
Fluss-Erleben 139, 147
Förderkreis 132
Förderung 112, 127
Fort- und Weiterbildungen 119
Frauen 37
Frauenförderungspläne 127
Frauenquote 37
Fremdwahrnehmung 177
FRONTEX 37
Führende 38, 39, 46, 85, 159, 161, 163
Führung 30, 31, 47, 171, 172
Führungsbeziehung 17, 19, 31, 33, 39, 45, 46, 49, 50, 63, 78, 83, 87, 89, 91, 92, 95, 96, 98, 101, 106, 130, 137, 148, 152, 154, 157, 160, 162, 167, 171, 178, 184, 185, 186, 187
Führungsdialektik 171, 183
Führungserfolg 46, 64, 86
Führungsgrundsätze 27
Führungshandeln 50
Führungskraft 31
Führungskultur 29, 40, 45, 48
Führungslehre 15, 17, 27, 33
Führungsmodell 33, 45, 50, 64, 77, 113, 172
Führungsmythen 190
Führungsorganisation 48
Führungssituation 31, 86, 106
Führungsstrategie 48
Führungsverantwortung 21, 171, 190
Führungsverhalten 71
Führungsverhaltensvorschrift 27
Führungsverständnis 19, 30, 47, 49

G

Ganzheitlichkeit 68, 80
Gefahrengemeinschaft 38, 96
Geführte 31, 38, 39, 46, 47, 49, 85, 154, 155, 157, 159, 161, 163, 165, 189
Gehalt 66, 99, 126, 134
Gehorsam 31
Gerechtigkeit 59, 86, 87, 163, 167
Gerechtigkeitsforschung 98
Gerechtigkeitsprinzip 56
Gerichtsverfassungsgesetz 34
Gesprächsaufbau 184
Gesprächskultur 172
Gewaltmonopol 35, 164
Gewissenhaftigkeit 105
Gleichheitsprinzip 56
Globalisierung 15, 119, 162
Graue Eminenzen 156
Great Man Theory 155
Grundannahmen 54

H
Handlungskompetenz 128
Handlungsverantwortung 21
Herrschaft 152
Hierarchie 41, 190
Hospitation 120, 129
Humankapital 102
Hygienefaktor 65, 78

I
Ich-Botschaften 185
Implizites Motiv 140, 143, 144, 147
Informationale Gerechtigkeit 99
Innere Kündigung 70, 79
Innere Sicherheit 27
Instrumentalwerte 55, 56
Integratives Kompetenzmodell 106
Integrität 152, 154, 165, 168
Interaktion 46, 83, 89, 93, 95, 154, 172, 175, 178, 179, 186
Interaktionale Gerechtigkeit 98
Internationalität 36
Interpersonale Gerechtigkeit 99
INTERPOL 37
Interpunktion 175

J
Jahresgespräch 129
Job-Characteristics-Modell 68
Job-Enlargement 81, 122
Job-Enrichment 122
Job-Rotation 121
Johari-Fenster 177

K
Kalkulatorisches Vertrauen 93, 95
Karriereplanung 129
KFS (siehe Kooperatives Führungssystem)
Klassisches Grundmodell 138
Kognitive Präferenz 144, 148
Kohärenten Gruppen 156
Kohäsionskraft 30, 171, 188
Kommunikation 30, 51, 89, 94, 95, 96, 148, 154, 166, 170, 188
Kommunikationsmodell 173
Kompensationsmodell 147, 149
Kompensationsmodell der Motivation und Volition 138
Komplexität 20, 43, 91, 119, 187
Konflikt 32, 86, 102, 111, 136, 182
Konstruktive Arbeitsunzufriedenheit 70
Kontentfaktoren 65
Kontextfaktoren 65
Kontrolle 23, 28, 72
Kooperation 58, 85
Kooperationskultur 48
Kooperative Führung 17, 28, 82, 85, 89
Kooperatives Führungssystem 17, 19, 25, 26, 27, 29, 83, 88, 188
Korpsgeist 40, 49, 163
Kultur 40
Kybernetisches Führungsmodell 23
Kybernetisches Modell 20

L
Lebenszeitbeamte 42
Leistung 19, 24, 27, 46, 49, 62, 63, 68, 71, 74, 87, 88, 125
Leistungsautorität 19
Leistungsbereitschaft 72
Leistungsbewertung 24, 172
Leistungsfähigkeit 73
Leistungsmöglichkeit 73
Leistungsmotiv 141, 142, 144
Leistungsprämien 66, 80, 126
Leistungsverhalten 72, 76, 77, 92
Leitung 46, 47
Leitungsperson 30, 46
Lernstatt 131
Lifestories approach 161
Loyalität 169

M
Macht 72, 152
Machtmotiv 141, 142
Machtstruktur 56
Makroebene 33
Management by Exception 50
Management by Objectives 50, 124
Management Cops 59, 97, 163, 187
Medien 18, 35, 42, 79

Menschenbild 18, 47, 64, 103, 138, 146, 154
Mentoring 127, 129, 160
MEPA 38
Meritokratisch 56
Mesoebene 33
Metakommunikation 174
Migrationshintergrund 37
Mikroebene 33
Mitarbeitergespräche 129
Mitarbeiterorientiert 31, 85
Mitarbeiterorientierter Führungsstil 83
Mit Fragen führen 184
Moral 61
Motivation 19, 50, 63, 65, 66, 67, 68, 69, 72, 79, 86, 112, 124, 135, 190
Motivationsfelder 20
Motivationssyndrom 155
Motivdiskrepanzen 147

N

Neue Steuerungsmodelle 41, 75, 187
Neuroleadership 87
Neurotizismus 104
Neurotizistisch 161
Normen 34, 48, 53, 54, 57, 78, 93, 144, 163, 165, 166, 167, 169
Normenbindung 34
Nutzwerte 55

O

Offenheit 105
Organisation 32, 48
Organisationsentwicklung 112, 118
Organisationskultur 54, 59, 166
Organisationsstruktur 40
Organisationswerte 56
Outplacement 133

P

Partizipation 17, 83, 85
Partizipative Führungsformen 86
Partizipatives Führungsverhalten 19
PDV 100 41, 88, 186
Personale Kompetenz 112
Personalentwicklung 48, 50, 111, 112, 118
Personalentwicklungsmaßnahmen 114
Personalräte 42
Personalstruktur 36
Personalvertretung 25, 134
Personalvertretungsrecht 40
Persönliche Ausstrahlung 151, 156
Persönliche Kompetenz 128
Persönlichkeit 47, 90, 101, 102, 118, 132, 137, 152, 155, 161, 163, 188
Persönlichkeitstheorien 104
PFM (siehe Polizeiliches Führungsmodell)
Politik 18, 20, 35, 41, 43, 79, 83
Politische Beamte 41
Polizeiführer 39
Polizeikultur 59
Polizeiliche Kriminalstatistik 75
Polizeiliches Führungsmodell 45, 51, 52, 171, 182, 188, 189
Polizeiorganisation 32, 40, 43, 48, 51, 111, 118
Polizeiwissenschaft 16
Polizistenkultur 59
Prävention 76, 186
Praxisrelevanz 29
Primat der Politik 27, 41, 169
Prinzipal-Agent-Klient 35
Progressive Arbeitszufriedenheit 69
Projektarbeit 123
Proxy-Variablen 148
Prozedurale Gerechtigkeit 99
Pseudo-Arbeitszufriedenheit 70

Q

Qualifikation 73, 80, 114, 118, 119, 120, 121, 134, 150
Qualitätsmanagement 167
Qualitätszirkel 131

R

Rationale Entscheidungstheorien 92
Reifegrad-Modell 149
Relative Arbeitszufriedenheit 69
Repräsentation 23
Resignative Arbeitszufriedenheit 70
Respekt 98, 157
Risikoakkumulation 155

Rotation 81, 121, 129
Rubikon-Modell 138
Rückmeldung 21, 68, 80, 126, 145, 178
Ruhestandsvorbereitung 133

S
Sachohr 176
Selbsterkenntnis 159, 160, 161
Selbstmanagement 106
Selbstoffenbarungsohr 176
Selbstregulation 107, 159, 160, 161, 163, 164
Selbstverwirklichung 72, 144
Selbstwahrnehmung 106, 177
Sender-Empfänger-Modell 173
Sicherheitsarchitektur 15
Situative Ansatz des KFS 24
Situative Ermöglichung 73
Situative Führung 31, 149
Skala zur respektvollen Führung 99
SMART 113
Soziale Einstellung 93
Soziale Kompetenz 128, 132
Soziale Netzwerke 36
Soziales Bewusstsein 106
Sozialisation 40, 163
Sozial-kommunikative Kompetenz 113
Staatsanwaltschaft 34
Stabilisierte Arbeitszufriedenheit 69
Stellenbeschreibungen 118, 133
Stellen- und Dienstpostenbewertungen 133
Stimmige Führung 172, 182
Street Cops 59, 97, 163, 187
Streetcorner Politicians 59
Strukturelles Vertrauen 96
Subjektive Fähigkeiten 139, 148
Supervision 130
Systemtheorie 30

T
TA 178
Teamarbeit 38, 48, 58, 77, 86, 89, 162
Teamfähigkeit 36
Teilhabe 85, 89
Teilnahme 85
Terminale Ziele 55
Terminalwerte 56, 58
Themenzentrierte Interaktion 181
Tit-for-Tat-Strategie 95
Trainee-Programm 120, 129
Transaktionale Führung 51, 157
Transaktionales Verhalten 50
Transaktionsanalyse 178
Transformationale Führung 49, 88, 105, 111, 154, 157, 173
Transparenz 22, 96, 159, 161, 163, 169
Twitter 36
TZI 181

U
Umsetzungsbezogene Kompetenz 113

V
Verdeckten Transaktion 180
Verträglichkeit 105
Vertrauen 30, 86, 90, 100, 159, 166, 167, 185
Verwendungsplanung 128
Vier Ohren 176
Vier Seiten einer Nachricht 175
Volition 137, 138, 149
Vorbild 50, 151
Vorgesetztenbeurteilungen 126

W
Wechselspiel 31
Werte 19, 48, 53, 54, 55, 57, 93, 98, 154, 162, 163, 165, 166, 167, 172
Werteorientierte Führung 165
Werteorientierungen 55
Wertesystem 56, 59, 61
Wertewandel 19, 84
Werthaltung 85, 112, 163, 165
Wertschätzung 50, 80, 87, 90, 100, 105, 157, 185
Wertstruktur 55
Wille 137

Y
YouTube 36

Z

Ziele 143
Zielschwierigkeit 145
Zielspezifität 145
Zielvereinbarung 22, 124, 130, 172, 187
Zielwerte 55, 58
Zufriedenheit 19, 46, 49, 50, 62, 63, 66, 67, 74, 86, 88, 143, 167
Zusammenhang von Arbeitszufriedenheit und Leistung 74
Zwei-Faktoren-Theorie 65
Zwei-Seiten-Theorie 174